HISTOIRE
DES FRANÇAIS.

TOME XIII.

Ouvrages du même Auteur, publiés par la Librairie Treuttel *et* Würtz.

Histoire des Français; in-8°. tomes 1 à 12. *Paris*, 1821 à 1828.. 96 fr.
— Le même ouvrage, sur papier vélin superfin.. 192 fr.

Histoire des Républiques Italiennes du moyen age; nouvelle édition, revue et corrigée. 16 vol. in-8°. *Paris*, 1826... 112 fr.

De la Littérature du Midi de l'Europe; *nouvelle édition,* revue et corrigée. 4 vol. in-8°. *Paris*, 1829. 28 fr.

Julia Severa, ou l'An quatre cent quatre-vingt-douze (Tableau des Mœurs et des Usages à l'époque de l'établissement de Clovis dans les Gaules). 3 vol. in-12. *Paris*, 1822................................... 7 fr. 50 c.

HISTOIRE DES FRANÇAIS,

PAR

J. C. L. SIMONDE DE SISMONDI,

Correspondant de l'Institut de France, de l'Académie impériale de Saint-Pétersbourg, de l'Académie royale des Sciences de Prusse, Membre honoraire de l'Université de Wilna, de l'Académie et de la Société des Arts de Genève, de l'Académie Italienne, de celles des Georgofili, de Cagliari, de Pistoia; de l'Académie Romaine d'Archéologie, et de la Société Pontaniana de Naples.

TOME TREIZIÈME.

A PARIS,

Chez TREUTTEL et WÜRTZ, Libraires,
RUE DE LILLE, N° 17.

A Strasbourg et à Londres, même Maison de Commerce.

1831.

HISTOIRE DES FRANÇAIS.

SIXIÈME PARTIE.

DEPUIS L'AVÉNEMENT DE CHARLES VII JUSQU'A LA MORT DE LOUIS XII. 1422-1515.

CHAPITRE PREMIER.

Avénement à la couronne de France de Charles VII et de Henri VI, l'un fils, l'autre petit-fils de Charles VI. — Défaite des troupes du premier à Crevant et à Verneuil. — Les Armagnacs éloignés de la cour de Charles; les ducs de Bourgogne et de Glocester brouillés à celle de Henri. 1422-1425.

Nous avons déjà parcouru la moitié de la carrière dans laquelle nous nous sommes aventuré, et de siècle en siècle nous n'avons eu à retracer presque autre chose que des souffrances et des crimes. Un intérêt le plus souvent pénible nous attachoit aux premières origines des mœurs, des lois, des institutions, que nous devions voir grandir plus tard : nous sentions la nécessité de rassembler autour de chaque nom connu tous les souvenirs qu'il devoit réveiller; nous sentions celle aussi de montrer les hommes tels qu'ils ont été, de détruire les illusions que se sont plu à entretenir des flatteurs; car ceux qui s'adressent aux tombeaux ne sont pas plus désintéressés, pas moins trompeurs que les autres ; c'est le plus souvent pour servir la puissance du jour, qu'ils brûlent de l'encens devant des cendres froides. Toutefois nous étions fatigué, au moins autant que nos lecteurs, d'avancer toujours au travers des ténèbres de la barbarie, de ne rendre compte que du progrès des ans, sans pouvoir lui associer le progrès de l'espèce humaine; et la dernière période que nous avons parcourue, celle des guerres de succession contre les Anglais, sembloit encore l'emporter sur toutes les autres par l'intensité de la souffrance, par la violence avec laquelle tous ceux qui tenoient en main le pouvoir de l'épée, le seul qui fût reconnu, sembloient s'acharner à faire rétrograder la civilisation.

Nous arrivons enfin à l'aurore d'un temps meilleur : la période où nous entrons nous présentera désormais un développement graduel, un progrès moral dans la nation, une augmentation de ses lumières, un désir plus prononcé d'un ordre salutaire, et au bout d'un temps toujours bien long, après une résistance toujours bien pénible, les chefs se laisseront entraîner par la masse, et la nation française marchera en avant. Nous verrons sous Charles VII le désir d'indépendance de la nation et son orgueil offensé triompher enfin de l'indolence du roi, plus difficile encore à vaincre que les armées anglaises, et reconstituer en un seul corps la monarchie. Nous verrons sous Louis XI les Français s'étonner de voir enfin l'esprit, l'habileté, employés à mettre à profit leurs ressources. Malgré la juste impatience que leur causera une tyrannie jalouse et cruelle, malgré l'impatience presque aussi grande qu'excitera une politique trop astucieuse, qui se déjoue elle-même par son excès de précaution, la France sentira que la science de l'homme d'état est née, et que la capacité peut remplacer le hasard dans la conduite des destinées humaines.

A peine la nation française aura senti sa force, que son premier désir sera de recouvrer la gloire militaire, et d'effacer ainsi l'humiliation de ses défaites, dans ses guerres contre les Anglais. Ce désir l'entraînera en Italie sous Charles VIII, et la même fermentation se soutiendra encore sous Louis XII et ses successeurs. La valeur française se signalera en effet sur tous les champs de bataille; la nation recouvrera le premier rang entre les nations belliqueuses, et si d'éclatans revers suivent de près ses victoires, ils devront tous être attribués à l'imprudence du gouvernement, non au manque de valeur des armées. En effet la haute politique de Louis XI n'aura encore enseigné qu'une chose au cabinet qui dirige la France, c'est à se jouer des sermens et de toutes les obligations morales. Les ministres de Louis XII se montreront faux et perfides, sans en être plus habiles. A la fin de la période que nous allons parcourir, la diplomatie sera peut-être plus honteuse encore qu'à son commencement; et néanmoins la morale avec les lumières auront commencé à pénétrer dans les rapports sociaux; le but du gouvernement, le bien de tous, aura commencé à être compris, et Louis XII, si décrié chez les étrangers, aura appris à désirer et à mériter de la bouche des Français le titre de père du peuple.

Rentrons donc avec plus de confiance dans le détail des annales nationales; ne nous laissons point décourager par les tableaux de souffrances, de bassesse et de crimes, qui doivent encore se dérouler sous nos yeux; car malgré toute l'oppression, toute la barbarie, qui semblent toujours couvrir la société, nous avançons vers le seul digne but des associations humaines, vers cette civilisation qui doit faire tomber toutes les entraves sous lesquelles l'homme étoit accablé, qui doit le délivrer des chaînes de l'ignorance et de celles du vice, de la servitude religieuse et de la servitude politique.

Charles VI étoit mort le 21 octobre 1422, et la nation hésitoit à reconnoître quel devoit être son successeur au trône. D'une part, son fils unique, le dauphin Charles, déjà avancé dans l'adolescence, et doué de ces avantages de figure, de grâces, de manières, qui gagnent les cœurs et maîtrisent les affections populaires, sembloit désigné par l'ordre de la nature et les lois que la monarchie avoit jusqu'alors suivies ; d'autre part, Henri VI, roi d'Angleterre, petit-fils de Charles VI, par une femme, avoit été désigné comme successeur de son aïeul, par un traité de paix confirmé par les États-Généraux ; il étoit maître de la capitale, et reconnu par le plus grand nombre des princes du sang, par l'Université et le Parlement de Paris, par la majeure partie du clergé et de la noblesse.

Le peuple français ne trouvoit dans son cœur aucune affection qui l'entraînât à se déclarer pour l'un plutôt que pour l'autre. Henri VI, enfant de neuf ou dix mois, étoit Anglais, et entouré d'Anglais qui offensoient l'orgueil national en fondant leurs droits sur leurs victoires : le dauphin sembloit s'être rendu étranger à la France par un grand crime, l'assassinat de Mon-

1422.

tereau ; et si l'on en rejetoit la faute sur sa jeunesse, cette jeunesse même avertissoit la nation que ce n'étoit pas de sa domination qu'il s'agissoit, mais de celle d'une faction. Pendant la longue démence de Charles VI, on avoit vu le roi, enlevé tour à tour par les Armagnacs et par les Bourguignons, vouloir tout ce que vouloient ses entours, et changer de langage à l'instant où il étoit conduit d'un camp dans l'autre. On commençoit à se défier de cette légitimité qui ne pouvoit se reconnoître qu'à la présence d'un roi captif, et le dauphin n'étoit pas moins captif que ne l'avoit été son père. Il avoit été enlevé au mois de mai 1418 par Tannegui du Châtel, lorsqu'il étoit encore trop jeune pour avoir un jugement ou des affections à lui ; dès-lors il avoit été l'étendard d'une faction, plutôt qu'un personnage réel. Ce n'étoit pas lui qui vouloit, lui qui donnoit des ordres, lui qui faisoit la guerre ; c'étoient Tannegui du Châtel, le président Louvet, le chancelier Masson ; c'étoient les Armagnacs enfin. On avoit éprouvé les fureurs de tous ceux qui l'entouroient, on détestoit leurs crimes, et l'on étoit las d'une fiction légale qui attribuoit la souveraineté à un être dépourvu de sens, qu'on voyoit entre les mains de ses ennemis.

Les Armagnacs et les Bourguignons n'avoient pas répandu moins de sang les uns que les autres, et n'avoient pas moins offensé toutes les lois divines et humaines ; mais ils n'étoient pas jugés en raison de leur moralité respective : chaque parti détestoit ses adversaires pour le mal qu'il leur avoit fait, autant que pour celui qu'il avoit reçu d'eux, et les provinces n'étant point encore fondues dans l'unité nationale se haïssoient réciproquement comme d'anciens ennemis. Aux yeux des habitans de Paris, de l'Ile de France et des provinces voisines, les Armagnacs n'étoient pas même Français, selon l'acception qu'on donnoit alors à ce nom. On avoit vu arriver le connétable d'Armagnac, des provinces situées entre la Loire et la Garonne, entouré de ses pillards gascons, les mêmes qui pendant plusieurs générations avoient pris les ordres de la couronne d'Angleterre, qui avoient combattu contre les Français dans les armées de Henri II et de Richard, et de nouveau dans celles d'Édouard III, et qui, par un singulier changement de fortune, se trouvoient désormais les champions de l'héritier de la maison de France contre les Anglais. Ces Gascons, dont la langue différoit fort de celle de la France, dont les mœurs et les habitudes étoient à demi sauvages, loin de se glorifier d'être Français, avoient toujours manifesté leur haine contre leurs voisins et leurs rivaux septentrionaux ; ils s'acharnoient à la guerre, parce qu'ils la faisoient à des Français, et qu'ils croyoient ainsi venger de vieilles injures. Également insensibles et au nom de patrie, et à une affection héréditaire pour la famille des Valois, ce n'étoit ni l'indépendance nationale, ni ce qu'on est convenu dans les monarchies d'appeler loyauté, qui leur mettoit les armes à la main : s'il y avoit en eux quelque sentiment public, c'étoit seulement la rancune contre ces hommes de la langue de France, qui depuis six siècles avoient fait souffrir l'Aquitaine de leurs querelles; conquérant, perdant, recouvrant ce pays, sans jamais le gouverner dans son intérêt, sans jamais respecter ses priviléges. Mais pour la plupart des guerriers, ce sentiment d'animosité du Midi contre le Nord servoit seulement d'excuse à leurs fureurs, tandis que la soif du pillage, l'habitude du brigandage, expliquoient seules l'affluence des Gascons sous les étendards armagnacs.

Cette même soif du pillage, et l'attrait irrésistible des chances variées de la guerre, de la vie indépendante d'un partisan, avoient formé les capitaines qui commençoient à acquérir de la réputation dans la Picardie, l'Ile de France et la Champagne : Harcourt, Xaintrailles, La Hire, et plusieurs autres, qui avoient attaché à leurs personnes des bandes d'hommes résolus et impitoyables, qu'ils entretenoient en levant des contributions forcées, et plus souvent en saccageant les villes et les villages, et qu'ils conduisoient dans leurs expéditions sans suivre un plan commun, sans demander d'ordre à personne, sans correspondre le plus souvent avec le dauphin, dont ils arboroient les drapeaux.

Les provinces centrales de la France, le Berri, la Touraine, et celles qui les avoisinent, étoient les moins belliqueuses de toutes; elles étoient demeurées obéissantes au fils de Charles, qui y avoit fixé son séjour, mais elles lui fournissoient peu de soldats, et presque aucun capitaine de renom; aussi étoient-elles gouvernées et défendues par d'autres étrangers, les Écossais, que l'amour de la guerre, du pillage, des vins et des fruits de la France y attiroit en grand nombre. La première dignité militaire du royaume, celle de connétable, avoit été donnée au comte de Buchan, Écossais; à ses côtés servoit Jean Stuart, connétable d'Écosse, et avec lui un grand nombre de seigneurs de sa nation et plusieurs milliers de leurs soldats: on entendoit donc aussi souvent parler anglais dans les armées de Charles que dans celles de Henri, tandis qu'on y trouvoit bien moins de Français; cependant nous conformant à l'usage, et pour éviter des périphrases, nous appellerons le plus souvent Français les soldats de Charles, et Anglais les soldats de Henri.

Le dauphin étoit né le 21 janvier 1403, et au moment de la mort de son père, le 21 octobre 1422, il étoit âgé de dix-neuf ans et neuf mois. S'il avoit été doué d'énergie de caractère et d'activité d'esprit, il auroit pu dès-lors se mettre à la tête du parti qui soutenoit ses droits; mais le fils de Charles VI et de la pesante Isabeau avoit hérité de ses parens l'amour du plaisir, l'indolence et la mollesse. Quoiqu'il ne manquât pas de courage, il n'avoit aucun goût pour la guerre, parce qu'elle obligeoit à trop de fatigue et de corps et d'esprit. Ses dispositions étoient bienveillantes, et avant la fin de son long règne il eut occasion de montrer que ses affections et ses compassions pouvoient s'étendre des individus aux masses, en sorte qu'il répandit ses bienfaits sur les peuples, comme il les avoit répandus d'abord sur les courtisans; mais pendant long-temps sa douceur ne parut procéder que de foiblesse et de nonchalance. Cédant moins à l'amitié qu'à l'habitude, il s'abandonnoit à un favori, par qui il se laissoit gouverner, à qui il ne savoit rien refuser, et qu'il ne paroissoit cependant pas regretter un seul jour, quand il le perdoit. Exilé de sa capitale, il ne cherchoit point à la remplacer par quelques autres des grandes villes de ses États; il les évitoit toutes; il fixoit son séjour dans quelque château, dans quelque site champêtre; il s'y déroboit autant qu'il pouvoit, avec ses maîtresses, aux yeux de sa noblesse, à ceux des bourgeois, à ceux des soldats, et il y oublioit les affaires publiques et les troubles de son royaume.

Ce fut dans une de ces retraites, au petit château d'Espally, près du Puy en Auvergne, que le dauphin reçut, le 25 octobre 1422, à sept heures du soir, la nouvelle de la mort de son père. On raconte que le premier jour il pleura beaucoup et se vêtit de noir, mais que le lendemain il se rendit à la messe, dans la chapelle du château, en robe vermeille; que ses officiers revêtirent leurs cottes d'armes, que l'un d'eux déploya la bannière de France, que tous les autres la saluèrent par le cri de *vive le roi!* et que, dès-lors, dans son parti, il fut désigné par le nom de Charles VII (1). On n'explique point pourquoi Monstrelet place cette première proclamation à Espally, tandis que Charles VII, dans une ordonnance qu'il rendit huit ans plus tard, la place à Méhun sur Yèvre en Berri (2). Il est sûr du moins que ce fut dans ce château de Méhun sur Yèvre, qu'il rendit, le 16 novembre suivant, ses premières ordonnances royales (3). Tannegui du Châtel, et les autres Armagnacs

———

(1) Monstrelet, Collection de Buchon. T. V, L. II, c. 1, p. 7. — Chron. de Languedoc de Guill. Bardin, dans les Preuves de l'hist. de Languedoc. T. IV, p. 36.

(2) Ordonn. de France de mai 1430. Préface du T. XIII, p. 3, et texte, p. 154.

(3) Ordonn. T. XIII, p. 1.

qui le gouvernoient, jugèrent cependant convenable de le montrer à quelques unes des villes de l'ouest de la France. Ils le conduisirent d'abord à La Rochelle. L'hôtel où il fut logé, ébranlé par un concours extraordinaire de monde, s'écroula, tua quelques uns de ses courtisans, et le blessa lui-même. De là il se rendit à Poitiers, où il se montra au peuple avec la couronne en tête. (1)

Dans le même temps le duc de Bedford commandoit à Paris. C'étoit l'aîné des frères survivans de Henri V; il étoit alors âgé de trente ans environ, et son frère l'avoit chargé en mourant du gouvernement de la France. Après avoir présidé aux obsèques de Charles VI, il donna ordre à un héraut d'armes d'inviter les assistans à prier pour l'âme de Charles VI, et pour la prospérité du règne de Henri VI, roi de France et d'Angleterre. Revenant ensuite de Saint-Denis, en procession, il fit porter, comme régent de France, l'épée haute devant lui (2). Les bourgeois de Paris détestoient les Armagnacs; ils résolurent, par une délibération solennelle, d'envoyer une ambassade en Angleterre, pour faire hommage à l'enfant âgé de dix à onze mois, qu'on nommoit le roi Henri, et pour demander des renforts anglais afin de chasser de l'Ile de France les parti-

---

(1) Monstrelet. T. V, L. II, c. 2, p. 10.
(2) Journal d'un Bourgeois de Paris. Collect. de Buchon. T. XV, p. 327.

sans de Charles VII. Cependant ils ne purent voir sans douleur un Anglais déployer sur eux les signes de la souveraine puissance. L'auteur du Journal de Paris, quoique violent bourguignon lui-même, dit que le peuple en murmuroit fort, et Michel de Lallier, un de ceux qui avoient été envoyés en députation, entra dans une conspiration pour livrer Paris aux gens de Charles VII. Elle fut découverte; Lallier s'enfuit, plusieurs de ses complices furent décapités, et une femme fut brûlée vive par ordre des Anglais (1). Mais les supplices ne peuvent arrêter long-temps l'explosion du mécontentement populaire, et déjà la nation laissoit entrevoir qu'elle se sentoit humiliée : quoiqu'elle eût proscrit le dauphin, quoiqu'elle lui vît rassembler autour de lui ces Armagnacs, souillés par tant de brigandages, ses yeux se reportèrent sur lui, comme sur le représentant de l'indépendance nationale.

Au reste, de part et d'autre, les chefs du gouvernement commençoient à sentir que, pour décider à qui de Charles VII ou de Henri VI demeureroit la couronne de France, c'étoit moins sur la puissance des armes que sur l'affection du peuple qu'il falloit compter. Aussi de part et d'autre on cherchoit à porter quelque

---

(1) Monstrelet. T. V, L. II, c. 3, p. 11.
(2) Monstrelet. L. II, c. 5, p. 13.

remède à la longue anarchie et aux souffrances universelles. La première ordonnance que rendit Charles VII à Méhun sur Yèvre, le 16 novembre 1422, chargea le gouverneur du Dauphiné de pourvoir à la réforme des tribunaux : les trois États avoient porté des plaintes amères contre les lenteurs et les subtilités des gens de loi; ils assuroient que les délais de la justice ruinoient les plaideurs et exposoient sans cesse le bon droit. Une commission, présidée par deux évêques et composée de quinze ou seize jurisconsultes, prépara un réglement sur la procédure, en quarante-trois articles, où l'on reconnoît un progrès marqué dans l'art de la législation, à la clarté du langage, à l'ordre logique des idées, et à l'attention de pourvoir aux convenances des plaideurs. Ce réglement fut arrêté à Grenoble, le 14 janvier 1423, et mis immédiatement en vigueur. (1)

De son côté le duc de Bedford, dont on s'accordoit à louer l'esprit de justice, l'amour du bien public et les talens, s'efforçoit de rétablir quelque ordre dans la partie du royaume qui reconnoissoit Henri VI. Son frère en mourant l'avoit nommé régent de France, et il avoit voulu que le puîné, duc de Glocester, fût régent d'Angleterre; mais le parlement anglais n'avoit pas voulu reconnoître ce partage, qui sembloit

---

(1) Ordonn. de France. T. XIII, p. 1 à 7.

admettre la supériorité de la couronne de France : le 5 décembre il avoit proclamé à Westminster Jean, duc de Bedford, protecteur ou régent d'Angleterre, et le duc de Glocester son lieutenant, seulement en son absence (1). Cette absence devoit se prolonger; car le parti anglais en France avoit besoin de toute l'habileté de son chef. Bedford commença par confirmer dans leurs emplois tous ceux qui avoient eu des provisions du feu roi, les invitant à continuer provisoirement leurs fonctions avec diligence, et leur assurant le paiement de leurs gages, comme le remboursement des avances qu'ils pourroient avoir faites (2). Il publia ensuite plusieurs réglemens sur les monnoies, soit pour les faire battre désormais à l'effigie de Henri VI, soit pour tâcher de remédier au désordre de leur altération (3). Enfin il confirma les priviléges des bouchers de la grande boucherie de Paris. Durant tout le règne précédent, ces hommes s'étoient montrés les plus ardens fauteurs du parti bourguignon, leur organisation étoit presque militaire, et Bedford les regardoit comme les garans de l'obéissance de la capitale. (4)

(1) *Rymer, Acta publica.* T. X, p. 261. — Rapin Thoyras, Hist. d'Anglet. T. IV, L. XII, p. 187.
(2) Paris, 5 décembre 1422. — Ordonn. T. XIII, p. 8.
(3) Ordonn. de France. T. XIII, p. 7, 14 et 15.
(4) Ordonn., p. 16.

Charles VII, que les Parisiens nommoient le roi de Bourges, avoit en effet convoqué à Bourges, d'autres disent à Selles en Berri, pour le mois de janvier 1423, une assemblée des trois États du royaume, par laquelle il comptoit se faire reconnoître. Nous ne savons point en quel nombre ou de quelles provinces les députés se rendirent à cette assemblée, dont il ne nous reste d'autre monument qu'une ordonnance rendue par Charles VII à Bourges, le 24 janvier, pour dispenser les conseillers de son parlement de Poitiers de contribuer à l'aide d'un million de francs que ces États lui avoient accordée. (1)

Les trois États de Languedoc furent ensuite convoqués à Carcassonne pour le commencement de mai 1423, et Charles obtint d'eux une aide de deux cent mille livres, payable en quatre termes. Le clergé de ses États lui accorda enfin un dixième. Le roi profita de son séjour dans les provinces méridionales pour se réconcilier avec les comtes de Foix et de Comminges, qui étoient frères ; ils étoient alors dans le parti anglais, et ils auroient fort augmenté ses difficultés s'ils l'avoient attaqué au midi, tandis que les Anglais le pressoient au nord. (2)

Au reste aucune grande armée n'étoit rassem-

---

(1) Hist. de Languedoc. T. IV, L. XXXIV, c. 27, p. 460. — Ordonn. de France. T. XIII, p. 14.
(2) Hist. de Languedoc. L. XXXIV, c. 28, p. 461.

blée, et Bedford et Charles sembloient se résigner au partage du royaume, tel qu'il existoit entre eux; seulement l'un et l'autre laissoit agir les capitaines indépendans qui arboroient leurs étendards, et qui, vivant de pillage, faisoient la guerre pour leur compte. En Picardie, Jacques de Harcourt se disoit soldat de Charles VII; il surprit, le 11 novembre 1422, la ville et le château de Rue (1). Dans l'île de France, le sire de Graville tenoit le même parti; il fut reçu volontairement dans Meulan, mais bientôt les Anglais et les bourgeois de Paris l'y attaquèrent et le forcèrent, le 1ᵉʳ mars, à se rendre à composition (2). Dans le Ponthieu, c'étoit Dandonet, capitaine d'aventuriers, qui commandoit les Armagnacs; partant du Crotoy, où il se trouvoit avec sa troupe, il surprit par escalade, le 20 mars, la forteresse de Dommart, où il trouva un butin considérable, et plusieurs chevaliers et nobles dames qu'il mit à rançon; mais il revendit ensuite sa conquête au seigneur bourguignon auquel elle appartenoit (3). En Anjou, Jean de Harcourt, comte d'Aumale, surprit près de la Gravelle un parti anglais commandé par Jean de

---

(1) Chron. du sieur de Saint-Remy. Collect. de Buchon. T. VIII, c. 121, p. 225.

(2) Saint-Remy, c. 122, p. 226. — Monstrelet, c. 3, p. 12. — Journal d'un bourgeois de Paris, p. 329.

(3) Saint-Remy, c. 123, p. 227. — Monstrelet, c. 6, p. 21.

1423. la Porte, et lui tua assez de monde (1). En Champagne, le mont Aiguillon fut pris, après six mois de siége, par Salisbury; Orsay, entre Paris et Montlhéry, le fut également par un lieutenant du duc de Bedford (2). Une foule de petits faits d'armes de même nature se répétoient dans toutes les provinces; ils répandoient partout le trouble et la désolation, ils multiplioient les souffrances privées, ils suspendoient presque absolument les travaux de l'agriculture, le commerce, et toute espèce d'industrie, mais ils ne donnoient aucun avantage à l'un ni à l'autre parti, et ils ne rapprochoient point la guerre de son terme. (3)

(1) Monstrelet, c. 6, p. 24. — Jean Chartier, Histoire de Charles VII, p. 4.

(2) Monstrelet, c. 9, p. 34.

(3) L'historien Amelgard fait un tableau effrayant de la désolation de la France à cette époque. Il assure que d'Abbeville jusqu'à Laon, et de Laon jusqu'aux frontières d'Allemagne, la campagne étoit absolument déserte, inculte, et couverte seulement de buissons et d'épines, ou quelquefois d'épaisses forêts. Sur toute cette frontière il n'étoit pas demeuré un seul colon. L. II, c. 1, f. 24.

L'historien latin désigné sous le nom d'*Amelgardus Presbyter Leodiensis*, et conservé en manuscrit à la Bibliothéque du Roi, en un gros volume in-folio d'écriture gothique, sous le n° 5962, est un de ceux qu'on doit regretter de ne pas trouver imprimés dans les collections qu'on a récemment publiées. Il est le premier de la nouvelle école classique qui cherche à rendre à l'histoire de France l'élégance et l'arrangement dans la narration, la netteté du style, l'intérêt, les portraits, les tableaux, que les érudits remarquoient dans les historiens de l'antiquité, sur-

Au milieu de l'été, le maréchal de Sévérac, de concert avec Jean Stuart, connétable des Écossais, résolut de faire un grand effort pour rétablir la communication entre Bourges, que l'on considéroit comme le centre du gouvernement de Charles VII, et les capitaines qui avoient arboré ses drapeaux dans la Champagne et la Picardie. La route dont ils vouloient s'assurer seroit partie de Gien, au passage de la Loire, auroit traversé la Bourgogne vers Auxerre, et ensuite la Champagne. La forteresse de Crevant, entre Auxerre et Avallon, sur la droite de l'Yonne, en étoit la clef; elle avoit été livrée aux Armagnacs par le bâtard de la Baume, mais elle avoit été bientôt reprise par le sire de Chastellux et quelques autres gentilshommes bourguignons (1). Stuart avoit sous ses ordres trois mille Écossais; beaucoup d'aventuriers lombards, espagnols et gascons se joignirent à lui; et Sévérac lui amena plus de trois mille hommes levés dans les provinces centrales de la France qu'on regar-

---

tout dans Tite Live. Il comprend de plus dans ses deux ouvrages, l'un sur le règne de Charles VII, l'autre sur celui de Louis XI, une période importante, et sur laquelle nous n'avons point encore assez de documens; il est vrai qu'il paroît souvent plus occupé de la manière de bien dire, que de la vérité des faits, et qu'il exagère souvent, seulement pour être plus éloquent. L'écriture gothique et fort difficile à lire de ce manuscrit le met presque hors d'usage.

(1) Barante, Hist. des Ducs de Bourgogne. T. V, p. 148.

doit comme les moins belliqueuses; quelques uns des capitaines qui combattirent en partisans au nord de la Loire vinrent aussi se ranger sous leurs drapeaux. L'armée française marcha sur Crevant dans l'espoir de reconquérir cette forteresse. Le sire de Chastellux, à son approche, demanda instamment des secours, soit à la duchesse douairière de Bourgogne, qui étoit alors à Dijon, soit au duc de Bedford à Paris. L'un et l'autre rassemblèrent en hâte leurs soldats; les comtes de Suffolk et de Salisbury amenèrent à Auxerre environ quatre mille Anglais; ils y rencontrèrent au moins autant de Bourguignons commandés par le sire de Thoulongeon, maréchal de Bourgogne. Un réglement sévère fut publié dans cette ville, pour empêcher toute querelle entre les deux nations, qui commençoient à se regarder avec jalousie; l'ordre fut aussi donné à tout soldat de ne faire aucun prisonnier, tant que l'ennemi ne seroit pas mis en fuite; et l'Anglais ou le Bourguignon qui refuseroit de tuer son prisonnier devroit être aussitôt tué lui-même. Après la publication de cet ordre, Thoulongeon et Suffolk menèrent leur armée combinée contre celle des Français. (1)

Les Anglais remontèrent, le long de la gauche de l'Yonne, jusqu'à Coulange-la-Vineuse. Les Français se présentèrent sur la droite de la même

(1) Saint-Remy, c. 125, p. 231. — Monstrelet, c. 10, p. 37.

rivière pour leur fermer le passage. Les deux armées se trouvèrent en présence le 1er juillet, avec la rivière d'Yonne coulant entre deux, et le pont de Coulange barricadé par les Français. Pendant trois heures, les Anglais attaquèrent ces barricades sans pouvoir les forcer ; mais toute l'attention de l'armée française se dirigeoit de ce côté, et les avant-postes qu'elle avoit occupés du côté de Crevant se dégarnissoient peu à peu. Chastellux s'en aperçut, et sortant aussitôt à la tête de toute sa garnison, il ne trouva dans les lignes que ces paisibles soldats des bords de la Loire, qui s'étoient tenus aussi loin qu'ils avoient pu de tout combat ; ceux-ci prirent la fuite et le maréchal de Sévérac avec eux. Ce mouvement de désordre troubla ceux qui défendoient le pont de Coulange ; ils reculèrent, et le pont fut forcé. Presque tous les Français lâchèrent pied ; les Écossais, avec les aventuriers qui s'étoient joints à eux, se virent attaqués en tête et en queue ; bientôt entourés par un nombre croissant d'ennemis, ils se défendirent bravement, jusqu'à ce que la plupart d'entre eux fussent tués. Le connétable Stuart, Ventadour, Gamache et Xaintrailles furent faits prisonniers ; un neveu du comte de Buchan, un Seeton, un Hamilton et douze cents Écossais demeurèrent parmi les morts. (1)

(1) Monstrelet, c. 10, p. 40.— Saint-Remy, c. 125, p. 233.—

1423.

Non seulement la défaite de Crevant détruisit la seule armée que Charles VII eût sur pied, elle interrompit absolument la communication entre les provinces où il régnoit et les partisans qui lui restoient dans les autres ; aussi ces derniers éprouvèrent-ils, durant le reste de l'année, de nombreux échecs. Jean de Luxembourg, avec un corps bourguignon, dissipa les Armagnacs dans le comté de Guise, et leur prit les forteresses d'Arsie et de Landrecies ; il s'empara également de celles du Thiérache et du Cambresis, tandis que le comte maréchal des Anglais n'avoit pas moins de succès dans le Laonais (1). D'autres Anglais assiégèrent au mois d'octobre, dans la forteresse du Crotoy, Jacques d'Harcourt, qui prenoit le titre de lieutenant-général de Charles VII en Picardie ; la province étoit cependant perdue, et Harcourt, ne pouvant espérer d'aide de personne, capitula, et s'engagea à rendre sa forteresse, le 3 mars suivant, si, dans les trois premiers jours de ce mois, il ne pouvoit pas *tenir sa journée* entre Rue et le Crotoy ; c'étoit une stipulation alors fréquente. Au jour fixé, les amis de l'assiégé devoient offrir la bataille aux assiégeans dans un lieu convenu ; s'ils ne le pouvoient pas, ou s'ils étoient vain-

Chroniq. de la Pucelle. Coll. de Buchon. T. IX, p. 229. — Chartier, p. 4. — Le Bouvier, dit Berry, p. 369.

(1) Monstrelet, c. 11, p. 43.

cus, la place étoit rendue : jusqu'alors, les armées se retiroient, les hostilités étoient suspendues, et des otages répondoient de l'exécution de la convention (1). Harcourt, pour se mettre en état de tenir sa journée, s'embarqua aussitôt pour les provinces au midi de la Loire, où il espéroit trouver du secours. Il avoit un oncle, seigneur de Parthenay, attaché au parti bourguignon; malgré cette opposition de parti, il alla lui rendre visite, et il en fut reçu courtoisement avec toute sa suite. L'occasion le tenta, il crut pouvoir se rendre maître, par trahison, de ce beau château et du noble héritage qui en dépendoit. Un matin, ses chevaliers se jetèrent sur les ponts-levis et s'en emparèrent, tandis que lui-même se présentant au chevet du lit de son oncle, mit la main sur lui, et lui déclara qu'il étoit prisonnier de Charles VII; mais les bourgeois de Parthenay, instruits de la trahison dont leur seigneur étoit victime, prirent les armes en tumulte, et attaquèrent le château avec tant d'impétuosité qu'ils en forcèrent l'entrée. Le sire de Harcourt et les chevaliers qu'il avoit amenés avec lui furent alors tous massacrés. (2)

(1) Monstrelet, c. 12, p. 46. — Saint-Remy, c. 126, p. 234.
(2) Saint-Remy, c. 126, p. 236. — Monstrelet, c. 12, p. 51. — La Chron. de la Pucelle, p. 276, rapporte cet événement à l'an 1428.

Jusqu'à cette année le duc de Bretagne s'étoit maintenu neutre entre les deux partis ; les États de la province étoient opposés aux Anglais, mais les princes penchoient en leur faveur. Le duc de Bourgogne invita le duc de Bretagne et son frère Arthur, comte de Richemont, à venir, au mois d'avril 1423, conférer avec lui à Amiens sur leurs intérêts. Le duc de Bedford, sans y être attendu, se présenta à cette conférence, et fit accepter aux deux princes bretons six mille écus pour les frais de leur voyage (1). En même temps, Philippe, duc de Bourgogne, offrit au comte de Richemont en mariage sa sœur aînée Marguerite, duchesse de Guienne, et veuve du premier dauphin ; il marioit d'autre part la cinquième, Anne, au duc de Bedford, régent de France (2). Cette alliance séduisit les princes bretons ; le 17 avril, ils signèrent, avec les ducs de Bourgogne et de Bedford, une triple alliance, par laquelle ils s'engageoient à s'assister les uns les autres, pour le plus grand bien du roi Henri leur seigneur. Cependant, le lendemain, les ducs de Bourgogne et de Bretagne signèrent un autre traité secret, par lequel ils se promettoient réciproquement de demeurer

---

(1) Lobineau, Hist. de Bretagne. L. XVI, c. 16, p. 561.
(2) Saint-Remy, c. 124, p. 228. — Monstrelet, c. 7, p. 25. — Mém. de Richemont, Coll. de Mémoires., T. VII, p. 248, et G. Godefroy, ch. 7, p. 746.

amis, lors même qu'ils se réconcilieroient avec Charles VII. (1)

Le duc de Bourgogne, pressé du désir de venger son père, avoit donné tous ses partisans aux Anglais, et c'étoit lui seul qui leur assuroit la supériorité dans le royaume : le duc de Bedford le sentoit bien, aussi s'étoit-il allié avec empressement à lui, en épousant sa sœur, et cherchoit-il à le flatter par les marques de la plus grande déférence; mais son frère, le duc de Glocester, arrogant, impétueux, ne savoit point se soumettre à de tels ménagemens; d'ailleurs, au lieu de songer à affermir la domination des Anglais en France, il ne s'occupoit que de sa propre ambition. Des désordres dans la famille du duc de Bourgogne lui offrirent une occasion de se satisfaire aux dépens de cet utile allié. Jean, fils d'Antoine duc de Brabant, cousin-germain de Philippe duc de Bourgogne, étoit un homme foible, valétudinaire, et dominé par ses favoris. Il avoit épousé, en 1417, sa cousine-germaine, Jacqueline, déjà veuve du second dauphin, Jean, et souveraine en son propre droit des quatre riches comtés de Hainaut, de Hollande, de Zélande et de Frise. Les deux époux, fils d'un frère et d'une sœur, avoient vécu fort mal ensemble. Jacqueline,

(1) Preuves de l'hist. de Bretagne. T. II, p. 991.

accoutumée à ne rien refuser à ses passions ou à ses caprices, avoit un jour fait tuer Guillaume-le-Bègue, favori de son mari; quelque temps après, et d'accord avec le comte de Saint-Pol, frère de son mari, elle avoit fait arrêter la plupart de ses conseillers, et leur avoit fait trancher à tous la tête. Le duc de Brabant s'étoit bientôt entouré de nouveaux favoris, et, à leur persuasion, il avoit exilé toutes les femmes de la duchesse. Jacqueline, irritée, avoit alors quitté son mari, et avoit passé en Angleterre. Là, elle avoit fait casser son mariage avec le duc de Brabant, en raison de leur parenté, et elle avoit épousé Humphroy duc de Glocester, qui, peu délicat sur l'honneur de sa femme, ne voyoit dans cette alliance que l'avantage d'acquérir quatre des plus riches comtés des Pays-Bas. (1)

Cette acquisition étoit d'autre part, aux yeux du duc de Bourgogne, une mortelle offense: non seulement comme chef de la famille il ressentoit l'affront fait au duc de Brabant son cousin, il voyoit aussi détruire son espoir de réunir un jour tous les Pays-Bas sous sa domination, événement que la santé du duc de Brabant rendoit probable. Déjà la guerre avoit éclaté en Hainaut entre les deux maris de Jacqueline.

(1) *Magnum Chronicon Belgicum, in Struvio Scr. Germ.* T. III, p. 394-396. — Barante, Ducs de Bourgogne. T. V, p. 128.

Le duc de Bedford, dans la conférence d'Amiens, promit au duc de Bourgogne d'engager son frère à se désister de prétentions aussi injurieuses, ou tout au moins de l'amener à un compromis (1). Mais il trouva dans le duc de Glocester bien plus de hauteur, bien plus de violence qu'il ne l'avoit attendu; le danger auquel il exposoit la domination des Anglais sur la France ne parut faire aucune impression sur son esprit.

Ce commencement de brouillerie entre les Anglais et les Bourguignons étoit la seule circonstance qui semblât promettre à Charles VII un meilleur avenir. Au reste, il ne paroissoit point s'en inquiéter; se livrant aux plaisirs et à la mollesse dans quelque château loin du bruit des affaires et de la guerre, il ne donnoit point d'ordre à ses capitaines, il ne correspondoit point avec les provinces; on ne se souvenoit de lui que pour l'appeler par dérision *le roi de Bourges;* et ses favoris, ses conseillers intimes, n'étoient pas moins oubliés de la France que lui. Ce fut durant cet abandon que sa femme, Marie d'Anjou, sœur de Louis III, qui se disoit roi de Sicile, lui donna, le 4 juillet 1423, à Bourges, un premier fils, qui fut plus tard le roi Louis XI. Le duc d'Alençon fut son

---

(1) Monstrelet, c. 13, p. 52.

parrain, et l'évêque de Laon le baptisa. (1)

Plus l'état de la France étoit déplorable, et plus les étrangers sembloient avoir d'empressement à venir y apprendre l'art de la guerre, ou plutôt encore à venir vivre de pillage dans un pays où ils n'étoient appelés à respecter aucune autorité, à obéir à aucun gouvernement, à user d'aucun ménagement pour le peuple : le comte de Douglas arriva à La Rochelle avec six mille Écossais, et pour le récompenser d'un aussi puissant secours, on engagea Charles VII à le créer duc de Touraine (2). Cependant cette faveur, jusqu'alors sans exemple en France, et celle du comte de Buchan, qui avoit été créé connétable, excitoient parmi les Français une violente jalousie. On déclaroit qu'autant valoit être pillé par les Anglais que par leurs voisins du nord, plus barbares encore qu'eux : que les paysans étoient las de leur cruauté; les soldats, de leur insolence et des passe-droit qu'ils faisoient à tous leurs compagnons de service, et que leur aide seroit plus insupportable que leur inimitié, s'ils venoient encore usurper les honneurs et les dignités de la France (3). D'autre part un corps nombreux de cavalerie italienne étoit envoyé à

(1) Chroniq. de Jacques le Bouvier, dit Berry, p. 370. — Monstrelet, c. 13, p. 54. — Chron. de la Pucelle, p. 238.
(2) Chron. de la Pucelle, p. 239.
(3) Amelgard. L. II, c. 4, p. 27.

Charles VII par Philippe-Marie Visconti, duc de Milan. Ce souverain habile, après avoir soumis toute la Lombardie, vouloit retenir dans sa dépendance les capitaines et les compagnies d'aventure, à l'aide desquels il avoit fondé son pouvoir; en les employant dans les guerres de France, il se soulageoit d'une partie de leur solde, il se mettoit à l'abri de leurs intrigues, et il augmentoit l'idée qu'on se formoit au loin de sa puissance. Il chargea Thebaldo Valperga, Lucchino Rusca et Bornio Cacchière, de conduire au roi de France quinze cents hommes d'armes. Le maréchal de Bourgogne Thoulougeon ayant voulu les arrêter au passage, fut battu par eux et fait prisonnier à la Bussière.

La longueur de la guerre et ses chances variées avoient enseigné aux chevaliers français à montrer des égards aux prisonniers d'un rang distingué et de qui ils pouvoient attendre quelque rançon; ils les traitoient bien durant leur captivité, et leur donnoient des facilités pour se racheter, tandis qu'ils ne se faisoient pas de scrupule de faire massacrer tous ceux qui n'étoient pas gentilshommes. Aussi on ne tardoit guère à voir les premiers reparoître à la tête des corps qu'ils avoient commandés. Pothon de Xaintrailles, qui avoit été fait prisonnier à la bataille de Crevant, étoit bientôt revenu dans la ville de Guise où il commandoit. Parti de là avec ses aventuriers, il

1423. surprit par escalade, dans la nuit du 3 octobre 1423, la ville de Ham sur la Somme, et il y arbora les étendards du dauphin. Bientôt Jean de Luxembourg vint l'y assiéger, il reprit la ville d'assaut et fit trancher la tête à tous les soldats de Xaintrailles ; il ne voulut rendre la liberté à celui-ci que sous condition qu'il évacueroit la ville de Guise, qu'il emmèneroit tous ses soldats au midi de la Loire, et qu'il promettroit de ne repasser cette rivière, pour faire la guerre, que dans le cas où Charles VII conduiroit lui-même son armée (1). La ville de Guise, que les soldats de Xaintrailles évacuèrent, appartenoit au duc de Bar, qui prétendoit se maintenir neutre entre les deux rois, et qui refusa en conséquence d'y recevoir les Bourguignons. Mais Jean de Luxembourg exigea qu'elle lui fût remise, et vint en former le siége. Le duc de Bar et le duc de Lorraine se contentèrent de protester contre cette violence, et n'envoyèrent aucun secours aux habitans de Guise, qui ouvrirent enfin leurs portes aux Bourguignons, le 1er mars 1424. (2)

1424. A la même époque le duc de Bedford, se disant régent de France, avoit conduit son armée entre Rue et le Crotoy, pour y tenir la journée à laquelle l'avoit invité Jacques d'Harcourt ; mais comme il fut bientôt averti que ce seigneur étant

(1) Monstrelet, c. 16, p. 64.
(2) Monstrelet, c. 17, p. 67. — Saint-Remy, c. 127, p. 238.

mort, aucun autre ne viendroit délivrer sa forteresse, *que les Français n'y comparoîtroient point à puissance*, il crut au-dessous de sa dignité de ranger lui-même son armée en bataille; il en chargea Raoul le Bouteiller, qui resta deux jours à attendre les Français sans voir paroître personne; après quoi, le 3 mars, à midi, la ville du Crotoy lui fut livrée (1). Sa soumission étoit un coup funeste pour le parti de Charles VII dans le nord de la France; de même que la perte de Crevant lui avoit fermé la communication par terre, entre les provinces de sa domination au midi de la Loire et les aventuriers qui arboroient encore ses drapeaux dans la Champagne, l'île de France et la Picardie, la perte du Crotoy lui fermoit tout accès par mer à ces mêmes provinces. Ce n'est pas qu'elles ne continssent encore des bandes assez nombreuses, qui prétendoient agir par son autorité : mais la plupart se composoient de brigands, ou, comme on les nommoit alors, de Sacquemains plutôt que de soldats, qui se seroient déclarés pour le parti contraire, si le pays aux dépens duquel ils vouloient vivre avoit reconnu Charles VII. Toutes les fois qu'on les faisoit prisonniers, on les pendoit au premier arbre qu'on rencontroit, et la plupart avoient mérité ce supplice par des crimes atroces.

(1) Monstrelet, c. 14, p. 57.

Il seroit impossible de suivre tous les petits faits d'armes de ces aventuriers ou brigands qui remplissent les chroniques du temps. A la fin de l'année 1423, Beaumont-sur-Oise avoit été pris par des partisans de Charles, et repris par un lieutenant du duc de Bedford; Yves du Puys, capitaine armagnac, avec trois cents aventuriers, prit, vers le même temps Compiègne par escalade; il en fut chassé au mois de janvier 1424, par le duc de Bedford lui-même. En Champagne, le comte de Salisbury prit d'assaut la petite ville de Sédane dans le comté de Vertus, et il en fit massacrer presque tous les habitans (1). En Normandie, un autre chef anglais vint assiéger Ivry; la place étoit forte et importante, et elle obtint la capitulation accoutumée; les habitans promirent de la livrer la nuit de l'Assomption, si dans la journée précédente ils n'étoient pas secourus lorsque les Anglais viendroient tenir leur journée devant ses murs.

Les opérations militaires parurent ensuite suspendues jusqu'au mois d'août, où le sort d'Ivry devoit se décider. Les Écossais, auxquels Charles VII sembloit avoir abandonné la défense de son royaume, résolurent de faire un effort pour sauver cette place. Le comte de Buchan, connétable de France, et Douglas duc de Touraine, partirent de Tours avec cinq ou six mille Écossais; ils

---

(1) Monstrelet, c. 17, p. 67. — J. Chartier, p. 7.

rencontrèrent à Châteaudun le maréchal de La Fayette, Guillaume, vicomte de Narbonne, et le comte d'Aumale; ils s'avancèrent par le pays Chartrain et le Perche, et ils furent encore rejoints en chemin par les seigneurs de Ventadour, de Tonnerre, de Moisy, avec leurs compagnies, et par la cavalerie lombarde de Thebaldo Valperga. Comme ces chefs ne vouloient point obéir l'un à l'autre, ils convinrent de déférer le commandement au seul prince du sang qui fût demeuré attaché à Charles VII, Jean II, duc d'Alençon, quoiqu'il fût à peine âgé de quinze ans : le vicomte de Narbonne, auquel on reconnoissoit le plus d'expérience, fut chargé de l'assister de ses conseils : on estimoit son armée à dix-huit mille hommes (1). De son côté, le duc de Bedford s'étoit mis en campagne le 8 août, avec les comtes de Salisbury et de Suffolk, lord Willoughby, dix-huit cents hommes d'armes et huit mille archers anglais, pour tenir sa journée devant Ivry.

Il paroît que Bedford occupa de bonne heure près d'Ivry une position où il ne pouvoit être attaqué sans désavantage; les Français, qui arrivèrent le 15 août à peu de distance d'Ivry, l'ayant reconnue, renoncèrent à livrer bataille, malgré les instances des capitaines écossais et lombards; Gérard de La Pallière, qui com-

(1) Berry, p. 371. — Hist. de Languedoc. T. IV, L. XXXIV, c. 32, p. 463.

mandoit dans la place, fut donc obligé de la livrer aux Anglais, presque en présence de ceux dont il avoit attendu le secours : mais Narbonne essaya de s'en dédommager en ramenant l'armée du duc d'Alençon rapidement sur Verneuil, qui tenoit pour les Anglais, et en annonçant aux magistrats de cette place, qu'il venoit de défaire l'armée anglaise; ceux-ci eurent peur, et lui ouvrirent leurs portes. (1)

Verneuil n'est qu'à trois lieues d'Ivry, et le duc de Bedford fut bientôt informé de la supercherie qui lui avoit fait perdre cette place; il résolut de la reprendre à force ouverte, et les Français, qui avoient l'avantage du nombre, ne refusèrent point la bataille; ils laissèrent leurs chevaux dans Verneuil, et le jeudi 17 août, ils vinrent se ranger sur le terrain qu'ils avoient choisi; les Écossais, qui faisoient le nerf de leur armée, étoient plus propres à combattre à pied qu'à cheval; les Lombards au contraire, dont la gendarmerie étoit excellente, reçurent l'ordre de faire un détour pour venir prendre les Anglais par derrière. De son côté Bedford, arrivé en vue des Français, fit mettre pied à terre à ses soldats, et laissa derrière lui ses bagages et ses chevaux sous la garde de deux mille archers.

(1) Monstrelet, c. 19, p. 71. — Saint-Remy, c. 127, p. 238. — Journal d'un bourgeois de Paris, p. 343. — Chron. de la Pucelle, p. 240. — Amelgard. L. II, c. 3. f. 25.

Les deux masses d'infanterie vinrent ensuite se choquer avec une ardeur incroyable ; les Français crioient Montjoie Saint-Denis ; les Anglais, Saint-George à Bedford, et comme chaque soldat répétoit de toute sa force ce cri de guerre, leur clameur simultanée avoit quelque chose d'effrayant. Pendant trois quarts d'heure la mêlée fut soutenue de part et d'autre avec une égale bravoure. Cependant Narbonne avoit mis un peu de désordre dans les rangs français, en les entraînant en avant, tandis que Buchan avoit donné à ses Écossais l'ordre de demeurer immobiles et d'attendre le choc des Anglais. En même temps la cavalerie lombarde avoit accompli sa manœuvre ; elle étoit parvenue au parc où les Anglais avoient laissé leurs bagages et leurs chevaux, et elle avoit repoussé leurs archers, mais ce qui sembloit un succès causa la perte de la bataille. Les Lombards s'emparèrent avidement des chars et des chevaux des Anglais, et s'éloignèrent avec eux au galop pour les mettre en sûreté. Les deux mille archers qui les gardoient, et qui avoient été écartés, sans être rompus, n'ayant plus rien à faire à leur parc, vinrent rejoindre leurs compatriotes qui combattoient, et ce renfort inattendu décida la victoire : les Français, ayant déjà perdu quatre ou cinq mille hommes, prirent la fuite. On trouva parmi les morts le comte de Buchan connétable de France, le comte de Douglas duc de Touraine et son fils, le vicomte de Narbonne, dont Bedford fit attacher le corps à un gibet, parce qu'il étoit un des assassins du duc de Bourgogne; les comtes d'Aumale, de Tonnerre, de Ventadour, et un grand nombre de seigneurs. Bedford avoit défendu à ses soldats de faire aucun prisonnier, et long-temps ils massacrèrent tous ceux qui leur demandoient quartier; cependant vers la fin du combat ils accordèrent la vie à environ deux cents captifs, parmi lesquels se trouvoient le duc d'Alençon, le bâtard d'Alençon son frère, et le sire de La Fayette. De leur côté, ils avoient perdu environ seize cents hommes, parmi lesquels les plus marquans étoient un Dudley et un Charleston. (1)

Le lendemain la ville de Verneuil ouvrit ses portes au duc de Bedford, qui, après y avoir mis garnison, ramena son armée en Normandie et la congédia. Les affaires de Charles paroissoient toujours plus désespérées: les gentilshommes qui avoient péri à la bataille de Verneuil étoient ceux qui avoient montré jusqu'alors le plus d'ar-

---

(1) Monstrelet, c. 20, p. 74. — Saint-Remy, c. 128, p. 240. — Le Bouvier, dit Berry, p. 371. — J. Chartier, p. 8. — Journal d'un bourgeois de Paris, p. 346. — Chron. de la Pucelle, p. 242. — Amelgard assure que la joie que ressentirent les Français de la destruction complète de leurs auxiliaires écossais, les consola de leur propre défaite. L. II, c. 4, p. 27.

deur pour sa cause, et qui pouvoient le mieux rassembler pour lui une armée parmi leurs vassaux. La ville de Tournai se disoit toujours à lui, mais c'étoit plutôt une république sous la protection de la France qu'une ville française. Isolée à l'entrée des Pays-Bas, elle ne communiquoit plus avec lui; elle se gardoit elle-même, sans vouloir admettre dans ses murs de soldats français, elle ne s'occupoit que de ses dissentions privées, et elle ne pouvoit lui être d'aucun secours (1). Nelle en Tardenois et La Fère venoient encore de capituler; Étienne de Vignoles, plus célèbre sous le nom de La Hire, qui commandoit pour Charles en Champagne, fut contraint par le sire de Montaigu, au mois de septembre, de s'engager à évacuer toutes les forteresses qu'il possédoit encore dans cette province, s'il n'étoit pas secouru avant le premier dimanche du carême suivant (2). Mais comme les ressources de Charles diminuoient, les Anglais lui en créoient de nouvelles par leurs fautes : Bedford avec toute sa sagesse ne pouvoit contenir l'arrogance de ses compatriotes; à peine avoient-ils vaincu leurs ennemis qu'ils s'en faisoient de nouveaux parmi les Français attachés à leur cause. Les sires de Longueval, de Blondel, de Mailly, de Maucourt, et d'autres cheva-

(1) Monstrelet, c. 15, p. 60.
(2) Monstrelet, c. 22, p. 90.

liers du Vermandois, qui jusqu'alors avoient été attachés au parti bourguignon, et avoient servi dans l'armée de Jean de Luxembourg, furent forcés, par les vexations et les injustices de ces étrangers qui se croyoient leurs vainqueurs, de chercher un refuge dans le parti de Charles VII ; les Anglais s'empressèrent alors de confisquer leurs terres, et dès qu'ils en faisoient quelqu'un prisonnier, ils l'envoyoient au supplice. (1)

L'ambition et l'arrogance du duc de Glocester causoient plus de souci encore à son frère le duc de Bedford. Il avoit débarqué à Calais avec Jacqueline de Hainaut sa femme, et il étoit résolu, malgré toutes les exhortations de son frère, à faire la guerre au duc de Brabant, au risque d'aliéner ainsi la puissante maison de Bourgogne. Le duc de Bedford et le duc de Bourgogne, qui sentoient que cette querelle compromettoit, l'un la couronne de Henri VI, l'autre la vengeance qu'il vouloit tirer des meurtriers de son père, se réunirent à Paris à la fin d'octobre, pour chercher s'ils pourroient concilier à l'amiable les prétentions des deux maris de Jacqueline. Un procès étoit entamé à Rome pour décider si les dispenses accordées par le Pape, lors du mariage du duc de Brabant avec elle, avoient bien levé tous les obstacles canoniques ; mais sans attendre sa

---

(1) Monstrelet, c. 18, p. 69.

décision, Bedford et Bourgogne, agissant comme arbitres, essayèrent de partager les seigneuries de Jacqueline entre ses deux maris. Le duc de Brabant accepta leur prononcé, le duc de Glocester, au contraire, déclara qu'il avoit droit à la totalité des seigneuries de sa femme, et qu'avec les cinq ou six mille Anglais qu'il avoit amenés à Calais, il sauroit bien s'en mettre en possession. Le duc de Bourgogne, offensé de ce manque d'égards, protesta qu'il ne manqueroit point à son cousin le duc de Brabant, et que celui-ci pourroit compter sur ses secours. (1)

Le duc de Bourgogne n'étoit pas le seul des princes du sang qui fût irrité contre les Anglais; Arthur, comte de Richemont, frère du duc de Bretagne, qui se sentoit des talens pour la guerre, s'éloignoit d'eux parce qu'il ne pouvoit obtenir aucun commandement dans leur armée. L'arrogance des capitaines anglais, le mépris qu'ils affichoient pour les princes de France, leur avoient aliéné tous les cœurs. Les grands se retiroient dans leurs gouvernemens, et évitoient tout rapport avec d'insolens étrangers qui se conduisoient en maîtres. Ils hésitoient s'ils ne se réconcilieroient point avec Charles VII, ils entamoient même des négociations avec lui; et Amé VIII, duc de Savoie, ayant fait rencon-

(1) Monstrelet, c. 23, p. 91. — Saint-Remy, c. 130, p. 243.

1424. trer à Chambéry les ambassadeurs du duc de Bourgogne avec ceux de Charles VII, leur fit signer, le 28 septembre, une trêve de cinq mois, qui sembloit un acheminement vers une pacification définitive. (1)

Cependant la cour de Charles VII n'étoit pas faite pour inspirer de la confiance. Retiré dans quelque château, où il sembloit ne prendre aucun intérêt aux affaires, il échappoit si bien aux regards de ses contemporains, que les historiens du temps ne parlent presque jamais de lui. Dans ce temps même, des intrigues divisoient sans cesse les favoris dont il étoit entouré. Yolande d'Aragon, reine-mère de Sicile, et mère de la reine Marie sa femme, avoit beaucoup de crédit sur l'esprit de son gendre, dont elle flattoit tous les penchans; elle étoit jalouse des vieux chefs armagnacs qui avoient enlevé Charles VII de Paris, et elle l'auroit volontiers soustrait à leur domination; la rudesse de ceux-ci, les crimes dont ils s'étoient souillés, l'impossibilité de réconcilier le roi au duc de Bourgogne tant que le premier seroit entouré des assassins du père du second, donnoient beau jeu à Yolande dans ses attaques contre eux. Tannegui du Châtel, le plus farouche des Armagnacs, tua de sa main, en présence du roi, le comte Guichard

---

(1) Guichenon, Hist. de Savoie. T. II, p. 37.

Dauphin, qu'il soupçonnoit d'agir contre lui (1), et dont Charles VII commençoit alors à faire son favori. Mais cette violence lui fut préjudiciable, quoiqu'il ne fût point puni; son crédit déclina dès-lors, et il ne tarda pas à sentir qu'il devoit se retirer. Le président de Provence Louvet montroit plus d'obstination ; il s'étoit assuré l'appui du maréchal de Boussac, de Thebaldo Valperga, chef des Lombards et des Écossais, et il étoit résolu à périr plutôt avec le roi qu'à le sauver en se séparant de lui.

Yolande d'Aragon sentoit bien qu'elle n'affermiroit son gendre sur le trône qu'autant qu'elle parviendroit à le réconcilier avec les princes qui s'étoient partagé les provinces de France, tels que son fils Louis III d'Anjou, roi de Sicile, le duc de Bretagne et son frère, et surtout le duc de Bourgogne. Elle avoit fait dans ce but plusieurs voyages en Bretagne ; Tannegui du Châtel et le président Louvet y avoient été aussi. Après que Buchan eut été tué à la bataille de Verneuil, elle fit offrir au comte de Richemont l'épée de connétable, comme gage de la réconciliation de la maison de Bretagne avec Charles VII. Richemont se sentoit du talent pour la guerre ; il avoit de la capacité dans les affaires, de l'activité, de la décision, mais

---

(1) Pasquier, Recherches de la France. T. I, L. VI, c. 4, p. 529.

beaucoup de rudesse de caractère, et un grand mépris pour l'indolence de Charles VII; cependant il se montra disposé à le servir, pourvu que Tannegui du Châtel, le président Louvet, Frottier et Guillaume d'Avaugour fussent renvoyés du royaume. Il déclara ne pouvoir leur pardonner ni leur participation à l'assassinat du duc de Bourgogne à Montereau, ni l'assistance qu'ils avoient donnée au comte de Penthièvre, lorsque celui-ci avoit arrêté le duc de Bretagne avec l'intention de l'assassiner aussi. (1)

Pendant que cette négociation se continuoit, le duc de Bourgogne, qui avoit perdu sa première femme, Michelle, fille de Charles VI, le 8 juillet 1422, épousa, dans l'automne de cette année, Bonne, fille de Philippe d'Artois, comte d'Eu, et veuve du comte de Nevers, son oncle (2). Peu après il vint à Mâcon avec le comte de Richemont son beau-frère, pour y rencontrer Amé VIII, duc de Savoie, qu'il savoit fort zélé pour la pacification du royaume. Celui-ci lui présenta Charles, comte de Clermont, fils du duc de Bourbon, prisonnier en Angleterre, qui, quoique attaché à Charles VII, lui demandoit la plus jeune de ses sœurs, Agnès, en mariage. Cette union s'accomplit en effet.

---

(1) Mém. de Richemont. T. VII, p. 251. — Lobineau, Hist. de Bretagne. L. XVI, c. 25, p. 564.

(2) Monstrelet, c. 23, p. 93.

Amé VIII présenta aussi au duc de Bourgogne l'archevêque de Reims et l'évêque du Puy, ambassadeurs de Charles VII, qui avoient accompagné le comte de Clermont. Ils supplièrent humblement Philippe de rendre la paix à la France; mais celui-ci répondit qu'il lui étoit impossible de devenir l'ami d'un prince qu'il voyoit toujours entouré des assassins de son père. (1)

Cette réponse n'empêcha point que de nouvelles instances ne fussent adressées au comte de Richemont pour lui faire accepter l'office de connétable. L'évêque de Clermont et le sieur de Trignac secondoient, auprès du roi, Yolande d'Aragon, lorsque celle-ci cherchoit à se défaire des vieux Armagnacs à l'aide des princes de Brétagne. Le bâtard d'Orléans, qui depuis fut comte de Dunois (en 1439), et le sire d'Albret furent envoyés comme otages à Richemont, auquel le roi donna en même temps quatre places de sûreté pour l'engager à venir le trouver à Angers au mois de novembre. Les honneurs dont Charles VII s'efforça de combler le prince breton ne l'empêchèrent point de persister dans sa première demande pour l'éloignement des assassins du pont de Montereau, et de le faire même avec assez de rudesse. Il obtint enfin, à cet égard, la parole du

---

(1) Monstrelet, c. 24, p. 95. — Saint-Remy, c. 131, p. 245.

roi (1), qui convint avec lui que Tannegui seroit fait sénéchal de Beaucaire, et se retireroit dans son gouvernement, que Louvet retourneroit à son parlement de Provence, que les autres sortiroient du royaume. Tannegui lui-même dit à Richemont : « Que jà à Dieu ne pleust que « pour lui demeurast à faire un si grand bien, « comme la paix entre le roi et monseigneur de « Bourgogne. » (2)

Sur cette assurance, Richemont revint en Bretagne, soit pour traiter la paix entre le roi et son frère, le duc Jean VI, soit pour s'attacher des seigneurs bretons, à l'aide desquels il pût former l'armée avec laquelle il se flattoit de rétablir Charles VII sur son trône; il s'assura en effet des seigneurs d'Étampes, de Porrhoet, de Beaumanoir, de Chateaubriand, de Rostrenen, de Montauban; en même temps il engagea son frère à armer les communes de son duché, et à obliger chaque paroisse à lui fournir au moins cinq ou six hommes qu'on exerçoit, les uns à tirer de l'arc, les autres à employer la hache, le maillet ou la coutille (3). Après avoir ainsi

---

(1) Monstrelet, c. 13, p. 56. — J. Chartier, p. 11. — Le Bouvier, dit Berry, p. 372. — Mém. de Richemont. T. VII, p. 250. — Lobineau, Hist. de Bretagne. L. XVI, c. 25, p. 564.

(2) Mém. de Richemont. T. VII, p. 253.

(3) Lobineau, Hist. de Bretagne. L. XVI, c. 29, p. 565; et Preuves, p. 999. — Daru. T. II, L. VI, p. 256.

pourvu à la défense de son pays, Richemont revint chercher le roi avec une suite qui pouvoit passer pour une petite armée ; mais la cour avoit dans l'intervalle changé de face. Le président Louvet s'étoit rendu maître de l'esprit du roi, et lui avoit persuadé de partir de Chinon, où il avoit promis d'attendre Richemont. Celui-ci le suivit à Poitiers, à Tours, à Bourges sans pouvoir l'atteindre. Tous les gentilshommes de la province accouroient à lui, lui offroient leur assistance, et lui recommandoient de sauver le royaume, en écartant de Charles les assassins de Montereau. Toutes les communes, dès qu'il approchoit, se déclaroient pour lui, et lui rendoient les plus grands honneurs; mais le roi reculoit devant cette manifestation de l'opinion publique; il sembloit fuir, et être poursuivi par un vainqueur. Enfin, parvenu à Selles, le président Louvet reconnut que cette petite ville avec celle de Vierzon étoient les seules qui voulussent encore obéir à son autorité. Il s'adressa alors au bâtard d'Orléans, qui avoit épousé une de ses filles, mais qui n'en étoit pas moins opposé aux Armagnacs, et il lui demanda de le conduire en sûreté jusqu'aux frontières de Provence. Avec lui Tannegui du Châtel, et tous les autres partisans forcenés de l'ancienne faction d'Armagnac, quittèrent la cour. Charles VII revint, avec Arthur de Richemont, à Chinon;

et ce fut dans la prairie devant ce château que, le 7 mars 1425, il lui donna l'épée de connétable avec toute la pompe que pouvoit lui permettre l'état déplorable de ses finances. Cette révolution de cour étoit importante. Charles VII, qui n'avoit été jusqu'alors considéré que comme l'agent d'un parti, et qui avoit accepté, en quelque sorte, l'héritage de tous ses crimes, le répudioit, pour se présenter désormais comme le roi de tous les Français, comme désireux de les tous réconcilier pour les tous soustraire au joug de l'étranger. Malheureusement il tenoit de son père une légèreté, une inapplication, une passion pour le plaisir, un manque de suite dans les idées, qui ne lui permettoient point d'occuper la première place dans son royaume. Richemont, qui ne vouloit point s'ensevelir lui-même dans les voluptés, et qui voyoit bien que le roi laisseroit prendre un empire absolu sur lui à l'homme qui seroit le compagnon de ses plaisirs, fit choix du sire de Giac pour être le favori du prince, encore que le nom de sa mère se liât d'une manière sinistre au souvenir de l'assassinat de Montereau. (1)

Pendant que Richemont poursuivoit le roi de ville en ville, afin de recevoir de lui l'épée

---

(1) Bouvier, dit Berry, p. 373. — J. Chartier, p. 13. — Mém. de Richemont, p. 254. — Chron. de la Pucelle, p. 249. — Barante. T. V, p. 210.

de connétable, on auroit pu craindre que les Anglais ne profitassent de ce que la défense du royaume étoit absolument abandonnée, pour pousser plus loin leurs conquêtes. En effet, peu de mois après la bataille de Verneuil, le comte de Salisbury entreprit de soumettre le Maine; il vint, avec une armée considérable, mettre le siége devant le Mans. Ses grosses bombardes firent aux murs une brèche fort large; et le sire de Tucé, qui commandoit les Français, fut forcé de capituler. Il paya quinze cents écus d'or de rançon pour sauver la ville du pillage. Salisbury assiégea ensuite Sainte-Suzanne, Mayenne, et enfin la Ferté-Bernard; chacune de ces villes lui opposa une honorable résistance, et ne se rendit point que la brèche n'eût été ouverte; toutefois chacune fut obligée de capituler à son tour, sans que Charles VII, ou aucun de ses généraux fît aucun effort pour les délivrer. (1)

Mais les Anglais n'étoient guère plus en état d'attaquer que les Français de se défendre. La querelle du duc de Glocester avec le duc de Brabant occupoit presque exclusivement leur attention et paralysoit leurs forces. Le premier étoit entré en Hainaut au commencement de décem-

---

(1) Le Bouvier, dit Berry, p. 373. — J. Chartier, p. 13. — Mém. de Richemont, p. 254. — Chron. de la Pucelle, p. 249. — Barante. T. V, p. 210.

bre 1424, avec sa femme Jacqueline, sa maîtresse Éléonore Cobham, et une petite armée anglaise. Il avoit traversé l'Artois sans faire aucun dommage aux terres du duc de Bourgogne ; Bouchain, Mons, et la plupart des villes et des gentilshommes du Hainaut s'étoient soumis à lui ; Valenciennes cependant lui avoit fermé ses portes (1). D'autre part le duc de Bourgogne, qui venoit de recueillir l'héritage de Jean-sans-Pitié, évêque de Liége, au préjudice de Jacqueline, déshéritée par ce prélat dont elle étoit nièce (2), donna ordre, le 20 décembre, à Jean de Luxembourg et aux seigneurs de Croy et de l'Ile-Adam, de rassembler tout ce qu'il avoit de troupes dans ses États de Flandre et d'Artois, pour secourir le duc de Brabant. Cet ordre devenu public, donna lieu à une correspondance entre lui et le duc de Glocester, qui devint toujours plus aigre, et qui se termina par un défi à un combat singulier porté par le duc de Glocester, accepté par le duc de Bourgogne pour le 23 avril, jour de Saint-Georges ; le duc de Bedford devoit être juge du combat (3). Les deux ducs comptoient réellement se battre, et dès-lors on ne les vit occupés que de faire forger et d'essayer les plus

---

(1) Monstrelet, c. 24, p. 96. — Saint-Remy, c. 132, p. 246.
(2) Monstrelet, c. 23, p. 94. — Saint-Remy, c. 131, p. 245.
(3) Toutes les lettres sont dans Monstrelet, c. 25, 26, 27 et 28, p. 97-109, et dans Saint-Remy, c. 134-136, p. 251-258.

fortes armures, ou de prendre des leçons d'escrime (1). Cependant Glocester étoit retourné en Angleterre avec sa maîtresse Éléonore Cobham, et il avoit laissé sa femme Jacqueline à Mons, sous la protection des bourgeois, qui s'étoient engagés à la défendre (2); et Bedford, bien déterminé à empêcher le combat, avoit commencé par engager les deux champions, l'un son frère, l'autre son beau-frère, à consentir à un délai; il avoit ensuite chargé son oncle Henri de Beaufort, évêque de Winchester, de réprimander son frère, et de lui faire sentir à quel point il exposoit la fortune de l'Angleterre. Le prélat, arrogant et ambitieux, qui songeoit à devenir lui-même protecteur d'Angleterre, s'acquitta de sa tâche avec tant d'âpreté que ce fut le commencement de sa brouillerie avec le duc de Glocester son neveu (3). Un grand conseil, assemblé à Paris sous la présidence de Bedford, mit enfin l'appel à néant, et prononça que les deux ducs n'avoient aucun motif, ou de combattre, ou de se faire des réparations l'un à l'autre. (4)

Pendant que ce combat judiciaire étoit en

(1) Saint-Remy, c. 137, p. 261.
(2) Monstrelet, c. 29, p. 112.
(3) Monstrelet, c. 32, p. 136. — Rapin Thoyras, T. IV, L. XII, p. 216.
(4) Monstrelet, c. 36, p. 138. — Saint-Remy, c. 138, p. 265.

suspens, la cause matrimoniale étoit aussi plaidée à Rome; mais le pape Martin V, qui, élu par le concile de Constance, et venant après le grand schisme d'occident, se défioit du pouvoir du Saint-Siége, ne se pressoit pas de décider entre deux si puissans rivaux, et il attendoit de voir lequel auroit la victoire, avant de prendre sur lui de prononcer lequel avoit le bon droit. Les Anglais avoient publié une fausse bulle de lui, pour casser le mariage de Jacqueline avec le duc de Brabant, et confirmer celui avec le duc de Glocester (1). Il se hâta de la démentir, mais en même temps il écrivit aux ducs de Glocester et de Bourgogne, pour leur interdire, sous peine d'anathème, le combat singulier auquel ils s'étoient engagés, leur représentant combien il étoit indigne de princes chrétiens de combattre en personne comme des gladiateurs, et d'exposer leur propre vie plutôt que celle de leurs soldats. (2)

Ceux-ci, pendant le même temps, sembloient en effet sur le point de décider la querelle. Philippe, comte de Ligny et de Saint-Pol, frère du duc de Brabant, avoit rassemblé une armée de près de trente mille hommes; on y voyoit les sires de Conversan, de Croy, de l'Ile-Adam, de Malines, anciens serviteurs du duc de Bour-

---

(1) Monstrelet, c. 30, p. 119.
(2) *Raynaldi Annal. eccl.* T. XVIII, an. 1425, §. 9.

gogne, et à côté d'eux, Pothon de Xaintrailles, Renaud de Longueval, et d'autres capitaines de Charles VII, qui avoient saisi avec avidité cette occasion de combattre les Anglais. Ils forcèrent à capituler ceux qui étoient en garnison à Braine-le-Comte, et violant ensuite leurs promesses, ils les massacrèrent et pillèrent et brûlèrent la ville (1). Après une courte suspension d'armes, Saint-Pol vint ensuite assiéger Mons, et ayant coupé le conduit qui donnoit des eaux à la ville, il força les bourgeois à capituler. Jacqueline se trouvoit avec sa mère dans leur ville; tout ce qu'elle put obtenir fut d'être remise le 13 juin au duc de Bourgogne, qui s'engagea à la garder honorablement à Gand jusqu'à ce que le pape eût prononcé sur la cause matrimoniale (2). Au commencement de septembre elle réussit à s'échapper de Gand, à cheval et déguisée, et à gagner la Hollande par Anvers et Breda; mais d'autres fantaisies l'avoient distraite du duc de Glocester, qui de son côté ne songeoit plus à elle, et elle reprit sans lui le gouvernement de la Hollande. (3)

La France étoit cependant laissée en quelque sorte sans gouvernement, pendant que ces petites et basses intrigues divisoient ses princes. Ceux-ci, jaloux les uns des autres, ne se réunis-

(1) Monstrelet, c. 29, p. 112.
(2) Monstrelet, c. 31, p. 121. — Saint-Remy, c. 137, p. 263.
(3) Monstrelet, c. 35, p. 137.

soient plus dans une capitale ; le duc de Bedford préféroit la Normandie au séjour de Paris ; le duc de Bretagne ne s'éloignoit guère de Nantes ou de Rennes ; le duc de Bourgogne partageoit son temps entre Dijon, Gand et Bruges ; la reine-mère Isabeau de Bavière demeuroit seule à Paris ; mais elle ne sortoit point de son hôtel de Saint-Paul ; elle y vivoit sans pouvoir, presque sans argent, n'ayant pas plus de huit setiers de vin par jour pour toute sa maison ; et la plupart des Parisiens ne savoient pas même qu'elle fût dans leur ville (1). La juridiction du parlement de Paris se trouvoit fort restreinte par l'établissement du parlement de Charles VII à Poitiers. Ni les affaires judiciaires, ni les faveurs de la cour, ni les intrigues, ni les plaisirs, n'attiroient plus les riches et les seigneurs à Paris ; aussi le commerce y alloit en décadence, la misère croissoit chaque jour, la population diminuoit, et le nombre des maisons abandonnées ou tombant en ruines étoit si grand, que Bedford fut obligé d'y pourvoir par une ordonnance (2). Cette misère multiplioit les crimes et les procès ; aussi tandis que le nombre des justiciables décroissoit, Bedford fut-il obligé de réformer le Châtelet, et d'exi-

---

(1) Journal d'un bourgeois de Paris, p. 340, 351.
(2) Du 27 mai 1424. Ordonn. de France. T. XIII, p. 47. — Le Journal de Paris prétend qu'il y avoit 24,000 maisons abandonnées. *Ibid.*, p. 339.

ger du prévôt qu'il donnât ses audiences plus longues et plus nombreuses, qu'il pourvût mieux à la nourriture des prisonniers, et qu'il diminuât les frais des procès. (1)

L'abandon de Paris par l'une et l'autre cour avoit presque détruit les communications entre les monarques et leurs sujets ; car dans ces temps où il n'existoit ni journaux, ni imprimerie, le gouvernement ne connoissoit de moyen de faire entendre ses volontés au peuple, qu'en les publiant dans les villes à son de trompe, tandis que les citoyens ne pouvoient témoigner leur assentiment ou leur dissatisfaction que par leurs clameurs, lorsqu'ils s'assembloient dans les carrefours. Mais depuis que le duc de Bedford, régent pour Henri VI, vivoit dans les petites villes de Normandie, que Charles VII erroit de châteaux en châteaux, entouré seulement d'un petit nombre de courtisans, et qu'il ne visitoit que de loin en loin Poitiers ou Bourges, dont la bourgeoisie, peu nombreuse et peu riche, étoit sans influence sur le reste du royaume, le rapport étoit rompu entre le peuple et le souverain ; la cour étoit oubliée, la monarchie n'avoit plus d'unité ; les paysans dans leurs campagnes, les bourgeois dans leurs petites villes, ne voyoient plus que les capitaines qui les opprimoient, et les magis-

(1) Ordonn. de mai 1425. T. XIII, p. 88.

trats municipaux, qui cherchoient encore de temps en temps à les défendre.

Toutefois, telle étoit, même sur la France, l'influence du progrès de la civilisation et des lumières dans le reste de l'Europe, que quelques actes de la législation à cette époque attestent une intelligence croissante des besoins du peuple français. Le parlement de Poitiers ne perdoit point de vue la défense des libertés de l'Église gallicane. Les anciens chefs du parti armagnac n'avoient pas reconnu le concile de Constance, et étoient demeurés fidèles à Benoît XIII ou Pierre de Luna, que ce concile avoit déposé, et qui mourut seulement au mois de juin 1424 (1). Mais la reine de Sicile et le président Louvet reconnoissoient Martin V. Ils engagèrent même Charles VII à signer à Chinon, le 14 février 1425, une ordonnance qui auroit laissé à la cour de Rome la nomination à tous les bénéfices, et une indépendance absolue dans la juridiction ecclésiastique. Pierre Cousinot, procureur général auprès du parlement de Poitiers, empêcha l'entérinement de ces lettres, qu'il déclara subreptices et contraires au droit des évêques (2). Déjà deux ans auparavant il avoit obtenu des lettres-patentes du roi, qui

---

(1) Saint-Remy, c. 140, p. 271.
(2) Préface des Ordonnances, T. XIII, p. 43.

confirmoient toutes les libertés de l'Église gallicane. (1)

La protection que les deux gouvernemens
s'efforçoient d'accorder au commerce, malgré
les souffrances de la guerre, atteste aussi que la
voix des marchands réussissoit quelquefois à se
faire entendre à côté de celle des guerriers. Bedford, en publiant des ordonnances en faveur des
fabricans de drap de Beauvais et de ceux de
Rouen, parut avoir pour but d'empêcher un
monopole trop étroit, et d'admettre dans les
corps de métiers de plus nombreux apprentis (2).
D'autres ordonnances de lui, en faveur des chaussetiers, des drapiers et des bouchers d'Évreux,
sont, il est vrai, plus empreintes de l'esprit étroit
et exclusif du privilége (3). Il en est de même
de celles de Charles VII en faveur du commerce
de la Rochelle (4), mais l'un et l'autre paroissoit désirer de ranimer l'industrie française en
appelant des marchands étrangers dans les ports
de mer ; et tandis que Bedford assuroit des franchises aux Portugais établis à Harfleur, Charles VII ne se montroit pas moins hospitalier envers les Castillans, qu'il appeloit à la Rochelle (5).

(1) En date du 8 février 1423. — Ordonn. de France, p. 22.
(2) Ordonn. de France, T. XIII, p. 52, 55, 68.
(3) *Ibid.*, p. 77 et 81.
(4) *Ibid.*, p. 43 et 64.
(5) *Ibid.*, p. 44, 58.

1425. Ainsi, au milieu de tant de causes de douleur et d'inquiétude pour les Français, leur législation continuoit à témoigner qu'ils n'étoient pas désormais étrangers au mouvement général de l'espèce humaine vers un état meilleur.

CHAPITRE II.

Le connétable Richemont veut gouverner au nom de Charles VII. Comme les favoris de ce roi le contrarient, il fait tuer l'un après l'autre le sire de Giac et le Camus de Beaulieu. Il est à son tour éloigné par la Trémoille. — Descente du comte de Salisbury en France. Il assiège Orléans. — Journée des harengs, où les Français sont défaits. — 1426-1429.

CHARLES VII avoit accompli vingt-trois ans le 21 janvier 1426. A cet âge, beaucoup d'adolescens sont devenus complétement hommes par la maturité de la pensée, par la vigueur du caractère; mais d'autres ne sont encore que de grands enfans, et Charles VII appartenoit à cette dernière classe. Livré de bonne heure aux voluptés, épuisé par les plaisirs avant d'avoir appris qu'il avoit des devoirs à remplir, il songeoit à l'amour, aux fêtes, à la danse; il écartoit autant qu'il pouvoit les tristes pensées de l'administration de son royaume, et il auroit volontiers oublié qu'il étoit en guerre, si l'épuisement de son trésor ne l'avoit forcé à s'en ressouvenir, en arrêtant ses libéralités.

L'élévation d'Arthur, comte de Richemont, à

la dignité de connétable, sembloit, il est vrai, rendre au parti de Charles un directeur et un centre d'action. Ce premier officier de la couronne étoit en possession de commander toutes les armées, il pouvoit donner des ordres à tous les généraux, et il regardoit également comme de son office d'assurer aux troupes les armes, les munitions dont elles avoient besoin, de garantir le paiement de leur solde, et dans ce but d'étendre son inspection même sur les finances; aussi, sous un roi foible et inattentif aux affaires, le connétable pouvoit devenir une sorte de vice-roi, car tous les pouvoirs du gouvernement sembloient se rattacher à ses fonctions. Richemont n'étoit pas homme à négliger une seule des prérogatives de sa haute dignité. Ambitieux et impérieux, il ne supportoit guère d'opposition. Il avoit mis son devoir et son honneur à sauver la monarchie des mains des Anglais, et il ne souffroit pas sans impatience qu'aucune partie des ressources de la France fût détournée de la guerre; il méprisoit les plaisirs et la mollesse, et quand il trouvoit sur son chemin les caprices ou les foiblesses du roi, il ne se croyoit pas obligé à leur montrer beaucoup de respect. Avec cette roideur de caractère il auroit pu être fort utile à la France, dans un moment où l'indolence de son jeune roi la laissoit presque sans gouvernement, s'il avoit eu des talens plus décidés pour la guerre; mais ses revers, bien plus fréquens que ses succès, démentent la réputation que les historiens de Bretagne ont cherché à lui faire, tout comme ils fournissoient des prétextes à ses rivaux à la cour pour le contrarier.

Le premier désir de Richemont, le premier but qu'il se proposoit d'atteindre pour sauver le royaume, étoit de réconcilier le roi avec son beau-frère le duc de Bourgogne. Il avoit demandé à Charles, pour son frère le duc de Bretagne, une conférence à Saumur, au mois de septembre 1425; il lui conduisit aussi sa propre femme Marguerite, veuve du premier dauphin, duc de Guienne. Cette princesse étoit sœur du duc Philippe de Bourgogne, et fille du duc Jean, assassiné à Montereau. Charles, en la voyant, s'excusa à elle de cet horrible événement, sur sa grande jeunesse, et sur les mauvais conseillers dont il étoit alors entouré; en même temps il lui exprima l'ardent désir qu'il ressentoit de se réconcilier avec le duc de Bourgogne son frère. Comme pour écarter ensuite ces tristes souvenirs, tout le reste du temps que les princes passèrent ensemble fut consacré aux chants et aux danses, et les cloîtres de la belle abbaye de Saint-Florent, où Marguerite étoit logée, ne retentirent plus que de joyeux instrumens. (1)

(1) Mém. de Richemont. Ancienne Collection, T. VII, p. 256. — Barante, Hist. des Ducs de Bourgog. T. V, p. 213.

1426. Mais dès que Richemont se fut éloigné avec sa femme, tous les courtisans de Charles VII, blessés de son arrogance et de la dictature qu'il prétendoit exercer, se réunirent contre lui. Yolande d'Aragon, belle-mère du roi, qui s'étoit servie de lui pour écarter de la cour les Armagnacs, vouloit recueillir elle-même les fruits de ce changement, au lieu de les lui abandonner; elle pardonnoit à Charles toutes les infidélités qu'il faisoit à Marie, sa fille, pourvu qu'il continuât à se montrer soumis envers elle. Le comte de Clermont, aussi jeune et aussi inconsidéré que le roi, éprouvoit la même jalousie du connétable, dont il étoit cependant beau-frère, et le sire de Giac, que Richemont lui-même avoit recommandé au roi, et qui étoit bientôt devenu son favori, se joignit aux deux autres pour se rendre indépendant de son protecteur. Une réconciliation avec le duc de Bourgogne l'effrayoit, parce qu'il craignoit qu'elle ne fût suivie d'une enquête sur la conduite que lui et sa mère avoient tenue pour amener le duc Jean à Montereau. Ainsi, une brigue secrète étoit organisée autour de Charles VII pour déjouer tous les efforts que feroit pour lui le connétable, pour faire échouer toutes ses entreprises à la guerre, et pour traverser ses négociations avec le duc de Bourgogne.

Les circonstances avoient paru favorables à

Richemont pour tenter quelque chose contre les Anglais, car le régent duc de Bedford, inquiet de l'aigreur qui se manifestoit entre son oncle l'évêque de Winchester, et son frère le duc de Glocester, étoit parti pour l'Angleterre le 20 décembre 1425, pour tâcher de les concilier, et il y séjourna seize mois (1). La discorde entre les deux princes avoit été poussée si loin, que Glocester avoit accusé en plein parlement Winchester de trahison et de rébellion. Bedford les engagea à s'embrasser et à se promettre de vivre en paix, mais il ne pouvoit se fier à des caractères aussi irritables et aussi violens, et il n'osoit les perdre de vue. Il avoit laissé en France le comte de Warwick pour y être son lieutenant, se flattant que les Français, toujours battus dans les derniers combats, s'estimeroient heureux de n'être pas attaqués en son absence.

Richemont avoit au contraire résolu de prendre l'offensive, et après avoir rassemblé une petite armée en Bretagne, d'attaquer la Normandie. Il se rendit d'abord maître de Pontorson, et il vint ensuite assiéger Saint-James-de-Beuvron. Il croyoit, avant son départ de la cour de Charles, s'être assuré que les vivres ni la paie ne manqueroient point à son armée, pendant une campagne qu'il comptoit prolonger

(1) Rapin Thoyras, T. IV, L. XII, p. 216. — Monstrelet, c. 32, p. 130.

1426. tout l'été; mais il n'y avoit encore que dix jours qu'il avoit commencé les hostilités, quand, au milieu du carême, les convois de vivres et d'argent qui lui avoient été promis lui manquèrent; des contre-ordres de la cour avoient arrêté toutes ses mesures : une autre expédition que la sienne étoit celle qu'on vouloit faire réussir, et déjà il éprouvoit le besoin. Il crut pouvoir se tirer d'embarras en brusquant l'attaque de Saint-James-de-Beuvron, d'autant qu'il n'y avoit que sept cents Anglais de garnison dans la place. Il chargea un corps de Bas-Bretons qu'il avoit dans son armée de suivre les bords d'un étang qui couvroit Saint-James, et de donner l'assaut de ce côté, tandis qu'il attaqueroit par le côté opposé; cependant, comme il étoit déjà en marche, il réfléchit que ses Bas-Bretons étoient trop foibles pour accomplir la tâche qu'il leur avoit donnée, et il détacha de sa propre division un corps de deux mille hommes, auquel il ordonna de les rejoindre pendant l'assaut. Les Anglais, qui du haut des murs les virent arriver, crurent que c'étoient des compatriotes qui venoient à leur secours. « Courage! s'écrièrent-ils, voici Suffolk et Salisbury qui s'avancent pour nous délivrer! » Les Bas-Bretons se retournèrent, et voyant s'avancer une colonne inattendue, ils tombèrent dans la même erreur, et prirent la fuite. Cette déroute leur coûta plus de huit cents hommes. L'autre division de l'armée, mécontente et découragée, mit pendant la nuit le feu au logement du connétable, et malgré tous ses efforts fit sa retraite en désordre. Richemont ne pouvoit se résigner à prendre pour lui la honte de cette défaite; il en accusoit avec emportement ceux qui avoient retenu l'argent sur lequel il avoit compté. Il crut d'abord que c'étoit le chancelier de Bretagne, et qu'il avoit été gagné par les Anglais. En passant devant Nantes il l'enleva dans sa maison de campagne, le fit conduire à Chinon et fit instruire son procès pour crime de haute trahison ; cependant, son innocence fut bientôt reconnue ; Richemont vit clairement que le coup partoit de plus haut, et de la cour même de Charles ; il se contint quelques mois encore, pour mieux assurer sa vengeance sur le sire de Giac. (1)

La cour avoit employé l'argent et les soldats sur lesquels Richemont avoit compté à une autre expédition, et peut-être les ennemis du connétable étoient-ils bien aise qu'un autre chef se couvrît de gloire, tandis que lui-même se décrieroit par un revers. Depuis deux mois les comtes de Warwick et de Suffolk assiégeoient Montar-

(1) Mém. de Richemont. T. VII, p. 257. — Journal d'un bourgeois de Paris, p. 357. — Lobineau, Hist. de Bretagne. L. XVI, c. 34, p. 567. — Monstrelet, c. 66, p. 176. — Chr. de la Pucelle, p. 259.

gis avec trois mille combattans. Ce fut pour délivrer cette ville, si rapprochée d'eux et de la Loire, que les conseillers de Charles VII résolurent de faire un grand effort. Jean, bâtard d'Orléans, se trouvoit alors à la cour; il étoit âgé de vingt-trois ans, précisément comme le roi; mais s'il avoit comme lui le goût des plaisirs, il y joignoit l'activité, l'audace et l'amour de la gloire; il demanda avec instance à conduire l'armée qui marcheroit au secours de Montargis, et Étienne de Vignoles, surnommé La Hire, qui s'étoit déjà acquis un grand renom comme capitaine d'aventuriers, se chargea de l'assister de ses conseils. Les sires d'Orval, de Graville, de Villars, de Gaucourt de Saint-Simon, de Broussart, se joignirent à sa troupe. Il reconnut en approchant que les habitans de Montargis avoient arrêté le Loing, qui traverse leur ville, de manière à le faire déborder; en sorte que les Anglais, qui s'étoient partagés en trois corps, communiquant entre eux par des ponts, se trouvoient tout-à-fait séparés, leurs ponts étant déjà sous l'eau. Ils n'avoient, d'ailleurs, aucun soupçon de l'approche de leurs ennemis, lorsque les Français attaquèrent tout à coup deux de leurs quartiers. La Hire vint donner dans celui de Suffolk et de son frère, le sire de la Poole; le bâtard d'Orléans dans celui de Henri Basset: bientôt ces deux logemens furent en feu. Les Anglais en se retirant par le pont que les eaux débordées recouvroient et minoient en même temps, le chargèrent si fort qu'il rompit sous eux. Le comte de Warwick, qui occupoit un coteau de vignes, après avoir recueilli les fuyards, se retira en toute hâte à Château-Landon : il avoit perdu quinze cents hommes dans cette affaire. (1)

La déroute de Montargis fut, pour le duc de Bedford, un motif nouveau de retenir le duc de Glocester en Angleterre. Il savoit que Richemont ne cessoit de presser le duc de Bourgogne de se réconcilier à Charles VII; que les sujets et les feudataires de ce duc ne servoient plus qu'à regret sa vengeance; que leurs cœurs étoient français, et qu'ils regardoient Charles comme le roi des Français. Il voyoit donc avec une extrême inquiétude la querelle du duc de Glocester mettre aux prises les Anglais avec les Bourguignons. Le duc Philippe, comme pour se distraire des affaires de France, faisoit alors la guerre à Jacqueline, dans la Hollande et la Zélande. Glocester avoit envoyé à celle qu'il nommoit sa femme cinq cents Anglais, commandés par son lieutenant Fitz Walter. Cela n'empêcha pas qu'elle n'éprouvât à Brouvers-Haven une première défaite, où ses Anglais furent taillés

---

(1) Monstrelet. T. V, c. 41, p. 162. — Saint-Remy, c. 165, p. 288. — J. Chartier, p. 14. — Chron. de la Pucelle, p. 263.

en pièces (1). Avant la fin de la campagne, elle en éprouva une seconde sur les frontières de la Frise (2). Une nouvelle démarche inconsidérée du duc de Glocester pouvoit suffire à rompre l'union si mal assurée des Anglais avec les Bourguignons. Il semble que Bedford usa de son crédit sur le pape Martin V, pour calmer les passions qu'il avoit à combattre. Ce pape déclara nul le mariage de Glocester avec Jacqueline, et comme tous deux étoient engagés dans de nouvelles amours, ils se soumirent à sa décision (3). D'autre part, il accorda le chapeau de cardinal à l'évêque de Winchester, dans la promotion du 24 mai 1426; et Bedford, qui regardoit comme essentiel au repos de l'Angleterre, d'éloigner son oncle de son frère, pour empêcher que leur brouillerie n'éclatât de nouveau, permit au pape, en retour, de faire prêcher une croisade en Angleterre contre les hussites de Bohême, en donnant le commandement de l'armée croisée au cardinal de Winchester (4). Les hussites préludoient alors à la réformation qui devoit s'accomplir un siècle plus tard, et la cour de Rome n'avoit rien plus à cœur que de noyer

---

(1) Monstrelet, c. 37, p. 141. — Saint-Remy, c. 162, p. 275.
(2) Saint-Remy, c. 164, p. 287.
(3) Monstrelet, c. 60, p. 161.
(4) Rapin Thoyras. T. IV, L. XII, p. 217. — *Raynaldi Annal. eccl.*, 1429, §. 26.

leur secte dans le sang. Chaque année, de nouvelles armées entroient en Bohême pour exterminer tous les hérétiques, et chaque année elles étoient mises en fuite par Ziska, par les deux Procopes, et par les autres vaillans capitaines qu'on avoit vu surgir tout à coup du milieu de ces sectaires réduits au désespoir. Le cardinal de Winchester travailla en effet avec ardeur à rassembler l'armée qu'il s'engageoit à conduire contre les hussites. Mais nous verrons plus tard que, quand il l'eut transportée en France, il ne voulut pas marcher plus avant, quoiqu'il encourût ainsi les reproches amers de la cour de Rome. (1)

En l'absence de Bedford, ses lieutenans aliénoient toujours plus les affections des provinces où ils commandoient. Les bourgeois de Paris étoient tourmentés par des altérations continuelles des monnoies qui complétoient leur ruine (2); ils étoient vexés à toute heure par les ingénieurs anglais, qui, sous prétexte de veiller à la préservation des fortifications, gênoient l'exercice de tous leurs droits de propriété, et les menaçoient à leur occasion des peines les plus sévères. (3)

(1) *Raynaldi*, 1426, §. 11; 1427, §. 1; 1428, §. 5, et 1429, §. 16.
(2) Journal d'un bourgeois de Paris, p. 360.
(3) Ordonn. de France, T. XIII, p. 109.

1426.   Le 15 janvier, les Anglais avoient déclaré la guerre au duc de Bretagne, et le 16 mars ils avoient annoncé qu'ils prenoient sous leur protection ses deux ennemis, le comte de Penthièvre et son frère (1). Toutefois après la défaite de Richemont à Saint-James-de-Beuvron, ils n'entrèrent point en Bretagne, soit qu'ils ne se sentissent point assez forts pour une invasion, ou qu'ils craignissent d'offenser davantage le duc de Bourgogne, allié des princes bretons.

Le connétable Richemont étoit revenu à la cour après sa déroute à Saint-James ; ses jaloux, qui avoient désiré sa défaite, et qui peut-être en avoient été cause, n'osoient plus lui résister quand il étoit présent ; ils redoutoient la hauteur et la violence de son caractère. Richemont vouloit limiter les libéralités imprudentes du prince, et réserver toutes les ressources de l'État pour la guerre. Il avoit fait créer une commission chargée de réformer les monnoies et de recouvrer les domaines aliénés. Pendant son absence, les gentilshommes de Poitou et le clergé se plaignirent de la rigueur avec laquelle cette commission revenoit sur d'anciennes usurpations ; et Yolande, qui étoit bigote, la fit suspendre par ordonnance du 30

---

(1) *Rymer.* T. X, p. 349, 354.

avril (1); mais à son retour Richemont exigea qu'une nouvelle ordonnance, rendue à Poitiers le 12 juin, révoquât toutes les imprudentes donations faites par la couronne, et consacrât aux frais de la guerre la totalité des aides arrachées à la misère du peuple. La reine Yolande de Sicile, les comtes de Clermont, de Vendôme, de Comminges et le sire d'Albret, qui avoient fait révoquer la commission précédente, signèrent avec Richemont cette ordonnance nouvelle. (2)

Les comtes de Foix et de Comminges étoient venus joindre le roi à Issoudun au mois de mai 1426, et ils l'avoient suivi à Poitiers; de là ils retournèrent sur la frontière du Bordelais et du Toulousain, pour défendre le Languedoc contre les courses d'un bâtard d'Armagnac, qui s'étoit engagé au service anglais (3). Le comte de Foix n'étoit pas un champion de la couronne moins important que le comte de Richemont; mais, comme lui, il en avoit été richement récompensé; la souveraineté du Languedoc lui avoit été presque abandonnée par Charles VII. Pour lui accorder cette faveur, il avoit fallu en dépouiller un autre prince du sang, Jacques II, comte de la Marche et de Castres. Celui-ci, il

(1) Ordonn. de France, à Melun-sur-Yèvre. T. XIII, p. 115.
(2) Ordonn. de France. T. XIII, p. 117.
(3) Hist. de Languedoc. T. IV, L. XXXIV, c. 40, p. 468.

est vrai, avoit donné assez de marques d'incapacité pour qu'on redoutât peu de le désobliger.

C'étoit le même qui, le 10 août 1415, avoit épousé Jeanne II, reine de Naples, de la branche de Duraz, et qui, presque aussitôt après, avoit fait tuer ses favoris, l'avoit dépouillée de tout pouvoir, et avoir tenté de la retenir captive dans son palais. Il avoit ainsi excité un soulèvement du peuple à Naples, et, en 1416, la reine l'avoit fait arrêter à son tour. Il s'étoit échappé de sa captivité en 1419, et il étoit revenu en France, où il avoit pris l'habit de Saint-François. Charles VII, qui se trouvoit abandonné par presque tous les princes de son sang, avoit cru donner du relief à son parti en se l'attachant; et comme il ne reconnoissoit d'autre roi de Sicile que ceux de la maison d'Anjou, il le désignoit par le nom de roi de Hongrie, l'un des titres que lui avoit donnés sa femme. Il l'avoit fait, en 1424, capitaine général du Languedoc (1); mais Jacques s'y étoit montré tout aussi inconsidéré qu'à Naples, et le roi avoit été forcé à l'engager à donner sa démission, en lui assurant en retour une pension viagère de douze mille livres, et le rappelant à sa cour (2). Jean, comte de Foix, avoit été, le 6 janvier 1425, nommé à sa place lieutenant général du roi en Languedoc et

---

(1) Hist. de Languedoc, L. XXXIV, c. 31, p. 462.
(2) *Ibid.*, c. 35, p. 466.

duché de Guienne, avec deux mille francs d'appointemens par mois. Plus tard vingt mille écus d'or par an lui avoient été donnés pour la défense du Béarn, du Marsan et du Gavardan, et il s'en acquitta assez bien, de concert avec le comte de Comminges son frère, pour mettre à couvert Charles VII, pendant tout son règne, d'aucune attaque sérieuse des Anglais du côté du Bordelais. (1)

Le connétable et le comte de Foix, gouvernant chacun une moitié à peu près des États de Charles VII, étoient jaloux l'un de l'autre, et évitoient de se rencontrer à sa cour. Le comte de Foix en partit lorsque Richemont y revint; celui-ci témoigna beaucoup de mécontentement des dilapidations qui s'étoient faites en son absence, et en particulier, de ce que le sire de Giac avoit fait donner, par le roi, le duché d'Auvergne au comte de Clermont fils du duc de Bourbon, et le comté de Bigorre au comte de Foix, tandis qu'il ne pouvoit lui-même pas obtenir seulement qu'on payât la solde de ses troupes (2). Charles, indolent autant que facile et débonnaire, abandonnoit toujours tous les droits de la souveraineté à celui que l'habitude, plutôt que le choix, avoit fait son favori; et le sire de Giac, qui se trouvoit alors en possession

---

(1) Hist. de Languedoc. L. XXXIV, cap. 34, p. 464.
(2) Mém. de Richem., p. 260. — Chr. de la Pucelle, p. 257.

1426. de cette faveur, se plaisoit à mortifier le connétable, auquel il avoit dû son élévation.

1427. Richemont n'étoit pas d'humeur à se laisser long-temps contrarier par un jeune homme qu'il regardoit comme sa créature. Il se rapprocha de la reine-mère de Sicile, Yolande d'Aragon, qui commençoit, de son côté, à être lasse de l'insolence du sire de Giac; et étant convenu avec elle de ce qu'il vouloit faire, il revint, au mois de janvier 1427, trouver le roi à Issoudun. Le soir, il se fit apporter les clefs de la ville, parce que, dit-il, il vouloit aller le lendemain, de grand matin, entendre la messe à Notre-Dame du bourg de Déolz. Il s'y rendit en effet; mais au moment où le prêtre, revêtu de ses habits sacerdotaux, montoit à l'autel pour la célébrer, on vint lui dire que tout étoit prêt. Il sortit aussitôt de l'église avec tous ses archers et toute sa suite, y laissant le prêtre tout seul. Comme il rentroit dans la ville, les sires de La Trémoille et d'Albret le joignirent; ils montèrent ensemble à la maison du sire de Giac, et en enfoncèrent la porte. Celui-ci étoit au lit avec la dame de Tonnerre sa femme : il demanda d'où venoit tant de bruit; quand on lui répondit que c'étoit le connétable, il s'écria : « Je suis mort. » En effet, on l'arracha du lit à l'instant même et sans lui permettre de s'habiller; on jeta seulement une robe de chambre sur ses épaules; on lui mit des bottes, mais point de haut de chausses, et on le fit monter sur un petit cheval. Le connétable le conduisit au galop à Dun-le-Roi, château qui lui appartenoit, et où il avoit un bailli qui rendoit en son nom la justice. Richemont ordonna à cet officier d'instruire le procès du favori du roi, de le trouver coupable, et de le faire exécuter tout de suite. Le bailli fit aussitôt mettre de Giac à la torture, et lui arracha, ou prétendit lui avoir arraché l'aveu qu'il avoit empoisonné sa première femme pour épouser la seconde; qu'après lui avoir fait avaler le poison, il l'avoit fait monter à cheval, et lui avoit fait trotter quinze lieues, pendant qu'elle étoit à l'agonie, jusqu'à ce qu'elle mourût. On dit que de Giac avoit donné une de ses mains au diable, et qu'il demandoit avec instance qu'on la lui coupât : probablement elle avoit été martyrisée à la torture, et il demandoit à être délivré de douleurs intolérables. On dit enfin qu'il avoua avoir commis *tant de crimes que c'étoit merveilles*. Cependant il offroit cent mille écus et ses enfans en otage pour racheter sa vie; mais Richemont le fit à l'instant enfermer dans un sac et jeter à la rivière. Sa veuve épousa presque aussitôt le sire de la Trémoille, qui avoit été un de ses meurtriers. (1)

(1) Mém. de Richemont, p. 261. — Le Bouvier, dit Berry, roi d'armes, p. 374. — J. Chartier, p. 13.

1427. Le roi avoit entendu le bruit qu'on avoit fait en arrêtant son favori, et s'étoit levé ; il avoit envoyé sa garde à la porte pour délivrer le prisonnier ; mais les gens de Richemont ne tinrent aucun compte de ses ordres. Ils répondirent que ce qu'ils faisoient étoit pour son service, et ils repoussèrent sa garde. Charles montra d'abord beaucoup de courroux ; mais comme tous les courtisans étoient jaloux du sire de Giac, ils se réunirent pour l'accuser. Bientôt on fit voir à Charles les aveux qu'on avoit arrachés à son favori ; en même temps on lui présenta un écuyer d'Auvergne, nommé le Camus de Beaulieu, dont la figure lui plut. Beaulieu, qui avoit été choisi par la reine Yolande et le connétable pour remplacer de Giac, leur avoit promis qu'il demeureroit toujours à leurs ordres. Mais dès que Charles l'eut accepté pour son nouveau favori, dès que Beaulieu se sentit affermi dans ce poste, il aspira à demeurer seul maître.

Le connétable conduisit le roi, la reine de Sicile et toute la cour en Touraine, pour les distraire du meurtre de Giac, qui avoit quelque peu troublé les plaisirs du monarque. Cependant Richemont ne put pas long-temps prendre part aux fêtes qui recommencèrent ; son frère le rappeloit pour défendre la Bretagne, en lui annonçant que le comte de Warwick avoit mis le siége devant Pontorson. Richemont, qui avoit pris cette ville l'année précédente, l'avoit fortifiée de son mieux, mais il n'avoit pu réussir à en faire une bonne place. Ne se trouvant pas assez fort pour faire lever le siége aux Anglais, il plaça quinze cents Bretons au mont Saint-Michel pour intercepter les convois de Warwick, et il essaya de faire une diversion du côté du Maine; mais les Bretons du mont Saint-Michel ayant attaqué un fort convoi anglais que conduisoit lord Scales, loin de réussir à s'en rendre maîtres, furent obligés de prendre la fuite, après avoir perdu la moitié de leurs soldats (1). Bientôt après, Pontorson capitula. Richemont, pendant ce temps, s'empara de quelques petits châteaux, Garlande, le Lude, Remefort et Malicorne. Il arriva enfin devant le Mans, qui lui ouvrit ses portes; mais, ne poussant pas ses succès avec assez d'activité, il négligea de chasser les Anglais d'une grosse tour qu'ils possédoient encore dans le mur extérieur. Le vigilant Talbot, l'un des plus vaillans capitaines qu'eussent les Anglais, en moins de vingt-quatre heures leur amena du secours, et, rentré dans le Mans par cette tour, il en chassa les Français (2). Cependant le duc de Bretagne regrettoit de s'être dé-

1427.

―――――――

(1) Monstrelet, c. 66, p. 180. — Mém. de Richem., p. 263.
(2) J. Chartier, p. 12 et 13. — Chr. de la Pucelle, p. 272. — Lobineau, Histoire de Bretagne. L. XVI, c. 45, p. 571.

taché des Anglais. Ceux-ci lui faisoient de nouvelles propositions. Pour ne pas le gêner, Richemont retourna à Poitiers auprès du roi, et Jean VI signa en effet, le 3 juillet, avec les ambassadeurs du duc de Bedford, un traité par lequel il reconnoissoit de nouveau Henri VI comme roi de France, et se soumettoit aux stipulations du traité de Troyes. (1)

Le duc d'Alençon, prisonnier depuis la bataille de Verneuil, et qui s'étoit fait honneur, dans sa captivité, par son refus d'adhérer au traité de Troyes, recouvra sa liberté par une suite de la négociation du duc de Bretagne, qui en avoit fait une condition de sa propre réconciliation, et avoit fait fixer sa rançon à deux cent mille écus. Cette intervention de Jean VI, en faveur de son parent, n'étoit pas tout-à-fait désintéressée ; il convoitoit la ville de Fougères, qu'il lui acheta pour lui donner les moyens de payer sa rançon. (2)

Le connétable, revenu à la cour, trouva le Camus de Beaulieu aussi puissant que l'étoit de Giac peu de mois auparavant, et aussi détesté des courtisans. La reine de Sicile et le maréchal de Boussac pressèrent Richemont de les en dé-

---

(1) Lobineau, Hist. de Bretagne. L. XVI, c. 54, p. 572. Preuves, *ibid.*, p. 1004.

(2) Lobineau, Hist. de Bretagne. L. XVI, c. 31, p. 571. — Chr. de la Pucelle, p. 270.

faire. Il ne fut pas nécessaire pour cela de forcer le château de Poitiers où le roi l'avoit logé. Un homme en qui Beaulieu avoit confiance, et qui le trahissoit, prétendant lui avoir préparé une aventure galante, l'engagea à sortir de la ville avec lui, et le conduisit dans un petit pré au bord de la rivière, au-dessous du château cependant, en sorte que le roi pouvoit les voir de sa fenêtre ; là, deux meurtriers choisis par le maréchal de Boussac les attendoient ; à l'instant ils se jetèrent sur Beaulieu : d'un premier coup d'épée, on lui abattit la main ; le second lui fendit la tête. On laissa son cadavre sur la place ; mais le traître qui l'avoit conduit, ramena tranquillement le mulet de Beaulieu aux écuries royales, tandis que Richemont rentra auprès du roi pour l'apaiser. En même temps il lui présenta le sire de La Trémoille, qu'il lui conseilla de choisir pour ami, de préférence aux indignes favoris qu'il avoit eus jusqu'alors. *Beau cousin, vous me le baillez,* dit Charles, *mais vous vous en repentirez ; car je le connois mieux que vous.* Cependant il l'accepta, et la cour passa à Chinon pour se distraire ; car il est probable que le roi, quoiqu'il n'en dît rien, ressentoit un peu de mauvaise humeur de ce qu'on lui avoit tué deux de ses favoris en moins de six mois. (1).

(1) Mém. de Richemont, p. 266. — J. Chartier, p. 13. — Bouvier, dit Berry, p. 374. — Chr. de la Pucelle, p. 268.

La Trémoille n'étoit pas homme à se laisser traiter de même; il savoit ce qu'il devoit attendre du connétable, dès qu'il contrarieroit quelqu'une de ses volontés; aussi dès qu'il sentit qu'il gagnoit du crédit sur l'esprit du roi, il l'employa à perdre absolument le comte de Richemont. Celui-ci étoit retourné à l'armée; il assembloit du monde à Angers pour secourir le sire de Laval, et il força, en effet, les Anglais à lever le siége de la Gravelle (1). De retour à Loudun de cette expédition, il apprit que les comtes de Clermont et de la Marche vouloient lui parler, et lui faisoient proposer de se rendre à Chatellerault à la fin d'octobre. Ces deux princes du sang vouloient l'avertir que le troisième favori ne ménageoit pas mieux leurs intérêts que n'avoient fait les deux autres, et ils vouloient s'entendre pour traiter La Trémoille comme ils avoient traité Giac et Beaulieu. Mais La Trémoille s'étoit préparé à la résistance, et il avoit fait donner l'ordre aux villes qui tenoient pour le roi, de refuser l'entrée de leurs portes aux deux princes et au connétable. Richemont arriva jusqu'aux portes de Chatellerault, et quand on refusa de les lui ouvrir, il fut confondu de tant d'audace; il fallut pourtant se soumettre, et passer la nuit dans les champs. En même

(1) Lobineau, Hist. de Bretagne. L. XVI, c. 55, p. 573.

temps les princes du sang étoient arrivés à la porte opposée, de l'autre côté de la Vienne, et l'avoient trouvée également fermée. Ils se cherchèrent toutefois, et parvinrent à se dire quelques mots au travers de la rivière qui les séparoit. Ils convinrent de se rencontrer le lendemain matin à Chauvigny, où l'on voulut bien les recevoir. Ils se rendirent ensuite ensemble à Chinon, où le maréchal de Boussac et plusieurs capitaines se joignirent à eux. Bientôt l'archevêque de Tours et le sire de Gaucourt arrivèrent en mission auprès d'eux pour traiter d'une réconciliation; mais la Trémoille, qui ne pouvoit se fier à eux, y mettoit pour condition qu'ils ne reviendroient pas à la cour; d'autre part, ils n'étoient point sûrs qu'ils fussent assez forts pour attaquer le roi à force ouverte, et d'ailleurs ils craignoient par là de donner un trop grand avantage aux Anglais. Sur ces entrefaites, la mort du seigneur de Parthenay, dont Richemont étoit héritier, l'obligea à se séparer des deux princes pour aller prendre possession de cette ville. (1)

Un roi qui se livroit tour à tour à de vils favoris, qui devenoient l'objet de la haine de ses princes et de ses capitaines, ne pouvoit guère songer à rétablir l'ordre dans son royaume, où

———

(1) Mém. de Richemont, p. 272. — Lobineau, Histoire de Bretagne. L. XVI, c. 56, p. 575.

à réformer la législation. Aussi ses ordonnances, dont on n'a conservé qu'un fort petit nombre, semblent-elles n'attester autre chose que les progrès du favoritisme. L'une d'elles donnée à Poitiers, au mois de juin 1427, est destinée à faire du barbier du roi un puissant et riche personnage. Charles VII lui accorde le droit de donner ou de refuser la permission d'exercer le métier de barbier dans tout le royaume, de juger par ses députés de l'habileté des barbiers, de veiller sur leurs mœurs, et sur leur régularité à observer les ordonnances de police. Il ne faut pas oublier que la corporation, qui étoit mise sous la protection et la surveillance du valet de chambre et premier barbier du roi, comprenoit alors tout le corps des chirurgiens; car raser, saigner et panser les blessures, ne constituoient encore qu'une seule et même profession; aussi la santé de tous les sujets devoit-elle souffrir du monopole attribué au barbier du roi. (1)

Par une autre ordonnance rendue à Poitiers le 2 décembre 1427, Charles s'efforça de réprimer les usurpations du comte de Foix. Celui-ci avoit obtenu des États de Languedoc une aide de 150,000 livres pour soutenir la guerre, mais de sa propre autorité il l'avoit augmentée de

(1) Ordonn. de France. T. XIII, p. 128.

22,000 livres qu'il devoit rembourser au comte d'Armagnac pour ses services dans la sénéchaussée de Beaucaire. Les États de Languedoc réclamèrent, et Charles VII suspendit la levée de cette *crue* (c'étoit le nom usité) jusqu'après que les États-Généraux du royaume en auroient décidé (1). Mais quoiqu'il semble que Charles VII convoquât assez fréquemment les États-Généraux, il ne nous est resté aucun monument de ces assemblées. On ne montroit point assez de respect aux députés, on ne leur laissoit point assez d'autorité, pour compenser les dangers de leur voyage au travers de provinces infestées par des soldats ennemis et des brigands, ou l'incommodité de leur séjour dans les petites villes ou les châteaux royaux. Les États avoient été assemblés à Chinon, au mois de septembre 1427. Ils furent de nouveau convoqués à Poitiers pour le 15 novembre de la même année, puis remis au 8 janvier 1428, et avant que cette époque fût venue, ajournés de nouveau à Tours pour le 18 juillet. Les députés, ballottés par ces convocations successives, ne se rendirent point à la dernière, et Charles VII fut obligé de les convoquer de nouveau à Tours, pour le 10 septembre suivant. (2)

En fixant ses regards sur Charles VII et sa

---

(1) Ordonn. de France. T. XIII, p. 133.
(2) Hist. de Languedoc. L. XXXIV, c. 45, p. 471.

cour, on a peine à comprendre comment les Anglais et les Bourguignons ne le chassoient pas du reste du royaume ; mais sa sécurité s'explique quand on reporte les yeux sur les Anglais. Le duc de Bedford, après avoir passé seize mois en Angleterre, rentra à Paris le 5 avril 1427, et avant la fin du même mois il y fut suivi par son oncle, le cardinal de Winchester, tandis qu'il renvoya en Angleterre le comte de Warwick, pour y être le gouverneur du jeune roi. Cependant au lieu de s'occuper de ce qui se passoit sur l'autre bord de la Loire, toute son attention se dirigeoit sur le duc de Bourgogne, et il repartit le 26 mai pour aller le trouver. (1)

En effet Bedford savoit bien que la domination des Anglais en France ne pouvoit se maintenir que par l'appui que leur avoit donné le duc de Bourgogne, et que si ce duc paroissoit vouloir oublier les affaires de France, en affermissant sa domination sur les Pays-Bas, il falloit éviter que ses intérêts n'y fussent heurtés par des intrigues anglaises, sous peine de lui voir reporter ses ressentimens à Paris. Philippe, duc de Bourgogne, avoit fait une campagne d'hiver en Hollande contre Jacqueline. Il y avoit assiégé une ville que Saint-Remy nomme Zenenbergue, dont il s'étoit rendu maître au printemps (2).

(1) Journal d'un bourgeois de Paris, p. 362.
(2) Saint-Remy, c. 146, p. 289.

Peu après, il avoit appris la mort de son cousin le duc de Brabant, survenue le 17 avril. Philippe, comte de Saint-Pol et de Ligny, frère de ce duc, avoit été reconnu comme son successeur (1). Jacqueline étoit libre désormais, et le duc de Glocester auroit pu l'épouser de nouveau. En effet il demanda et obtint le 9 juillet, du Parlement d'Angleterre, un subside destiné à subvenir aux frais de cette alliance (2). Mais si le duc de Bourgogne n'avoit plus un droit aussi évident à s'y opposer, son ambition de s'emparer de la souveraineté de tous les Pays-Bas étoit beaucoup plus éveillée, parce qu'il étoit bien plus près d'atteindre le but. Bedford, en effet, l'ayant joint à Lille, lui offrit son aide pour la pacification des Pays-Bas, et commença par lui répondre que Glocester renonceroit à Jacqueline, et ne passeroit point en Hollande. Glocester, combattu entre son ambition et son amour pour Éléonore Cobham, finit par céder à la dernière, et l'épousa (3). Le duc de Bourgogne n'ayant plus à combattre que la seule Jacqueline, fut alors en état de lui faire la loi. Déjà il étoit maître du Hainaut, dont il garda le gouvernement, avec le consentement des seigneurs du

---

(1) Monstrelet, c. 41, p. 166. — Saint-Remy, c. 146, p. 290.
(2) *Rymer*. T. X, p. 374.
(3) Saint-Remy, c. 167, p. 291.

pays (1). Il offrit à Jacqueline une rente considérable, sous condition qu'elle lui abandonneroit l'administration des trois comtés qu'elle possédoit encore, de Hollande, Zélande et Frise, et qu'elle le reconnoîtroit pour son unique héritier. La comtesse n'estimoit dans un gouvernement que les titres et l'argent, et elle signa le traité le 3 juillet 1428 (2). Elle épousa, peut-être seulement en 1432, son nouvel amant, François Borselen, stathouder de Hollande, qu'elle fit comte d'Ostrevant, et elle mourut le 8 octobre 1436, âgée de trente-six ans, sans laisser d'enfans, en sorte que le duc de Bourgogne n'eut plus de difficultés à recueillir son héritage. (3)

Dans la même année 1428, le duc de Bourgogne réunit sous sa domination une autre des provinces des Pays-Bas, le comté de Namur. La maison à laquelle appartenoit cette seigneurie s'éteignoit. Le comte étoit d'un âge fort avancé et n'avoit point d'enfans. Il avoit vendu par avance sa succession au duc Philippe, en s'en réservant l'usufruit. Il mourut cette année, et Philippe fut mis sans difficulté en possession de Namur. Cette acquisition, il est vrai, augmenta la

(1) Monstrelet, c. 42, p. 169.
(2) Monstrelet, c. 68, p. 185. — Saint-Remy, c. 148, p. 292.
(3) *Meyer, Annal. Flandr.* L. XVI, f. 271. — Monstrelet. T. VI, c. 126, p. 60.

jalousie des Liégeois; et le duc Philippe, engagé dans des hostilités contre cette puissante ville, continua à s'abstenir de prendre part aux affaires de France. (1)

Le duc de Bedford, délivré pour un temps de la crainte de voir ce puissant allié se tourner contre lui, résolut de recommencer avec plus de vigueur les opérations militaires long-temps suspendues contre Charles VII. Thomas de Montagu, comte de Salisbury, avoit débarqué à Calais, au mois de juin, avec un renfort de six mille hommes de bonnes troupes anglaises (2), et le régent anglais vouloit les employer à se rendre maître de quelque forte place assise sur la Loire; lorsqu'il se seroit ainsi assuré de pouvoir passer et repasser à volonté cette rivière, il estimoit que deux ou trois campagnes lui suffiroient pour achever la conquête des provinces centrales, où Charles VII paroissoit si peu songer à se mettre en défense.

Bedford assembla à Paris, non point les États-Généraux, mais plutôt les notables des provinces qui reconnoissoient Henri VI comme roi de France, et il leur demanda de pourvoir à la solde de l'armée, qui, en mettant fin à la guerre, les délivreroit de plus longues calamités. On

---

(1) Monstrelet, c. 55, p. 204. — *Meyer, Annal. Flandr.* L. XVI, f. 272.

(2) Saint-Remy, c. 150, p. 298.

assure qu'un des moyens qu'il proposa pour se procurer de l'argent, fut de faire restituer par l'Église à la couronne toutes les donations qu'elle en avoit reçues pendant les quarante dernières années. Mais le clergé repoussa cette demande comme sacrilége et injurieuse, et Bedford fut contraint d'y renoncer. Toutefois l'annaliste de l'Église assure que ce fut en punition de cette proposition impie que le courroux de Dieu s'alluma dès-lors contre les Anglais, et qu'il arma contre eux de pouvoirs surnaturels la pucelle d'Orléans. (1)

On ne nous dit point de quels moyens fit usage l'assemblée des notables pour trouver de l'argent : cependant l'armée des Anglais se réunissoit. Aux six mille hommes amenés d'Angleterre par Salisbury, s'en joignirent environ quatre mille, appelés principalement des garnisons anglaises de Normandie : le comte de Suffolk, lord Scales et Talbot étoient leurs principaux capitaines. Ils attaquèrent d'abord Nogent-le-Roi, et quoique cette ville ne fît que peu de résistance, les Anglais l'ayant prise, déclarèrent qu'ils ne feroient grâce de la vie qu'à ceux qui pourroient payer une grosse somme d'argent pour se racheter, et après avoir reçu la rançon des plus riches, ils firent pendre tout le reste et

(1) Monstrelet. T. V, c. 51, p. 191. — *Raynaldi Annal. eccles.* 1428, c. 9. — Rapin Thoyras. L. XII, p. 229.

des habitans et des soldats (1). Salisbury vint ensuite attaquer Jargeau, dont la garnison capitula, et se retira derrière la Loire ; Janville offrit aussi de capituler, mais les termes offerts par les bourgeois n'ayant pas été acceptés, Janville fut pris d'assaut, et tous ses habitans massacrés. Meung-sur-Loire fut pris ensuite, ainsi que le Puiset, Thury, Yenville, Montpipeau, Baugency, Marchenois et la Ferté-Hubert. (2)

La prise de toutes ces petites places sur la rive septentrionale de la Loire, indiquoit assez clairement que l'armée anglaise se préparoit au siége d'Orléans. Cette grande ville, qui commandoit le passage le plus important de la rivière, étoit le chef-lieu de l'apanage du duc d'Orléans, qui, depuis la bataille d'Azincourt, étoit toujours prisonnier des Anglais. Ce duc avoit déjà offert à plusieurs reprises d'abandonner la cause de son roi et celle de l'indépendance de sa patrie, si on vouloit le relâcher. Lorsqu'il avoit appris le prochain départ de Salisbury pour la France, il lui avoit demandé la promesse qu'il n'attaqueroit point son apanage, représentant que depuis sa captivité il ne pouvoit plus se considérer comme étant en guerre. Salisbury l'avoit promis, mais Bedford jugea qu'un captif n'étoit point maître

---

(1) Monstrelet, c. 49, p. 187.
(2) Monstrelet, c. 51, p. 190. — Chr. de la Pucelle, p. 278.
— Amelgardus. L. II, c. 7, f. 31, verso.

d'obliger ses provinces à observer la neutralité, et que sa demande n'étoit point un motif de suspendre les opérations militaires. En effet, le 12 octobre, l'armée anglaise ayant passé la Loire, vint tracer son camp devant Orléans du côté du midi. (1)

Le danger n'avoit jamais été plus grand pour l'indépendance de la France, d'autant que l'indolent Charles VII ne sembloit se donner la peine ni de le comprendre, ni de songer à y remédier. Comme s'il vouloit se hâter de jouir d'une royauté qui lui échappoit, il prodiguoit les grâces aux courtisans, aux favoris qui l'approchoient; et comme il avoit peu de mémoire, il accordoit souvent la même faveur à deux ou trois prétendans différens. C'est ainsi qu'il donna les revenus de la sénéchaussée de Beaucaire, évalués à douze mille écus, à la reine de Sicile sa belle-mère, pour le reste de sa vie, ce qui ne l'empêcha pas de les engager ensuite pour l'année 1428, à des marchands qui lui avoient prêté de l'argent, et de nouveau de donner ceux de 1428 et 1429 au duc d'Alençon, pour l'aider à payer sa rançon. Le comte de Foix, auquel tous ces concessionnaires recoururent, parce que la sénéchaussée étoit dans son gouverne-

---

(1) Chr. de la Pucelle. T. IX, p. 267. — Journal du siége d'Orléans, manuscrit de la biblioth. de Genève, à elle donné par J.-J. Rousseau, sous le n° 86, en lettre gothique enluminée.

ment, défendit, le 12 août, d'exécuter aucunes lettres du Roi, jusqu'à ce qu'il les eût vérifiées, après quoi il donna droit à la reine-mère. (1)

Les inimitiés dans lesquelles le roi se laissoit entraîner par ses favoris, n'étoient pas moins ruineuses pour l'État que les grâces qu'il accordoit. Le connétable de Richemont étoit jusqu'alors le seul homme qui prît à cœur les intérêts de la monarchie, et qui songeât à sa défense. Mais la Trémoille, qui savoit ce qu'il avoit à craindre de lui, étoit de son côté résolu à le perdre; et Charles VII, incapable lui-même ou de haine ou de colère, ne refusoit aucun acte de rigueur à son favori, dès que celui-ci le demandoit. Lorsque Richemont s'étoit rendu en hiver à Parthenay, pour recueillir l'héritage de son parent, il avoit laissé à Chinon la duchesse de Guienne sa femme. Charles VII s'y présenta inopinément le 12 mars, avec la Trémoille, pour lui enlever ce château; et en effet il changea la garnison que le connétable y avoit laissée, défendant que ce prince y fût reçu s'il y revenoit. Cependant il permit à la duchesse d'aller rejoindre son mari à Parthenay, et toutes les troupes que celle-ci trouva sur son passage, à Thouars et à Saumur, particulièrement les Écossais, s'en allèrent avec elle au connétable. (2)

(1) Hist. de Languedoc. L. XXXIV, c. 50, p. 474.
(2) Mém. de Richemont, p. 274.

Le roi avoit supprimé toutes les pensions précédemment accordées à Richemont; il avoit interdit à tous ses commandans de le laisser entrer dans ses places fortes. Enfin la Trémoille donna ordre à Jean de la Roche de commencer les hostilités contre lui. C'étoit s'attaquer à forte partie, car les deux seuls princes du sang qui obéissent à Charles VII, les comtes de Clermont et de La Marche, tous les courtisans et presque tous les soldats étoient du parti du connétable. Ces deux comtes firent même en sa faveur la tentative hardie de surprendre la ville de Bourges; cependant Richemont n'arriva pour les soutenir qu'après que la Trémoille eut fait passer des secours au sire de Prie, qui se défendoit au nom du roi dans la tour de Bourges. Les princes déconcertés firent leur arrangement particulier avec Charles VII, et Richemont retourna à Parthenay, d'où il ne bougea plus de toute l'année. (1)

La nouvelle de l'arrivée des Anglais sur la rive gauche de la Loire, sans réconcilier ces factions, les força cependant à songer un peu plus à leur sûreté. La cour de Charles VII jugea qu'il n'y avoit d'espoir que dans une assemblée des États-Généraux. Les députés de la nation ne s'étoient point rendus ni le 18 juillet à Tours, comme ils y étoient convoqués, ni ensuite le 10 septembre.

(1) Mém. de Richemont, p. 276. — Chron. de la Pucelle, p. 271.

Une troisième convocation pour se rendre à Chinon au commencement d'octobre, leur fut adressée, et en même temps on leur annonça « Que chacun des assistans auroit franche liberté « d'acquitter sa loyauté, et de dire pour le bien « des besognes tout ce que bon lui semble- « roit (1). » Ils arrivèrent en effet à Chinon, au commencement du mois, et restèrent assemblés pendant une partie du mois de novembre. On vit autour du trône du roi, la reine de Sicile, le duc d'Alençon, les comtes de Vendôme et de Harcourt. Les principales demandes des députés du royaume, furent la réunion en un seul des deux parlemens de Poitiers et de Beziers, dont l'un avoit quitté Paris à cause des Anglais, l'autre Toulouse à cause de la peste : cette réunion fut prononcée par ordonnance du 7 octobre 1428, et dura jusqu'en 1443 (2); les députés demandèrent encore la réforme de la chambre des comptes, et celle des tribunaux inférieurs du royaume. D'autre part, les États accordèrent au roi quatre cent mille livres, à payer moitié par la Langued'oil, moitié par le Languedoc et le Dauphiné, ordonnant que les nobles et le clergé concourussent avec le tiers-état pour payer cette aide. Ils invitèrent aussi tous les principaux feudataires

(1) Hist. de Languedoc. L. XXXIV, c. 45, p. 471.
(2) Ordonn. de France. T. XIII, p. 140. — Histoire de Languedoc. L. XXXIV, c. 46, p. 472.

du royaume à se rendre, *dans cette extrémité*, sous l'étendard royal avec toutes leurs forces; et ils adressèrent cette sommation entre autres à Louis III d'Anjou, roi de Sicile; à Jacques de La Marche, roi de Naples et de Hongrie; à Charles de Bourbon, comte de Clermont; aux comtes d'Armagnac, de Pardiac, de Foix et d'Astarac, et au sire d'Albret. (1)

De tous les princes cependant, le seul qu'on vit se mettre en mouvement pour la défense d'Orléans, fut le bâtard d'Orléans, qui s'étoit déjà illustré par sa victoire à Montargis, et qui résolut de s'enfermer dans la capitale du duché de son frère, pour la lui conserver. La Hire, Pothon de Xaintrailles, les sires de Villars, de Guitry, de Coraze, de Gaucourt, Nicolas de Giresmes chevalier de Rhodes, Pierre de la Chapelle, et d'autres chevaliers renommés, avec quinze ou seize cents combattans, se rangèrent sous ses étendards. Les bourgeois de la ville, de leur côté, prirent tous les armes, et ils montrèrent autant de valeur que de dévouement. (2)

Pendant que les Anglais soumettoient toutes les petites villes du voisinage, les Orléanais voyoient bien qu'ils alloient être attaqués, et ils

---

(1) Histoire de Languedoc, c. 47, p. 472. — Préface des Ordonnances. T. XIII, p. 12.

(2) Chron. de la Pucelle, p. 285. — Saint-Remy, c. 150, p. 299. — Monstrelet, c. 52, p. 192.

avoient travaillé à fortifier le corps de leur place. 1428.
Ils avoient rasé d'avance le faubourg de Porte-
reau ; ils ne se flattoient pas de pouvoir mieux
défendre les autres, mais ils attendirent pour les
détruire de n'avoir plus de doute sur la marche
des Anglais : ils y mirent donc le feu seulement
le 12 octobre, au moment où ils virent paroître
l'ennemi, sacrifiant ainsi courageusement une
grande partie de leurs propriétés et vingt-six
églises ou chapelles. Les Anglais attendirent que
l'incendie se fût éteint de lui-même, puis s'avançant au milieu des ruines, ils y trouvèrent encore
plusieurs murs debout, parmi lesquels ils purent
faire leurs logemens. Salisbury fit tracer une
première redoute ou bastide, autour de l'église
et de l'hôtel des Augustins, en face du boulevard
qui couvroit le pont ; et c'est là qu'il vint se
loger. (1)

Ce fut le jeudi 21 octobre, que les Anglais
attaquèrent pour la première fois ce boulevard
bâti au midi de la Loire, ou du côté de la Sologne, et qui étoit seulement une tête de pont.
L'assaut fut long et meurtrier : les Anglais furent
enfin repoussés avec une perte considérable ;
mais, de leur côté, les plus renommés des chevaliers français qui le défendoient furent blessés.
Pierre de la Chapelle mourut le surlendemain de

(1) Chr. de la Pucelle, p. 293.

ses blessures; les sires de Guitry, de Coraze, de Villars, de Giresmes et de Xaintrailles, furent mis pour plusieurs jours hors de combat; aussi les Orléanais reconnurent-ils qu'ils ne pourroient pas soutenir dans ce boulevard un nouvel assaut, d'autant plus qu'ils furent avertis que les Anglais avoient miné les murs par-dessous, et se préparoient à mettre le feu aux étais qui les supportoient. Ils brûlèrent donc leurs logemens le 23 octobre, et se retirèrent dans le corps de la place. (1)

Cependant ils n'abandonnoient pas encore le pont : vers son milieu le passage étoit fermé à ceux qui venoient de la Sologne par deux tours ou tourelles, séparées du rivage par quelques arches : les Orléanais essayèrent encore de s'y maintenir, toutefois en ayant soin de rompre derrière eux le pont, et de ne conserver leur communication que par des ais qu'ils pourroient aisément enlever. Mais dès le lendemain dimanche, 24 octobre, sir William Glandsdale, que les Français appeloient Glacidas, profitant de ce que les eaux de la Loire étoient alors fort basses, attaqua et prit d'assaut les tourelles, et y établit une batterie d'où il commença à battre la ville.

---

(1) Chron. de la Pucelle, p. 284. — J. Chartier, p. 16. — Journal manusc. du siége d'Orléans, de la Bib. de Genève (les pages ne sont pas marquées), 1ᵉʳ feuillet.

La prise des tourelles, qui rapprochoit si fort les Anglais du milieu de la ville, y causa un grand effroi; heureusement, pour raffermir le cœur des bourgeois, ils virent arriver dès le lendemain le maréchal de Boussac et Jacques de Chabannes, sénéchal du Bourbonnais, qui leur amenoient un renfort assez considérable : on distinguoit à leur suite les sires du Bueil, de Chaumont, d'Averton, de Sainte-Sèvère, et Thebaldo de Valperga : la noblesse de France commençoit, de son propre mouvement, à accourir à la défense d'une ville aussi importante (1). Un accident, dont le comte de Salisbury fut victime, peu de jours après, releva encore les espérances des assiégés. Il étoit monté jusqu'au second étage de l'une des tourelles, avec Glandsdale, et plongeant de là dans la ville il convenoit avec lui du lieu où il devroit placer ses batteries, lorsqu'un coup de canon tiré au hasard d'Orléans, vint frapper contre la fenêtre où il étoit, et en détacher un éclat qui lui emporta la moitié du visage, et qui tua un homme derrière lui. Salisbury se fit transporter à Meun sur Loire, et il y mourut huit jours après. (2)

(1) Chron. de la Pucelle, p. 285.
(2) Selon Rapin Thoyras, ce fut le 3 novembre. T. IV, L. XII, p. 232. — Chr. de la Pucelle, p. 286. — Saint-Remy, c. 150, p. 298. — Monstrelet, c. 52, p. 194. — J. Chartier,

Bedford fut fort déconcerté par la mort de Salisbury, le général en qui il avoit le plus de confiance; ne pouvant point prendre lui-même le commandement du siége, vu que sa présence étoit nécessaire à Paris, il le confia à Guillaume de la Poole, comte de Suffolk, auquel il joignit Talbot, Gray, Scales, Robert Héron, Lancelot de l'Isle, et Gilbert de Halsates; en même temps plusieurs chevaliers français du parti de Bourgogne, vinrent aussi rejoindre l'armée anglaise sous Orléans : on y voyoit entre autres Guillaume de Rochefort, Hugues des Prés, Eustache Gaudin, Geoffroy de Lancy et Guillaume du Broillac. Suffolk se trouvant alors à la tête d'une armée nombreuse, ne craignit plus de la partager pour attaquer la ville par l'une et l'autre rive de la Loire. Il laissa au midi, ou dans la Sologne, Glandsdale avec son corps d'armée, il transporta le sien au nord ou dans la Beauce, conservant la communication de l'un avec l'autre par deux ponts qu'il fit jeter dans l'île de Charlemagne, et qu'il appuya par une bastide ou redoute. Treize autres bastides furent tracées tout autour de la ville, à l'entrée de tous les chemins qui y conduisoient; tous ces travaux furent commencés le 29 décembre. Ils ne purent suffire, à raison de l'étendue de l'enceinte, à

p. 17. — Bouvier, dit Berry, p. 376. — Journal d'un bourgeois de Paris, p. 379. — Journal du siége, le mercredi.

couper toute communication des assiégés avec le dehors. (1)

Au mois de janvier 1429 le sire de Culant, amiral de France, entra dans Orléans avec deux cents lances; il annonça aux assiégés que le comte de Clermont, fils du duc de Bourbon, étoit à Blois, où il assembloit une armée pour venir à leur secours. Il étoit averti que les Anglais éprouvant une grande disette de vivres, en avoient demandé au duc de Bedford, qui leur envoyoit de Paris un convoi de poisson salé conduit par sir John Falstaff, avec un corps considérable de troupes. Le comte de Clermont résolut de l'enlever; il donna dans ce but rendez-vous à Yenville au bâtard d'Orléans. Les deux corps, partis l'un de Blois l'autre d'Orléans, contenoient les guerriers les plus illustres de la France : les deux maréchaux de La Fayette et de Boussac ou Sainte-Sévère, le sire de Culant, amiral de France; le vicomte de Thouars, le sire de Belleville, Jean Stuart, connétable des Ecossais, que le roi avoit fait comte d'Évreux, avec son frère; Guillaume d'Albret, sire d'Orval; Jean de Nilhac, sire de Châteaubrun; Jean de Lesgot, La Hire, un grand nombre de chevaliers d'Auvergne, de Bourbonnais, de Berri, de Poitou, et les Écossais à la solde de France.

(1) Chron. de la Pucelle, p 287. — Journal du siége ; le mercredi.

Clermont et le bâtard d'Orléans firent leur jonction à Yenville, le 11 février; le samedi 12 ils reprirent la route de Paris par Etampes: après avoir marché deux heures ils découvrirent les Anglais près de Rouvrai. Falstaff, qui les conduisoit, en voyant approcher l'armée française, s'étoit fait une enceinte des chars de son convoi; il y avoit fait monter ses archers, et il avoit garni les intervalles avec des pieux aigus. Les Français s'arrêtèrent, leur gendarmerie resta en position à cheval, et leur artillerie, couverte par les archers et gens de pied, ouvrit son feu sur les barricades anglaises. Bientôt beaucoup de chars furent renversés ou mis en pièces, les archers et les marchands de Paris qui les montoient furent tués, et de larges brèches laissèrent voir l'intérieur de l'enceinte anglaise. Il suffisoit de continuer le même genre d'attaque, et l'armée de Falstaff fondoit devant les Français. Mais dans ce moment Stuart, connétable d'Écosse, cria au bâtard d'Orléans et à Clermont que c'étoit une honte de ne pas oser aborder l'ennemi par les larges brèches que l'artillerie avoit faites. A l'instant ces deux jeunes seigneurs se jetèrent à bas de leurs chevaux et se dirigèrent sur le parc anglais; les sires d'Orval, de Châteaubrun, de Lesgot, et une centaine de gentilshommes avec les Écossais suivirent leur exemple; mais les autres, qui avoient eu ordre de ne point bouger, restèrent immobiles à cheval. Cette attaque intempestive et beaucoup trop foible fut aisément repoussée, et les Anglais, sortant à leur tour de leur parc, chargèrent vigoureusement les Écossais, qui furent bientôt en pleine déroute. Les Auvergnats, au lieu de venir à leur aide, prirent la fuite, et en peu de temps les Français, qui croyoient vainqueurs, furent complétement défaits. Le bâtard d'Orléans fut grièvement blessé, le connétable d'Écosse, les sires d'Orval, de Châteaubrun et de Lesgot furent tués avec plusieurs autres gentilshommes et trois ou quatre cents combattans. On désigna par le nom de Journée des Harengs cette bataille, dont tout le champ étoit couvert non d'hommes morts mais de poissons que conduisoit l'armée anglaise, les barils qui les contenoient avoient été brisés par l'artillerie. (1)

Jean Falstaff arriva le 15 février au quartier-général du comte de Suffolk, avec quinze ou seize cents Anglais, qui avoient défait six mille Français. Tandis que le comte de Clermont, reçu dans la ville avec ses troupes en désordre, en repartit en hâte pour assembler, disoit-il,

(1) Chron. de la Pucelle, p. 290. — Saint-Remy, c. 150, p. 299. — Monstrelet, c. 56, p. 206. — Bouvier, dit Berry, p. 376. — J. Chartier, p. 17. — Journal d'un bourgeois de Paris, p. 381. — Amelgardus. L. II, c. 8, p. 33.

une nouvelle armée qui n'arriva point, le bâtard d'Orléans et le maréchal de Boussac faisoient ce qu'ils pouvoient pour relever le courage des assiégés ; mais la journée des harengs avoit fait sur les Orléanais l'impression la plus funeste : qu'attendre, disoit-on, de Charles VII, que le danger d'Orléans n'avoit pu tirer de la mollesse où il étoit plongé à Chinon ? qu'attendre des armées françaises, puisque, avec une supériorité quadruple en nombre, elles se laissoient dissiper par les Anglais ? On ne voyoit de salut pour la ville qu'en faisant reconnoître sa neutralité, et les bourgeois d'Orléans résolurent d'envoyer Xaintrailles au duc de Bourgogne, dont il étoit connu et estimé, pour le supplier de recevoir en dépôt une ville qui appartenoit à son cousin, et de la lui garder jusqu'à ce qu'il eût recouvré sa liberté. Xaintrailles fut bien accueilli par Jean de Luxembourg, qui le recommanda vivement au duc de Bourgogne. Il paroissoit naturel que Henri, qui se disoit roi de France, conservât leur apanage aux princes français qui le reconnoissoient, ainsi qu'il s'y étoit engagé par le traité de Troyes, surtout lorsque ces princes consentoient à déposer leurs forteresses entre les mains de son meilleur allié, de telle sorte qu'il pût en faire usage pour continuer la guerre ; mais lorsque cette proposition, agréée par le duc de Bourgogne, fut transmise

au duc de Bedford, il répondit : « qu'il n'enten- 1429.
« doit pas battre les buissons pour qu'un autre
« prît les oisillons »; qu'il comptoit bien se rendre maître d'Orléans lui-même et faire payer
aux habitans tout ce que lui avoit coûté ce
siége. (1)

Il sembloit désormais impossible que Charles VII, languissant à Chinon dans la mollesse,
que ses courtisans, divisés et prêts à se battre
pour Richemont et la Trimoille, ou les princes
du sang et la noblesse, qui l'abandonnoient pour
se retirer dans leurs châteaux, pussent défendre
Orléans ou sauver le royaume; mais il existoit
dans le peuple un sentiment ignoré de patriotisme, d'honneur national, d'indépendance,
qui pouvoit faire des prodiges, s'il étoit seulement mis en action. Une moitié de la France
vivoit sous le joug anglais, et tous les jours ce
joug lui devenoit plus insupportable; elle ne
pouvoit se résigner à l'insolence des vainqueurs,
à l'abus qu'ils faisoient du droit de la guerre.
Tous les jours elle sentoit davantage que l'ordre
établi et maintenu par l'épée ne pouvoit être un
ordre légal, qu'elle ne devoit y voir qu'une
épreuve passagère infligée en punition de ses
péchés, et dont le terme approchoit sans doute.
Tous les jours plus séparée de son roi, plus

(1) J. Chartier, p. 18. — Chron. de la Pucelle, p. 292. —
Monstrelet, c. 58, p. 213.

privée de toutes nouvelles de la cour, elle étoit plus disposée à le parer en imagination des plus hautes vertus, et à le croire digne d'un meilleur sort. Un sentiment religieux de pénitence, d'amour et d'espoir, couvoit dans tous les cœurs; il ne falloit qu'une étincelle pour produire une explosion. Une jeune bergère de Donremy sur les frontières de Lorraine, Jeanne d'Arc, la pucelle d'Orléans, fit jaillir cette étincelle, et le sort de la France fut changé.

CHAPITRE III.

Mouvement littéraire et religieux des esprits. — Enthousiasme religieux et patriotique de Jeanne la Pucelle; son arrivée à la cour; ses combats devant Orléans; sa victoire à Patay sur les Anglais. — Elle fait sacrer le roi à Reims; elle le conduit devant Paris. — Retraite de Charles VII derrière la Loire. — La Pucelle attaque Compiègne et y est faite prisonnière. — 1429, 1430.

Pendant que la France étoit accablée par des désastres et des souffrances presque sans exemple, les contrées voisines jouissoient de plus de paix et de bonheur. Aussi, la civilisation s'y étoit accrue, et l'esprit humain y avoit fait des progrès notables. Ces progrès avoient ensuite été partagés par la France; car il y avoit déjà une liaison trop intime entre tous les États de la chrétienté, pour que la grande monarchie située au centre de l'Europe ne profitât pas, malgré ses malheurs, de la civilisation croissante de ses voisins. En Italie, le quinzième siècle fut l'époque du plus vigoureux essor de l'érudition, l'époque de l'ardeur pour l'étude et du renouvellement de toutes les connoissances. De puissans

1429.

génies qui, dès le commencement du règne de Charles VII, étoient parvenus à toute la maturité de leurs talens et à la pleine jouissance de leur gloire, s'étoient épris d'admiration pour les monumens laissés par l'antiquité, et ils avoient consacré toute la vigueur de leur caractère, leur ardent désir de savoir, et leur talent pour répandre ce qu'ils avoient appris, à recueillir tout ce que les Grecs et les Romains avoient laissé de digne de mémoire, à le comprendre pleinement et à l'enseigner ensuite, de manière à élever leurs contemporains au niveau de la génération hautement civilisée, dont un espace de quinze siècles les séparoit. Guarino de Vérone, Jean Aurispa, Ambroise Traversari, Bruno d'Arrezzo, Poggio Bracciolini, François Filelfo et Laurent Walla étoient arrivés à rétablir dans leur pureté les textes de tous les écrits des Grecs et des Romains que nous possédons, à se mettre au niveau de toutes les connoissances de leurs auteurs, à écrire leur langue avec la même élégance et la même pureté, à penser presque avec la même indépendance qu'eux. Leurs enseignemens, suivis avec passion par des milliers d'écoliers, avoient popularisé en Italie l'érudition, l'éloquence, et même un certain degré de philosophie. Ces hommes s'étoient trouvés en contact avec les plus instruits parmi les Français à la cour de Rome, dans les conciles généraux de

Pise et de Constance, dans les écoles, et à l'Université même de Paris. Malgré les souffrances de la guerre, malgré la misère et le danger, leur exemple et l'émulation avoient commencé à réveiller les esprits; des études plus fortes étoient suivies dans les colléges; des connoissances plus variées étoient répandues parmi ceux qui jouissoient d'une certaine aisance; beaucoup de préjugés, sans être absolument déracinés, étoient ébranlés, et on commençoit à en avoir honte; quelques hommes enfin s'élevoient au-dessus de leur pays, à la hauteur de leur siècle, et cultivoient la correspondance des savans italiens.

Un mouvement analogue des esprits se faisoit sentir en Allemagne; mais là, selon le caractère de la nation, il étoit mêlé à plus de foi et à plus d'ardeur religieuse. La réformation, commencée par Jean Huss et Jérôme de Prague, s'étendoit, se consolidoit; l'Église avoit bien voulu l'écraser comme celle des Albigeois, et éteindre dans le sang les nouvelles lumières de l'esprit. Aussi avoit-elle fait, à plusieurs reprises, prêcher des croisades contre les hussites; mais les opinions de ces sectaires avoient été adoptées par quelques princes, par beaucoup de gentilshommes, et par une population guerrière qui s'étoit dévouée avec autant de valeur que de patience à la défense de sa foi, et qui avoit repoussé par des victoires signalées toutes les croisades dirigées contre elle. La Bohême donnoit pour la première fois l'exemple d'un pays chrétien qui se séparoit du catholicisme, et s'organisoit dans une indépendance absolue de la cour de Rome; et les armées des Thaborites ou des Orphelins, en battant les orthodoxes dans toutes les rencontres, les forçoient en même temps à réfléchir sur une doctrine que le bras de la Providence ne protégeoit point. Ils semoient ainsi leurs opinions dans le reste de l'Allemagne, et ils préparoient déjà cette réformation plus générale que Luther devoit prêcher quatre-vingts ans plus tard. (1)

L'Espagne, moins érudite que l'Italie, moins religieuse que l'Allemagne, n'étoit cependant point étrangère au mouvement général des esprits. Les lettres y étoient cultivées avec un redoublement d'ardeur; les marquis de Villena et de Santillana donnoient l'exemple des études sérieuses, et Juan de Mena y commençoit une nouvelle ère poétique : en même temps, les rois d'Aragon sacrifioient leur orthodoxie à la politique, sans exciter de réclamations parmi leurs sujets. Ils persistoient dans le schisme pour

---

(1) *Voyez*, sur les progrès des Thaborites, *Raynaldi Ann. eccles.* 1426, §. 11; 1427, §. 1; 1428, §. 5, et les quinze premiers livres de Lenfant, Histoire de la guerre des Hussites et du concile de Basle. *Amsterd.*, 1731, in-4°.

leur avantage personnel, en opposition avec toute l'Europe. A la mort de l'anti-pape Benoît XIII, en 1426, ils l'avoient fait remplacer par Giles Munioz, qu'ils nommèrent Clément VIII, et le comte d'Armagnac, déterminé comme eux par des motifs d'ambition et de parenté, embrassa le même parti et retint dans le schisme une partie de la Gascogne (1). Ce schisme étoit cependant regardé comme un crime atroce par l'Église romaine. Martin V publia, le 4 mars 1426, contre les schismatiques, contre le comte d'Armagnac en particulier, une bulle qui le déclaroit excommunié, infâme, sacrilége et parjure; elle délioit de leurs sermens tous ses sujets, tous ceux qui se croyoient tenus à quelque devoir envers lui; elle exhortoit tous ses voisins, et nommément le roi de France, à conquérir et à confisquer tous ses États, à se saisir de sa personne, de celle de ses enfans et de celle de tous ses adhérens, et à les vendre comme esclaves (2). Mais il ne dépendoit plus uniquement de la cour de Rome de changer la vertu en crime ou le crime en vertu : un public qui s'éclairoit tous les jours jugeoit les papes comme les rois, et cherchoit dans les bulles des premiers, dans les édits des seconds, leurs motifs politiques, plutôt que des règles pour la conscience; l'inconsé-

1429.

---

(1) *Raynaldi Annal. eccl.* 1426, §. 7.
(2) *Raynaldi.* 1429, §. 11.

quence même de la cour de Rome accréditoit ce jugement. L'anti-pape Clément VIII abdiqua le souverain pontificat, en conséquence d'un traité tout à l'avantage du roi d'Aragon et du comte d'Armagnac, et Martin V adressa la même année, à ces deux souverains, des bulles dans lesquelles il les appeloit ses fils chéris, et leur promettoit toute la faveur de l'Église.

Ainsi procédoit avec lenteur, mais avec une marche invariable, le progrès des lumières et la lente réformation des esprits : l'esclavage des consciences n'étoit plus le même; le sacerdoce s'apercevant qu'une opinion publique le jugeoit, étoit contenu dans les limites d'une certaine pudeur, de quelques égards humains. La cour de Rome elle-même avoit reconnu la nécessité de parler deux langages, de conserver pour les ignorans et pour le peuple seulement celui qu'elle adressoit à tous dans les siècles précédens, mais d'en appeler à la raison, à la morale, à la philosophie, et surtout à l'érudition, dans sa correspondance avec les corps savans, et lorsqu'elle avoit besoin de l'appui des docteurs du quinzième siècle.

Mais pendant que l'esprit humain étoit dans cet état de transition, tandis qu'il passoit de l'ignorance de la barbarie aux lumières de la civilisation, les opinions présentoient des contrastes qu'il est difficile de bien saisir. A côté d'une certaine indépendance, de l'examen et du doute, beaucoup de préjugés, beaucoup de superstitions craintives, subsistoient encore dans toute leur force ; et comment s'en étonner, puisqu'un si grand nombre d'entre elles dominent sur le peuple encore aujourd'hui ? D'ailleurs toutes les classes également, les théologiens, les savans et le peuple ignoroient l'existence des lois auxquelles la nature est soumise, et considéroient tous les événemens du monde comme dirigés par une intervention continuelle de la Providence. Toutes les actions des hommes, ainsi que toutes les forces de la nature, leur paroissoient procéder si immédiatement de Dieu, qu'ils ne concevoient point de distinction entre l'ordre naturel et l'ordre surnaturel ; et qu'un prodige demeuroit pour eux tout aussi probable qu'un fait régi par les propriétés les plus constantes de la matière. Mais, au lieu d'étudier les lois de l'univers, ils cherchoient et ils croyoient reconnoître souvent dans les événemens de ce monde l'action de puissances occultes autres que la Providence. Les unes pouvoient, il est vrai, se considérer comme ses agens subalternes : c'étoient les anges, les saints, et les images miraculeuses des uns et des autres. Les chrétiens se recommandoient à eux, avoient une affection particulière pour l'un ou pour l'autre, et se mettoient sous leur protection, comme si jusqu'à ces images avoient des volontés et des affections individuelles. Mais les autres puissances occultes qui dirigeoient les événemens étoient rebelles à Dieu : c'étoient les esprits infernaux. Leur existence et leur pouvoir n'étoient révoqués en doute par personne au quinzième siècle. L'Église avoit travaillé de tout son pouvoir à inculquer et à maintenir cette croyance ; elle avoit représenté aux fidèles les diables sans cesse en embûche autour d'eux ; elle avoit dénoncé des ligues fréquentes entre les hommes et les démons ; elle avoit puni par des supplices atroces les sorciers et les magiciens, et elle a continué, presque jusqu'à notre temps, à prêcher cette croyance et à agir d'après elle, lors même qu'elle étoit abandonnée par tous les autres hommes qui avoient reçu quelque éducation (1). Ce n'est qu'à la dernière extrémité, et lorsqu'ils n'ont plus trouvé d'hommes qui crussent au diable, que les prêtres ont renoncé à le montrer et à le faire intervenir sans cesse dans les affaires humaines.

Les philosophes du quinzième siècle n'avoient rien fait pour ébranler cette croyance ; en géné-

(1) Aujourd'hui même la persécution contre les Francs-Maçons en Espagne et en Italie, n'est fondée que sur les croyances qu'on veut entretenir parmi le peuple de leur alliance avec le diable. Mais, en même temps qu'on les punit pour ce crime supposé, on n'ose pas même, par respect pour les lumières du siècle, avouer qu'on les en soupçonne.

ral, même les plus hardis d'entre eux, avoient moins exercé leur raison que leur mémoire. Ce n'étoit pas à l'aide de l'observation qu'ils cherchoient l'explication du système du monde; ils la demandoient à l'antiquité à l'aide de l'érudition. Comme ils avoient trouvé quelques traces de démonologie chez les Grecs et les Romains, et beaucoup plus chez les Chaldéens, les Hébreux et les Arabes, ils l'avoient prise pour un fait établi, et ne s'étoient pas permis de douter que l'objet d'une science aussi ancienne ne fût une chose réelle. L'astrologie avoit été plus cultivée encore par les anciens, aussi leur paroissoit-elle la plus importante des applications de l'astronomie; la mythologie elle-même, qui servoit de clef à toute l'érudition classique, avoit confirmé pour eux la croyance aux sciences occultes; ils avoient admis l'existence des divinités païennes comme d'êtres réels; seulement parmi les savans, les uns, d'accord avec l'Église, ne voyoient en elles qu'autant de manifestations des démons, tandis que les autres, plus indépendans, plus esprits-forts, conservoient une affection secrète pour les dieux d'Homère et de Virgile, et n'auroient pas été éloignés de leur rendre un culte.

Le peuple enfin, également confirmé dans les terreurs superstitieuses que crée l'ignorance, par les prêtres et par les savans qui auroient dû l'instruire, vivoit dans une attente continuelle du surnaturel, et ne concevoit pas même qu'on pût élever un doute sur l'action habituelle des puissances ou célestes ou infernales qui se partageoient sa destinée. Seulement de certaines règles lui avoient été données pour distinguer les unes d'avec les autres. Ainsi, par exemple, des savans s'appuyant sur quelque autorité classique, ou bien des docteurs de l'Église lui avoient enseigné que le diable étoit sans pouvoir sur le corps d'une vierge, en sorte que si une femme, dans cet état de pureté primitive, exerçoit un pouvoir surnaturel, on devoit en conclure qu'il venoit de Dieu. Ainsi, encore, les prêtres avoient décidé que le diable, comme père du mensonge, ne pouvoit s'abstenir de mentir, en sorte qu'en questionnant sur la foi un être qui faisoit des prodiges, on reconnoîtroit que son savoir venoit de l'*ennemi*, s'il tomboit dans quelque hérésie. Cependant l'esprit du siècle avoit pénétré jusque dans les superstitions populaires ; les enthousiastes avoient pris un caractère un peu plus humain, un peu plus charitable ; ceux qui s'adressoient au peuple ne pouvoient se faire écouter de lui qu'en lui prêchant une réforme morale, et le fanatisme étoit bien moins haïssable qu'il ne l'avoit été au temps des croisades contre les Albigeois.

Les souffrances du peuple français augmentoient son penchant à la dévotion ; de nombreux missionnaires se répandoient dans les campagnes, et avertissoient le peuple qu'il ne seroit délivré des pillages des gens de guerre, des excursions de l'ennemi, de l'humiliation d'un joug étranger, que lorsqu'il auroit renoncé à ses mauvais penchans, à ses plaisirs et à ses vices. Un moine breton de l'ordre des carmes, nommé frère Thomas Connecte, prêcha en l'année 1428, dans la Flandre, l'Artois, la Picardie et les provinces voisines, qui toutes reconnoissoient Henri VI comme roi de France. Il alloit de ville en ville monté sur un petit mulet, et suivi d'une foule de ses disciples à pied ; dès qu'il arrivoit, il trouvoit sur la place publique un échafaud dressé pour lui, sur lequel il disoit une messe ; puis il commençoit à prêcher contre les vices, les péchés, les plaisirs et le luxe. Il attaquoit surtout les prêtres, qu'il forçoit à renoncer à leurs concubines ; les grandes dames, qu'il obligeoit à déposer de hautes coiffures de tête nommées *hennin*, et qu'il prétendoit scandaleuses ; les joueurs enfin, auxquels il demandoit de brûler les damiers, échiquiers, cartes, quilles et dés. Il appeloit à son aide les enfans, et les ameutoit contre ceux qui ne se soumettoient pas à ses règles ; et souvent il leur donnoit l'exemple de crier au *hennin*, lorsqu'il voyoit paroître dans les rues quelque femme avec une haute coiffure. Si la malheureuse ne trouvoit pas bien vite un refuge dans une maison, elle étoit couverte de boue, traînée dans le ruisseau, et quelquefois dangereusement blessée. Les peuples cependant regardoient le moine avec admiration, comme un réformateur des mœurs et un saint homme (1). Le clergé, au contraire, supportoit avec impatience la critique de ses mœurs et de ses vices; il regardoit frère Thomas comme trahissant son ordre en cherchant à le réformer. Il le poursuivit de sa haine, lorsque ce religieux se retira en Bretagne; et lorsqu'il passa ensuite à Rome, sous le pontificat suivant, d'Eugène IV, la très sainte inquisition le fit brûler comme hérétique. (2)

Un moine cordelier, nommé frère Richard, ne causoit pas moins de fermentation à Paris. Il commença, le 16 avril 1429, à prêcher à Sainte-Geneviève, et il continua chacun des jours suivans jusqu'au lundi 26 avril, montant en chaire à cinq heures du matin, et l'occupant jusqu'à dix ou onze heures. De même que frère Thomas, la partie des mœurs qu'il paroissoit vouloir réformer étoit la toilette des femmes; il en engagea un grand nombre à déposer la coiffure élevée qui étoit alors à la mode; il leur

---

(1) Monstrelet. T. V, c. 5, p. 197.
(2) Lobineau, Histoire de Bretagne. L. XVI, c. 75, p. 576.
— Monstrelet. T. VI, c. 127, p. 62.

promit que cette condescendance seroit récompensée l'année suivante par les merveilleux changemens qu'elles verroient dans le monde. Il paroît que le gouvernement anglais conçut quelque inquiétude de cette prédiction, et de la fermentation qu'elle excitoit; le gouverneur de Paris le renvoya après son dixième sermon, et frère Richard, passant ensuite dans les provinces qui reconnoissoient Charles VII, embrassa ouvertement son parti. (1)

Ainsi un enthousiasme religieux et politique fermentoit dans toute la partie de la France soumise aux Anglais; il persuadoit à chacun qu'en redoublant de foi, en renonçant au péché, en réformant ses mœurs, il hâtoit la délivrance de sa patrie, et contribuoit à lui faire secouer un joug qui devenoit insupportable. Toutefois ce zèle populaire ne brilla de tout son éclat que lorsqu'il produisit au milieu des armées la jeune héroïne qui joignoit, à sa ferme confiance dans une aide surnaturelle, le courage, la constance, la pureté, la sagesse; elle enflamma la multitude par son exemple, et elle lui donna le pouvoir d'accomplir une grande révolution.

Jeanne d'Arc, née à Greux, paroisse de Domremy, vers l'an 1409, étoit de six ans plus jeune que le roi. Son père et sa mère étoient des

---

(1) Journal d'un bourgeois de Paris, p. 383, 388, 393.

paysans aisés, qui, de même que tous les habitans de leur village, étoient attachés de tout leur cœur au parti armagnac : tandis qu'à deux lieues de distance, le village de Marey ou Maxey, également situé sur la Meuse, entre Neufchâteau et Commercy, sur les frontières de la Lorraine et de la Champagne, étoit tout dévoué aux Bourguignons. Lorsque les principaux lieutenans du Dauphin eurent été obligés d'évacuer la province, les pères courbèrent la tête sous le joug des Anglais, et continrent leur ressentiment ; mais les enfans continuèrent à porter leur esprit de parti dans leurs jeux, et ceux des deux villages se livrèrent souvent des combats acharnés. Jeanne d'Arc, qui avoit trois frères, les avoit vus plusieurs fois revenir tout sanglans, avec les autres enfans de son village, des combats qu'ils avoient livrés aux enfans bourguignons de Maxey (1). Depuis les capitulations des derniers lieutenans de Charles VII, les vexations des Bourguignons et des Anglais avoient encore redoublé; aussi les Champenois, n'ayant plus de communication avec la cour, en devenoient plus fervens encore dans leurs vœux pour le roi exilé des Français, qu'ils regardoient comme devant être leur protecteur, leur libérateur, leur vengeur. Jeanne d'Arc

(1) Interrogatoire de la Pucelle, p. 68, 69.

s'étoit livrée de tout son cœur à l'esprit de parti ou au patriotisme de ses parens ; mais elle y joignoit la piété la plus exaltée : souvent elle passoit des jours et des nuits en prières ; ou bien elle s'occupoit à tisser des guirlandes pour la Vierge, pour l'archange Michel, pour sainte Catherine et sainte Marguerite, qu'elle regardoit comme ses protectrices particulières. Sans cesse occupée de ces êtres surnaturels, elle crut bientôt voir leur image ; elle crut entendre leurs voix, et ces visions commencèrent lorsqu'elle avoit treize ans : les infirmités de son sexe ne l'atteignirent point à cet âge ; il paroît qu'elle en fut toujours exempte, et que ce fut une des causes qui la disposèrent aux extases et aux illusions de ses organes (1). C'étoit justement l'époque où Charles VI mouroit, où Charles VII, exclu de son trône et de sa capitale, ne pouvoit point obtenir le sacre, qui, aux yeux du peuple et des prêtres, conféroit seul le caractère royal.

Pendant les sept ans de lutte et de revers qui s'écoulèrent depuis la mort de Charles VI jusqu'à l'arrivée de Jeanne d'Arc à Chinon, Charles VII n'étoit toujours pour elle que le Dauphin ; mais il occupoit sans cesse sa pensée : c'étoit lui qu'elle invoquoit sans cesse pour défendre ses

---

(1) Préface de la Chronique de la Pucelle, p. VII.

parens, sa maison, son village, contre l'oppression des Bourguignons et des Anglais; surtout elle croyoit que, dès qu'il seroit sacré, la bénédiction des prêtres et celle de Dieu reposant sur lui, la victoire s'attacheroit à ses étendards, et qu'il recouvreroit alors son royaume. Cette rêverie continuelle fut bientôt suivie d'extases dans lesquelles elle crut voir ce qu'elle désiroit: saint Michel, sainte Catherine, sainte Marguerite, lui apparurent, et l'invitèrent à conduire elle-même Charles VII à Reims pour recevoir l'onction sacrée; elle se figura qu'elle en avoit la mission spéciale, et *ses voix*, comme elle les appeloit, ne la laissèrent plus dormir jusqu'à ce qu'elle l'eût entreprise.

Jeanne d'Arc avoit dix-neuf ans accomplis à l'époque où les Anglais pressoient le siége d'Orléans, au commencement de l'année 1429 : elle étoit belle, forte, adroite, courageuse comme une jeune fille élevée dans les champs. Elle avoit été demandée en mariage par un jeune homme de Toul; mais elle l'avoit refusé parce que, disoit-elle, elle avoit voué sa virginité à Dieu et à la délivrance de la France. Au mois de janvier, elle alla passer quelques jours chez un de ses oncles nommé Durand Laxart : c'est à lui qu'elle parla pour la première fois de la mission qu'elle avoit reçue du ciel pour la délivrance de la France, et elle l'engagea à la conduire à un capitaine dévoué à Charles, nommé Robert de Baudricourt, qui se trouvoit à Vaucouleurs, petite ville peu éloignée de Domremy. Baudricourt ne regardoit point comme impossible l'intervention miraculeuse des anges et des saints en faveur de la France ; mais il étoit tout aussi disposé à croire à celle des fées ou des mauvais esprits qui se rassembloient, disoit-on, ou au bois Chenu, à demi-lieue de la maison de Jeanne, ou sur l'arbre des Fées, hêtre majestueux, qui s'élevoit sur le chemin de Domremy à Neufchâteau. Enfin une troisième supposition se présentoit encore à son esprit avec plus de probabilité que les autres : peut-être la jeune fille qui venoit lui offrir son bras pour délivrer la France étoit folle ; aussi repoussa-t-il d'abord sa prière de lui donner quelques uns de ses chevaliers pour l'accompagner au travers d'un pays ennemi, jusqu'au roi, qui étoit à plus de cent cinquante lieues de distance. Il conseilla donc à André Laxart de la bien souffleter et de la ramener chez son père. Mais Jeanne ne se rebuta point ; elle revint deux fois à lui avec plus d'instance encore, répétant qu'il falloit absolument qu'elle allât vers le noble Dauphin, parce que son seigneur le roi du ciel le vouloit ainsi. Deux gentilshommes, Jean de Metz et Bertrand de Poulengy, se trouvèrent présens à ces conférences ; ils prêtèrent foi à son inspiration; ils furent échauffés par son enthousiasme, et ils offrirent de l'accompagner, et de fournir à la dépense de son modeste équipement. Baudricourt lui donna seulement une épée ; elle fit écrire à son père et à sa mère pour leur demander leur congé et la compagnie de son troisième frère, Pierre d'Arc. Elle coupa ses longs cheveux, prit des habits d'homme, et partit de Vaucouleurs au commencement de février 1429, avec les deux gentilshommes, leurs deux serviteurs, son frère, un archer et un homme qui prenoit le titre de messager du roi. (1)

Ce ne fut pas sans de grands dangers que Jeanne, avec sa petite troupe, traversa la France, des bords de la Meuse jusqu'à Chinon en Touraine. Elle avoit à redouter en chemin et les ennemis et les brigands, et même les protecteurs qu'elle s'étoit donnés, qui n'étoient point insensibles aux charmes de la jeune fille qu'ils avoient prise sous leur garde. Mais ces derniers furent bientôt subjugués par son enthousiasme pieux et par la sagesse de sa conduite ; un sentiment de crainte et de respect succéda à des désirs

---

(1) Chron. de la Pucelle, éd. de Buchon. T. IX, p. 293. — Préface à la Chronique, p. viii. — J. Chartier, p. 19. — Amelgardus. L. II, c. 9, p. 34. — Biographie universelle. T. XXI, p. 496. M. de Walckenaer, auteur de cet article, y a réuni tout ce qui se trouvoit épars dans les monumens du temps.

plus tendres. Elle arriva à Chinon le 24 février 1429. Ses gardiens obtinrent, non sans quelque difficulté, qu'elle seroit présentée au roi. Cependant celui-ci, oubliant combien il étoit probable que, occupée sans cesse de lui, elle avoit vu quelque part son portrait, fut frappé, comme d'une grande merveille, de ce qu'elle le reconnoissoit, tandis qu'il cherchoit à se cacher entre ses courtisans. « Gentil Dauphin, lui dit-elle, pourquoi « ne me croyez-vous? Je vous dis que Dieu a « pitié de vous, de votre royaume et de votre « peuple; car Saint-Louis et Charlemagne sont « à genoux devant lui, en faisant prières pour « vous. Si vous me baillez gens, je lèverai le « siége d'Orléans, et je vous mènerai sacrer à « Reims; car c'est le plaisir de Dieu que ses « ennemis les Anglais s'en aillent en leur pays, « et que le royaume vous demeure. » (1)

La cour de Charles VII n'étoit pas moins disposée que toute la France à croire à une intervention surnaturelle en sa faveur, à accueillir ce qui pourroit ranimer les espérances d'une nation opprimée. Bientôt on raconta à Chinon, non seulement que *la Pucelle* (désignation sous laquelle elle fut dès-lors connue) avoit distingué le roi parmi ses courtisans, mais encore qu'elle lui avoit parlé de ses pensées les plus secrètes,

---

(1) Chronique de la Pucelle, p. 296. — Journal manusc. du siége. — Amelgardus. L. II, c. 10, f. 35.

de choses que lui seul savoit ; qu'elle lui avoit montré des signes qui ne laissoient aucun doute sur sa puissance surnaturelle ; qu'elle avoit demandé une vieille épée cachée derrière l'autel de sainte Catherine à Fierbois, et qu'on l'avoit trouvée telle qu'elle la désignoit, marquée de cinq croix sur la lame. Aussi l'on ne doutoit plus de son pouvoir d'opérer des miracles ; mais l'on hésitoit si l'on devoit la regarder comme prophétesse ou comme sorcière ; et le clergé, toujours jaloux de ceux qui prétendent parler au nom de Dieu, sans être prêtres, penchoit pour cette dernière opinion. Regnault de Chartres, archevêque de Reims, et chancelier de France, l'un des principaux ministres de Charles VII, se défioit surtout de la Pucelle, et la regardoit comme une alliée du démon. Jeanne d'Arc fut soumise à de nombreuses épreuves, avant que les conseillers de Charles consentissent à accepter son assistance. Des théologiens l'examinèrent à Chinon, sur sa foi, en présence du duc d'Alençon ; elle fut envoyée à Poitiers, où étoit le parlement, et elle y fut interrogée par de nouveaux théologiens. Elle fut surveillée à toutes les heures du jour et de la nuit, pour s'assurer si elle n'avoit point de communication avec les mauvais esprits ; on fit même demander à Domremy des renseignemens sur sa conduite passée ; enfin la reine de Sicile, belle-mère du roi, se chargea du soin, avec les dames de Gaucourt et de Fiennes, de la visiter pour vérifier sa virginité ; et ayant rendu témoignage qu'elle étoit telle qu'elle s'annonçoit, on en conclut que le démon n'avoit pu faire alliance avec une vierge, et que son pouvoir surnaturel venoit en effet de Dieu. (1)

Son pouvoir venoit en effet de sa vertu, de la superstition universelle et de l'impatience que ressentoit le peuple de secouer un joug odieux. Humble, modeste et de bonne foi dans son enthousiasme, elle ne doutoit point qu'elle ne dût réussir dans la mission que ses voix lui avoient donnée, celle de délivrer Orléans, et de conduire le roi à Reims ; mais elle ne s'attribuoit aucun pouvoir miraculeux ; quand les théologiens lui demandèrent de leur donner quelque signe, elle répondit qu'elle n'en pouvoit donner d'autre que de conduire les braves à la bataille. Une fois à l'armée, elle y montra l'adresse d'une paysanne accoutumée à courir sur des chevaux indomptés, l'intrépidité d'une personne qui se croit assurée du secours de Dieu, la patience d'une sainte pour les blessures et les privations ; mais elle se laissa conduire par les chefs qui lui étoient associés, et qui, tout en l'aimant et en l'admirant, s'aperçurent bien vite que c'étoit à eux à la diriger.

(1) Chronique de la Pucelle, p. 298.

1429. Le roi avoit fait donner à Jeanne une armure complète ; il lui avoit assigné un écuyer, deux pages, deux hérauts d'armes et un aumônier. Elle s'étoit fait faire un étendard blanc semé de fleurs de lis ; on y voyoit peint le Christ au milieu des nuées, assis sur son tribunal, avec deux anges en adoration à ses côtés, dont l'un tenoit une fleur de lis. Elle y avoit fait écrire les mots : *Jhesus Maria* ; c'étoit l'arme avec laquelle elle entroit hardiment dans les batailles. Elle portoit aussi cependant une petite hache suspendue à ses côtés. Le roi l'envoya à Blois, auprès de la petite armée qu'y rassembloient les maréchaux de Rais et de Sainte-Sévère, Ambroise de Loré et le sire de Gaucourt ; elle avoit promis de l'introduire dans Orléans avec un convoi de vivres. Arrivée à Blois, elle fit écrire au roi d'Angleterre et à tous les généraux anglais rassemblés devant Orléans, pour les sommer de rendre les clefs de toutes les bonnes villes qu'ils avoient prises en France. Elle-même ne savoit ni lire ni écrire, et elle se plaignit plus tard qu'on n'avoit point écrit comme elle dictoit, qu'on lui avoit fait dire : *Rendez à la Pucelle*, quand elle avoit dit : *Rendez au Roi*. (1)

Cependant et l'interrogatoire des théologiens, et la visite de la reine, et l'armement préparé à Blois, et les cérémonies religieuses par lesquelles

---

(1) Interrogatoire, p. 61.

Jeanne préludoit à son expédition, faisoient l'entretien de toute la province ; les bourgeois d'Orléans étoient remplis d'espérance ; les Anglais étonnés s'attendoient déjà à devoir combattre les puissances de l'enfer. Les capitaines associés à Jeanne, après avoir consulté le Bâtard, qui étoit à Orléans, convinrent de conduire le convoi qu'ils avoient préparé, et qui consistoit en plusieurs chariots de grains et quelques troupeaux de bœufs, de moutons et de pourceaux, par la Sologne ou la rive gauche de la Loire, sur laquelle les Anglais étoient moins en force ; Jeanne ne savoit point alors par quel côté on la menoit. Elle partit le 28 avril de Blois, elle coucha en route, et le 29 elle arriva devant la bastide que les Anglais avoient construite à Saint-Jean-le-Blanc, en face d'Orléans, au bord de la rivière. Elle avoit obligé tous les soldats à se confesser et à communier le jour même ; elle leur avoit fait renvoyer toutes les femmes de mauvaise vie qu'ils conduisoient avec eux ; elle marchoit à leur tête avec un petit bataillon de prêtres qui entouroient son étendard. Les Anglais, étonnés, et frappés d'une terreur panique, n'avoient point osé l'attendre : la bastide de Saint-Jean-le-Blanc étoit abandonnée, et la Pucelle n'éprouva aucun obstacle à faire embarquer tout son convoi, et à le faire entrer dans Orléans. Elle y entra elle-même avec le Bâtard, tandis que les

1429.

capitaines qui l'avoient accompagnée retournoient à Blois pour y préparer un nouveau convoi. Elle exigea d'eux que cette fois ils l'amèneroient par la Beauce, en suivant la rive droite de la Loire. (1)

Jeanne excita dans Orléans le plus vif enthousiasme ; indépendamment de ce qu'elle avoit amené dans la ville un convoi de vivres et un renfort d'hommes ardemment désiré, on avoit pour elle bien plus de reconnoissance encore pour avoir excité le premier sentiment de crainte que les Anglais eussent manifesté depuis long-temps. L'abandon de la bastide de Saint-Jean-le-Blanc étoit un signe évident de la terreur dont ils étoient frappés. En effet, sans éprouver les forces de la Pucelle ou celles de sa troupe, sans essayer seulement de l'arrêter un moment, ils avoient cru sans hésiter à son pouvoir surnaturel. Les commandans du siége avoient fait arrêter le héraut qui leur avoit porté sa lettre, et ils menaçoient de le faire brûler, comme étant au service d'une magicienne ; le bâtard d'Orléans le fit relâcher cependant, en menaçant du même sort un héraut anglais qui étoit venu dans la ville.

(1) Chronique de la Pucelle, p. 307. — Saint-Remy, c. 151, p. 301. — Monstrelet, c. 57, p. 210, et c. 59, p. 216. — Journal d'un bourgeois de Paris, p. 387. — J. Chartier, p. 20. — Bouvier, dit Berry, p. 377. — Première Chronique de la Pucelle, p. 13. — Amelgardus. L. II, c. 11, f. 36. — Journal du siége, manuscrit.

Jeanne elle-même ne s'attribuoit ni puissance miraculeuse ni don de prophétie ; elle obéissoit seulement à *ces voix* qu'elle croyoit entendre, et qui lui disoient qu'elle conduiroit le roi à Reims pour y être sacré, et que les Anglais seroient chassés de France. Elle ne mangeoit qu'avec la plus extrême frugalité ; elle supportoit les plus longues fatigues sans se plaindre, elle couchoit avec quelque femme la plus considérée de la ville, et elle sembloit surtout occupée du soin d'écarter jusqu'à l'ombre d'un soupçon sur la pureté de sa conduite, dans un temps où elle étoit appelée à vivre au milieu du désordre des guerriers. Sa beauté, sa douceur, ses longues prières, son habitude de commencer tous ses discours par les mots *en nom de Dieu*, comme faisoient les hérauts d'armes, avoient confirmé les Orléanais dans la croyance qu'elle étoit une sainte, et qu'elle avoit le pouvoir de faire des miracles en leur faveur.

Le maréchal de Rais et Ambroise de Lore étoient retournés à Blois auprès de l'archevêque de Reims, qui y préparoit un nouveau convoi ; ils en repartirent presque immédiatement, dès le 3 mai, pour l'amener par la Beauce ; en route ils furent rejoints par le maréchal de Sainte-Sévère, le sire de Bueil, et La Hire. En même temps la nouvelle de l'entrée de la Pucelle à Orléans, inspirant un nouveau courage à tous les hommes d'armes répandus dans le Gatinais ainsi qu'à Montargis, Gien, Châteaudun et Château-Reynard, ils arrivèrent en foule à Orléans, pour prendre part aux victoires dont ils se croyoient sûrs. Le mercredi matin, 4 mai, le Bâtard et la Pucelle sortirent d'Orléans, du côté de la Beauce, à la tête d'une troupe brillante et nombreuse; ils passèrent devant les bastides anglaises, sans que personne osât en sortir pour les arrêter, ils rencontrèrent leur convoi, et ils le ramenèrent dans la ville.

Jusqu'alors tous ces succès avoient été obtenus par la seule terreur du nom de la Pucelle, sans qu'il se fût encore donné autour d'elle un seul coup de lance. Le soir du même jour cependant, le bâtard d'Orléans, sans même l'en avoir prévenue, fit attaquer la bastide de Saint-Loup, après avoir fait avancer une troupe nombreuse qui coupoit aux Anglais des autres bastides, la communication avec celle-là. Le combat fut acharné, et les Anglais se défendoient avec vaillance : tout à coup la Pucelle en fut avertie, et elle arrive au galop, son étendard à la main; les assaillans à sa vue redoublèrent de courage; les Anglais, en entendant répéter son nom, foiblirent, et après avoir perdu cent soixante hommes, ils se réfugièrent dans un clocher, où ils furent faits prisonniers. (1)

(1) Chron. de la Puc., p. 313. — Journal du siége. Au 4 mai.

La Pucelle proposa ensuite d'attaquer les autres bastides situées du côté de la Beauce ; mais les capitaines qui partageoient avec elle la défense d'Orléans, tout en profitant de l'enthousiasme qu'elle excitoit, ne vouloient rien donner au hasard ; ils résolurent d'attaquer plutôt les Anglais au midi de la Loire, soit parce qu'ils les y savoient plus foibles, soit parce qu'en les chassant de cette rive, ils s'ouvroient une communication importante avec le Berri. La Pucelle acquiesça à l'avis du conseil de guerre, et, le 6 mai, elle s'avança sur le pont, jusqu'à l'arche qui étoit coupée, d'où elle pouvoit se faire entendre des Anglais qui étoient dans les tournelles ; elle les somma de se retirer, leur disant « que le plaisir de Dieu étoit qu'ils s'en allassent, ou sinon qu'il s'en trouveroit courroucé. » On ne lui répondit que par des injures et des moqueries ; alors elle passa la Loire en bateau, et sans attendre les renforts que l'on continuoit à lui envoyer, elle vint avec peu de monde attaquer la bastide des Augustins. Dans ce moment l'annonce qu'un corps d'Anglais arrivoit par Saint-Privé causa une terreur subite à ses gens ; ils s'enfuirent et l'entraînèrent avec eux. Les Anglais les suivoient en leur criant des injures. Tout à coup la Pucelle se retourna et marcha à leur rencontre, son étendard à la main. En la voyant venir, les Anglais à leur tour prirent la fuite sans l'attendre. En même temps le maréchal de Rais, qui avoit passé la rivière avec beaucoup de soldats français, arrivoit à son aide; la Pucelle planta son étendard au bord du fossé du boulevard; bientôt la bastide des Augustins fut prise et brûlée, et la Pucelle, blessée au pied, rentra dans Orléans.

Pour dégager entièrement la ville de ce côté, il falloit encore se rendre maître des tournelles au milieu du pont : le 7 mai, la Pucelle passa la Loire avec ses soldats les plus dévoués, pour les attaquer au midi, tandis que les bourgeois d'Orléans s'avançoient par le pont, prêts à se frayer un passage avec des solives, au travers de l'arche coupée. Glandsdale commandoit toujours dans les tournelles; il s'y défendit vaillamment, et d'un des premiers carreaux qu'il lança la Pucelle fut blessée à l'épaule; elle-même arracha le carreau, étancha le sang, et retourna au combat. Ces deux blessures, reçues deux jours de suite, sembloient devoir écarter l'idée d'une puissance surnaturelle; mais la constance de Jeanne, dont la douleur n'abattoit jamais le courage, sa confiance en Dieu, l'assurance avec laquelle elle promettoit le succès, ranimoient l'ardeur des combattans. L'assaut dura depuis six heures jusqu'à midi. Bientôt les Anglais, accablés de traits, n'osèrent plus se montrer à découvert; ils ne s'aperçurent pas que les Orléanais, conduits par le commandeur de Giresmes, traversoient l'arche qui avoit été rompue. Quand ils voulurent ensuite se retirer par le côté opposé, le pont-levis rompit sous eux. Glandsdale avec environ trois cents combattans y périrent, deux cents furent faits prisonniers; Suffolk, Talbot, et les capitaines qui commandoient sur l'autre rive, n'avoient jamais pu réussir à faire sortir de leurs redoutes les Anglais glacés de terreur, pour les conduire au secours de leurs frères d'armes. (1)

Dès que la prise des tournelles fut connue dans la ville, les cris et les feux de joie des Orléanais, et leurs cloches mises en branle, annoncèrent ce succès aux Anglais qui occupoient, de l'autre côté de la Loire, les deux grandes bastides de Londres et de Saint-Laurent. Suffolk, Talbot, Scales, Falstaff et les autres capitaines anglais, tinrent alors conseil ensemble; il ne leur restoit pas plus de quatre mille hommes, et encore ceux-ci paroissoient frappés de stupeur, oubliant leur ancienne vertu, et prêts à prendre la fuite. Les Français au contraire recevoient d'heure en heure de nouveaux renforts, et l'emportoient sur les assiégeans autant en

---

(1) Chronique de la Pucelle, dans Buchon. T. IX, p. 317. — Autre Chronique. *Ibid.*, p. 18. — J. Chartier, Histoire de Charles VII, p. 23. — Journal du siége, manuscrit. Samedi 7 mai.

nombre qu'en confiance. Bientôt il fut reconnu dans ce conseil de guerre, qu'on ne pouvoit éviter de lever le siége, et l'ordre en fut donné pour le lendemain. En effet, le dimanche 8 mai au matin, l'armée anglaise se dirigea en assez bon ordre vers Meun-sur-Loire, abandonnant dans ses lignes beaucoup de munitions, de bagages et de prisonniers. La Hire et Ambroise de Lore la suivirent avec cent vingt lances jusqu'à trois lieues de distance : les bourgeois d'Orléans vouloient aussi la poursuivre, mais Jeanne, qui regardoit le premier objet de sa mission comme accompli, ne voulut pas se mettre à leur tête. Les Orléanais se contentèrent alors de détruire les bastides, de piller les vivres qu'elles contenoient et d'amener sur leurs remparts leurs canons et leurs bombardes. Après quelques lieues de marche, les Anglais se séparèrent : Suffolk se chargea de défendre Fargeau, Scales et Talbot de garder Meun et Beaugency. (1)

Le 13 mai, la Pucelle partit d'Orléans, pour venir à Tours rendre compte au roi de son premier succès, lui demander de prendre confiance en elle, et de se laisser conduire par elle à Reims pour s'y faire sacrer (2). La cour de Charles VII

---

(1) Chronique de la Pucelle, p. 322. — Amelgardus. L. II, c. 12, f. 37.

(2) Journal du siége. « Sitôt qu'elle le vit, dit-il, elle se agenouilla moult doulcement et en l'embrassant par les jambes,

étoit tout enorgueillie de la levée du siége; elle reçut la Pucelle avec de grands honneurs, et elle résolut de profiter de l'ardeur nouvelle que montroient les soldats, pour nettoyer d'Anglais tout le cours de la Loire. Le duc d'Alençon reçut le commandement de l'armée, à laquelle on voyoit arriver de toutes parts des gentilshommes et de vieux soldats qui vouloient s'associer à la nouvelle fortune du roi; tandis qu'au contraire le duc de Bedford appeloit en vain les Picards et les autres Français jusqu'alors attachés à ses drapeaux; tous l'abandonnoient, tous manifestoient leur haine contre les Anglais, et Bedford ne pouvoit plus compter que sur le très petit nombre de ses compatriotes qu'il avoit avec lui en France.

Le 21 mai Alençon se présenta devant Fargeau, et commença à attaquer la ville avec ses canons et ses bombardes (1). Bientôt la brèche fut ouverte, et le lendemain 22 mai la ville et le pont furent pris d'assaut; le comte de Suffolk y fut fait prisonnier avec l'un de ses frères; un autre, Alexandre de la Poole, y fut tué. Les An-

---

et disant: Gentil Daulphin, venez prendre votre sacre à Reims; je suis fort aiguillonnée que vous y alliez, et ne faites doute qu'en cette ville recevrez votre digne sacre. »

(1) Il y a quelque incertitude sur ces dates. La Chronique de la Pucelle dit le 21 juin, Barante dit le 11 juin; la date du 21 mai semble mieux d'accord avec la suite des événemens.

glais perdirent dans cette place cinq cents combattans, dont plusieurs furent tués par les paysans furieux entre les mains des gentilshommes qui les avoient reçus à rançon. Le duc d'Alençon, pour sauver la vie du comte de Suffolk, de son frère, et des autres captifs de distinction que les habitans des campagnes vouloient massacrer, fut obligé de les conduire de nuit à Orléans. (1)

Charles VII n'avoit eu de long-temps une si belle armée que celle qui se trouvoit alors à Orléans, jamais il n'y avoit compté un aussi grand nombre d'illustres capitaines. On y voyoit, avec le bâtard d'Orléans et la Pucelle, Boussac, maréchal de France, Gravelle, maître des arbalétriers, Culant, amiral de France, de Lore, La Hire, Xaintrailles, Brussac. Bientôt après on y vit arriver de Bretagne les sires de Rais, de Chavigny, de Laval et de Lohéac (2). Le comte de Richemont, connétable de France, ayant rassemblé dans ses terres de Bretagne et de Poitou quatre cents lances et huit cents archers, voulut aussi rejoindre l'armée royale; mais la Tremoille, qui avoit conduit le roi à Sully pour le rapprocher du théâtre de la guerre, croyoit qu'il y alloit de sa vie à ne pas permettre que le connétable vînt se mettre à la tête des troupes. Il lui envoya le sire de la Jaille à Loudun, pour

---

(1) Chron. de la Pucelle, p. 325.
(2) *Ibid.*, p. 329.

lui défendre de passer outre. En même temps le duc d'Alençon conduisit l'armée devant Beaugency, et en entreprit le siége. Le connétable, qui, dans les ordres du roi ne voyoit que les caprices de la Tremoille, répondit qu'il s'étoit mis en campagne pour le bien du roi et du royaume, et qu'il verroit qui oseroit le combattre. La Pucelle le considérant dès-lors comme un rebelle, dans son dévouement à l'autorité royale, proposa de lui livrer bataille; mais tous les capitaines de l'armée désiroient au contraire voir Richemont à leur tête, et recevoir le renfort qu'il leur conduisoit. Ils persuadèrent donc à Jeanne d'entreprendre elle-même de le réconcilier avec le roi. Comme Richemont avançoit toujours, la Pucelle alla au-devant de lui. «Jeanne, « lui dit le connétable, on m'a dit que vous vou- « lez me combattre. Je ne sais pas si vous êtes « de par Dieu ou non; si vous êtes de par Dieu « je ne vous crains en rien, car Dieu sait mon « vouloir; si vous êtes de par le diable je vous « crains encore moins » (1). Le comte de Perdriac, Jacques de Dinan, frère du seigneur de Chateaubriand, Beaumanoir, Rostrenen, Montauban, Saint-Giles et la Feuillée accompagnoient le connétable. Le lendemain Beaugency capitula, et la garnison anglaise obtint la permission d'al-

(1) Mém. de Richemont, p. 286.

ler rejoindre Talbot, Scales et Falstaff, qui étoient alors à Meun sur Loire. (1)

Beaugency avoit ouvert ses portes le 17 juin, et le 18 les Français se présentèrent devant Meun, mais ils en trouvèrent les portes ouvertes. Les Anglais en étoient partis, se dirigeant sur Paris, où Bedford vouloit réunir son armée. Ils étoient déjà arrivés à Patay, au milieu de la Beauce, lorsque l'armée française les atteignit. Beaumanoir, Xaintrailles, La Hire, de Lore et de Termes, qui avoient pris les devans à la tête de la cavalerie, les chargèrent avec tant d'impétuosité qu'ils les forcèrent à suspendre leur marche, et les mirent en désordre avant même que le corps d'armée fût arrivé. Les Anglais, qui n'avoient pas plus de quatre ou cinq mille hommes, étoient troublés par des terreurs superstitieuses, et éperdus en voyant tout le pays soulevé contre eux. Les Français, au contraire, se croyant sûrs de vaincre avec la Pucelle, et se confiant en leur nombre, ne respiroient que vengeance : elle fut en effet aussi complète qu'ils pouvoient la tirer d'une aussi foible armée ; deux mille deux cents Anglais furent tués à Patay, sans avoir eu un instant l'espoir de vaincre, sans presque avoir combattu. Talbot et Scales furent faits prisonniers, avec la plupart

(1) Chron. de la Pucelle, p. 331. — J. Chartier, p. 26. — Journal du siége.

de ceux qui étoient en état de payer une rançon. Les fuyards se précipitèrent vers Yenville, mais ils en trouvèrent les portes fermées; cette place et toutes celles de la Beauce s'étoient hâtées d'arborer les drapeaux français. Jean Falstaff, avec les restes de l'armée anglaise, ne put trouver de refuge que dans Corbeil. (1)

Dès le moment de la délivrance d'Orléans, la Pucelle avoit sollicité le roi à plusieurs reprises de venir jouir de ses succès, et encourager ses loyaux sujets par sa présence. Charles VII avoit consenti en effet à s'avancer jusqu'à Sully, et ensuite jusqu'à Châteauneuf sur Loire. Après la déroute des Anglais à Patay on le pressa encore de venir à Orléans pour témoigner aux bourgeois de cette ville sa satisfaction de leur fidélité et de leur bravoure. Mais la Tremoille ne pouvoit consentir à ce qu'il s'approchât autant du connétable. Il le conduisit au contraire à Gien, et il y fit même venir la reine, divisant en même temps l'armée. Richemont avec ses soldats avoit descendu la Loire et attaquoit Marchenai près de Blois, tandis que le grand-amiral Louis de Culant remontoit la même rivière et devoit s'assurer de Gien, de Bonny, de Cône et de la Charité : les deux dernières villes firent une assez longue résistance, et ceux des capitaines qui

(1) Chronique de la Pucelle, p. 334. — J. Chartier, p. 26. — Monstrelet, c. 61, p. 223.

étoient dévoués à la Tremoille représentoient au roi qu'il ne devoit point s'écarter de la Loire avant de s'être rendu maître de Cône et de la Charité ; mais la Pucelle, qui étoit venue le trouver à Gien, le supplia de se mettre à la tête de son armée et de marcher à Reims pour s'y faire sacrer; les plus habiles capitaines la secondoient; ils disoient à Charles VII que c'étoit le moment de profiter du découragement des Anglais, qui, dispersés en petit nombre dans un grand royaume ennemi, n'étoient point en état de lui faire tête; tandis que les Français étoient remplis d'enthousiasme, que ceux qui habitoient au nord de la Loire étoient impatiens de secouer un joug odieux, et que ceux qui habitoient au sud accouroient en foule pour se ranger sous les drapeaux du roi, que pour la première fois ils voyoient victorieux. (1)

Enfin ces derniers l'emportèrent, et le 20 juin Charles VII se détermina à se fier à sa fortune. Il renvoya la reine à Bourges, et fit partir son avant-garde pour Auxerre, où il la suivit le lendemain. La Tremoille étoit bien plus effrayé de ce qui pouvoit nuire à son crédit auprès du roi, que des hasards de l'entreprise ; aussi faisoit-il très mauvais accueil aux seigneurs qui arrivoient pour grossir l'armée ; mais sa rudesse ne suffi-

---

(1) Chronique de la Pucelle, p. 337.

soit point pour les rebuter. Tous vouloient servir dans une expédition qu'ils croyoient devoir être glorieuse. La Tremoille prétendoit ne pouvoir leur donner que trois francs par homme pour toute la campagne. Mais « ceux
« des gentilshommes qui n'avoient de quoi s'ar-
« mer et monter, y alloient comme archers et
« coutillers, montés sur petits chevaux. (1) »
Le connétable et le comte de la Marche demandèrent aussi à accompagner le roi, l'un et l'autre avec une troupe nombreuse et bien équipée, et elles auroient assuré à Charles VII une supériorité décidée. Le connétable fit dire à la Tremoille qu'il étoit prêt à tout faire pour regagner la grâce du roi, jusqu'à le baiser aux genoux ; mais Charles répondit qu'il aimeroit mieux n'être sacré de sa vie que de voir le connétable assister à son sacre. (2)

L'armée royale, après avoir passé la Loire, fut accueillie avec joie par les paysans dans les bourgades et les villages ; mais les villes hésitoient davantage à se déclarer pour elle ; la responsabilité à laquelle elles s'exposoient étoit trop grande, et elles trembloient des punitions dont elles étoient menacées. Auxerre, qui appartenoit au duc de Bourgogne, n'osa point ouvrir ses portes au roi : les bourgeois lui fournirent des

(1) Chron. de la Pucelle, p. 339.
(2) Mém. de Richemont, p. 283.

vivres, et lui promirent de le reconnoître, dès que Troyes, Châlons et Reims se seroient soumis à lui. Ce fut le sire de La Tremoille qui traita au nom de Charles, à ces conditions, avec les habitans d'Auxerre. Son frère étoit à l'heure même au service du duc de Bourgogne, et l'on accusa le favori du roi d'avoir reçu de l'argent des bourgeois, pour souscrire à cet accommodement (1). Saint-Florentin ouvrit avec empressement ses portes au roi; Troyes au contraire lui ferma les siennes. Il y avoit dans cette ville cinq ou six cents soldats anglais ou bourguignons, qui contenoient l'esprit public. Ils n'avoient guère eu le temps encore d'entendre raconter les prodiges d'Orléans, et leur courage n'étoit point ébranlé; ils attendirent l'avant-garde française en dehors de la ville, et après lui avoir livré une rude escarmouche, ils se retirèrent en bon ordre dans les murs. Ces murs étoient en bon état, et auroient pu tenir fort long-temps contre l'armée royale, qui étoit dépourvue de tout ce qu'il lui falloit pour entreprendre un siége. Les vivres mêmes lui manquoient, et les soldats, pendant cinq ou six jours, ne se nourrirent presque que de féves qu'ils alloient cueillir dans les champs. L'archevêque de Reims, chancelier de Charles, qui se défioit toujours de Jeanne,

---

(1) Chronique de la Pucelle, p. 340.

reprochoit déjà aux capitaines leur imprudence de s'être engagés si avant, et vouloit que l'armée regagnât en toute hâte les rives de la Loire. Un conseil de guerre, assemblé pour décider ce qu'il y avoit à faire, paroissoit pencher vers cette résolution, lorsque Jeanne vint frapper à la porte, et demanda instamment d'être introduite. Elle affirma que ses voix l'avoient assurée que si l'on attendoit encore deux ou trois jours, les portes de Troyes seroient ouvertes au roi. Les capitaines sembloient prendre peu de confiance en ses révélations; ils avoient, en la voyant de plus près, pu mieux juger de sa simplicité et de son ignorance : le roi lui-même lui répondit « que si elle disoit chose qui fût raisonnable et profitable, il la croiroit volontiers » (1). Mais les soldats avoient plus d'enthousiasme ; on résolut donc de profiter de leur bonne volonté, et de faire avancer la seule petite bombarde qu'on eût à l'armée, pour battre les murailles en brèche. Bientôt les bourgeois de la ville virent la Pucelle, son étendard blanc à la main, qui dirigeoit les travailleurs auprès des murs, pour élever des gabions, et faire des *taudis et approches*. Les uns, frappés d'une crainte superstitieuse, assurèrent qu'ils avoient vu cet étendard entouré d'une multitude de papillons blancs, les autres

(1) Chronique de la Pucelle, p. 345.

commencèrent à crier que le roi qui étoit à leurs portes, étoit leur seigneur naturel ; à accuser les magistrats et l'évêque, qui bravoient à la fois les puissances du ciel et de la terre, pour persister dans leur rébellion. Pendant les cinq ou six jours qui s'étoient écoulés, les récits de la délivrance miraculeuse d'Orléans, de la victoire miraculeuse de Patay, avec tous les ornemens que l'imagination populaire y avoit ajoutés, avoient circulé de bouche en bouche ; la fermentation commençoit à devenir menaçante, et les magistrats et l'évêque envoyèrent au roi pour offrir de capituler. Celui-ci n'eut garde de disputer sur aucune condition. Il permit à la garnison anglaise de se retirer avec armes et bagages ; il racheta d'elle les prisonniers français qu'elle vouloit emmener ; il accorda un plein pardon à tous les habitans de la ville qui l'avoient offensé, et il reconnut comme légitimes toutes les grâces, toutes les concessions de bénéfices qui avoient été faites par le parti bourguignon, soit au nom de son père, soit au nom de Henri VI. A ces conditions, la ville de Troyes, où avoit été signé le traité qui l'excluoit du trône, lui ouvrit ses portes le 9 juillet 1429. (1)

L'armée ne fit que défiler au travers de Troyes, sans s'y arrêter et sans y faire aucun dommage.

(1) Chron. de la Pucelle, p. 347. — Ordonn. de France. T. XIII, p. 142.

Châlons, où elle se présenta ensuite, ouvrit ses portes avec empressement. L'évêque, à la tête de la bourgeoisie, vint recevoir le roi hors de la ville. La Pucelle pressoit toujours Charles de ne point s'arrêter, et en effet il arriva devant Reims à journées de marche. Châtillon et Saveuse, seigneurs bourguignons, commandoient dans la ville, mais ils n'avoient point de soldats; ils assemblèrent la bourgeoisie, et lui demandèrent de tenir seulement six semaines, au bout desquelles ils répondoient que les ducs de Bedford et de Bourgogne arriveroient avec une armée si puissante qu'elle feroit lever le siége; mais la bourgeoisie refusa de courir ce risque, et engagea les deux capitaines à se retirer; elle envoya ensuite une députation au chancelier Regnault de Chartres, qui avoit été élu archevêque de Reims, mais qui n'avoit jamais pu prendre possession de son siége, pour l'engager à entrer dans sa ville épiscopale. Regnault fit en effet son entrée dans Reims, le samedi 16 juillet au matin. Le soir du même jour, Charles VII y entra aussi avec son armée. Jeanne marchoit devant lui, parmi les guerriers, son étendard à la main, et tous les regards étoient fixés sur elle. (1)

Le roi fut sacré dès le lendemain 17 juillet, avec toutes les cérémonies d'usage et autant de

(1) Chronique de la Pucelle, p. 350. — Amelgardus. L. II, c. 13, f. 38.

pompe qu'en pouvoit permettre la hâte avec laquelle il avoit marché. Trois princes du sang : le duc d'Alençon, les comtes de Clermont et de Vendôme, et trois simples gentilshommes : la Tremoille, Laval et Jaucourt, représentèrent les six pairs laïques. Les ducs de Lorraine et de Bar s'étoient aussi rendus à Reims pour la cérémonie. La Pucelle fut présente à l'église, proche du roi et du maître-autel, avec son étendard à la main : « Il avoit été à la peine, dit-elle dans « son interrogatoire, c'étoit bien raison qu'il fût « à l'honneur » (1). Après le sacre elle embrassa les genoux du roi en pleurant à chaudes larmes. « Gentil roi, lui dit-elle, ores est exécuté le « plaisir de Dieu, qui vouloit que vinssiez à « Reims recevoir votre digne sacre, en montrant « que vous êtes vrai roi, et celui auquel le « royaume doit appartenir (2). J'ai accompli ce « que messire m'a commandé, ajouta-t-elle peu « après, qui étoit de lever le siége d'Orléans et « de faire sacrer le gentil roi ; je voudrois bien « qu'il voulût me faire ramener auprès mes « père et mère, à garder leurs brebis et bétail, « et faire ce que je voudrai faire » (3). Son père et son oncle étoient venus à Reims pour parta-

---

(1) Procès de la Pucelle, p. 133.

(2) Chron. de la Pucelle, p. 351. — Journal du siége, manuscrit.

(3) Chron. de la Pucelle, p. 355.

ger sa gloire, et ils augmentoient son désir de rentrer dans sa famille. Mais les capitaines de Charles VII, en combattant aux côtés de Jeanne et en l'appelant à leurs conseils, avoient reconnu qu'elle étoit leur plus puissant auxiliaire, par l'effet qu'elle produisoit sur les soldats, sur le peuple et sur les ennemis, encore qu'eux-mêmes commençassent à se convaincre qu'il n'y avoit en elle de merveilleux et de surnaturel que sa simplicité et son courage. Ils mettoient donc la plus haute importance à la conserver avec eux. Sur leurs instantes prières elle consentit à rester encore à l'armée; et dès-lors elle montra le même courage dans les combats, la même constance dans les douleurs, la même confiance dans le bon droit de la France, mais non la même persuasion de sa mission divine, ou la même foi dans ses inspirations.

Il ne s'étoit écoulé que deux mois et demi depuis la première apparition de la Pucelle devant Orléans jusqu'au sacre du roi à Reims. L'armée anglaise, déjà très peu nombreuse quand elle avoit commencé le siége d'Orléans, étoit presque réduite à rien par les pertes qu'elle avoit faites et à ce siége et à Patay. L'explosion long-temps contenue du mécontentement du peuple, le soulèvement de presque toute la Champagne, la captivité de Suffolk, de Talbot et des autres capitaines en qui le duc de Bedford

1429. avoit le plus de confiance, rendoient la situation de celui-ci fort critique. Il vit bien qu'il ne devoit pas songer à troubler la marche du roi vers Reims, ou la cérémonie de son sacre, mais il employa ce temps avec activité à rassembler une nouvelle armée, à raffermir son parti, et à défendre ce qui lui restoit de la France. Dans une lettre qu'il adressa au jeune roi Henri VI, il lui disoit que le désastre éprouvé devant Orléans, « procédoit en grande partie de manque
« de foi, et du doute illégitime que les soldats
« auroient conçu d'un disciple et membre du
« diable appelé la Pucelle, qui usoit de faux
« enchantemens et de sorcellerie. L'échec reçu
« n'avoit pas seulement réduit grandement le
« nombre des Anglais, il avoit encore merveil-
« leusement ôté le courage du reste, en même
« temps qu'il avoit encouragé l'ennemi, qui s'é-
« toit dès-lors assemblé en grand nombre. » (1)

Le 18 juin de cette même année le conseil de Henri VI avoit accordé au cardinal de Winchester la permission de conduire deux cent cinquante lances et deux mille cinq cents archers anglais à la croisade à laquelle il s'étoit voué pour l'extermination des hérétiques de Bohême (2). Mais dans un moment où les armées anglaises en France avoient tant besoin de ren-

(1) *Epistola apud Rymer.* T. X, p. 408.
(2) *Rymer.* Ibid., p. 419.

forts, le duc de Bedford n'eut garde de laisser partir cette petite armée qui étoit toute prête, pour une expédition si étrangère aux intérêts de l'Angleterre : il conclut le 1ᵉʳ juillet, avec le cardinal, une convention par laquelle celui-ci s'engageoit à demeurer en France au service du régent jusqu'au 21 décembre suivant, tandis que le régent promettoit de restituer au pape la solde de ces six mois de délai, au moment où les ennemis de l'Angleterre étant subjugués en France, Winchester repartiroit pour son expédition sacrée (1). Lorsque le pape Martin V en fut informé, il écrivit le 11 août à Charles VII, pour protester que c'étoit à son insu et contre sa volonté, que des soldats levés pour le service de Dieu étoient employés contre la France. Et ce nouvel acte d'impiété des Anglais attira sur eux, dit l'Annaliste de l'Église, le châtiment que Dieu leur infligea par la main de la pucelle d'Orléans. (2)

La Pucelle avoit fait écrire successivement deux lettres au duc de Bourgogne, pour l'inviter à se réconcilier avec son roi, et à se trouver au sacre; il semble que Philippe, qui avoit conclu quelques trèves avec les Armagnacs, avoit hésité un moment s'il ne renonceroit pas à l'alliance anglaise. Cependant, tandis que

(1) *Rymer*, p. 421.
(2) *Raynaldi Annal. eccl.* 1429, §. 16 et 17.

Charles VII marchoit sur Reims, Philippe, en réponse aux invitations du duc de Bedford, se rendit à Paris le 10 juillet, assembla le peuple devant l'église Notre-Dame, et chercha de nouveau à l'animer contre Charles VII, par le récit de l'assassinat de son père à Montereau. Le 15, les deux ducs sortirent de Paris; mais le 24 juillet Bedford y rentra avec le cardinal de Winchester, qui lui amenoit environ quatre mille Anglais. Le sire de l'Ile-Adam, qui commandoit à Paris pour le duc de Bourgogne, y avoit sous ses ordres environ sept cents soldats levés en Picardie. (1)

Déjà les Anglais, au lieu de conquérir comme ils l'avoient compté les provinces au midi de la Loire, dévoient songer à défendre la capitale. Après le sacre, Laon et Soissons avoient envoyé leur soumission à Charles VII, qui se rapprochoit toujours plus de Paris; la fermentation s'étoit étendue de la Champagne dans l'île de France; Crécy, Coulommiers et Provins avoient chassé leurs garnisons anglaises ou bourguignonnes, qui s'étoient réfugiées à Château-Thierry; la Pucelle avoit paru devant cette dernière place, et un soulèvement des bourgeois avoit de nouveau forcé les Anglais à la retraite. Charles VII avoit passé quelques jours à Provins, à Château-

---

(1) Journal d'un bourgeois de Paris, p. 591.

Thierry et à Nangis. Bedford sentit la nécessité, s'il ne vouloit pas voir des soulèvemens éclater jusque dans la capitale, de marcher au-devant de Charles VII. Il sortit donc de Paris à la tête de dix mille combattans environ, et il s'avança par Corbeil et Melun jusqu'à Montereau. Il envoya en même temps un défi à Charles VII. Mais il voyoit bien que ses troupes étoient trop ébranlées par la superstition pour qu'il pût les mener à l'ennemi. Il se contenta donc de prendre une forte position, dont Charles VII ne put pas même s'approcher, parce qu'il ne put passer la rivière à Bray-sur-Seine. Quand Bedford sut que ce roi étoit rentré à Château-Thierry, il ramena son armée à Paris, content de l'avoir aguerrie par une petite campagne, où il n'avoit pas même vu l'ennemi. L'enthousiasme populaire procuroit à Charles VII tous les jours de nouveaux succès, qui ne lui coûtoient aucune peine. Compiègne et Beauvais venoient de se donner à lui. Cependant ses courtisans le pressoient déjà de s'en retourner en Berri, soit qu'ils redoutassent les dangers de la guerre, ou qu'ils regrettassent les fêtes et les plaisirs qu'il leur paroissoit avoir quitté trop long-temps, soit qu'ils craignissent seulement de perdre leur influence sur le roi, s'il commençoit à se lier avec les guerriers. D'autre part le duc d'Alençon, le bâtard d'Orléans et la Pucelle insistoient pour que le roi profitât des faveurs de la fortune, et qu'il menaçât la Normandie en se rapprochant des villes qui venoient de se déclarer pour lui.

Charles VII se laissoit tour à tour conduire par les uns, puis les autres; il donnoit les ordres que lui demandoient ses guerriers, mais il soupiroit après le repos comme ses courtisans. Après avoir trouvé le passage de Bray-sur-Seine fermé, il revint vers le nord, et il se logea à Crespy en Valois. Bedford craignoit à toute heure de nouvelles défections : il voyoit bien qu'à Paris et en Normandie il existoit un parti français qui éclateroit dès qu'il pourroit espérer d'être secondé par Charles VII ; il vouloit garder à la fois et la capitale, qui donnoit à son neveu son meilleur titre à la couronne de France, et la province que Henri V avoit conquise la première et qu'il comptoit réunir à la couronne d'Angleterre s'il falloit renoncer à celle de France. Mais en même temps qu'il vouloit arrêter l'armée française, soit qu'elle marchât sur Paris ou sur Rouen, il n'osoit pas lui livrer de bataille, car il sentoit bien que ses troupes, dont l'imagination étoit frappée, pouvoient d'un moment à l'autre s'abandonner à une terreur panique. Il vint se loger à Senlis, puis il prit une forte position au mont Piloy ou Espilouer, tandis que Charles VII s'avança jusqu'au village de Baron. Les deux armées étoient alors en présence;

pendant deux jours elles se préparèrent à la bataille par des escarmouches continuelles. Cependant, les Français ayant bien reconnu le camp retranché des Anglais, ne se sentirent pas assez forts pour l'attaquer, et Charles VII, le troisième jour, reprit le chemin de Compiègne. Bedford, qui, de son côté, s'étoit tenu renfermé dans son camp, se hâta de ramener son armée à Paris, et à peine se fut-il éloigné que Senlis arbora le drapeau de Charles VII. (1)

Bientôt des nouvelles alarmantes pour la Normandie forcèrent Bedford à courir à la défense de cette province, en laissant seulement deux mille Anglais à Paris. Tandis qu'il s'éloignoit de la capitale, Charles VII s'en rapprochoit; Saint-Denis lui ouvrit ses portes avec empressement, et le 29 août il se présenta devant Paris : le duc d'Alençon et le comte de Clermont occupèrent la Chapelle, et des cavaliers royalistes vinrent escarmoucher jusque devant la porte Saint-Honoré. Les gendarmes y furent arrêtés par les larges fossés qui entouroient la muraille. La Pucelle, qui les avoit conduits, commença à crier qu'on apportât seulement des fagots pour combler le fossé, et que la ville étoit gagnée. Mais le fossé étoit bien plus large et plus pro-

(1) Chron. de la Pucelle, p. 357. — Chartier, p. 33. — Bouvier, dit Berry, p. 379. — Monstrelet, c. 66, p. 245. — Saint-Remy, c. 152, p. 307.

fond qu'elle ne le supposoit; les pionniers, qui s'en aperçurent, se découragèrent; les gendarmes montroient peu d'ardeur, et pendant qu'elle les excitoit elle fut grièvement blessée aux deux cuisses. Cependant elle ne voulut point se retirer, elle resta sur le bord du fossé jusqu'à la nuit close, et ce ne fut qu'à grand' peine que le duc d'Alençon, qui étoit venu la chercher lui-même, parvint à la ramener. Pendant ce combat, Charles VII s'étoit arrêté à Saint-Denis. On n'avoit pu l'engager à s'avancer davantage pour encourager ses soldats par sa présence. L'armée s'étoit ainsi trouvée divisée, et son effort étoit demeuré incomplet. Il est probable que l'indolence du roi l'empêcha seule ce jour-là de se rendre maître de sa capitale. (1)

Cette attaque faite avec tant de mollesse, cet empressement à se retirer avant qu'on eût reconnu l'impossibilité de réussir, portoient le découragement dans l'esprit des guerriers; on y reconnoissoit l'influence de la Trémoille, qui sembloit craindre les succès du roi, comme amenant la ruine de son crédit. Il s'étoit opposé à l'attaque sur Paris, sous prétexte qu'elle pouvoit nuire aux négociations qu'on venoit d'entamer avec le duc de Bourgogne, qui étoit retourné à Arras, où il avoit signé une suspension

---

(1) Chron. de la Pucelle, p. 364. — Monstrelet, c. 70, p. 255. — Journal d'un bourgeois de Paris, p. 395.

d'armes partielle jusqu'au jour de Pâques suivant (1). Dès que l'attaque sur Paris eut échoué, La Trémoille insista de nouveau pour que le roi se rapprochât des provinces d'où il tiroit ses vivres et son argent, et où il n'avoit pas d'ennemis. En effet, dans un conseil assemblé le 12 septembre, à Saint-Denis, il fut décidé que la cour retourneroit derrière la Loire. Charles VII partit tout de suite par Lagny, Provins, Bray-sur-Seine et Sens, et il arriva bientôt sur la Loire à Gien, où il pouvoit oublier de nouveau ses ennemis et ses affaires. Il laissa le comte de Clermont avec le chancelier de France à Beauvais, pour continuer à traiter avec le duc de Bourgogne; le comte de Vendôme et Louis de Culant amiral de France, évacuèrent Saint-Denis et se retirèrent à Senlis; Guillaume de Flavy fut chargé du commandement de Compiègne; Jacques de Chabannes de celui de Creil, et la plupart des soldats rentrèrent dans leurs foyers. (2)

La nonchalance du roi, qui abandonnoit la campagne au milieu de ses succès et lorsque

(1) Monstrelet, c. 67, p. 249. — Barante, Ducs de Bourg. T. VI, p. 35.

(2) Monstrelet, c. 72, p. 260. — J. Chartier, p. 37. — Le Journal du siége d'Orléans se termine à cette nomination du comte de Clermont, qu'il nomme duc de Bourbon, pour lieutenant du roi.

toutes les villes n'attendoient qu'un signe de lui pour se déclarer en sa faveur, eut l'effet qu'il auroit pu prévoir. Dans Saint-Quentin, Corbie, Amiens, Abbeville, la bourgeoisie étoit prête à lui ouvrir les portes, s'il s'y étoit présenté (1). Au contraire, il s'éloignoit, il évacuoit Saint-Denis, il avoit même donné ordre de livrer au duc de Bourgogne Compiègne et Pont-Saint-Maxence; dès-lors, la bourgeoisie découragée, et ne trouvant en lui aucune garantie, ne voulut plus se compromettre pour lui; les nobles bourguignons, jusqu'alors si instans auprès de leur duc pour le réconcilier avec la France, se refroidirent de leur côté. Cette réconciliation du duc de Bourgogne étoit le grand objet auquel La Trémoille avoit paru sacrifier des succès certains, et qu'il croyoit acheminer en abandonnant deux villes importantes. Saint-Maxence fut livré en effet, mais Guillaume de Flavy refusa de livrer aussi Compiègne où il commandoit. Le duc Philippe, en apprenant la retraite de Charles, sentit quel peu de fond il pouvoit faire sur lui; sa sœur, la duchesse de Bedford, qui étoit venue le trouver, travailloit à le rattacher aux intérêts de l'Angleterre en lui faisant les offres les plus brillantes. Le duc de Bedford, prêt à acheter l'avantage de sa patrie,

---

(1) Monstrelet, c. 70, p. 255.

même par les plus grands sacrifices de son intérêt personnel, offrit au duc de Bourgogne de lui résigner la régence de la couronne de France. A cette condition, Philippe se mit en marche d'Arras pour Paris, avec la duchesse de Bedford sa sœur et trois ou quatre mille combattans. Lorsqu'il passa devant Senlis, le comte de Clermont son beau-frère, et le chancelier de France, sortirent de la ville avec une soixantaine de chevaliers et le saluèrent au passage; mais cet échange de politesse fut contraint et d'une froideur extrême (1). Au contraire, lorsque Bourgogne entra dans Paris, Bedford vint l'embrasser avec tendresse, et les deux beaux-frères se promirent de réunir dans la campagne suivante deux armées assez puissantes pour reconquérir tout ce que le roi Henri VI leur souverain avoit perdu en France. Le duc de Bourgogne prit possession de la régence, le duc de Bedford garda pour lui seulement le gouvernement de la Normandie. Un armistice qui, le 28 septembre, avoit été rendu commun à toute la France, promettoit un peu de repos au peuple et aux soldats jusqu'au printemps suivant. (2).

Le comte de Clermont ne se crut pas obligé de continuer à s'exposer aux dangers et aux fa-

---

(1) Monstrelet, c. 73, p. 261.
(2) Monstrelet, c. 74, p. 265. — J. Chartier, p. 39.

tigues de la guerre, lorsque le roi, pour lequel il étoit supposé combattre, s'en éloignoit; il abandonna le commandement de l'armée au nord de la Loire, et se retira dans le Bourbonnais. Il y fut probablement déterminé par un ordre du duc de Bourbon son père. Celui-ci, qui étoit prisonnier dès l'époque de la bataille d'Azincourt, ne cessoit de négocier avec les Anglais pour recouvrer sa liberté. Les bases de son traité avec eux avoient été arrêtées dès 1422, il avoit été signé à Londres le 8 février 1429, mais il ne fut ratifié que le 15 janvier 1430. Par ce traité, le duc de Bourbon reconnoissoit le traité de Troyes; il déclaroit Henri VI roi de France, et s'engageoit à ne jamais se soumettre à son rival; il promettoit de le faire proclamer dans ses duchés de Bourbon et d'Auvergne, ses comtés de Clermont, Forez, Lille et Beaujeu; de lui faire prêter serment individuellement dans toutes ces provinces par tous les hommes des trois ordres; enfin de faire son loyal pouvoir pour ramener son fils aîné au parti d'Angleterre. En garantie de ses engagemens, il devoit donner son second fils en otage avec six des hommes les plus considérables de ses principautés et dix de ses plus fortes places au choix de Henri. Sa rançon étoit fixée à cent mille écus d'or, et s'il ne pouvoit livrer ses forteresses, il s'engageoit comme compensation à

un second paiement de cent mille écus d'or (1).
Ainsi il avoit consenti à tout ce qui pouvoit
rendre sa défection plus ruineuse pour la France.
Mais quoique tous les articles fussent accordés,
les Anglais finirent par refuser de le mettre en
liberté.

La bourgeoisie, la noblesse, les princes du
sang, s'empressoient donc à l'envi d'abandonner
Charles VII, lorsqu'ils voyoient ce roi s'abandonner lui-même. Charles avoit chargé le comte
de Vendôme de remplacer le comte de Clermont, et il lui avoit envoyé le maréchal de
Boussac avec un renfort de huit cents ou mille
combattans (2). En même temps il étoit retourné à Chinon, où il recommençoit à vivre
dans la mollesse, d'où Jeanne d'Arc avoit eu
tant de peine à le tirer. Celle-ci avoit voulu de
nouveau abandonner la vie militaire : l'épée
qu'elle avoit fait chercher à l'église de Fierbois
s'étoit cassée entre ses mains; une autre qu'elle
avoit arrachée à un Anglais, avoit été déposée
par elle, avec ses armes blanches, sur le tombeau de saint Denis, et étoit retombée au pouvoir des Anglais, lorsque les Français avoient
évacué cette ville. Les généraux, qui ne vouloient point renoncer à l'influence qu'elle exerçoit sur les soldats et sur le peuple, l'engagèrent

(1) *Rymer.* T. X, p, 438 à 445.
(2) J. Chartier, p. 39.

par leurs instances à rester encore avec eux. Le duc d'Alençon, qui se flattoit de reconquérir son héritage en Normandie, vouloit l'y emmener avec lui, mais La Trémoille s'y opposa. Le sire d'Albret assembla ensuite une armée à Bourges pour attaquer la Charité-sur-Loire, où un capitaine d'aventuriers bourguignons s'étoit fortifié. La Pucelle y alla avec lui, et l'on dut à sa constance, à son courage inébranlable, tandis que tous les autres guerriers s'étoient laissés rebuter, la réussite de l'attaque de Saint-Pierre-le-Moutiers. Mais après un mois de combats au cœur de l'hiver, Albret fut repoussé devant la Charité, et forcé de lever le siége. (1)

Au printemps, et lorsque l'armistice avec le duc de Bourgogne, qui avoit été assez mal observé, fut expiré, une nouvelle armée, à laquelle se joignit la Pucelle, passa la Loire pour apporter des secours aux villes qui, de toutes parts, relevoient l'étendard de Charles VII. Les habitans de Melun avoient chassé les Anglais, et appelé chez eux le commandeur de Giresme; Saint-Denis avoit été repris; La Hire s'étoit emparé de Louviers, et couroit jusqu'aux portes de Rouen; les Anglais découvroient chaque jour contre eux des conjurations à Paris; mais ils

---

(1) Bouvier, dit Berry, p. 380.

avoient beau multiplier les supplices, ils ne décourageoient point les partisans de Charles VII (1). Cependant celui-ci, loin de prendre lui-même le commandement de son armée, n'y envoya pas même un des princes du sang ou quelqu'un des grands seigneurs de sa cour, et ne permit point au connétable de s'y rendre. La Pucelle s'y trouva donc associée uniquement avec des aventuriers brutaux, mal pourvus d'argent ou de munitions, et qui ne vouloient se soumettre à aucune discipline. Ne se croyant plus inspirée, n'étant plus soutenue par son enthousiasme religieux, elle n'en continua pas moins à donner l'exemple de la bravoure dans des combats sans gloire. Au commencement de mai, elle arriva à Lagny-sur-Marne, et elle combattit dans une bataille contre un aventurier ou brigand bourguignon, nommé Franquet d'Arras, qui fut fait prisonnier, et que les juges de Lagny firent pendre. Elle se jeta ensuite dans Compiègne avec Jacques de Chabannes, Thebaldo Valperga, Regnault de Fontaines, Pothon de Xaintrailles, et quelques autres chevaliers célèbres, pour défendre cette ville, que le duc de Bourgogne assiégeoit. Ceux-ci ayant fait une sortie le 24 mai, et ayant attaqué Jean de Luxembourg, qui occupoit le lieu nommé Baudon de La Noyelle, la Pucelle se

---

(1) Journal d'un bourgeois de Paris, p. 403, 405.

joignit à eux, et mit d'abord les Bourguignons en fuite; mais bientôt ils revinrent de toutes parts attaquer une troupe peu nombreuse. Les Français prirent la fuite. La Pucelle combattant toujours, et reculant lentement, arriva la dernière jusqu'au pied du boulevard du pont; et là elle trouva la barrière fermée. Aucun de ses compagnons d'armes ne l'avoit protégée dans sa retraite, aucun ne veilloit à la porte, ou ne s'avança pour la défendre dans cette dernière extrémité. Guillaume de Flavy, soldat farouche, qui commandoit à Compiègne, fut soupçonné de l'avoir sacrifiée à dessein, par impatience de ce qu'on attribuoit à elle seule tous les succès des guerriers. La Pucelle, abandonnée au milieu de ses ennemis, fut renversée de son cheval par un archer picard, qui l'avoit saisie par son habit. Dans ce moment, le bâtard de Vendôme s'approcha d'elle; elle se rendit à lui, et lui donna sa foi. Aussitôt elle fut envoyée à Marigny sous une forte garde. Les Bourguignons et les Anglais se pressoient pour la voir passer désarmée, ils poussoient des cris de joie; et leur rage redoubloit en reconnoissant que c'étoit une jeune et belle fille qui les avoit si souvent mis en fuite. Il y avoit précisément quinze mois qu'elle étoit entrée à Chinon, la première fois, pour être présentée au roi : il y en avoit un peu moins de treize que sa carrière militaire avoit commencé, et dans ce court espace de temps, elle avoit mérité, par un héroïsme plus admirable encore que les pouvoirs surnaturels qu'on lui attribuoit, une gloire qui auroit mieux profité à la France, si la Pucelle avoit été mieux secondée. (1)

(1) J. Chartier, p. 41. — Bouvier, dit Berry, p. 382. — Monstrelet, c. 86, p. 291. — Saint-Remy, c. 158, p. 339. — Première Chronique de la Pucelle, p. 29. — Journal d'un bourgeois de Paris, p. 406. — Amelgardus. L. II, c. 15, f. 40.

CHAPITRE IV.

Charles VII retombe dans l'indolence. — Henri VI est amené en France. — La Pucelle est poursuivie par l'Église, condamnée et brûlée vive. — René d'Anjou fait prisonnier à Bullégneville. — Trève entre le duc de Bourgogne et Charles VII. — 1430-1432.

1430. LA retraite de Charles VII, lorsqu'il évacua Saint-Denis pour retourner à Chinon, au moment où de toutes parts les villes de la Champagne, de l'Ile-de-France et de la Picardie se soulevoient en son nom, où de paisibles bourgeois compromettoient leurs fortunes, leurs vies, celles de leurs femmes et de leurs enfans pour lui demeurer fidèles, avoit glacé l'enthousiasme. Ceux qui conspiroient contre les Anglais pour les chasser des forteresses dont ils étoient maîtres, savoient bien que, s'ils échouoient, il n'y auroit point de pitié pour eux, et qu'ils périroient dans d'affreux supplices ; cependant ils se dévouoient pour replacer leur roi sur son trône ; et ce roi, loin d'imiter leur générosité, ne savoit pas même se résigner à supporter plus de deux mois et demi la fatigue des camps ou celle des affaires, à se passer plus long-temps des délices de ses festins, de ses danses, ou d'autres plaisirs plus honteux. Il y eut au moment de sa retraite un découragement général. Cependant le joug de l'étranger étoit si insupportable, les peuples ont tant de disposition à admirer et à aimer ceux qui manient le pouvoir, à trouver des explications ou généreuses ou politiques à leurs actions les plus suspectes, qu'au bout de peu de mois les Français, au nord de la Loire, recommencèrent à croire que Charles VII avoit eu de bonnes raisons pour les abandonner, quoiqu'ils ne pussent les comprendre, et qu'ils hasardèrent de nouveau leur fortune et leur vie à son service. Le roi étoit jeune, sa figure étoit belle, ses manières agréables et son accueil prévenant : ceux qui l'avoient approché s'étoient enflammés de zèle pour lui, ils promettoient que le mystère de sa retraite s'éclairciroit, et que le héros ne tarderoit pas à reparoître.

Mais quand, au printemps de 1430, Charles VII ne se remontra point à l'armée, quand il n'y envoya aucun de ses princes, aucun de ses grands officiers; quand l'héroïne qui l'avoit fait sacrer fut confiée à la défense d'aventuriers qui l'abandonnèrent; quand enfin elle fut faite prisonnière sans que le roi fît aucun sacrifice pour la racheter, aucune démarche pour faire au moins respecter à son égard les lois de la guerre, un profond découragement s'empara de tous les cœurs :

1430. les Français sentirent qu'il n'y avoit plus de monarchie, plus de patrie en quelque sorte, puisque le représentant de l'une et de l'autre n'avoit plus de sentiment français. En effet, ce n'est pas un des moindres inconvéniens des monarchies absolues, que l'influence qu'elles donnent aux vices d'un seul homme, pour anéantir l'effet de toutes les vertus, de tout l'héroïsme de ses sujets. Aucun caractère ne demeure plus inexplicable que celui de Charles VII, car le temps vint où ce même homme, qui sembloit fait exprès pour désorganiser toute espèce de gouvernement, apporta aux maux de la France une main réparatrice. Il y avoit autre chose que de la timidité, plus que de l'indolence poussée au dernier excès, dans ce roi de vingt-sept ans, qui se déroboit à tous les devoirs comme à toutes les charges de la royauté, pour cacher sa vie et peut-être de honteux plaisirs, dans un château écarté, dans une retraite impénétrable : il y avoit plus qu'une foiblesse ordinaire de caractère dans cet homme que tout le monde pressoit de commander, et qui ne savoit qu'obéir ; dans cet homme qui recevoit un nouveau favori de la main qui avoit tué l'ancien, qui témoignoit se défier de lui, et qui lui sacrifioit cependant à l'instant même sa volonté, qui le laissoit dès-lors régner à sa place, sans conserver un souvenir de ses affections précédentes.

Depuis qu'au milieu de l'été de 1427, le connétable de Richemont avoit donné la Trémoille au roi, pour qu'il fût son favori, ce seigneur avoit maintenu sans partage son autorité sur la cour ; il avoit beaucoup plus de capacité et de caractère que Giac et Beaulieu, ses deux prédécesseurs ; on assure qu'il étoit brave et bon chevalier : son pouvoir n'en fut que plus fatal à la France. Sa défiance du connétable, qui n'étoit certes pas sans motif, lui fit exiler ce puissant capitaine de la cour, désorganiser le gouvernement auquel il avoit de nouveau donné un centre, anéantir entre ses mains l'armée et le trésor, et désoler même le petit nombre de provinces qui étoient restées à Charles VII, par une guerre civile, non de factions, mais de favoritisme. Son frère, Jean de la Trémoille, sire de Jonvelle, étoit demeuré attaché au duc de Bourgogne, et l'on ne pouvoit s'empêcher de soupçonner le favori du roi lui-même d'une secrète correspondance avec les Bourguignons. Du moins s'opposa-t-il toujours de tout son pouvoir à toutes les entreprises qui auroient pu étendre la domination de Charles ; il l'empêcha d'aller à Orléans, il voulut l'empêcher d'aller à Reims, il le ramena en hâte de Saint-Denis à Chinon, et il l'y retint dès-lors dans une langueur voluptueuse, écartant de lui tous les princes du sang, et s'étudiant à ce qu'il ne vît personne, ne sût rien, ne prévît rien, ne pensât à rien. Le recueil des ordonnances contient, il est vrai, même à cette époque, un petit nombre d'actes donnés au nom du roi ; mais on sait assez qu'il ne faut point regarder comme l'expression de sa volonté toutes les chartes auxquelles un roi appose sa signature ; celles-ci contiennent des priviléges accordés aux villes qui lui avoient montré le plus de dévouement, à Orléans, à Montargis, à Melun sur Seine et à Troyes (1). On remarque avec étonnement dans la première, qu'en célébrant la bravoure et la constance des habitans d'Orléans, le roi ne fait aucune mention de la Pucelle. On ne peut aussi, tout en applaudissant à la reconnoissance du roi, s'empêcher de se demander comment il étoit possible d'établir aucun ordre dans l'administration des finances, quand les récompenses décernées à chaque ville étoient des exemptions d'impôt limitées pour chacune d'après des principes différens.

Malgré la haine de la Trémoille pour le connétable de Richemont, les bons Français qui se trouvoient encore à la cour, firent quelques tentatives pour les réconcilier, d'autant que Richemont repoussoit toutes les ouvertures de son frère le duc de Bretagne, pour négocier sa paix avec les Anglais. Le roi proposa donc que son favori et le connétable se rencontrassent en sa présence

(1) Ord. de France. T. XIII, p. 144, 149, 152, 154, 157.

entre Poitiers et Parthenay; mais Richemont eut bientôt lieu de craindre que cette prétendue entrevue amicale ne cachât un attentat contre sa personne. Déjà un homme d'armes picard, qui, dans une marche, avoit cherché à plusieurs reprises à s'approcher de lui, ayant excité ses soupçons, avoit été arrêté, et avoit confessé qu'il avoit reçu de l'argent de la Trémoille pour l'assassiner. Au lieu d'aller lui-même à cette conférence, Richemont y envoya seulement les seigneurs de Thouars, de Lezay et de Vivonne. La Trémoille, sans respect pour la parole du roi, sous la garantie de laquelle ils étoient venus, sans crainte du connétable, qui restoit en armes, prêt à les venger, les fit arrêter tous les trois. Il retint en prison Thouars, qui, parent du connétable, étoit comme un otage de ce prince; il fit trancher la tête aux deux autres, et donna ordre au sire d'Albret d'attaquer la seigneurie de Thouars avec tout ce que le roi avoit de soldats dans le Poitou. Les bourgeois de Thouars se soulevèrent, la dame dont le mari avoit été arrêté s'enfuit auprès du connétable, et implora son secours, et Charles VII permit à son favori de dissiper, pour cette querelle privée, le peu d'argent et de soldats dont il disposoit, comme si les Anglais et les Bourguignons ne menaçoient pas sa couronne. (1)

(1) Mémoires de Richemont. T. VII. Collect. de 1785,

1430. Durant le règne honteux de la Trémoille sur Charles VII, l'histoire générale de la France est comme interrompue; il faut interroger chaque province, pour comprendre ce qu'elle devenoit pendant l'anarchie. Les intrigues de cour ne se faisoient proprement sentir que dans le Berri, la Touraine et le Poitou, qui reconnoissoient l'autorité immédiate du roi et de son favori, et où les Anglais n'avoient point pénétré. Le Bourbonnais et l'Auvergne étoient gouvernés par le comte de Clermont, au nom du duc de Bourbon son père, toujours prisonnier en Angleterre; ce comte sembloit observer la neutralité, pour ne point contrarier les négociations par lesquelles le duc de Bourbon cherchoit alors à racheter sa liberté. L'Anjou avoit également réussi à se maintenir neutre par des traités avec les Anglais. Il formoit avec le Maine, le douaire de la reine de Sicile, Yolande d'Aragon, veuve de Louis II. Yolande avoit quatre enfans: Louis III, René, Charles comte du Maine, et Marie femme de Charles VII; elle avoit pris beaucoup de part aux intrigues de la cour de son gendre, elle avoit été jalouse de tous les favoris, elle avoit cherché à les déplacer, et elle étoit à son tour écartée par eux; cependant la maison d'Anjou se maintenoit en quelque sorte

p. 285. — Lobineau; Hist. de Bretagne. L. XVI, c. 99, p. 581, 582.

comme étrangère au milieu du royaume. Le fils aîné de Yolande, Louis III, souverain de Provence, avoit été adopté par Jeanne II reine de Naples; il vivoit alors en Italie, et il gouvernoit pour Jeanne le duché de Calabre; le second fils, René, avoit de même été adopté par son grand-oncle maternel, Louis, cardinal de Bar, qui lui avoit fait porter le titre de duc de Bar dès le 13 août 1419, et qui lui laissa ce duché en héritage le 23 juin 1430. Ainsi maîtresse de l'Anjou, du Maine, de la Provence, du Barrois, comptant sur l'héritage de la Lorraine et du royaume de Naples, la maison d'Anjou sembloit réellement bien plus puissante que celle de Valois. Yolande voulut la fortifier encore en faisant épouser à Louis III Isabeau fille aînée de Jean V duc de Bretagne; comme ce duc étoit allié des Anglais, quoique sa femme fût sœur de Charles VII, Yolande comptoit que ce mariage assureroit davantage encore les frontières de l'Anjou, contre toute attaque de la part de l'Angleterre. Mais le duc ne voulut pas éloigner de lui sa fille favorite; il retira sa parole, et la maria au comte de Laval. La reine de Sicile voulut d'abord venger par les armes cet affront fait à son fils, puis elle s'appaisa quand le duc de Bretagne lui demanda pour son fils aîné, la fille cadette de la reine, qui s'appeloit Yolande comme elle. (1)

(1) Lobin., Hist. de Bret. L. XVI, c. 118 et 123, p. 584, 585.

Le Languedoc et la partie de la Guienne qui étoit demeurée à la couronne de France, étoient gouvernés par le comte de Foix avec une indépendance presque absolue. Jaloux du connétable de Richemont et méprisant le sire de la Trémoille, Foix se tenoit autant qu'il pouvoit éloigné de la cour, avec laquelle il correspondoit à peine. Il conduisit cependant à Sully en Touraine des députés de sa province, qui y tinrent le 13 mars 1430 leurs États en présence du roi. Ces États accordèrent à Charles VII une aide de 200,000 francs, à cause de son sacre et de son couronnement. Il semble que c'est tout ce que la Trémoille put toucher des revenus de cette province la plus vaste et la plus riche du royaume. Tout le reste demeuroit entre les mains du comte de Foix et de son frère le comte de Cominges, qui avoient réussi à demeurer en paix avec leurs voisins les Anglais du Bordelais; ils assemblèrent de nouveaux États le 20 mai à Beziers, pour en obtenir des subsides afin de faire la guerre aux Routiers qui désoloient la province, et qui, pour la plupart, étoient les mêmes aventuriers dont se formoient les armées du roi. (1)

Le Dauphiné, encore qu'on oubliât qu'il étoit un fief impérial, étoit toujours administré comme une souveraineté indépendante de la couronne.

(1) Hist. gén. de Languedoc. T. IV, L. XXXIV, c. 52, 53, 54, p. 475.

Aussi demeuroit-il tout-à-fait étranger à la guerre contre les Anglais; mais il ne l'étoit pas de même à celle contre les Bourguignons. Louis de Châlons prince d'Orange s'y trouvoit à la tête du parti de Bourgogne; Raoul de Gaucourt gouvernoit au contraire le Dauphiné pour le roi. Tandis que le comte de Foix poursuivoit les Routiers qui avoient désolé le Velay et le Gévaudan, Gaucourt invita le plus redouté d'entre eux, Rodrigo de Villandrade, aventurier espagnol, à venir le joindre. Ce fut au printemps de l'année 1431; le prince d'Orange étoit rentré en Dauphiné avec douze cents Bourguignons, et commençoit à le ravager; Gaucourt s'étant joint à Villandrade et à Humbert de Groslée, sénéchal de Lyon, se trouva à la tête de quinze à seize cents hommes, avec lesquels il reprit au prince d'Orange le château de Colombier dans le Vivarez, et l'ayant atteint le 11 juin à Anton sur le Rhône, il le mit en complète déroute. Le prince d'Orange ne s'arrêta point dans sa fuite qu'il ne fût arrivé jusqu'à Autun. (1)

On voit qu'une grande partie de la France demeuroit presque étrangère à la guerre; aucun Anglais, presque aucun Bourguignon ne s'étoit aventuré dans les provinces au midi de la Loire.

(1) Monstrelet. T. V, c. 95, p. 313. — Saint-Remy, c. 170, p. 414. — J. Chartier, p. 47. — Hist. de Languedoc. T. V, c. 54, p. 476.

1430. Le Berri même et la Touraine jouissoient d'un grand repos, d'une assez grande sécurité ; ces provinces peu belliqueuses ne fournissoient guère de soldats à l'armée, car aucun engagement n'étoit forcé ; elles étoient aussi trop pauvres et trop peu industrieuses pour qu'il eût été possible de les accabler d'impôts, et Charles VII n'ayant sous les yeux qu'une nature toujours riante, que des campagnes toujours paisibles, pouvoit mieux y oublier la désolation de toute la partie septentrionale de son royaume. Au contraire lorsqu'on l'entraînoit à l'armée, il s'y trouvoit associé avec des hommes dont la cruauté, la rapacité, les manières brutales, lui étoient insupportables. Tous ces chefs de guerre, tous ces aventuriers qui soutenoient seuls, sans ordre du roi, et le plus souvent sans solde, la lutte pour l'indépendance de la France, n'étoient guère que des corsaires de terre ferme, bien plus occupés à trouver de riches bourgeois à piller que des ennemis à combattre ; leur esprit étoit sans cesse aiguisé pour les stratagèmes de guerre et les surprises de places, par l'espoir du butin non par celui des conquêtes ou de la gloire. Cependant quelque gloire s'attachoit encore à leur nom : la France étoit si impatiente du joug étranger, si humiliée de devoir trembler devant un petit nombre d'insulaires, que lorsqu'elle trouvoit unies à la cruauté et la cupidité, vices qui sem-

bloient inhérens à l'état de soldat, la bravoure, la constance et les ruses de guerre qui assuroient le succès, elle célébroit avec enthousiasme les noms de Pothon de Xaintrailles et de ses frères, d'Etienne de Vignoles, dit La Hire, d'Ambroise de Loré, Antoine de Chabannes, Gaucourt, et Guillaume de Flavy. Au moment du combat, ces capitaines se montroient religieux à leur manière. « Comme il alloit attaquer Montargis, nous ra-
« conte un chroniqueur contemporain, La Hire
« trouva un chapelain, auquel il dit qu'il lui
« donnât hâtivement absolution ; et le chapelain
« lui dit qu'il confessât ses péchés. La Hire lui
« répondit qu'il n'auroit pas loisir, car il falloit
« promptement frapper sur l'ennemi, et qu'il
« avoit fait ce que gens de guerre ont accoutumé
« faire. Sur quoi le chapelain lui bailla absolu-
« tion telle quelle, et lors La Hire fit sa prière à
« Dieu, en disant en son gascon, les mains
« jointes : Dieu, je te prie que tu fasses aujour-
« d'hui pour La Hire, autant que tu voudrois
« que La Hire fît pour toi, si il étoit Dieu, et tu
« fusses La Hire ; et il cuidoit très bien prier et
« dire. » (1)

Charles VII ne savoit pas se résigner à la société de ces hommes, plus prêts encore à s'égaler
au roi, qu'à s'égaler à Dieu ; il étoit content de les

1430.

---

(1) Chron. de la Pucelle. Coll. de Buchon. T. IX, p. 266.

voir tous partir pour l'autre rive de la Loire, se disperser dans la Champagne, l'Ile-de-France, la Picardie et la Normandie, et ne conserver plus aucune communication avec lui; il aimoit n'être plus à portée que les victimes de leur barbarie fissent parvenir leurs plaintes à sa cour.

Les Anglais n'étoient guère mieux organisés pour la défense, dans ces provinces, que les Français pour l'attaque. Le duc de Bedford, après avoir résigné la régence à son beau-frère le duc de Bourgogne, s'étoit retiré à Rouen : tandis qu'il cherchoit à réformer les abus du gouvernement en Normandie, et à s'attacher les peuples, il sollicitoit le conseil de régence en Angleterre de lui envoyer des renforts : mais la rivalité entre son oncle le cardinal de Winchester et son frère le duc de Glocester, entravoit sans cesse ses mesures ; le parlement lui refusoit des subsides; les Anglais, dégoûtés des guerres étrangères, et s'apercevant que leurs prétendues conquêtes en France ne servoient qu'à les épuiser, se refusoient encore à s'enrôler, par la terreur que leur inspiroit la Pucelle, qu'on leur avoit représentée comme une puissante magicienne (1). Pour ranimer un peu l'ardeur belliqueuse des Anglais, et pour flatter en même temps les Normands, Bedford fit amener en

(1) Rymer. T. X, p. 459 et 472.

France le roi Henri VI, qui n'avoit pas plus de huit ans; il débarqua à Calais le 23 avril 1430, et sa cour, à Rouen, où il séjourna plus de dix-huit mois, fut ornée alternativement par la présence du cardinal de Winchester, du duc d'York, des comtes de Huntingdon, Warwick, Stafford, Arundel, et Suffolk; mais peu d'hommes de guerre anglais passèrent avec eux sur le continent (1).

Le duc de Bourgogne, Philippe-le-Bon, restoit donc chargé presque seul de maintenir la souveraineté des Anglais sur la France, en dépit des affections de ses sujets, et de ses propres souvenirs de famille et de patrie. L'abandon que lui avoit fait le duc de Bedford du titre de régent au nom de Henri VI, avoit bien réchauffé quelque peu son zèle; cependant il ne se sentoit aucune sympathie avec les Anglais; il ne pouvoit entièrement se dissimuler qu'il agissoit en traître envers sa patrie, et pour étouffer ce sentiment, il se rendoit autant qu'il pouvoit étranger à la France; il s'affermissoit sur le trône des Pays-Bas, qui devenoit pour lui toujours plus indépendant, et il parvenoit à se considérer plutôt comme un voisin ambitieux que comme un prince du sang et un sujet rebelle. Le 10 janvier 1430, il s'étoit remarié à Bruges avec Isabelle de Portu-

(1) Monstrelet. T. V, c. 87, p. 294.

gal : c'étoit déjà sa troisième femme, et il avoit en même temps un grand nombre de maîtresses (1). Cette alliance royale fut pour lui un motif de déployer une nouvelle pompe. Pour la célébrer, il institua l'ordre chevaleresque de la toison d'or, qui a effacé en réputation tous ceux des grands souverains. Il le composa d'abord de vingt-quatre, et plus tard de trente-un chevaliers, choisis entre les seigneurs de la plus haute naissance. Un réglement en quatre-vingt-quatorze articles contenoit les devoirs qui leur étoient imposés, et que tous, à la réserve des princes souverains, juroient d'accomplir. Ils se rapportoient à la fidélité envers l'Eglise, à l'intégrité de la foi catholique, à la loyauté envers le duc de Bourgogne, grand-maître de l'ordre, à l'amitié et la fraternité entre les chevaliers, à l'honneur dans les armes, aux révélations enfin qu'il leur étoit prescrit de faire de tout ce qu'ils apprendroient d'injurieux aux souverains ou aux membres de l'ordre ; la tenue des chapitres de l'ordre et la procédure à suivre pour faire observer ce code de loyauté et de point d'honneur, étoient également réglées d'avance, et les chevaliers qui avoient d'abord sollicité la décoration de la toison d'or, par vanité, par amour des distinctions, des pompes théâtrales et de la magnifi-

(1) Barante, Ducs de Bourg. T. VI, p. 58. — Saint-Remy, c. 155, p. 317.

cence, ne tardèrent point à s'apercevoir qu'ils avoient resserré les liens de leur dépendance envers leur seigneur, et que le duc de Bourgogne s'étoit rendu bien plus puissant en se faisant leur grand-maître. (1)

Après les fêtes de son mariage et de l'institution de la toison d'or, Philippe, duc de Bourgogne, rassembla l'armée qu'il avoit promis à son beau-frère de conduire contre les Français, et il vint mettre le siége devant Compiègne, où le capitaine d'aventuriers Guillaume de Flavy s'étoit fortifié. Ce fut ce siège qui détermina la Pucelle d'Orléans à se jeter dans Compiègne avec les plus braves des capitaines aventuriers qui, comme elle, avoient repassé la Loire. Philippe étoit à Condin le 24 mai quand la Pucelle fut faite prisonnière; le lendemain il vint se loger plus près encore de la ville, pour presser les travaux du siége (2). Mais bientôt il y reçut la nouvelle que les Liégeois avoient attaqué son comté de Namur. Il détacha d'abord de son armée le sire de Croy, avec huit cents combattans, pour marcher contre eux (3). Peu de jours après, il les suivit lui-même dans les Pays-Bas. Philippe, duc de Brabant, son cou-

---

(1) Barante. T. VI, p. 63. — Saint-Remy. T. VIII, c. 156, p. 331.

(2) Monstrelet, c. 88, p. 295.

(3) Monstrelet, c. 90, p. 300.

sin, qui avoit succédé trois ans auparavant au mari de Jacqueline, venoit de mourir à son tour sans enfans, à Louvain, le 4 août 1430; et le duc de Bourgogne se hâta d'aller recueillir un héritage qui complétoit pour lui la souveraineté des Pays-Bas. Il laissa le commandement du siége de Compiègne à Jean de Luxembourg, et il perdit bientôt les affaires de France de vue, pour s'occuper d'intérêts plus importans à ses yeux (1). Les sires de Brimeu, de Lannoy, de Créqui, de Saveuse, d'Humières, de Poix, de Mailly, demeurèrent au camp bourguignon, associés au comte de Huntingdon, et combattant, quoique à regret, pour soumettre leur patrie au joug de l'étranger. (2)

Le siége de Compiègne continua tout l'été, malgré la retraite du duc de Bourgogne; pendant quatre mois Guillaume de Flavy se trouva privé de toute communication avec le dehors; les vivres commençoient à être fort rares dans la place assiégée, et la garnison et les bourgeois étoient accablés de fatigue; mais les longues campagnes n'étoient pas faites pour les armées du quinzième siècle; les assiégeans, de leur côté, s'étoient rebutés, et plusieurs d'entre eux s'étoient déjà retirés dans leurs foyers: le maréchal

(1) Monstrelet, c. 93, p. 306. — Meyer, *Annal. Flandr.* L. XVI, p. 275.

(2) Monstrelet, c. 94, p. 309.

de Boussac crut le moment propice pour délivrer Compiègne : il appela à lui Pothon de Xaintrailles, Thebaldo Valperga et d'autres aventuriers, et ayant rassemblé environ quatre mille hommes, il attaqua avec vigueur l'une des bastides ou redoutes des assiégeans, la prit et entra dans la ville le 25 octobre. Jean de Luxembourg et Huntingdon, sachant qu'il n'avoit point amené de vivres avec lui, voulurent continuer le siége, mais ils ne purent retenir leurs soldats, qui commencèrent à déserter par bandes, et le 28 octobre ils se virent forcés de se retirer eux-mêmes à Roye. (1)

Pendant la durée du siége de Compiègne, les Anglais avoient repris plusieurs villes; Soissons, Brie Comte-Robert, et quelques autres (2). Mais la levée du siége ranima le courage des Français et parut donner un avantage décidé à leurs capitaines. Xaintrailles défit Jacques de Helly à Germigny le 20 novembre, et Louis de Robersart à Conti : il vint ensuite, avec le maréchal de Boussac, offrir la bataille au duc de Bourgogne, qui avoit rappelé à Péronne auprès de lui son général Jean de Luxembourg : le duc

---

(1) Monstrelet, c. 96, p. 316. — Saint-Remy, c. 161, p. 343. — J. Chartier, p. 43. — Berry, p. 382. — Amelgardus. L. II. c. 17, f. 44.

(2) Monstrelet, c. 94, p. 312.

n'osa pas l'accepter (1). De son côté, La Hire partit de Louviers avec sa compagnie, et s'introduisit par escalade dans Château-Gaillard, forteresse où Barbazan, l'un des plus anciens et des plus fidèles capitaines de Charles VII, étoit depuis long-temps détenu prisonnier par les Bourguignons, et il le remit en liberté (2). Enfin les bourgeois de Melun, saisissant le moment où la garnison des Anglais qui occupoit leur place avoit envoyé de forts détachemens dans les campagnes voisines, pour les piller et rassembler des vivres, tombèrent sur ceux qui étoient demeurés à leurs postes, les tuèrent ou les chassèrent, et relevèrent les étendards de Charles VII. (3)

Ces revers, qui prouvoient en même temps que le zèle pour l'indépendance de la France se ranimoit encore une fois dans le peuple, redoubloient aussi l'irritation des Bourguignons et des Anglais contre Jeanne d'Arc leur prisonnière, qui, la première, avoit excité cette explosion de patriotisme. Les prêtres qui s'étoient attachés au parti anglais, étoient plus violens encore contre elle que les laïques, et même, indépendamment de tout esprit de parti, l'Église entière sembloit se déclarer contre la Pucelle :

(1) Monstrelet, c. 98, 99, p. 330, 334. — Saint-Remy, c. 163, p. 355, 356.
(2) Berry, p. 381, 382.
(3) J. Chartier, p. 44.

toute personne qui prétendoit à des pouvoirs surnaturels, que l'Église ne lui avoit point délégués, excitoit sa jalousie et étoit par elle accusée de magie. En effet, dès le troisième jour après celui où la Pucelle avoit été prise, ou le 27 mai 1430, frère Martin Billon, vicaire-général de l'inquisiteur de la foi au royaume de France, somma le duc de Bourgogne, au nom du Saint-Siége, de lui remettre Jeanne d'Arc, pour qu'il fût procédé contre elle par la sainte inquisition. Ni ce tribunal cependant, ni le Saint-Siége n'avoient pris parti en faveur de Henri VI contre Charles VII. (1)

Le sire de Luxembourg, à qui le bâtard de Vendôme avoit vendu sa prisonnière, ne se pressa point d'obéir; il l'envoya dans son château de Beaurevoir en Picardie, où elle fut traitée humainement par les dames de la maison de Luxembourg. Pierre Cauchon, évêque de Beauvais, la réclama à son tour, comme ayant été prise dans son diocèse, quoique en effet elle eût été prise au-delà du pont de Compiègne, et par conséquent dans le diocèse de Noyon. En même temps il offrit aux capteurs, au nom de Henri VI, qu'il nommoit roi de France, dix mille francs pour sa rançon, affirmant que c'est une prérogative des rois de France de pouvoir racheter

---

(1) Barante, Ducs de Bourg. T. VI, p. 88. — Chronique et procès de la Pucelle. Buchon, Collection. T. IX, p. 45.

pour cette somme tout ennemi de leur couronne qui se trouve captif d'un de leurs sujets (1). Enfin la Sorbonne, ou l'École de théologie de l'université de Paris, écrivit à deux reprises au duc de Bourgogne et au sire de Luxembourg, pour les presser de remettre sans plus de délai la Pucelle à l'évêque de Beauvais et aux prélats inquisiteurs, affirmant « qu'est tenu d'obéir tout « chrétien, de quelque état qu'il soit, à eux en « ce cas présent, sur les peines de droit, qui sont « grandes, et qu'en ce faisant ils acquerroient « la grâce et amour de la haute Divinité, et se« roient moyen de l'exaltation de la sainte foi. »(2)

Cette sommation fut présentée le 16 juillet au duc de Bourgogne et à Luxembourg, qui étoient au camp devant Compiègne. Ils promirent aussitôt de remettre la Pucelle à l'inquisition dès que l'argent leur seroit compté. Cet argent ne put être rassemblé qu'au mois d'octobre, et dans l'intervalle la Pucelle, qui chercha à deux reprises à s'échapper, fut alternativement détenue dans les prisons de Beaurevoir, d'Arras et du Crotoy. Au bout de six mois seulement elle fut conduite à Rouen, livrée aux Anglais, et enfermée dans la prison civile et non dans celle de

(1) Chronique et procès de la Pucelle. T. IX, p. 31.
(2) Lettre du 14 juillet 1430. —Procès de la Pucelle, *Ibid.* p. 33. C'est celle au sire de Luxemb.; celle au duc de Bourgogne se trouve dans le procès manuscr. à la Bibl. de Genève.

l'archevêché. Le siége de Rouen étoit alors vacant, mais le chapitre accorda territoire et juridiction à l'évêque de Beauvais, pour y poursuivre, sous les yeux de Henri VI et du duc de Bedford, le procès de la Pucelle. (1)

Ce procès ne commença proprement que le 12 janvier 1431, pardevant l'évêque de Beauvais et le vicaire de l'inquisiteur, qui seuls avoient droit de prononcer la sentence, mais qui étoient assistés par près de cent docteurs, théologiens, conseillers et assesseurs. Un ordre, donné au nom de Henri VI le 3 janvier, obligeoit les geoliers de la Pucelle à la produire devant ses juges ecclésiastiques toutes les fois que ceux-ci le demanderoient. Estivet, chanoine de Beauvais, faisoit devant ce tribunal les fonctions de promoteur ou accusateur public. Toutes les pièces de ce déplorable procès ont été conservées ; elles sont très volumineuses (2), et elles font voir de la part des inquisiteurs l'acharnement le plus odieux, la détermination la plus inébranlable de perdre la malheureuse jeune fille traduite devant eux, quelques preuves qu'elle pût donner de son innocence. Le premier but qu'ils se proposoient étoit de la convaincre de sorcellerie ; mais Jeanne avoit autant d'horreur que ses ju-

---

(1) Chronique et Procès de la Pucelle, p. 36 et 40.
(2) Dans le manuscrit conservé à la Bibl. de Genève, elles occupent 203 pages in-folio à deux colonnes.

ges pour le commerce qu'on croyoit alors pouvoir avoir avec les enfers; quoique exaltée et enthousiaste elle étoit douée d'un grand sens. Elle avoit cru aux inspirations, aux voix qu'il lui sembloit entendre, sans que sa modestie, sa défiance d'elle-même, l'eussent abandonnée, sans s'être jamais considérée comme une sainte, ou comme douée du pouvoir de faire des miracles. La piété avoit été la première, presque la seule passion de sa vie; aussi, pour une jeune paysanne, elle savoit assez bien sa religion; et malgré toutes les subtilités des juges qui l'interrogeoient, ils ne purent la faire tomber dans aucune erreur sur la foi. Le plus honteux espionnage avoit été employé contre elle; on plaça dans sa prison un prêtre nommé Nicolas Loiseleur, qui se donna pour Lorrain, pour persécuté à cause de son attachement à Charles VII, qui gagna sa confiance et qui fut enfin son confesseur. Par une trahison que dans toute autre circonstance l'Église auroit qualifiée de sacrilége, cet homme faisoit auprès d'elle le métier d'espion de l'inquisition; mais tous ces honteux moyens ne produisoient aucune preuve ou de sorcellerie ou d'hérésie; au contraire, elle étonnoit souvent ses juges par son grand sens, sa pureté et sa bonne foi. On lui demanda si elle savoit être en la grâce de Dieu : C'est une grande chose, dit-elle, de répondre à une telle question. — Oui, interrompit un des assesseurs nommé Jean Fabri, c'est une grande question, et l'accusée n'est pas tenue d'y répondre. — Vous auriez mieux fait de vous taire! s'écria l'évêque en fureur. — Si je n'y suis pas, répondit-elle, Dieu m'y veuille recevoir, et si j'y suis, Dieu m'y veuille conserver. Une autre fois on l'interrogeoit touchant son étendard : « Je le portois au lieu de lance, disoit-elle, pour éviter de tuer quelqu'un; je n'ai jamais tué personne »; et puis quand on vouloit savoir quelle vertu elle supposoit dans cette bannière, elle répondoit : « Je disois : Entrez hardiment parmi les Anglais, et j'y entrois moi-même. » On lui parla du sacre de Reims, où elle avoit tenu son étendard près de l'autel. « Il avoit été à la peine, c'étoit bien raison, dit-elle, qu'il fût à l'honneur. » (1)

Cependant on réussit à la confondre en exigeant qu'elle se soumît à l'Église. Les juges assemblés sous les yeux de Henri VI et du duc de Bedford avoient décidé que Dieu ne pouvoit vouloir le triomphe de Charles VII sur les Anglais : ils en concluoient que les apparitions dont parloit la Pucelle, ou les voix qu'elle disoit avoir entendues devoient venir des malins esprits : ils

(1) Interrogat. du 27 février, du 3 mars, du 17 mars, etc. — Préface de Buchon, p. 60. — Barante, Ducs de Bourg. T. VI, p. 119, 120.

exigeoient que Jeanne, par soumission à l'Église, le reconnût elle-même, et qu'elle abjurât toute croyance en ces signes surnaturels ; et comme elle refusoit de prendre ses juges pour arbitres de sa foi, ils confondoient à dessein les définitions de l'Église militante et de l'Église triomphante pour l'accuser de rébellion et d'hérésie. Isambart, l'un des juges assesseurs, touché de compassion, lui expliqua cette question, et lui conseilla de s'en rapporter au jugement du pape et du concile de Bâle sur le fait de ces apparitions; ce qu'elle fit à l'instant même. Cet appel l'auroit soustraite aux juges qui vouloient sa perte; aussi l'évêque de Beauvais dit à Isambart d'une voix menaçante : Taisez-vous, de par le diable! et il défendit au greffier de faire mention de cet appel, que le procès en révision a fait connoître. (1)

Le 12 mai on mit en délibération devant l'inquisiteur de la foi, si on mettroit Jeanne à la torture : les réponses de la Pucelle avoient été si explicites que la plupart des juges assesseurs répondirent : « Que pour néant elle seroit mise « à la torture; que la matière étoit assez claire « sans torture, et qu'il ne falloit pas que le pro- « cès qui avoit été fait pût être calomnié. » Deux seuls assesseurs conclurent à ce « qu'elle fût mise

---

(1) Préface de Buchon, p. 61.

en tourmens pour la médecine de son âme », et l'un d'eux fut ce même Nicolas Loiseleur qui s'étoit introduit dans sa prison, qu'elle avoit cru son ami et choisi pour son confesseur. (1)

Le 19 mai on donna communication à Jeanne du jugement qu'avoit porté l'université de Paris sur chacune de ses réponses. Celle-ci : *considérant la fin des choses révélées et la qualité de la personne*, avoit déclaré que les révélations de Jeanne étoient *superstitieuses, procédant de mauvais esprits, et diaboliques;* que quelques unes des apparitions qu'elle avoit racontées et qui peignoient en effet l'égarement de son imagination, *n'étoient point vraisemblables, mais menterie et présomptueuse chose ;* que les signes qu'elle disoit avoir reçus pour connoître les anges et saintes, savoir les bons conseils, confortation et doctrine qu'ils lui ont donnés, n'étoient point suffisans, en sorte qu'elle avoit cru trop légèrement et affirmé témérairement; enfin que lorsqu'elle s'obstinoit à porter l'habit d'homme, même en recevant le saint sacrement, *elle contemnoit et transgressoit la loi divine et les ordonnances canoniques.* Le docteur en théologie qui avoit lu à Jeanne ces décisions de l'Université, l'admonesta ensuite, avec un mélange de tendresse dans les mots, d'aigreur et de menace

---

(1) Procès de la Pucelle, p. 163.

1431. dans les choses. « Jehanne, ma très chère amie,
« lui dit-il, il est maintenant temps que vous
« pensiez bien à la fin de votre procès, et à ce
« que vous avez dit et fait.... Vos juges désirant
« le salut tant de votre âme que de votre corps,
« avoient envoyé à l'Université de Paris, qui est
« la lumière de toutes sciences et extirpation
« de toutes erreurs, afin que par icelle votre
« procès de vos dits et de vos faits fût bien exa-
« miné. Après la délibération de laquelle Uni-
« versité, iceux juges ont ordonné que vous se-
« rez admonestée derechef et caritativement,
« en vous advertissant des scandales et autres
« erreurs par vous commises, et vous priant,
« exhortant et admonestant, pour l'amour de
« notre Seigneur Jésus-Christ, qui a voulu souf-
« frir si cruellement pour racheter l'humain
« lignage, vous corrigiez vos dits et faits, et
« soumettiez au jugement de l'Église..... Et sa-
« chez certainement que si vous ne le faites et
« persévérez en votre erreur, votre âme sera
« damnée pour être perpétuellement tourmen-
« tée en enfer, et du corps je fais grand doute
« qu'il vienne à perdition. » (1)

Jeanne répondit d'abord qu'elle soutiendroit
jusqu'à la mort ce qu'elle avoit dit et fait; toutefois il paroît qu'elle se laissa troubler dans la
nuit, ou par la crainte de la mort, ou par l'in-

(1) Chron. et Procès de la Pucelle, p. 172-176.

fluence de tous ces prêtres, de tous ces religieux, qu'elle voyoit d'accord, et qu'elle étoit accoutumée à respecter. Elle consentit donc à signer, ou plutôt à apposer sa croix à une rétractation, dans laquelle elle confessoit que les révélations qu'elle disoit avoir eues de Dieu, de ses anges et des saintes Catherine et Marguerite, étoient illusion et mensonge. Après cela, elle fut conduite, le 23 mai, sur la place du cimetière de Saint-Ouen, où trois échafauds étoient dressés : le premier pour l'évêque de Winchester, cardinal d'Angleterre; le second pour les évêques de Thérouanne et de Noyon, et les abbés qui avoient assisté au procès; le troisième pour l'évêque de Beauvais, l'inquisiteur, et maître Guillaume Hérard, qui adressa un sermon à l'accusée et à l'audience. L'évêque de Beauvais lut la sentence qu'il avoit rendue de concert avec l'inquisiteur : après avoir récapitulé ses péchés, il terminoit en disant : « Nous te avons condam-
« née et condamnons, par sentence définitive, à
« chartre perpétuelle, avec pain de douleur et
« eau de tristesse, afin que là tu pleures tes pé-
« chés, et que désormais tu n'en commettes plus;
« sauf toutefois notre grâce et modération, si tu
« dessers ci-après à l'avoir. » (1)

L'évêque de Beauvais étoit loin cependant de lui réserver une modération de peine : l'in-

(1) Chronique et Procès de la Pucelle, p. 180.

quisition ne renvoie, en général, que les relaps au bras séculier ; il vouloit donc qu'elle méritât un redoublement de rigueur par une nouvelle faute. Jeanne croyoit avoir reçu de Dieu l'ordre de porter des habits d'homme ; ce n'étoit qu'avec une extrême répugnance qu'elle s'étoit soumise, le jour de sa sentence, à reprendre ses habits de femme, et à laisser couper ses cheveux : le trouble de ses esprits rappela ses extases ; dans la nuit, elle crut voir de nouveau sainte Catherine et sainte Marguerite qui lui reprochèrent comme un péché mortel la rétractation par laquelle elle désavouoit leurs révélations, et la foiblesse d'avoir quitté les habits d'homme. On lui avoit, à dessein, laissé ces mêmes habits dans la prison pour qu'elle pût les reprendre. Plus tard, dans le procès pour réhabiliter sa mémoire, des témoins déposèrent qu'on ne lui avoit laissé que des habits d'homme ; qu'on l'avoit aussi exposée à d'indignes violences, qu'un lord d'Angleterre étoit entré dans sa prison, qu'on l'avoit trouvée ensuite son visage plein de larmes, défigurée et outragée, et qu'elle avoit repris l'habit d'homme pour la défense de son honneur, attendu qu'on avoit voulu attenter à sa pudeur, et qu'elle n'étoit pas en sûreté avec ses gardes en habits de femme. (1)

(1) Dépositions de Martin Ladvenu, frère prêcheur qui reçut sa dernière confession ; de La Pierre, un des assesseurs, et de

Quoi qu'il en soit, le lundi 28 mai, les juges, en rentrant dans sa prison, la trouvèrent revêtue d'habits d'homme, déclarant que les saintes Catherine et Marguerite lui avoient reproché son abjuration, comme une fausseté qui l'exposoit à la damnation; elle ajouta *qu'elle aimoit trop mieux faire pénitence, c'est à savoir en mourant, que plus longuement soutenir la peine de la prison :* c'étoit ce qu'attendoient l'évêque de Beauvais et l'inquisiteur Jean Magistri; et cette fois leur procédure ne fut pas longue. Dès le lendemain, 29 mai, l'évêque rassembla dans la chapelle du palais épiscopal beaucoup de docteurs et de clercs, auxquels il raconta la rechute de la Pucelle; tous la déclarèrent hérétique relapse, et convinrent qu'elle seroit livrée à la justice séculière. (1)

1431.

Le mercredi 30 mai, à neuf heures du matin, Jeanne fut amenée sur la place du Marché Vieux de Rouen. Les évêques de Thérouanne et de Noyon étoient présens, aussi-bien que beaucoup de maîtres en théologie. L'évêque de Beauvais, étant monté sur son tribunal avec Jean Magistri, vicaire de l'inquisition, lut la

---

Manchon, greffier. — Préface de Buchon, p. 48. Le procès lui-même de révision est en latin dans le manuscrit de Genève, mais d'une si mauvaise écriture, et avec tant d'abréviations, qu'il est bien difficile à lire.

(1) Procès de la Pucelle, p. 185.

sentence qu'il avoit préparée. Il la déclaroit rencheue en ses erreurs précédentes, et hérétique; « et pour ce, ajoutoit-il, proférons que comme « membre pourri, te avons déboutée et rejetée « de l'unité de l'Église, et te avons délivrée à la « justice séculière, à laquelle nous prions te trai- « ter doucement et humainement, soit en per- « dition de vie ou de aucuns membres. » Si les juges séculiers avoient déféré à cette prière hypocrite, ils auroient, par le fait même, encouru l'excommunication; mais ils n'eurent garde. Au moment où les prélats, après la lecture de la sentence, se furent retirés, le bailli de Rouen, anglais, qui étoit présent, sans autre procès, et sans donner aucune sentence, commanda qu'elle fût menée au lieu où elle devoit être brûlée (1). Pendant ce temps, Jeanne s'étoit jetée à genoux, répétant à haute voix ses prières, demandant merci aux assistans, et les invitant aussi à prier pour elle. Tous les Français qui pouvoient l'entendre, plusieurs des juges assesseurs et le greffier du tribunal pleuroient à chaudes larmes; sept à huit cents soldats anglais qui gardoient la place, témoignoient au contraire leur impatience. L'un d'eux s'approcha du prêtre Martin, qui lui adressoit des consolations, pour le presser de finir. *Comment, prêtre*, lui dit-

---

(1) Procès. *Ibid.* p. 188.

il, *nous ferez-vous dîner ici?* Enfin, ils la saisirent et l'attachèrent au bûcher; le feu y fut mis avant que le prêtre Martin Ladvenu, qui la confessoit, l'eût quittée. A sa prière, celui-ci, en se retirant, tint la croix élevée devant elle, afin qu'elle eût la consolation de la voir jusqu'à son dernier soupir. « Elle, étant dans les flammes, dit ensuite « ce prêtre, oncques ne cessa de résonner jus- « qu'à la fin, et confesser à haute voix le nom de « Jésus, en implorant et invoquant sans cesse « l'aide des saints et saintes du paradis; et en « rendant son esprit à Dieu, et inclinant sa tête, « elle proféra le nom de Jésus, en signe qu'elle « étoit fervente en la foi de Dieu. » (1)

Dans aucun des historiens de France, à cette époque, on ne trouve l'indication ou d'un effort de Charles VII pour obtenir que Jeanne d'Arc fût traitée comme prisonnière de guerre, ou d'une menace de représailles, ou d'une expression de regrets. La famille de Jeanne, peut-être pillée par les Anglais ou les Bourguignons, fut réduite à une grande pauvreté; et, vingt ans plus tard, la ville d'Orléans payoit à sa mère Isabeau

---

(1) Buchon, Préface, p. 62, d'après les dépositions du procès de révision. — Barante, Ducs de Bourgogne. T. VI, p. 133-139. — Journal d'un bourgeois de Paris, p. 421. — Monstrelet, c. 105, p. 353. — Amelgard proteste qu'il rapporte ce qu'il a entendu dire, mais qu'il ne prétend ni affirmer ni nier la partie miraculeuse de l'histoire de Jeanne. L. II, c. 16, p. 42.

trois francs par mois, *pour lui aider à vivre* (1). Ce ne fut qu'en 1455 que Charles VII fit instruire un procès de révision pour réhabiliter la mémoire de Jeanne. Dès le mois de décembre 1429, le roi l'avoit anoblie, avec toute sa famille, par des lettres patentes données à Mehun-sur-Yèvre (2); mais il ne semble pas que les descendans de ses frères, qui prirent le nom de Dulis, aient été mis en jouissance de ces avantages, jusqu'en l'année 1550, où Henri II reconnut leurs titres de noblesse.

Le peuple lui conservoit plus de reconnoissance : il ne voulut pas croire à la réalité de son supplice; et l'on trouve, avec étonnement, dans un auteur contemporain, qu'une femme qui se faisoit appeler Jeanne Dulis, la Pucelle de France, et qui prétendoit avoir habité, depuis sa captivité, le Luxembourg, Cologne et Metz, revint dans sa patrie en 1436, et épousa le chevalier Robert des Hermoises (3). D'autre part, les aventures merveilleuses de Jeanne avoient disposé tous les esprits simples et religieux à l'attente d'inspirations surnaturelles.

(1) Compte-rendu d'un receveur d'Orléans. — Préface de Buchon, p. 66.

(2) Appendice au T. IX de Buchon, p. 378.

(3) D. Calmet, Hist. ecclés. et civile de Lorraine, T. II, L. XXVII, p. 702-703, rapporte la Chronique contemp. du doyen de Saint-Thiébault de Metz, finissant en 1445, et un contrat de Jeanne Dulis elle-même.

De toutes parts il se présenta des hommes et des femmes, qui prétendirent avoir des révélations et la mission de sauver la France. Les capitaines, sans être dupes de leur enthousiasme, commençoient à regretter Jeanne, ou plutôt l'ardeur qu'elle communiquoit à leurs soldats et la crainte qu'elle inspiroit à leurs ennemis. Pothon de Xaintrailles, le maréchal de Boussac, Louis de Vaucourt et quelques autres firent choix d'un petit berger qu'ils nommoient le Pastourel; « ils « le vouloient exhausser en renommée, dit « Monstrelet, comme et par telle manière comme « par avant avoit été Jeanne la Pucelle » (1). Ce jeune garçon, que la plupart tenoient pour fou, assuroit qu'il avoit mission de Dieu de rendre les Français maîtres de Rouen. Ceux-ci, mettant le Pastourel à leur tête, sortirent de Beauvais dans les premiers jours du mois d'août avec six cents lances et quatorze cents hommes de pied; mais ils avoient à peine fait une lieue lorsqu'ils rencontrèrent, près de Gournai, Warwick, Arundel, Talbot, et environ six cents Anglais, qu'ils ne croyoient point avoir si près d'eux. Une attaque inattendue les mit en désordre. Xaintrailles, qui courut aux ennemis, fut à peine suivi par cent vingt de ses cavaliers; tout le reste tourna bride et s'enfuit vers

---

(1) Monstrelet. T. V, c. 101, p. 343.

Beauvais. Xaintrailles, Vaucourt et le Pastourel furent faits prisonniers; le dernier fût conduit à Paris, à la suite de Henri VI, pour en faire la risée du peuple; il fut noyé ensuite dans la Seine. (1)

La campagne entière de 1431 s'écoula sans être signalée par aucune entreprise brillante des capitaines de Charles VII, que le roi abandonnoit à leurs seules forces. Les petits faits d'armes que racontent les historiens du temps, tels que l'attaque faite sans succès par le sire de Chabannes sur Corbie, la prise d'Anglure par Barbazan, et la bataille d'Ambroise de Loré avec les Anglais, à Saint-Célerin, sur les bords de la Sarthe, où chaque parti s'attribua la victoire, ne pouvoient influer sur l'issue de la guerre (2). Les aventuriers ne se proposoient que de vivre aux dépens du pays; mais ce pays étoit si ruiné, qu'il ne pouvoit suffire à des bandes un peu nombreuses, et que de part et d'autre il n'y avoit pas plus de trois ou quatre mille hommes armés pour la cause de la France ou celle de l'Angleterre.

Ce manque d'importance des événemens na-

---

(1) Monstrelet, c. 101, p. 343. — Saint-Remy, c. 172, p. 423. — J. Chartier, p. 47, — Bouvier, dit Berry, p. 384. — Journal d'un bourgeois de Paris, p. 427.

(2) Monstrelet, c. 103 et 104, p. 350-351. — J. Chartier, p. 49.

tionaux fixa d'autant plus l'attention sur la catastrophe que subit, à la même époque, la maison d'Anjou. Pendant que Louis III, l'aîné des princes de cette famille, étoit en Calabre, et que le troisième, Charles comte du Maine, ne s'éloignoit guère de la cour de Charles VII, le second, René, sembloit commencer à être favorisé par la fortune. Le 23 juin 1430, il avoit hérité du duché de Bar; et le 25 janvier 1431, il avoit hérité, au nom de sa femme Isabelle, du duché de Lorraine, par la mort du père de celle-ci, Charles II. Il avoit alors vingt-trois ans; il avoit pris part aux deux dernières campagnes avec les capitaines de Charles, et il avoit même assisté au sacre à Reims (1). Déjà signalé par cette amabilité de caractère qui lui mérita le surnom de Bon, il avoit aussi reçu une éducation plus soignée que la plupart des princes; il cultivoit les beaux-arts, la musique, la peinture, la poésie, et l'on ne savoit pas encore qu'en les pratiquant tous il ne se distingueroit dans aucun; on l'avoit vu brave, et l'on ne savoit point que jusqu'à la fin de sa vie il n'apprendroit jamais l'art de la guerre; on le voyoit aimé de ceux qui l'approchoient, et l'on ne savoit point que jusqu'à la fin de sa vie il ne se formeroit jamais à l'ordre, à l'économie, à aucune des qualités requises

(1) Hist. de René d'Anjou, par Villeneuve Bargemont, T. I, p. 86.

dans l'homme d'État. Il se rendit à Nancy dès qu'il apprit la mort de son beau-père, et, le 29 janvier 1431, il fut reconnu comme duc de Lorraine par les habitans. (1)

Cependant il se présenta aussitôt un autre prétendant à l'héritage de Lorraine, c'étoit Antoine de Vaudemont, cousin-germain d'Isabelle de Lorraine, et fils de Ferri, frère du dernier duc. Il affirmoit que la Lorraine étoit un fief masculin; et, comme depuis la fondation de ce duché il avoit toujours été transmis des pères aux fils, sans que les droits d'une fille eussent pu être mis une seule fois en opposition avec ceux de l'héritier mâle, on ne pouvoit invoquer, pour ou contre les deux prétendans, aucune décision antérieure. Le comte de Vaudemont se présenta, le 22 février, à Nancy, pour sommer la noblesse de Lorraine de le reconnoître comme son légitime souverain. René étoit sorti de sa capitale ce jour-là même pour visiter la province; cependant le conseil de Lorraine, présidé par Marguerite de Bavière, veuve du dernier duc, repoussa les prétentions du comte (2). Celui-ci recourut à la protection du duc Philippe de Bourgogne, auquel il avoit toujours été

(1) Villeneuve Bargemont, Hist. de René d'Anjou. T. I, p. 111.—D. Calmet, Hist. de Lorraine. T. II. L. XXVII, p. 704, et L. XXVIII, p. 762-766.

(2) Hist. de René d'Anjou. T. I, p. 117.

tout dévoué. Les États du duché de Bourgogne votèrent, pour le seconder, un subside de cinquante mille francs, et Toulongeon, qui gouvernoit ce duché avec le titre de maréchal, eut ordre de marcher à son aide (1). Assez d'aventuriers étoient toujours prêts à se mettre à la solde de quiconque voudroit les employer; et les bâtards des grandes maisons, qui, pour la plupart, n'avoient d'autre fortune et d'autre métier que les armes, se présentoient toujours les premiers. Toulongeon et Vaudemont, outre les milices bourguignones de l'un et les vassaux de l'autre, prirent à leur solde les bâtards d'Humières, de Fosseuse, de Brimeu, de Neufville, et un aventurier surnommé Huchechien, qui ne s'étoit fait connoître que comme chef de brigands (2). René d'Anjou, de son côté, avoit rassemblé une armée dans la Lorraine et le Barrois, à laquelle le marquis de Bade, son beau-frère, le comte de Salm et Louis de Bavière, parens de sa femme, avoient amené des renforts allemands, et il assiégeoit les châteaux de Vaudemont et de Vézélise, apanage de son rival. Toulongeon, n'osant pas marcher à la délivrance de ces châteaux, se jeta dans le Barrois, et commença à le ravager impitoyablement. René ne put se résoudre, malgré les con-

(1) Barante, Ducs de Bourg. T. VI, p. 153.
(2) Monstrelet. T. VI, c. 107, p. 5.

seils du brave Barbazan, qui s'étoit attaché à lui, à permettre cette oppression de ses sujets; il leva le siége de Vaudemont, et marcha à la rencontre du maître de ce château. Celui-ci ne trouvant plus à subsister dans le Barrois, avoit commencé sa retraite le 29 juin, lorsqu'il fut averti de l'approche de René. Toulongeon le pressoit de hâter sa marche, et d'éviter le choc d'une armée fort supérieure; Vaudemont, au contraire, désiroit le combat, et bientôt il devint inévitable.

Vaudemont occupoit alors une forte position entre Sandrecourt et Bullégneville; l'armée de René lui avoit coupé le chemin pour rentrer en Bourgogne : elle étoit forte de quinze mille hommes, tandis qu'il n'en avoit guère que sept ou huit mille. Il forma de tous ses chars de bagage une enceinte pour défendre ses flancs, il les fortifia encore par des pieux plantés en terre, il plaça des archers et arbalêtriers en avant, et derrière eux, la lance au poing, ses hommes d'armes, auxquels il fit mettre pied à terre, quoique les gentilshommes bourguignons répuguassent à cette manière de combattre; il attendit ainsi l'ennemi. Le duc René s'étoit mis en marche le 2 juillet pour attaquer son adversaire; mais quand le vieux et brave Barbazan, qui étoit à ses côtés, vit la disposition de l'armée qu'il s'agissoit de forcer, il voulut arrêter René, lui représentant qu'il compromettoit sa souveraineté et son armée, avec peu de chances de succès, tandis qu'il lui suffisoit d'attendre pour que ses ennemis fussent vaincus par la famine. Malheureusement Barbazan avoit soixante-quinze ans, René n'en avoit que vingt-trois; la jeune noblesse qui l'entouroit, présomptueuse comme lui, laissa entendre que l'âge avoit glacé le courage du vieux capitaine. « La mercy Dieu ! « s'écria Barbazan, j'ai vécu jusqu'à ce jour sans « reproche, et aujourd'hui l'on verra si j'ai « parlé par lâcheté ni par crainte » (1). Et donnant par ce changement même de résolution, une preuve de foiblesse indigne de lui, il pressa dès-lors l'attaque, et voulut la commander lui-même. Elle fut aussi malheureuse qu'il l'avoit prévu d'abord, quoiqu'il réussît à renverser un des chariots qui couvroient l'armée bourguignone, et à entrer par cette brèche dans sa position; loin de la mettre en désordre, ce fut lui qui s'y trouva exposé à tout le feu de l'artillerie de Vaudemont, et à toutes les décharges de ses archers. Des rangs entiers étoient emportés, la terreur gagna le reste; les jeunes gens qui avoient demandé le combat, donnèrent les premiers l'exemple de la fuite. Barbazan fut blessé à mort, et René, blessé aussi, fut obligé de se rendre à un

---

(1) Saint-Remy, c. 171, p. 421.

écuyer brabançon, qui le livra au maréchal de Toulongeon. Celui-ci refusa de le céder au comte de Vaudemont, et l'emmena en Bourgogne, où il fut enfermé dans une tour. (1)

Quoique la bataille de Bullégneville n'eût pas été livrée pour les intérêts de la couronne de France, sa perte fut considérée comme un grand échec pour la cause de Charles VII. René avoit commencé à se prononcer fortement en faveur de ce roi : s'il s'étoit bien établi dans les duchés de Lorraine et de Bar, il auroit donné un puissant appui aux Armagnacs de Champagne, celle des provinces où se faisoit la guerre, qui avoit montré le plus de dévouement pour Charles VII. Les guerriers qu'il avoit perdus étoient presque tous attachés à la même cause, et c'étoit aux Bourguignons plus encore qu'au comte de Vaudemont qu'étoit demeurée la victoire ; c'étoient eux qui s'attribuoient la garde du captif le plus important. D'autre part, la bataille de Bullégneville fut cause d'une de ces révolutions de palais ou de boudoir, sur lesquelles l'historien des monarchies est forcé de fixer, en en rougissant, l'at-

(1) Villeneuve, Hist. de René d'Anjou. T. I, p. 138-158. — Barante. T. VI, p. 157-160. — Monstrelet, c. 107 et 108. T. VI, p. 1-14. — Saint-Remy, c. 171, p. 418-423. — Bouvier dit Berry, p. 383. — J. Chartier, p. 47. — D. Calmet, Hist. de Lorraine. L. XXVIII, p. 770. — Amelgardus. L. II, c. 19, f. 46.

tention de ses lecteurs. Isabelle de Lorraine, femme de René, déterminée à implorer les secours de tous ceux qui pouvoient le tirer de sa captivité, vint à la cour de Charles VII pour lui demander son aide. Elle conduisit avec elle Agnès Sorel, demoiselle de Fromenteau, village en Touraine, où elle étoit née en 1409. Agnès, attachée dès sa plus grande jeunesse à Isabelle de Lorraine, avoit reçu à sa cour l'éducation la plus soignée qu'on sût alors donner aux femmes. Aucune de ses contemporaines ne l'égaloit en beauté, et son esprit, à ce qu'on assuroit, répondoit aux grâces de sa figure. Personne ne se déroboit à son charme, et les femmes comme les hommes ne pouvoient la connoître sans l'aimer (1). Charles VII ne résista point aux regards d'Agnès Sorel, et pour la première fois on le vit vraiment amoureux. Yolande d'Aragon sa belle-mère et Marie d'Anjou sa femme n'avoient qu'un désir, celui d'écarter de la cour l'insolent favori La Trémoille, dont le crédit leur étoit insupportable. Loin de se montrer jalouses de cette jeune beauté, elles favorisèrent la passion nouvelle du roi ; Marie d'Anjou demanda à sa belle-sœur Isabelle, de lui céder Agnès Sorel, et elle l'attacha à sa personne. On assure qu'Agnès s'efforça dès-lors de réveiller dans le cœur de

1431.

(1) Villeneuve, Hist. de René d'Anjou. T. I, p. 169, et notes.

Charles VII l'amour de la gloire ou celui de l'indépendance de sa couronne, qu'elle lui fit honte de sa lâcheté, et qu'avec son influence commença la réforme du caractère de son amant. Plusieurs des circonstances de cette réforme sont fabuleuses, cependant il faut bien qu'Agnès ait mérité de quelque manière la reconnoissance populaire qui s'est attachée à son nom. (1)

Au reste, loin que la bataille de Bullégneville fût suivie de près par des entreprises hasardeuses de Charles VII, elle fut le signal de négociations qui amenèrent la suspension des hostilités. Le duc de Bourgogne avoit d'abord été flatté de ce que la régence de France lui avoit été déférée par son beau-frère; mais bientôt il n'avoit plus vu dans cet honneur qu'une ruse des Anglais pour rejeter sur lui tout le fardeau d'une guerre dont il ne devoit pas recueillir le fruit, et il leur avoit adressé des plaintes très vives, sur ce qu'ils l'abandonnoient (2). Quand il venoit à Paris, il ne pouvoit se dissimuler combien ce peuple, dont il avoit été l'idole, étoit mécontent de lui; la capitale d'un grand royaume tomboit en ruines sous ses yeux, par suite des guerres qu'il avoit excitées : il ne savoit ou il ne pouvoit y apporter aucun remède, et il s'éloignoit en hâte, empor-

(1) Vers de François Ier sous son portrait.
(2) Barante. Ducs de Bourgogne. T. VI, p. 146. — Hist. de Bourgog. T. IV, c. 75, p. 85. — Preuves, *ibid.*, n° 93, p. 109.

tant les malédictions d'un peuple qui l'accusoit de l'avoir trompé (1). Le pape Eugène IV lui avoit envoyé le cardinal de Sainte-Croix pour l'exhorter à la paix; la cour de Charles VII ne se lassoit point de lui faire des ouvertures de réconciliation, de se montrer prête à acheter à tout prix son amitié; tous les Bourguignons humiliés par la domination anglaise, le pressoient de redevenir français, comme eux-mêmes l'étoient par le cœur. Son ressentiment, son désir de vengeance, s'étoient éteints; il ne pouvoit demander compte à Charles VII des volontés qu'il avoit eues étant enfant, quand il le voyoit incapable d'en avoir étant homme, et ni l'intérêt ni l'ambition ne lui conseilloient de continuer la guerre; mais une insurmontable nonchalance l'empêchoit de donner toute son attention aux affaires, de prendre un parti, et de changer tout à la fois une politique et des projets auxquels il étoit accoutumé. Cependant il se laissa enfin déterminer à envoyer à Chinon Jean de La Trémoille sire de Jonvelle, frère du favori du roi, et le sire de Jaucourt; et ceux-ci signèrent le 8 septembre une trève de deux ans, entre Philippe et Charles, qui devoit être observée sur toutes les frontières de Bourgogne, de Nivernais, de Champagne et de Réthelois. (2)

(1) Journal d'un bourgeois de Paris, p. 450.
(2) Monstrelet, c. 118, p. 42. — Barante. T. VI, p. 160. —

1431.   Le duc de Bedford regardoit cette trêve comme fort contraire aux intérêts des Anglais; il voyoit bien que son beau-frère se détachoit toujours plus de lui; que le parti de Bourgogne n'existoit plus en France, et que les Anglais y étoient partout regardés comme des étrangers, des ennemis, dont le joug étoit devenu insupportable. Il voulut essayer de ranimer le zèle de la faction à laquelle le roi son frère avoit dû surtout ses succès, en lui montrant le fils de ce roi, le jeune Henri VI, alors âgé de neuf ans, et qui n'avoit point encore été couronné, quoiqu'il portât presque dès son enfance le titre de roi de France. Il l'amena de Rouen à Paris, où le royal enfant fit son entrée le 2 décembre 1431, avec le duc de Bedford, les cardinaux de Winchester et d'York; les comtes de Warwick et de Suffolk, et beaucoup de lords anglais l'accompagnèrent; mais presque aucun seigneur français ne voulut se montrer à sa suite, à la réserve des prélats, toujours fidèles au pouvoir et à la fortune. On y voyoit entre autres les évêques de Thérouanne, de Noyon, de Paris et de Beauvais. Des échafauds étoient dressés dans les rues; on y jouoit des mystères, et le peuple crioit Noël. Cependant ce mouvement factice ne pouvoit cacher la morne tristesse qui régnoit dans tous les

---

Preuves de l'Hist. de Bourgogne. T. IV. Art. 79, p. 89, et Art. 90, p. 103.

cœurs (1). Quand le convoi passa devant l'hôtel de Saint-Paul, la reine Isabeau de Bavière, veuve de Charles VI, et grand'mère de Henri VI, étoit aux fenêtres avec ses dames. Oubliée de tout le monde, sans crédit, ne pouvant entretenir qu'une suite peu nombreuse, elle vivoit dans ce palais entourée des souvenirs seulement d'une monarchie qui s'étoit détruite autour d'elle. L'enfant, en passant sous ses fenêtres, ôta son chapeau et la salua gracieusement; elle lui rendit son salut bien humblement, mais elle se détourna pour pleurer. (2)

Le couronnement eut lieu le 16 décembre, dans l'église de Notre-Dame; ce fut le cardinal de Winchester qui y officia, au grand mécontement de l'évêque de Paris. Le parlement, l'université et les échevins devoient ensuite dîner au palais dans la grande salle; mais quand ces corps y arrivèrent, la place étoit déjà occupée par la plus vile populace; ils ne purent parvenir aux tables qui leur étoient préparées, qu'au milieu des huées et des coups; et les mets, l'argenterie elle-même, avoient été presque tous enlevés par ceux qui les avoient devancés. D'autre part, on ne fit point, selon l'usage, de distributions de vivres à l'Hôtel-de-Ville, on ne délivra aucun

---

(1) Barante, Ducs de Bourg. T. VI, p. 167. — Amelgardus. L. II, c. 18, f. 45.

(2) Journal d'un bourgeois de Paris, p. 433.

prisonnier, on ne promit aucune grâce au peuple ; et toute cette cérémonie, par laquelle les Anglais avoient cru rendre leur jeune roi plus populaire, ne laissa dans l'esprit des Parisiens que du mécontentement et du dégoût. (1)

Au reste, si le peuple regardoit les Anglais comme des étrangers ou des ennemis, ceux-ci à leur tour se sentoient campés seulement en France ; ils se croyoient assurés de devoir l'évacuer bientôt, et ils se refusoient à toute dépense qui auroit eu pour but l'avantage seul du pays qu'ils prétendoient gouverner. Ils ne payoient pas même les gages de ce parlement de Paris, qui s'étoit fait le gardien de l'autorité de Henri VI (2). Ils ne protégeoient ni les marchés, ni les arrivages de vivres, ni les propriétés dans la campagne voisine, ni les personnes des voyageurs, en même temps qu'ils levoient avec la dernière rigueur des impôts qui n'étoient point employés pour l'avantage du public. Aucun grand seigneur n'habitoit plus Paris ; peu de plaideurs suivoient les tribunaux, peu d'écoliers arrivoient à l'Université ; les marchands ne trouvoient plus d'acheteurs ; tous ceux qui pouvoient

---

(1) Journal d'un bourgeois de Paris, p. 434. — Monstrelet. T. VI, c. 109, p. 14. — Henri VI confirma seulement les anciens priviléges de l'Université et des bourgeois de Paris. — Ordonn. de France. T. XIII, p. 169, 170, 171.

(2) Barante, Ducs de Bourg. T. VI, p. 170.

vivre ailleurs quittoient une ville malheureuse, dont l'aspect seul inspiroit une morne tristesse; et de tous côtés on abattoit les maisons désertes pour en brûler les bois de construction. Les Anglais interdirent, le 31 janvier 1432, ce dernier usage d'une propriété dont on n'avoit aucun autre moyen de tirer parti. (1)

Le jeune roi anglais ne séjourna que peu de semaines à Paris; bientôt Bedford le reconduisit à Rouen, où il sentoit qu'il étoit plus en sûreté. Il reconnoissoit déjà qu'il ne pourroit lui conserver la couronne de France, et il songeoit plutôt à s'assurer la Normandie, qu'il comptoit, à la pacification générale, rattacher à la couronne d'Angleterre, comme elle lui avoit appartenu au temps des Plantagenets; aussi la prospérité du commerce, la sécurité des personnes et des propriétés étoient-elles protégées en Normandie par les Anglais, avec bien plus d'efficacité que dans le reste de la France; et dans le même but, Bedford fonda à Caen, pour le droit civil et canon, une école qu'il détacha et rendit indépendante de l'université de Paris. (2)

Cependant les capitaines aventuriers de Charles VII faisoient de temps en temps des tentatives sur la Normandie, surtout depuis que la trève avec le duc de Bourgogne les obligeoit à tourner

---

(1) Ordonn. de France. T. XIII, p. 174.
(2) Ordonn. T. XIII, 176.

tous leurs efforts contre les Anglais. Le maréchal de Boussac avoit assemblé à Beauvais les sires de Fontaine et de Muy, Jean Fouquet, et six cents combattans; un autre de ses capitaines, Regnault de Verseilles, parti de la même ville, avoit surpris et pillé le château de Dommart en Ponthieu (1), et un Béarnais s'étoit engagé à lui livrer le château de Rouen où il étoit en garnison. En effet Boussac s'avança le 3 février avec sa troupe jusqu'à une lieue de Rouen; son avant-garde, forte de cent vingt combattans et conduite par un gentilhomme nommé Richarville, fut introduite, comme on le lui avoit promis, par le Béarnais dans le château de Rouen; le comte d'Arundel, qui y commandoit, s'échappa à moitié habillé par-dessus les murs. La ville étoit prise si Boussac eût avancé aussitôt : mais les aventuriers qu'il conduisoit avoient commencé, dans l'embuscade où ils attendoient, à se disputer sur la part que chacun prétendoit au pillage de la capitale de la Normandie. En vain Boussac les pressoit de marcher, en vain Richarville accourut leur dire qu'il étoit maître du château, sous ses yeux ils se séparèrent avec injures, et les malheureux qu'il avoit laissés au château, attaqués par toute la garnison de Rouen, et forcés de se réfugier dans la grosse tour, se

---

(1) Monstrelet. T. VI, c. 114, p. 31.

rendirent enfin à discrétion. Les Anglais les ayant entre leurs mains, leur firent couper à tous la tête. (1)

Pendant le séjour qu'avoit fait le duc de Bedford à Paris, les bourgeois n'avoient cessé de se plaindre à lui de l'incommodité que leur causoit la garnison de Lagny; Jean Foucault, capitaine de Charles VII, et l'Écossais Kennedy s'étoient logés dans cette petite place sur la Marne, entre Meaux et Paris; de là ils étendoient leurs ravages jusqu'aux portes de la capitale, pillant tous les marchands qui s'y rendoient, et soumettant souvent leurs prisonniers à d'atroces tortures. L'année précédente, les Anglais avoient déjà essayé de les en chasser, et ils avoient été repoussés. Bedford chargea au mois de mars 1432, les comtes d'Arundel et de Warwick, et l'Ile-Adam, maréchal de France du roi Henri VI, de donner cette satisfaction aux Parisiens. Ils se mirent en campagne avec douze cents combattans, et ils chassèrent d'abord les soldats de Charles VII de Mongay, de Gournay, et de quelques autres petits châteaux. Au mois de mai, ils se présentèrent devant Lagny, et ayant rompu le pont d'un coup de bombarde, ils s'emparèrent, après un assaut meurtrier, du boulevard faisant tête de pont, au nord de la Marne; mais quand

(1) Monstrelet, c. 113, p. 27. — Journal d'un bourgeois de Paris, p. 438.

1432. ils attaquèrent ensuite le corps de la ville au midi, ils furent vigoureusement repoussés, et bientôt la plupart des aventuriers abandonnèrent une entreprise qui leur promettoit plus de danger que de butin. (1)

Dans le même temps le bâtard d'Orléans faisoit une diversion importante. La ville de Chartres étoit toujours demeurée, dès l'an 1417, aux mains des Bourguignons et des Anglais; un moine dominicain, nommé frère Jean Sarrasin, offrit au Bâtard de la lui livrer. Il étoit fort admiré comme prédicateur, et toute la population de Chartres se portoit toujours à l'église où l'on savoit qu'il devoit prêcher. Après avoir pris ses mesures avec le bâtard d'Orléans, et avec deux marchands fort connus dans la ville de Chartres, il annonça qu'il prêcheroit, le 20 avril, dans une église à l'extrémité de la ville : tandis que tous les bourgeois s'y étoient rendus, les deux marchands se présentèrent à la porte de la ville la plus éloignée de cette église, avec un convoi considérable de chars, dont tous les conducteurs étoient des soldats déguisés. Les portiers, qui les connoissoient, leur ouvrirent les portes avec confiance, et leur demandèrent seulement en retour quelques poissons en présent ; tandis que les marchands en faisoient la distribution, les soldats

(1) Monstrelet, c. 119, p. 45. — Journal d'un bourgeois de Paris, p. 441.

déguisés se jetèrent sur les portiers et les tuèrent : à un signal donné le bâtard d'Orléans s'étoit mis en marche, accompagné des sires de Gaucourt, d'Estouteville, de Florent d'Illers, de La Hire, de Felins, et de quatre mille combattans ; il entra dans cet instant par les portes qu'il trouva ouvertes, criant *la paix! la paix!* et tuant cependant tout ce qu'il rencontroit. Il se passa assez long-temps avant que ce tumulte parvînt jusqu'aux oreilles de la congrégation du père Sarrasin, dans l'église écartée où il prêchoit. Presque tous les meilleurs combattans de la ville s'y trouvoient : ils s'élancèrent bien dans les rues en criant aux armes, et leur évêque Jean de Festigny, qui étoit Bourguignon, se mit à leur tête, mais il fut tué l'un des premiers ; soixante ou quatre-vingts bourgeois tombèrent autour de lui ; Guillaume de Villeneuve, capitaine de la garnison, s'enfuit avec une centaine de cavaliers qu'il avoit sous ses ordres, et les Français, maîtres de la ville, n'épargnèrent ni les propriétés des bourgeois, ni l'honneur des femmes et des filles. Plusieurs des prisonniers qu'ils avoient faits eurent le lendemain la tête tranchée. (1)

Peu après la prise de Chartres, les Français trouvèrent moyen de faire parvenir des renforts à Jean Foucault et à Kennedy, qui comman-

(1) Monstrelet, c. 117, p. 37. — Journal d'un bourgeois de Paris, p. 439. — Amelgardus. L. II, c. 14, p. 39.

doient à Lagny ; en sorte que ceux-ci eurent sous leurs ordres de huit cents à mille combattans ; d'autre part, Bedford, résolu de délivrer les Parisiens d'un voisinage qui leur étoit si incommode, rassembla une armée de près de six mille combattans, pour en recommencer le siège : elle étoit principalement composée de Bourguignons que lui avoient amenés le maréchal de l'Ile-Adam, les bâtards de Saint-Pol et d'Aunay, et les seigneurs d'Orville, de Vaudrey et d'Amont. Il avoit tiré de Paris une bonne artillerie, et il eut bientôt fait plusieurs brèches à la muraille ; cependant les assiégés faisoient si bonne contenance, que Bedford n'osoit point donner l'assaut. Il étoit d'ailleurs averti que leurs vivres s'épuisoient, et que leurs soldats commençoient à succomber à la fatigue. Le bâtard d'Orléans reçut de son côté avis de leur détresse, mais il n'avoit avec lui pas plus de huit cents cavaliers dans Orléans, parmi lesquels se trouvoient, il est vrai, quelques uns des plus braves capitaines du parti, Boussac, Gaucourt, Villandrade et Xaintrailles ; il partit à leur tête, et se dirigeant par Melun et la Brie, il recueillit en route encore quelques soldats. Arrivé près de Lagny, le 10 août, il réussit à y introduire un petit convoi de bœufs et de farines, tandis que, par des attaques de cavalerie, il attiroit ailleurs l'attention des assiégeans. Il ne pouvoit cependant se mesurer avec les Anglais, qui, inférieurs en cavalerie, lui étoient infiniment supérieurs en fantassins; il essaya donc, avec sa petite troupe, de menacer Crecy et Château-Thierry, et il réussit à donner tant d'inquiétude à Bedford, que celui-ci leva le siége pour le suivre. (1)

Au milieu de tous ces petits faits de guerre, il y avoit bien eu quelques tentatives pour mettre un terme à tant de calamités par des négociations : des conférences furent ouvertes à Auxerre le 8 juillet, afin d'y traiter de la paix générale; et le conseil d'Angleterre, qui étoit dégoûté des guerres de France, et qui maintenoit avec peine sous les étendards de Bedford quelques milliers d'aventuriers, nomma des ambassadeurs pour s'y rendre (2). De son côté, le duc de Bourgogne donna pour instruction aux siens de ne point se séparer des ambassadeurs d'Angleterre, de ne rien conclure sans eux; mais une même nonchalance sembloit s'opposer également à ce que les princes poussassent la guerre avec vigueur ou fissent la paix. Bedford ne pouvoit obtenir d'Angleterre ni subsides ni soldats; toutefois il craignoit peu les entreprises de Charles VII, toujours livré à ses plaisirs à Chinon, toujours

(1) Monstrelet, c. 121, p. 52. — Saint-Remy, c. 173, p. 425. — Bourgeois de Paris, p. 443. — J. Chartier, p. 52. — Bouvier dit Berry, p. 385.

(2) Rymer. T. X, p. 500, 514, 530.

éloigné des affaires et indifférent au sort de la France; son trésor étoit toujours vide, ses gouverneurs de province toujours absolus, ses capitaines toujours occupés de pillage et non de conquêtes; le duc de Bourgogne, enfin, n'aimoit que la pompe et le faste, les guerres de France l'attristoient et lui causoient peut-être des remords; il les chassoit autant qu'il pouvoit de sa pensée: il venoit de repartir pour la Flandre, où un violent soulèvement des Gantois, qu'il avoit excité en altérant les monnoies, lui donnoit de l'inquiétude (1), et il n'avoit mis aucun zèle à hâter la pacification de la France, où aucun danger ne paroissoit urgent, et qu'il ne pouvoit régler sans une pénible contention d'esprit. Le congrès d'Auxerre se sépara donc sans avoir amené aucun résultat.

Le duc de Bourgogne étoit beaucoup plus ému par les calamités des princes que par celles des peuples, aussi mit-il plus d'empressement à soulager les ennuis de son captif René d'Anjou, qu'à faire cesser les malheurs de la France. Au commencement de l'année, il s'étoit rendu de Flandre en Bourgogne, mais en évitant de passer par Paris, pour ne pas voir la désolation de la capitale. Dès son arrivée à Dijon, le 16 février, il alla rendre visite à son cousin le duc

---

(1) Monstrelet. T. VI, c. 122, p. 53.

René, dans sa prison de la tour de Bar. Il parut mettre en oubli l'ancienne inimitié de la maison de Bourgogne pour celle d'Anjou. Il le traita avec amitié, et reçut de lui avec reconnoissance son propre portrait, et celui de Jean-sans-Peur son père, que René, durant sa captivité, avoit peint sur verre (1). Il régla ensuite sa rançon à deux cent mille pièces d'or, que René dut payer au maréchal de Toulongeon, et en attendant, par un traité du 6 avril 1432, il consentit à le remettre provisoirement en liberté, sous condition que René laisseroit en otage ses deux fils avec trente gentilshommes lorrains ou barrois, et qu'il promettroit de venir se remettre en prison au bout d'une année, s'il en étoit sommé par le duc de Bourgogne. Rien ne fut réglé sur la souveraineté de la Lorraine; mais pour préparer un arrangement, René remit sa fille au comte de Vaudemont, qui devoit, lorsqu'elle seroit d'âge nubile, la faire épouser à son fils. (2)

On crut voir dans ces égards du duc de Bourgogne pour René d'Anjou un nouveau signe de son attachement renaissant pour la maison de France. Du moins étoit-il sûr que Philippe s'éloignoit tous les jours davantage des Anglais,

---

(1) Villeneuve, Hist. de René d'Anjou. T. I, p. 171.
(2) Hist. de René d'Anjou. T. I, p. 174. — Barante, Ducs de Bourg. T. VI, p. 175. D. Calmet, Hist. de Lorraine. L. XXVIII, p. 777.

qu'il évitoit les occasions de les rencontrer, ou de leur donner aucune aide efficace. Son alliance avec eux ne sembloit plus maintenue que par sa sœur Anne, femme du duc de Bedford, laquelle avoit beaucoup de crédit sur l'un et sur l'autre. Elle vivoit habituellement à Paris, et elle y étoit fort aimée. Mais la saison venoit de faire éclater une épidémie terrible dans cette ville ; on la comparoit, pour le nombre des victimes qu'elle emportoit chaque jour, à la peste de 1348 ; il semble aussi qu'elle se manifestoit de même par des bubons, qui la faisoient nommer *la bosse*, ou *la vérole plate*. La duchesse de Bedford en fut atteinte à son tour, et elle en mourut le 13 novembre (1). Bedford crut qu'il étoit d'une sage politique de rechercher aussitôt une autre épouse qui lui donnât une grande alliance dans les provinces de France, et Louis de Luxembourg, évêque de Thérouanne, qui faisoit pour lui les fonctions de chancelier de France, se hâta de lui proposer sa nièce Jacqueline, fille aînée de Pierre de Luxembourg, comte de Saint-Pol. Le mariage suivit de près les fêtes de Pâques, au mois d'avril 1433. La nouvelle duchesse de Bedford étoit âgée seulement de dix-sept ans, et fort belle ; son mari paroissoit fort heureux de ce mariage ; mais bientôt il put reconnoître

---

(1) Monstrelet. T. VI, c. 128, p. 63. — Journal d'un bourgeois de Paris, p. 446.

qu'il avoit cruellement offensé le duc de Bourgogne, qu'il n'avoit pas même consulté, et qu'il avoit ainsi porté un coup fatal à la domination des Anglais en France. (1)

(1) Monstrelet. T. VI, c. 136, p. 74.

CHAPITRE V.

Intrigues de la cour de Charles VII. — Arrestation et exil de la Trémoille. — Décadence du parti anglais. — Offre de médiation des princes prisonniers. — Guerre des ducs de Bourgogne et de Bourbon. — Le connétable les réconcilie. — Conférences de Nevers. — Paix d'Arras entre Charles VII et le duc de Bourgogne. — Paris reconquis par Charles VII. 1433-1436.

Les historiens du temps, honteux avec raison des misérables intrigues de la cour de Charles VII, n'ont point soulevé le voile dont le roi et son favori s'enveloppoient ; cependant il est nécessaire de connoître les révolutions de la cour de Chinon, puisqu'elles eurent au moins autant de part à l'expulsion des Anglais de France, que les petits combats des capitaines d'aventuriers, et qu'elles peignent tout aussi bien les mœurs du siècle et la condition sociale du pays. Le roi n'ayant pas ou la volonté ou la capacité de diriger lui-même ses affaires, il n'y avoit de chances pour la France que dans l'espèce de dictature que pouvoit s'arroger le premier officier de la couronne, le connétable, comte de Richemont, qui avoit déjà montré qu'il avoit tout au moins une ferme volonté de sauver l'indépendance nationale. Mais depuis cinq ans que La Trémoille étoit favori, il avoit exilé le connétable de la cour, il avoit flatté la nonchalance habituelle du roi, et il l'avoit retenu autant qu'il avoit pu dans une nullité absolue. La chute du favori étoit donc l'objet des vœux de la France ; c'étoit en même temps et par un heureux accord l'objet des vœux de tous les courtisans aussi-bien que de tous les soldats.

La reine de Sicile Yolande détestoit plus que personne le favori, et elle étoit secondée dans ses attaques contre lui par la reine Marie sa fille, par Charles, comte du Maine, son plus jeune fils, et probablement par Agnès Sorel. Le roi donnoit peu d'attention aux plaintes de sa femme, mais il avoit des égards pour sa belle-mère, il se plaisoit avec son beau-frère, et il n'avoit pas voulu les sacrifier à la jalousie de La Trémoille. Yolande et le comte du Maine mettoient tout leur espoir dans le connétable ; ils s'étoient fortifiés par l'alliance du fils d'une sœur de ce grand officier, Jean II, duc d'Alençon, alors âgé de vingt-quatre ans, et qui s'étoit acquis quelque réputation dans les armes. Comme Charles ne leur auroit jamais pardonné cependant de correspondre avec Richemont, ils adressoient leurs lettres de préférence à son frère le duc de Bretagne, encore que celui-ci eût reconnu Henri VI comme roi de France, et fût entré dans l'alliance anglaise. Comme les deux rivaux, Charles VII et Henri VI, étoient oncle et neveu, tous les princes du sang avoient des relations de famille avec l'un et l'autre, et le passage d'un parti dans l'autre ne leur inspiroit ni honte ni remords ; seulement, tandis que les princes se montroient pleins d'égards les uns pour les autres, leurs soldats étoient pendus pour les avoir suivis dans leurs défections.

La correspondance de la reine Yolande avec la cour de Bretagne fut cependant troublée par ce même duc d'Alençon, qui s'en étoit fait l'agent. Il réclamoit du duc de Bretagne trente mille livres pour la dot de sa mère, et comme ce paiement éprouvoit des retards, il surprit dans un guet-à-pens, à la fin de décembre 1431, Jean de Malestroit, évêque de Nantes et chancelier de Bretagne, qu'il déclara garder comme gage de l'argent qui lui étoit dû ; il avoit bien voulu enlever aussi le comte de Montfort, fils du duc, mais il ne put y réussir. Le duc de Bretagne déclara, le 5 janvier 1432, la guerre au duc d'Alençon, pour se venger de cet affront. Richemont vint commander l'armée de son frère, le comte de Clermont celle d'Alençon : ces deux princes, qui étoient beaux-frères, au lieu de combattre, négocièrent. Le chancelier de Bretagne fut remis en liberté, le duc donna des garanties pour le paiement de ce qu'il restoit devoir (1), et la conférence où cette paix fut conclue servit en même temps à renouer les intrigues des courtisans de Charles VII avec le connétable de Richemont contre la Trémoille.

Le parti qui s'étoit formé à la cour contre ce favori devenoit tous les jours plus fort; le sire du Bueil, propre neveu de la Trémoille, y étoit entré, aussi-bien que le sire de Gaucourt, commandant du château de Chinon. Cependant on ne connoissoit qu'une manière de combattre le favoritisme auprès de Charles VII, c'étoit l'expédient auquel Tannegui du Châtel avoit eu recours contre le comte Guichard Dauphin, et Richemont contre Giac et contre Beaulieu, mais le connétable seul osoit prendre la responsabilité d'un assassinat. Il falloit attendre une occasion de le voir pour bien se concerter avec lui; elle se présenta seulement aux funérailles de la duchesse de Bretagne, sœur de Charles VII, qui mourut le 20 septembre 1433. Plusieurs seigneurs de la cour de Chinon se rendirent à Vannes pour y assister, et entre autres le duc d'Alençon et le comte d'Étampes; ils y rencontrèrent, sans exciter de soupçons, le comte de Richemont, et c'est là

1433.

(1) Lobineau, Hist. de Bretagne. L. XVI, p. 590, 591.

qu'ils l'engagèrent à se charger du rôle le plus important dans le coup qu'ils méditoient. (1)

Richemont revint de Vannes à son château de Parthenay pour choisir un meurtrier entre ses gentilshommes et ses serviteurs les plus dévoués. Il s'arrêta sur le sire de Rosnieven, brave chevalier breton, qui s'en tint pour honoré : telles étoient les mœurs et les opinions du siècle. Il lui donna cinquante hommes d'armes bretons, et le fit partir aussitôt. Cette petite troupe arriva pendant la nuit devant Chinon, où étoit le roi, et où Charles d'Anjou, comte du Maine, l'attendoit avec les autres conjurés. La Trémoille, qui étoit toujours sur ses gardes, logeoit dans le château du Coudray, attenant aux murs de Chinon; mais Olivier Fretal, lieutenant dans ce château pour le sire de Gaucourt, en ouvrit la porte à Rosnieven. Les sires de Chaumont, du Bueil, de Coetivy, se précipitèrent avec les Bretons dans la chambre où La Trémoille étoit encore couché. Rosnieven le frappa aussitôt de son épée dans le ventre, mais La Trémoille avoit tant d'embonpoint que le coup se perdit dans la graisse; du Bueil ne permit point qu'on lui en donnât un second. Il se chargea de son oncle, déclara qu'il en répondoit, et le conduisit dans le château de Montrésor. La Trémoille,

(1) Mém. de Richemont. Coll. de Mémoires. Paris, 1785. T. VII, p. 289.

dans son effroi, promit de ne jamais plus s'approcher du roi, relâcha le sire de Thouars qu'il retenoit prisonnier, et paya à du Bueil son neveu quatre mille saluts d'or pour sa rançon. Cependant le roi avoit entendu le tumulte, il avoit d'abord été fort effrayé; mais la reine et son frère le comte du Maine s'étoient aussitôt présentés à lui avec les sires du Bueil, de la Varenne et de Coétivy; et ils lui avoient protesté que c'étoit pour son bien et celui de son royaume qu'ils avoient agi. Charles se contenta de demander si le connétable étoit arrivé à Chinon avec les Bretons, et quand il sut qu'il n'y étoit pas, il s'en montra si satisfait qu'il ne parut plus se soucier du reste. Peu après il fit assembler les trois États du royaume dans la ville de Tours. L'archevêque de Reims, chancelier de France, en leur adressant la parole au nom de Charles VII, leur déclara « que le roi avouoit « lesdits sires du Bueil, de Coétivy et de la Va- « renne touchant la prise d'icelui sire de la « Trémoille, et les retenoit en sa bonne grâce. » Dès-lors le comte du Maine demeura à la tête des conseils du roi son beau-frère : il ne se pressa point de réconcilier avec lui le connétable, et il écarta les gentilshommes qui l'avoient aidé à se défaire de la Trémoille, soit qu'il fût jaloux de ceux qui pouvoient partager son crédit, ou qu'il ne pût triompher des ressentimens du roi;

cependant il parut s'occuper, bien plus que son prédécesseur, de la défense de la France, et du maintien ou du rétablissement de la concorde entre les grands. (1)

Tandis que la conjuration contre la Trémoille se tramoit, et pendant tout l'été de 1433, la Champagne, la Picardie et l'Ile-de-France avoient vu se renouveler les escarmouches et les surprises de places, comme si la trève de deux ans conclue au mois de septembre 1431, étoit déjà expirée. Cette trève, en effet, n'étoit pas commune aux Anglais, et lorsque les Bourguignons croyoient l'occasion favorable pour quelque surprise de place, ou quelque levée de contributions, ils se figuroient s'être mis à l'abri de tout reproche en arborant la croix rouge d'Angleterre. Les Français prenoient ensuite sur eux leur revanche, et les chevaliers, se plaignant qu'on leur avoit manqué de foi, s'accoutumoient de part et d'autre à ne plus montrer de merci : ils regardoient même la cruauté comme une partie de l'éducation militaire. Jean de Luxembourg, comte de Ligny, ayant battu le sire de Pennesac, qui, sorti de Laon avec quatre cents hommes, avoit ravagé les campagnes de Marles

---

(1) Chartier, p. 64, 65. — Le Bouvier dit Berry, p. 386. — Monstrelet, c. 146, p. 95. — Mém. de Richemont, p. 289. — Lobineau, Hist. de Bretag. L. XVI, p. 596. — Barante, Ducs de Bourg. T. VI, p. 220.

et de Vervins, en ramena environ quatre-vingts prisonniers, « et pour mettre son neveu, le « jeune comte de Saint-Pol, en voie de guerre, « il lui en fit occire aucuns, lequel y prenoit grand « plaisir. » Ligny ne poussa pas l'éducation chevaleresque de son neveu jusqu'à lui faire tuer tous les prisonniers de sa main ; mais il ne montra pas plus de merci aux autres : le reste fut pendu, malgré les instantes sollicitations du bon chevalier Simon de Lalain, qui vouloit tout au moins sauver la vie d'un prisonnier qui autrefois avoit sauvé la sienne. (1)

La Hire, Antoine de Chabannes et d'autres chevaliers tenoient garnison à Beauvais : ils en sortirent avec quinze cents hommes pour ravager le Cambresis. Ils n'y trouvèrent point d'ennemis, mais leur but principal étoit d'enlever les villageois de ces campagnes que la guerre avoit moins dévastées que les autres. Ils en rassemblèrent en effet un grand nombre qu'ils conduisirent à Beauvais, et là, par la crainte des supplices, ils les contraignirent à se racheter en abandonnant tout ce qu'ils avoient de vaillant (2). Dans la Brie, les Anglais joints aux Bourguignons s'emparèrent par escalade de la ville de Provins : les assaillans n'étoient pas plus de quatre cents ; les Français n'étoient pas moins nom-

(1) Monstrelet. T. VI, c. 148, p. 101.
(2) Monstrelet, c. 149, p. 102.

breux, mais la surprise et la nuit les empêchèrent de se réunir; toutefois ils continuèrent pendant huit heures à se défendre dans les rues, jusqu'à ce qu'ils fussent tous tués; la ville fut ensuite pillée (1). Dans le Ponthieu enfin les Français prirent Saint-Valery par escalade, et ne traitèrent pas cette ville avec moins de barbarie. (2)

Sur les frontières de la Bourgogne et du Bourbonnais se préparoient des événemens qui pouvoient avoir plus d'importance. La noblesse de ces provinces se montroit tous les jours plus française, tous les jours plus impatiente de la domination ou de l'alliance des Anglais. Deux des plus grands seigneurs de Bourgogne, Louis de Chalon, prince d'Orange, et le sire de Château-Vilain, avoient renoncé à l'allégeance du duc de Bourgogne pour faire leur paix particulière avec Charles VII; beaucoup d'autres seigneurs de la province paroissoient prêts à faire de même; beaucoup d'habitans de Dijon étoient entrés dans une conspiration pour livrer la ville aux Français (3). D'autre part le comte de Clermont, qui s'étoit quelque temps tenu en repos, à la demande du duc de Bourbon son père, toujours prisonnier en Angleterre, encouragé par la fermentation de la province, avoit repris

---

(1) Monstrelet, c. 152, p. 108.
(2) Monstrelet, c. 137, p. 76.
(3) Barante, Ducs de Bourgogne. T. VI, p. 182.

les armes, et il attaquoit les frontières de la Bourgogne. Le 20 juin le duc Philippe partit de ses États de Flandre pour venir défendre la Bourgogne contre son beau-frère : les sires de Croy, de Créqui, d'Humières, de Crèvecœur, l'accompagnoient avec six mille combattans. Il ne voulut point s'approcher de Paris, et en traversant la Champagne il ne commit aucune hostilité contre Troyes ou aucune des villes qui tenoient pour Charles VII. Il n'en vouloit qu'au comte de Clermont et aux aventuriers qui s'étoient joints à lui. Ses forces étoient fort supérieures aux leurs, aussi leur enleva-t-il successivement Mussi-l'Évêque (1), vingt-quatre petits châteaux et forteresses, où des aventuriers et des brigands s'étoient établis pour ravager ses frontières, et enfin Avallon, qui lui ouvrit ses portes le 21 octobre, après un assez long siége (2). Ayant ainsi terminé glorieusement la campagne, il revint à Dijon, où la duchesse sa femme accoucha, le 10 novembre, de Charles, qui reçut à sa naissance le titre de comte de Charolais, et qui fut connu depuis sous le nom de Charles-le-Téméraire. (3)

(1) Monstrelet, c. 140, p. 82. — Saint-Remy, c. 176, p. 434. — Barante. T. VI, p. 216.

(2) Monstrelet, c. 141, p. 87 et 144, p. 90. — Saint-Remy, c. 177, p. 443.

(3) Barante. T. VI, p. 236.

1433.

Les avantages remportés par le duc de Bourgogne sur le comte de Clermont avoient arrêté la révolte qui avoit paru menaçante en Bourgogne ; ils avoient brouillé les deux beaux-frères plus complétement, et les avoient réveillés de leur indolence par une animosité personnelle ; mais du reste ils changeoient peu la situation générale des Anglais en France. La décadence de leur parti étoit toujours plus visible ; la haine entre le cardinal de Winchester et le duc de Glocester alloit croissant : le premier avoit gagné la faveur des communes, et son opposition redoubloit encore la résistance du peuple à toute demande de subsides. Aussi ne venoit-il d'Angleterre ni argent ni soldats : le duc de Bedford perdoit successivement ses meilleurs capitaines ; pour recouvrer Talbot, prisonnier des Français, il consentit à rendre Xaintrailles en échange, quoiqu'il sût tout ce qu'il avoit à craindre du courage et de l'esprit d'entreprise de celui-ci (1). Il avoit renvoyé en Angleterre le jeune Henri VI dès le mois de février 1432 (2) ; lui-même il vivoit le plus souvent à Rouen ; mais depuis son dernier mariage il sembloit y tomber dans l'indolence tout aussi bien que Charles VII, et son nom n'étoit presque plus prononcé. Il évi-

(1) Rapin Thoyras. T. IV, L. XII, p. 254.
(2) Il étoit à Westminster le 16 février. — Rymer. T. X, p. 500.

toit, comme le duc de Bourgogne, de se montrer à Paris : l'aspect de cette capitale étoit trop triste. On n'y voyoit plus de seigneurs, plus de gros marchands, plus de riches ; le parlement ayant fait entendre quelques plaintes, son président Philippe de Morvilliers avoit été destitué. Trois prélats y exerçoient désormais toute l'autorité : l'évêque de Thérouanne, chancelier de France pour les Anglais, l'évêque de Paris, et Pierre Cauchon, évêque de Beauvais, depuis transféré à l'évêché de Lisieux. Le haut prix des denrées, la cessation du travail, la misère et l'inquiétude avoient fait éclater une violente épidémie, une sorte de peste, qui, depuis le mois de mars jusqu'à la fin de l'année 1433, ne cessa de ravager Paris, emportant surtout les petits enfans (1). La haine qu'inspiroit l'évêque de Thérouanne se joignoit à toutes les autres causes de mécontentement, et l'on avoit vu se succéder parmi les bourgeois plusieurs conspirations pour secouer le joug des Anglais.

Au mois de septembre, les trois évêques découvrirent un complot de quelques bourgeois de Paris, de concert avec les capitaines de Charles VII, pour s'emparer d'une des portes : ceux-ci devoient s'avancer avec quatre mille hommes jusqu'à peu de distance, et rester en

(1) Journal d'un bourgeois de Paris, p. 451.

embuscade, tandis que deux cents Écossais, qui se seroient fait passer pour Anglais, et qui auroient porté la croix rouge, se seroient présentés à la porte, conduisant deux cents Français prisonniers, et auroient demandé à être introduits; mais au moment où ils auroient passé la porte, les liens de ces prisonniers seroient tombés, et tous ensemble se seroient emparés des ponts et des rateaux, et s'y seroient défendus jusqu'à ce que les quatre mille hommes laissés en arrière fussent arrivés à leur aide. Les inventeurs de ce stratagême, et tous ceux qui en avoient eu connoissance, eurent la tête tranchée; leur procès n'étoit pas terminé, qu'on découvrit, le 8 octobre, une autre conspiration pour introduire en bateau les Français par les fossés de Saint-Denis et Saint-Honoré, et de nouveaux supplices punirent ce second complot. (1)

Tant de foiblesse dans les chefs, tant de malheur pour le peuple, rendoient la paix toujours plus désirable. Le cardinal de Sainte-Croix, légat du pape Eugène IV, le concile de Bâle, qui commençoit à se brouiller avec ce pontife, le duc Amédée VIII de Savoie, et les princes français prisonniers depuis la bataille d'Azincourt, offroient tour à tour leur médiation;

(1) Journal d'un bourgeois de Paris, p. 453.

mais ni Charles VII, ni Bedford, ni Bourgogne ne sentoient d'impatience de terminer la guerre. S'ils voyoient devant eux peu de chances de grands succès, ils croyoient aussi avoir peu à craindre de grands revers, et ce petit jeu de surprises de places et de ruses de guerre amusoit leur oisiveté sans troubler beaucoup leurs plaisirs. Les ducs de Bedford et de Bourgogne, d'après les instances du cardinal de Winchester, s'étoient donné rendez-vous à Saint-Omer, pour convenir des bases d'une négociation : une sotte dispute d'étiquette les empêcha de se voir ; chacun attendit de l'autre la première visite ; et ils quittèrent tous deux la ville plutôt que de faire ce premier pas. (1)

Mais tandis que les conseils de Charles VII et de Henri VI n'avoient aucun empressement de mettre fin aux calamités de la guerre, les princes du sang prisonniers en Angleterre dès le temps de la bataille d'Azincourt, étoient prêts à faire tous les sacrifices d'honneur et d'indépendance nationale pour recouvrer leur liberté. Le duc d'Orléans s'étoit offert à se rendre à Calais, ou dans le lieu que voudroit désigner le conseil d'Angleterre, pour y rencontrer les princes du sang restés en France, et les détacher de Charles VII. Il affirmoit que la reine de Sicile et son

(1) Barante, Ducs de Bourgogne. T. VI, p. 206.

fils Charles, comte du Maine, le duc de Bretagne et ses deux frères, Arthur et Richard, le duc d'Alençon, le comte de Clermont, et les comtes d'Armagnac, de Perdriac et de Foix, étoient prêts à accepter le rendez-vous qu'il leur donneroit; et il assuroit, par un acte signé et scellé de lui, le 14 août 1433, avoir bonne espérance que, comme ancien chef du parti d'Armagnac, il les amèneroit tous aux concessions nécessaires pour la paix, pourvu qu'il fût autorisé à faire au dauphin, c'est ainsi qu'il nommoit Charles VII, une provision notable et honnête de quelques terres et domaines. Dans tous les cas, il promettoit de faire hommage au roi Henri, qu'il nommoit roi de France, de toutes ses seigneuries; il promettoit le même hommage au nom de tous ses vassaux, et de tous les seigneurs attachés au parti d'Armagnac. Enfin, il s'engageoit à livrer aux Anglais, Orléans, Blois, et toutes les villes de son apanage; à leur faire livrer de même la Rochelle, le mont Saint-Michel, Limoges, Bourges, Poitiers, Chinon, Loches, Béziers et Tournai; à devenir homme-lige du roi Henri VI, et à faire pour lui la guerre au dauphin, qui se disoit Charles VII, si celui-ci ne se contentoit pas de l'apanage qui lui seroit offert. (1)

(1) Cet acte dans Rymer. T. X, p. 536.

Le conseil d'Angleterre envoya en effet le duc d'Orléans à Calais, avec le duc de Bourbon, et il invita tous les grands seigneurs de France que le premier avoit désignés, à se rendre aux conférences qui y seroient ouvertes le 15 octobre, en leur envoyant des sauf-conduit (1). Des ambassadeurs de Bourgogne, qui étoient venus à Londres, y virent le duc d'Orléans avant son départ, et rapportèrent à leur maître que ce duc les avoit assurés qu'il ne désiroit rien tant que de pouvoir se montrer envers son cousin de Bourgogne bon parent et bon ami, et qu'il avoit mis en oubli toutes les anciennes inimitiés de leurs deux familles (2). Mais il paroît que la mort du duc de Bourbon, survenue à cette époque, fit abandonner toute idée de congrès; d'ailleurs les ambassadeurs de France, de Bourgogne et d'Angleterre s'étoient assemblés à Saint-Port, petit village ruiné entre Melun et Corbeil; et quoique les premiers ne sussent pas toutes les concessions que les princes du sang prisonniers étoient disposés à faire, ils avoient refusé de les prendre pour médiateurs. (3)

Le comte de Clermont devenoit duc de Bourbon par la mort de son père : on lui en avoit

(1) Rymer. T. X, p. 561.
(2) Barante T. VI, p. 228.
(3) Barante. T. VI, p. 217.

déjà fréquemment donné le titre par courtoisie ; mais il ne devoit l'hommage des fiefs pour lesquels il relevoit ou du duc de Savoie, ou de celui de Bourgogne, que de cette époque. Il paroît qu'il se refusa à le prêter, et ce fut un nouveau motif de brouillerie entre les beaux-frères. Les ducs de Savoie et de Bourgogne, au contraire, étoient étroitement unis ; ils étoient oncle et neveu. Amé VIII de Savoie étoit époux de Marie de Bourgogne, sœur de Jean-sans-Peur. Son comté de Savoie avoit été érigé en duché par l'empereur Sigismond, le 19 février 1416 (1). Comme depuis trois cents ans ses ancêtres possédoient les duchés de Savoie et d'Aoste, il avoit prétendu prendre le pas sur tous les ducs, même sur le duc de Bourgogne, et l'on pouvoit s'étonner que cette dispute d'étiquette, soutenue avec vivacité par l'évêque de Bellay au concile de Bâle, ne les eût pas brouillés (2). Au contraire le duc Philippe de Bourgogne vint à Chambéry, au mois de janvier 1434, pour assister aux noces de Louis, comte de Genève, fils d'Amé VIII, avec Anne de Chypre, et, le 12 février suivant, il signa avec lui un traité d'alliance contre le nouveau duc de Bourbon. La principauté de Dombes et le pays à la gauche de la Saône furent assignés en partage au duc de Savoie ; le Beau-

---

(1) Guichenon. T. II, p. 31.
(2) Guichenon, Hist. gén. de Savoie. T. II, p. 51.

jolais et tout le pays à droite de la même rivière, devoient demeurer au duc de Bourgogne après qu'il en auroit fait la conquête. (1)

Le duc de Bourgogne retourna dans les Pays-Bas pour y rassembler une armée; en son absence le sire de Vergy, son lieutenant, attaqua le sire de Château-Vilain, et lui prit la meilleure de ses forteresses (2). A son retour, le duc de Bourgogne vint porter la guerre dans le Beaujolais, et après avoir soumis un grand nombre de petites places, il assiégea le duc de Bourbon dans Villefranche. En même temps le duc de Savoie étoit entré dans la principauté de Dombes, et s'y étoit rendu maître de Chalamont. Villefranche étoit une place très forte et très bien garnie de soldats et de munitions de guerre, en sorte que le duc de Bourbon put s'y défendre avec succès; cependant il voyoit avec une extrême inquiétude les progrès de ses ennemis dans tout le reste de ses États; il fit agir sa femme Agnès, auprès de son frère le duc de Bourgogne, pour travailler à une réconciliation; il s'empressa d'offrir l'hommage au duc de Savoie pour les terres qu'il devoit relever de lui. Il eut le bonheur de trouver ces deux ducs non moins désireux de la paix que lui. Amé VIII de Sa-

---

(1) Guichenon. T. II, p. 51.—Monstrelet T. VI, c. 150, p. 105.

(2) Monstrelet, c. 160, p. 122.

voie, qu'on a surnommé le Pacifique, mettoit son ambition à devenir médiateur de la paix en France. Philippe avoit conçu quelque nouveau mécontentement contre les Anglais; le connétable de Richemont, qui recommençoit à se saisir du pouvoir en France, n'avoit rien tant à cœur que de réconcilier ses deux beaux-frères, les ducs de Bourgogne et de Bourbon, et de les employer ensemble à assurer l'indépendance de la France. Une suspension d'armes fut conclue, et une conférence fut convenue, pour le mois de janvier 1435, à Nevers, qui devoit amener de plus grands résultats. (1)

Richemont avoit reparu, pour la première fois, à la tête des armées de Charles VII au printemps de 1434. Le comte d'Arundel étoit entré dans le Maine avec une petite armée anglaise, il y avoit assiégé et pris Saint-Célérin, après quoi il vint attaquer Sillé-le-Guillaume (2). Les habitans avoient capitulé, donné des otages, et promis d'ouvrir leurs portes dans six semaines, si les Français ne venoient à cette époque tenir leur journée sur la lande du Grand Ormeau. C'étoit pour tenir cette journée que Richemont avoit besoin d'être autorisé par Charles VII; mais celui-ci n'ayant plus La Trémoille

---

(1) Saint-Remy, c. 182, p. 463. — Monstrelet, c. 162, p. 124.

(2) Mém. de Richemont, p. 290. — J. Chartier, p. 62.

à ses côtés pour l'aigrir sans cesse, commençoit à oublier son ressentiment contre le connétable. Charles, comte du Maine, en profita; il fit sentir au roi que le Maine seroit bientôt conquis si on ne réussissoit pas à y faire paroître une armée française, et il obtint enfin son consentement à ce que les gens de guerre qui étoient à la cour allassent tous rejoindre le connétable. En effet, Charles du Maine, le grand sénéchal, les sires de Bueil, de Coétivy, de Chaumont, de Thouars, se rendirent à Sablé, où le connétable et le duc d'Alençon avoient de leur côté rassemblé leurs vassaux; l'armée se trouva forte de cinq ou six mille hommes, lorsqu'au jour marqué elle parut sur la lande du Grand Ormeau. Le comte d'Arundel n'étant pas assez fort pour la combattre, rendit les otages et se retira. (1)

Richemont revint à la cour avec les seigneurs que Charles VII avoit mis sous ses ordres, et il fut bien reçu du roi; il convint qu'il iroit attaquer les Anglais sur la frontière du Valois et de la Picardie, et qu'auparavant, afin d'obtenir les subsides nécessaires, il accompagneroit le roi aux États que celui-ci avoit convoqués pour le mois d'avril 1434, à Vienne en Dauphiné. Ces États paroissent avoir réuni les députés non seulement du Dauphiné, mais de la

(1) Mém. de Richemont, p. 293. — J. Chartier, p. 63. — Barante. T. VI, p. 257.

Langue d'Oc, et de la Langue d'Oui. Cependant, ainsi que tous ceux qui furent convoqués dans ce règne, ils se montrèrent incapables de prendre part aux affaires publiques, et, après avoir voté les subsides avec autant de parcimonie qu'il leur fut possible, ils se séparèrent sans avoir rien fait. (1)

Après la clôture des États, le connétable et le bâtard d'Orléans réunirent quatre cents lances à Blois, avec lesquelles ils se mirent en marche par Orléans, Melun, Lagny, Senlis et Compiègne, recueillant en passant les gens de guerre dispersés dans la province. Là, le connétable jugea convenable de partager en trois son armée, pour résister aux Anglais, qui, cette année, avoient fait un effort plus considérable que de coutume, et qui avoient aussi trois armées. Saint-Simon fut chargé d'aller ravitailler Laon, où Xaintrailles se défendoit avec peine contre le comte de Ligny. Richemont conduisit une autre partie de son armée au secours de La Hire à Beauvais, et le bâtard d'Orléans fut chargé de tenir tête, autour de Compiègne, à lord Willoughby. Les ennemis s'étant partout retirés devant des forces supérieures, le connétable réunit de nouveau son armée pour faire le siége

---

(1) Mém. de Richemont, p. 294. — Bouvier dit Berry, p. 387. — Hist. gén. de Languedoc. L. XXXIV, p. 482.

de Ham en Vermandois, dont il s'empara au mois d'août. (1)

La Normandie, que les Anglais avoient d'abord traitée avec des égards particuliers, dans l'espérance de s'en réserver la souveraineté après la paix, commençoit à son tour à éprouver les désastres de la guerre. Quand les soldats anglais débarquoient sur le continent, les premiers Français qu'ils rencontroient étoient des Normands; c'étoit aussi les premiers exposés à leurs insultes et à leurs pillages : on les forçoit à servir de leur personne contre les Français, à contribuer de leur bourse, et en même temps on se défioit d'eux, et on les traitoit en ennemis. Au mois de septembre 1433, la grande foire de Caen qui se tenoit hors de la ville, auprès de l'abbaye de Saint-Étienne, avoit été pillée par les Français. Ambroise de Loré étoit parti de Saint-Célerin avec sept cents combattans, il avoit passé l'Orne à la nage, et il avoit enlevé, non seulement toutes les marchandises étalées à la foire, mais encore les marchands, qu'il avoit forcés ensuite à payer rançon (2). Les Normands se voyant également maltraités par les Anglais et par les Français, perdirent enfin patience. Au mois d'août 1434, les campagnards se soulevèrent en même

(1) Monstrelet, c. 159, p. 120. — Mém. de Richemont, p. 295.
(2) J. Chartier, p. 55.

1434. temps autour de Caen, de Bayeux, et dans toute la Basse-Normandie ; on prétendit que soixante mille paysans avoient pris les armes contre les Anglais, et que parmi eux se trouvoient plusieurs chevaliers normands qui les dirigeoient. Cependant c'étoit un paysan nommé Quatrepied qui donnoit tous les ordres ; il s'approcha de Caen dans l'espoir de s'emparer de cette ville, mais il tomba dans une embuscade que lui avoient dressée les Anglais, et il y fut tué. Le duc d'Alençon et Ambroise de Loré, qui s'étoient avancés pour soutenir l'insurrection, trouvèrent les Normands découragés par cette perte. Ne se sentant pas en force pour tenir tête aux Anglais en Normandie, ils voulurent emmener ces paysans dans le Maine. Ce fut bien pis encore : ces pauvres gens n'avoient plus le cœur de combattre loin de leurs foyers : tout leur manquoit, ils souffroient de la faim et de la misère ; bientôt ils désertèrent par bandes pour retourner chez eux, encore que la plupart y retrouvassent les supplices par lesquels les Anglais avoient déterminé de punir leur rébellion. (1)

Cette révolte étoit à peine apaisée, quand le duc de Bedford se rendit à Paris avec sa femme le 18 décembre 1434 ; il y séjourna jusqu'au
1435. 10 février 1435. Il voyoit bien que de toutes

(1). J. Chartier, p. 65. — Monstrelet. T. VI, c. 165, p. 131. — Journal d'un bourgeois de Paris, p. 457.

parts la France lui échappoit, que toutes les provinces, que tous les ordres de la nation, montroient le même éloignement pour le joug anglais. Les Français eux-mêmes ont rendu hommage au duc de Bedford comme à un homme sage et juste; mais il ne dépendoit plus de lui ni de personne de regagner l'affection d'un peuple aigri par tant de souffrances; les bourgeois eux-mêmes qui avoient montré le plus de haine contre Charles et les Armagnacs, haïssoient les Anglais davantage encore : on voyoit percer cette haine jusque dans les honneurs qu'on rendoit à Bedford, et celui-ci ne put tenir long-temps dans une ville où il sentoit en même temps l'inimitié de tous et son impuissance. (1)

Dans le même temps, au commencement de janvier 1435, le duc Philippe de Bourgogne se rendit à Nevers pour la conférence qu'il étoit convenu d'avoir avec le duc de Bourbon, son beau-frère; il conduisoit avec lui ses neveux le comte de Nevers, le duc de Clèves et le marquis de Rothelin; il alla se loger à l'évêché. La duchesse de Bourbon, sa sœur, arriva peu de jours après avec ses deux enfans, puis le duc de Bourbon avec Christophe de Harcourt, et le maréchal de La Fayette. Enfin on y vit arriver aussi, avec des sauf-conduit du duc de Bourgogne, le

---

(1) Journal d'un bourgeois de Paris, p. 459.

connétable de Richemont et le chancelier, archevêque de Reims, qui venoient à ce congrès représenter le roi de France. Les chevaliers attachés à tous ces princes, et qui jusqu'alors s'étoient coupé la gorge pour leur querelle, ne pouvoient s'empêcher, en les voyant s'embrasser et passer leurs journées ensemble dans les fêtes, de se reprocher leur duperie, d'avoir exposé leur fortune, leur vie et le salut de leurs âmes pour seconder des passions et des haines qui n'avoient aucune réalité. (1)

La réconciliation des ducs de Bourgogne et de Bourbon, but apparent de la conférence, ne présentoit aucune difficulté: elle fut bientôt conclue. Le duc de Bourbon fit hommage pour la seigneurie de Belleville et quelques autres qui relevoient du duché de Bourgogne, et il écarta de la frontière les aventuriers qui avoient précédemment troublé la paix. Mais l'objet important aux yeux de Richemont, c'étoit de réconcilier le duc de Bourgogne avec Charles VII; les discussions durèrent douze jours, et les trois beaux-frères convinrent enfin qu'il seroit ouvert à Arras, au mois de juillet suivant, un congrès général pour la paix; que les cardinaux légats seroient appelés à le présider, et que toutes les puissances belligérantes y enverroient des am-

---

(1) Monstrelet, c. 167, p. 131. — Saint-Remy, c. 182, p. 468. — Mém. de Richemont, p. 305. — Barante. T. VI, p. 268.

bassadeurs. Les Français promettoient d'y faire de telles offres au roi d'Angleterre, qu'il pourroit en honneur les accepter et demeurer satisfait. Mais si, malgré ces offres le conseil de Henri VI refusoit la paix à la France, le duc de Bourgogne s'engageoit à se détacher de lui, et comme compensation des dommages qu'il pourroit éprouver par ce changement d'alliance, le roi de France devoit lui céder les villes et seigneuries situées le long de la Somme, savoir : le comté de Ponthieu, Amiens, Montreuil, Doulens, Saint-Riquier, avec tous leurs droits, sauf celui de la souveraineté, et sous la réserve de pouvoir les racheter pour le prix de quatre cent mille écus d'or. (1)

Après avoir signé les conventions de Nevers, le duc de Bourgogne revint à Dijon, tandis que le connétable se rendit à Chinon, auprès du roi, qui le reçut avec faveur et lui promit d'assembler à Tours les États du royaume avant l'époque fixée pour l'assemblée d'Arras, afin de convenir des concessions qu'on pourroit faire aux Anglais (2). Les États de Languedoc furent assemblés au mois de mai à Béziers, et donnèrent au roi un subside; mais il semble qu'il dut renvoyer de quelques mois la convoca-

---

(1) Barante. T. VI, p. 272.—Preuves à l'Hist. de Bourgogne. T. IV, n. 117, p. 144.

(2) Mém. de Richemont, p. 307.

tion de ceux qu'il avoit promis de réunir à Tours. (1)

De Dijon, le duc de Bourgogne retourna au printemps dans ses États de Flandre; mais il prit cette fois son chemin par Paris, où il entra le 14 avril, dans un magnifique équipage : il avoit avec lui la duchesse sa femme, son fils le comte de Charolais, qui étoit porté dans une litière, et trois de ses bâtards à cheval. Les Parisiens, depuis long-temps désaccoutumés de toute apparence de grandeur, furent éblouis de sa magnificence; ils furent charmés quand ils entendirent le duc et la duchesse répondre à une députation de l'Université, puis à une autre députation des bourgeois de Paris, que désormais ils ne soupiroient plus que pour la paix, et qu'ils alloient travailler de toutes leurs forces à la rétablir (2). Le duc de Bourgogne se rendit ensuite au conseil qui siégeoit à Paris pour le roi d'Angleterre. Il lui déclara que l'état de ses finances, l'abandon où ses frontières avoient été laissées, la ruine de la France, la ferme volonté des Français de ne pas reconnoître Henri VI pour roi, et enfin les exhortations de l'Église, l'avoient déterminé à accéder aux propositions que lui avoient faites ses deux beaux-

(1) Hist. de Languedoc. L. XXXIV, p. 483.
(2) Journal d'un bourgeois de Paris, p. 461. — Monstrelet, c. 170, p. 144.

frères, le duc de Bourbon et le comte de Richemont, pour rendre la paix à la France. Il envoya les sires de Lannoy et de Crèvecœur et le prieur de Saint-Omer faire la même déclaration au conseil de Henri VI à Londres ; puis, laissant les Parisiens remplis d'espérance et de joie, au bout de huit jours il continua sa route vers les Pays-Bas. (1)

Peu de mois devoient s'écouler encore jusqu'au congrès dans lequel la France mettoit toute son espérance : le duc de Bourgogne, occupé de punir les habitans d'Anvers, qui avoient pris les armes pour la défense de leurs priviléges, s'abstenoit de toute hostilité contre Charles VII ; et les Anglais voyoient avec un extrême ressentiment qu'ils alloient être abandonnés à leurs seules forces ; les aventuriers français de leur côté regrettoient un état de guerre désastreux pour leur pays, mais qui leur laissoit à eux-mêmes la plus absolue indépendance, et qui satisfaisoit en même temps leur cruauté et leur cupidité. Du moins, ils auroient voulu trouver l'occasion de se faire riches dans la courte saison dont ils pouvoient disposer encore, et les entreprises de guerre de l'année 1435 prirent, plus encore que les précédentes,

---

(1) Barante. T. VI, p. 278. — Hist. de Bourgogne. T. IV, L. XIX, p. 196.

1435. le caractère du brigandage. Au commencement de mai ces aventuriers surprirent la ville de Rue, d'où ils se répandirent ensuite dans le Ponthieu, l'Artois et le Boulonais, pillant les habitans, les mettant à rançon ou les faisant mourir dans les tourmens, s'ils refusoient de se racheter. Ce fut à cette époque que ces soldats, les seuls à peu près qui s'armassent pour défendre l'indépendance de la France, commencèrent à être désignés par le nom d'*Écorcheurs*, qu'ils ne rougissoient point de se donner eux-mêmes (1). Bedford rappela le comte d'Arundel, le plus dur, le plus hautain et le plus détesté de ses capitaines, du Maine, où il avoit des succès, pour l'opposer aux écorcheurs de Rue. Arundel, averti que ceux-ci avoient employé quelques ouvriers pour relever les vieilles murailles de Gerberoy, place ruinée entre Gournai et Beauvais, voulut les en chasser avant qu'ils s'y fussent fortifiés : il ne savoit pas que dans la même nuit, celle du 10 mai, Xaintrailles, La Hire, Fontaine et Latour y étoient entrés avec six cents combattans. Aussi, fut-il surpris quand il comptoit surprendre : sa troupe fut attaquée en marche, comme ses trois divisions étoient éloignées l'une de l'autre ; elle fut mise en déroute ; lui-même fut blessé d'un coup de couleuvrine et

(1) Monstrelet. T. VI, c. 171, p. 146.

amené prisonnier à Beauvais, où il ne tarda pas à mourir. (1)

Une autre bande d'aventuriers, conduite par les sires de Foucault et de Gaucourt, surprit Saint-Denis par escalade dans la nuit du 31 mai au 1er juin, et en massacra la garnison anglaise; aussitôt elle appela à son aide le bâtard d'Orléans, qui y arriva avec le maréchal de Rieux, Flavy, La Hire, Xaintrailles, et environ douze cents combattans. La ville de Paris se trouvoit presque cernée; ses communications, tant au-dessus qu'au-dessous de la Seine, étoient coupées; le conseil de Henri VI à Paris et le maréchal de l'Ile-Adam, capitaine de la ville, écrivirent à Bedford et à l'évêque de Thérouanne, qui se trouvoient à Rouen, que sans de prompts secours la capitale étoit perdue. Ces secours arrivèrent cependant presque aussitôt. Le bâtard de Saint-Pol, frère de l'évêque de Thérouanne, accompagné de Moreuil, Mailly et Neuville, accoururent des marches de Picardie avec cinq cents combattans; les lords Talbot, Scales et Warwick en amenèrent trois mille de Normandie, et la conservation de Paris fut assurée, au moins jusqu'après le congrès d'Arras. (2)

(1) Monstrelet, c. 172, p. 148.—J. Chartier, p. 64. —Bouvier dit Berry, p. 388.—Mém. de Richemont, p. 313. —Journal d'un bourgeois de Paris, p. 462.

(2) Monstrelet, c. 174, p. 155.

1435. Ce congrès commençoit à se réunir, et l'affluence des ambassadeurs annonçoit l'importance que mettoit toute la chrétienté à la pacification si long-temps retardée de la France. Les deux cardinaux présidens arrivèrent les premiers ; celui de Sainte-Croix étoit envoyé par le pape Eugène IV, et le cardinal de Chypre par le concile de Bâle. Ensuite, on y vit paroître les ambassadeurs de l'empereur Sigismond, des rois de Castille, d'Aragon, de Portugal, de Navarre, de Naples, de Sicile, de Chypre, de Pologne, de Danemarck, des ducs de Bretagne et de Milan. L'Université de Paris y envoya ses députés, ainsi que beaucoup de bonnes villes de France et des Pays-Bas ; une foule d'évêques et de docteurs en théologie et en droit s'y étoient rendus. L'ambassade d'Angleterre se composoit de l'archevêque d'York, du comte de Suffolk et de deux cents seigneurs, chevaliers ou gentilshommes ; le duc de Bourgogne fit son entrée à Arras le 30 juillet, accompagné des ducs de Gueldres et de Bar, du damoiseau de Clèves, des comtes de Nevers, d'Étampes, de Vaudemont, de Ligny, de Saint-Pol, de Salins, et de trois cents archers. Les ambassadeurs de France, au nombre de dix-huit, arrivèrent le 1er août : entre eux on remarquoit le duc de Bourbon, le connétable comte de Richemont, le comte de Vendôme, l'archevêque de Reims, chancelier de France, Christophe de Harcourt, 1435. Valperga et le maréchal de La Fayette; leur suite se composoit de quatre ou cinq cents personnes, parmi lesquelles se trouvoient les conseillers du roi les plus affidés. Enfin, le congrès avoit attiré à Arras plus de cinq cents personnages marquans, plus de dix mille étrangers ; c'étoit en quelque sorte les États-Généraux de la chrétienté. (1)

Les conférences s'ouvrirent le 5 août à la chapelle de Saint-Vaast; et cette première journée fut remplie par les sermons de l'évêque d'Auxerre et des cardinaux, qui exhortèrent les plénipotentiaires à proposer des conditions raisonnables pour avoir la paix; mais il s'en falloit de beaucoup que les deux cours de France ou d'Angleterre eussent une ferme volonté d'arriver par des concessions à la paix générale. Les Anglais prenoient toujours pour base de leurs négociations le traité de Troyes, qu'un roi fou avoit signé après une guerre désastreuse; ils demandoient en conséquence que Charles VII restituât à Henri VI la couronne de France avec toutes les provinces qu'il avoit usurpées sur elle. Les Français d'autre part, qui n'avoient jamais reconnu le traité de Troyes, remontoient ou à la

---

(1) Monstrelet. T. VI, c. 176, 179, 180, p. 161-170. — Saint-Remy, c. 183, p. 469-478. — Barante. T. VI, p. 287. — Amelgardus. L. II, c. 21, f. 48.

longue trève conclue en 1395 avec Richard II, ou même au traité de Paris entre Charles IV et Édouard III, en 1327, avant le commencement des guerres entre les deux pays, et ils demandoient également que les Anglais restituassent tout ce qu'ils avoient usurpé dès-lors sur le royaume de France. L'aigreur et l'animosité résultèrent bientôt dans les conférences de prétentions si opposées. Le 19 août, le cardinal de Winchester, alors principal chef du gouvernement anglais, fit son entrée à Arras; le duc de Bedford n'y parut point; il est probable qu'il étoit déjà malade à Rouen, où il mourut moins d'un mois après. Les instances des cardinaux médiateurs engagèrent les ambassadeurs français à offrir de céder au roi d'Angleterre, pour tenir en fief de la couronne de France, le duché d'Aquitaine tel que les anciens rois anglais l'avoient possédé; ils ajoutèrent ensuite à leurs offres les diocèses de Bagneux, d'Avranches et d'Évreux, avec une rançon pour le duc d'Orléans. Enfin, par une dernière offre, ils ajoutèrent toute la Normandie à toute l'Aquitaine. De leur côté les Anglais, au lieu d'une paix définitive, proposoient une longue trève consolidée par le mariage de leur roi Henri VI avec une fille de Charles VII; ils offroient vingt ans, puis trente, puis quarante, pendant lesquels les droits réciproques seroient demeurés intacts. Pressés enfin d'établir les bases d'une pacification finale, ils demandèrent que chaque puissance conservât ce qu'elle occupoit, en arrondissant ses frontières par des échanges, de telle sorte cependant que Paris, l'Ile-de-France et la Normandie demeureroient à l'Angleterre, et ne pourroient être l'objet d'aucun échange. Cette proposition ayant été hautement repoussée, le cardinal de Winchester partit d'Arras le 6 septembre avec toute l'ambassade anglaise. (1)

Lors de cette rupture des négociations les gens impartiaux ne purent hésiter de conclure que c'étoient les Anglais qui se refusoient à des conditions raisonnables. Le droit héréditaire qu'avoit prétendu Édouard III contre la volonté prononcée de toute la France, ne pouvoit soutenir un instant d'examen, surtout quand il étoit réclamé par la maison de Lancaster, qui n'avoit pas de titres légitimes, même au trône d'Angleterre; aussi ne pouvoit-elle faire valoir que les droits que donne la victoire, et que la défaite peut enlever. Or, il étoit évident que l'Angleterre n'avoit aucune chance de conquérir la France. Ce qu'elle n'avoit pu accomplir lorsque ses armées couronnées de lauriers étoient com-

(1) Barante, Ducs de Bourg. T. VI, p. 293.—Hist. de Bourgogne. T. IV. L. XIX, p. 203 et suiv., d'après un journal anglais des conférences, rapporté par M. de Brequigny, et tiré de la Biblioth. Harlaïenne, n° 4763.

mandées par un grand capitaine, attaquant un roi fou et un royaume divisé, elle ne l'accompliroit pas avec un roi mineur, et une nation épuisée et découragée, qui se défendoit avec peine contre un roi dans la force de l'âge, entouré de vaillans guerriers, et secondé par une nation dont le zèle augmentoit chaque jour pour sauver son indépendance. Il étoit évident que les Anglais devoient s'attendre, si la guerre continuoit, non à des victoires, mais à de nouveaux revers; qu'il étoit donc pour eux d'une bonne politique de céder une partie de ce qu'ils avoient conquis pour conserver le reste, et qu'ils ne devoient pas se flatter d'empêcher les Français de pousser leurs avantages, à moins qu'ils ne leur offrissent en échange, non une trêve, mais un arrangement final. Les événemens ne tardèrent pas à démontrer combien ces prévisions étoient fondées.

Aussi, lorsque l'ambassade anglaise se retira, les cardinaux qui présidoient le congrès déclarèrent qu'ils regardoient comme leur devoir de travailler à rétablir la paix entre la France et la maison de Bourgogne. Le comte de Richemont et le duc de Bourbon, beaux-frères du duc de Bourgogne, s'étoient toujours flattés d'obtenir du congrès ce résultat, qu'ils désiroient bien plus que la paix générale, et ils faisoient à Philippe les offres les plus avantageuses. Tous les seigneurs et les chevaliers bourguignons les secondoient de tout leur pouvoir ; loin de s'attacher aux Anglais, avec lesquels ils avoient servi si long-temps sous les mêmes drapeaux, leur éloignement mutuel avoit augmenté chaque année. Les Anglais les offensoient par leur arrogance, fouloient leurs droits aux pieds, et leur témoignoient en toute occasion une défiance injurieuse ; les Français, au contraire, depuis que les conférences avoient commencé, étoient sans cesse en fête avec les chevaliers bourguignons, et le sentiment qu'ils ne formoient qu'un seul peuple avec une seule langue, un seul amour-propre national redoubloit leur cordialité (1). Le duc de Bourgogne partageoit à cet égard le sentiment de ses chevaliers : il étoit Français et prince du sang ; il étoit humilié des victoires des Anglais, encore qu'il y eût contribué. Il ne pouvoit trouver dans leur alliance les avantages que lui promettoit Charles VII ; mais il croyoit que les traités par lesquels il étoit lié, et plus encore le point d'honneur, s'opposoient à ce qu'il se réconciliât avec son peuple et sa famille. Les cardinaux, munis de toute l'autorité du pape pour le délier de ses sermens, ne lui laissèrent bientôt aucun scrupule religieux ; mais sa réputation de bon chevalier ne dépendoit pas de l'Église, et pouvoit

(1) Monstrelet, c. 182, p. 177.

souffrir s'il se dégageoit de sa parole. Il demanda des consultations par écrit à des docteurs romains, français et anglais; chacun répondit suivant son préjugé national : les premiers dirent que l'Église avoit reçu de Dieu le pouvoir de lier et de délier, et qu'elle l'avoit dégagé; les seconds, qu'il n'avoit pu contracter des obligations contraires à ses devoirs de prince français et de sujet; les troisièmes, que ses traités étoient légitimes, et qu'il devoit les observer. Ainsi rien ne le tiroit de son indécision; mais les cardinaux renouveloient leurs instances, et tous ses vassaux, tous les seigneurs français, le supplioient de rendre la paix à la France. Sur ces entrefaites il reçut la nouvelle de la mort du duc de Bedford, venue à Rouen le 14 septembre. Ce seigneur, qui avoit été son beau-frère, étoit le seul entre les Anglais auquel il se sentît encore vivement attaché par l'affection et la confiance. Sa mort lui parut briser le dernier lien qui l'unît à l'Angleterre; et il se décida, le 21 septembre, à signer le traité qui le réconcilioit à sa nation et à son roi. (1)

Le traité d'Arras que le duc de Bourgogne signoit si à regret et après tant de sollicitations, étoit cependant aussi avantageux pour lui qu'hu-

(1) Journal d'un bourgeois de Paris, p. 465. — Rapin Thoyras. T. IV, p. 266. — Hume, Hist. of Engl. T. IV, p. 153. — Preuves de l'Hist. de Bourg. T. IV, n° 122, p. 151.

miliant pour la couronne. Charles commençoit 1435.
par déclarer que le duc Jean de Bourgogne avoit
été mauvaisement et iniquement mis à mort ;
que s'il n'y avoit pas obvié, son jeune âge seul
l'en avoit empêché, et qu'il prioit le duc de
Bourgogne de déposer toute rancune qu'il pouvoit avoir dans son cœur contre lui pour cette
cause. Il exiloit de son royaume, et abandonnoit
à la justice tous ceux qui avoient eu part à
cette action, et il promettoit de fonder à Montereau une chapelle expiatoire. Il cédoit au duc
de Bourgogne les comtés d'Auxerre et de Mâcon, les châtellenies de Péronne, Roye et Mont-
didier, les redevances du comté d'Artois, et les
villes de la vallée de la Somme déjà stipulées
par la convention de Nevers. Il dégageoit le
duc, pendant sa vie seulement et celle du roi,
de tout hommage, ressort et souveraineté, de
sorte qu'il demeurât absolument indépendant
de lui, et que ses sujets ne fussent point tenus
à prendre les armes sur l'ordre de la France.
Mais après la mort ou du roi ou du duc,
celui-ci ou ses héritiers devoient rentrer dans
toutes les obligations féodales de leur tenure.
Divers avantages pécuniaires furent encore assurés au duc de Bourgogne ; les deux princes
promirent d'oublier de part et d'autres toutes
les injures mutuelles, à la réserve de celles des

TOME XIII. 17

meurtriers du duc Jean ; enfin, les principaux vassaux de Charles VII se rendirent garans de l'observation de ce traité. (1)

La signature du traité d'Arras causa une explosion de joie, d'abord dans la ville même où il avoit été négocié, ensuite dans tous les États de Bourgogne et dans tout le royaume. Les passions qui avoient excité la guerre civile étoient depuis long-temps éteintes ; on ne sentoit plus que l'humiliation, la lassitude, qu'aggravoit le joug insupportable de l'étranger. Dès que la France étoit réunie, il n'y avoit plus de chance pour les Anglais d'y maintenir leur domination, et les provinces ne se réjouissoient guère moins de voir finir en même temps celle des aventuriers français qui, en les défendant, les avoient tant opprimées. Ceux-ci sentoient bien en effet que seuls ils perdoient à la paix, et il n'avoit pas tenu à eux de la troubler. Pendant la durée même des conférences, et malgré la trêve, La Hire et Xaintrailles avoient passé la Somme le 25 août, avec six cents combattans, et ils avoient commencé à piller inhumainement les États de Bourgogne dans lesquels ils s'étoient jetés. Ce ne fut qu'à grand'peine que Bourbon et Richemont les déterminèrent à rendre leur butin, en les me-

---

(1) Monstrelet, c. 187, p. 186. — Saint-Remy, 185, p. 493. — J. Chartier, p. 75. — Bouvier dit Berry, p. 392. — Barante. T. VI, p. 316.

naçant de les faire attaquer par des forces supérieures. (1)

Les Anglais prirent à tâche de cacher aux habitans de Paris ce qui se passoit à Arras; ils savoient bien qu'ils n'avoient jusqu'alors tenu cette ville qu'à l'aide du parti bourguignon, que les bourgeois avoient conservé un reste d'attachement pour le duc de Bourgogne, mais qu'ils n'en avoient aucun pour eux (2). A cette époque même, ces bourgeois furent appelés à voir la pompe funèbre de la princesse qui les avoit placés sous le joug anglais. Isabeau de Bavière, veuve de Charles VI, mourut le 24 septembre, trois jours après la signature du traité d'Arras, au palais de Saint-Paul, qu'elle avoit toujours habité depuis la mort de son mari. Étrangère aux affaires, oubliée des Parisiens, n'exerçant aucune autorité, ne disposant que de fort peu de revenus, elle étoit tombée dans la plus complète nullité. La même parcimonie, le même oubli de son rang, présidèrent à ses funérailles; mais les Parisiens furent blessés de ce manque d'égards pour les dépouilles de la seule personne qui représentât chez eux la royauté. Les contemporains, qui connoissoient Isabeau pour une personne foible, épaisse d'esprit autant que de corps, indolente, dominée par ses habitudes et ses en-

(1) Monstrelet, c. 184, p. 180.
(2) Journal d'un bourgeois de Paris, p. 465.

tours, et peu sensible à l'amour ou à la haine, n'avoient point les ressentimens qu'on a cherché depuis à exciter contre elle chez le peuple français. J. Chartier, après avoir raconté « qu'elle fut
« délaissée et abandonnée par le roi d'Angleterre,
« en nécessité et pauvreté », ajoute : « C'étoit
« dureté et difficulté grandes que de délaisser
« ainsi les choses autrefois accoutumées ; c'est
« pour cela que les Anglais furent par quelques
« uns réputés la cause d'avoir abrégé ses jours,
« parce que le roi d'Angleterre ne la chérissoit
« aucunement. Elle fut aussi fort déplaisante de
« ce que les Anglais disoient que Charles dauphin
« son fils n'étoit pas légitime, et par ce moyen
« inhabile à succéder au royaume de France,
« auquel le roi d'Angleterre prétendoit de par-
« venir ; ce qu'ils publioient tant qu'ils pouvoient,
« afin de le décrier et décréditer. De toutes ces
« choses elle fut fort tourmentée en son cœur, en
« jetant souvent à part elle larmes et soupirs,
« qui tellement l'ont affligée, que oncques depuis
« n'eut bien ne joie au-dedans. Avant que mourir
« elle put avoir cette grande consolation ; que
« sachant la grande division et guerre mortelle
« qui avoit été par long espace de temps entre
« son fils et le duc de Bourgogne, elle la voyoit
« de nouveau assoupie par la paix et bon accord
« entre icelles parties » (1). Aucun autre des

(1) J. Chartier, p. 83.

historiens du temps ne fait allusion aux senti- 1435.
mens qu'on pouvoit lui supposer; mais tous paroissent ressentir, comme une offense nationale,
le peu d'honneurs que les Anglais rendirent à
son corps au moment de sa sépulture. (1)

On ne nous dit point quelle impression fit sur
Charles VII la nouvelle de la mort de sa mère :
ils s'étoient brouillés par des influences étrangères, dans un temps où l'un et l'autre étoient
peu capables d'avoir une volonté ; tous deux ne
connoissoient guère non plus le ressentiment ou
la haine ; mais depuis dix-huit ans qu'ils étoient
séparés, il semble que toute communication
avoit cessé entre eux. Au reste, dans ce même
moment, la nouvelle de la signature de la paix
d'Arras combloit Charles VII de joie. Il sentoit
que, dès cette époque, il alloit redevenir roi, et
ses affaires devenant moins tristes, il montroit
aussi moins de répugnance à s'en occuper. Il annonça lui-même, aux trois États convoqués à
Tours, sa réconciliation avec le duc de Bourgogne; il en témoigna sa joie, et il prêta, en présence
des sires de Croy et de Pontailler, ambassadeurs
de Bourgogne, le serment d'observer le traité;
il le fit ensuite prêter par tous les députés aux
États. Ceux-ci paroissent avoir été peu nom-

(1) Journal d'un bourgeois de Paris, p. 466. — Monstrelet,
c. 189, p. 228. — Bouvier dit Berry, p. 392. — Mém. de Richemont, p. 312.

breux; ils ne se croyoient appelés qu'à voter des impôts, et ils sembloient avoir la même répugnance que le roi à s'occuper d'affaires publiques, dont l'aspect avoit toujours été si triste (1). Dans le même temps, le duc de Bourgogne avoit envoyé en Angleterre ses hérauts d'armes, pour porter au conseil de Henri VI la communication du traité d'Arras, et des motifs qui l'avoient déterminé à le signer, avec l'offre de sa médiation pour la paix entre la France et l'Angleterre; mais ils furent fort mal reçus, et par les grands et par le peuple; les Flamands et les Brabançons qui se trouvoient à Londres furent insultés dans les rues, et plusieurs furent massacrés. (2)

La colère avoit rendu aux Anglais un moment de vigueur pour la guerre : dès que leur ambassade eut quitté Arras ils recommencèrent les hostilités. Les lords Talbot, Willoughby et Scales, se trouvoient en force à Paris; ils en chassèrent le maréchal de l'Ile-Adam, gouverneur de la ville, dont ils se défioient, et qui fit en effet sa paix avec Charles VII, avant même le duc de Bourgogne; ils vinrent ensuite assiéger Saint-Denis, où le bâtard d'Orléans chercha en

---

(1) Barante. T. VI, p. 333. — Hist. de Bourgogne. T. IV. L. XIX, p. 199.

(2) Monstrelet, c. 191, p. 231 — Rapin Thoyras. L. XII, p. 267. — Hume. T. IV, p. 152.

vain à faire parvenir des munitions, et que la garnison fut forcée d'évacuer le 4 octobre. Les Anglais en rasèrent aussitôt les fortifications (1). Mais déjà la nouvelle de la paix d'Arras rendoit le courage aux habitans des villes de l'Ile-de-France, et de toutes parts ils arboroient les drapeaux de Charles VII. Meulan se rendit au bâtard d'Orléans le 24 septembre. Pontoise profita d'une circonstance où la moitié de sa garnison anglaise étoit sortie pour fourrager, chassa le reste, et appela l'Ile-Adam à son aide. Celui-ci avoit fait arborer les drapeaux français dans tous ses fiefs, dans tous ceux des Montmorency. Corbeil, Vincennes, Beauté, Saint-Germain-en-Laye, étoient occupés par ses soldats ; en même temps des insurrections éclatoient de toutes parts dans le pays de Caux et la Normandie au nord de la Seine. Dieppe fut surprise le 27 octobre, par un gentilhomme nommé Charles Desmarêts, et cette ville riche, forte, et marchande, devint un point d'appui pour le parti français : le maréchal de Rieux, Boussac, Longueval, et d'autres capitaines y accoururent, avec ces bandes redoutables qu'on nommoit les écorcheurs. Les paysans du pays de Caux se soulevèrent, un de leurs chefs nommé le Carnier se présenta au maréchal de Rieux pour faire, avec six mille hommes,

1435.

(1) Bourgeois de Paris, p. 465. — Monstrelet, c. 188, p. 225. — J. Chartier, p. 71. — Bouvier dit Berry, p. 391.

1435. serment de fidélité au roi. Dans les mois de décembre et de janvier, Fécamp, Arques, Lillebonne, Montivilliers, Saint-Valery-en-Caux, Tancarville et Harfleur ouvrirent leurs portes aux Français : dans cette partie de la province, les Anglais ne possédoient plus que Caudebec, et ils en auroient été bientôt chassés, si les généraux de Charles VII avoient pu soumettre à quelque discipline les écorcheurs qu'ils commandoient. Mais ces brigands ne trouvant plus d'ennemis s'étoient presque aussitôt tournés contre les paysans qui les avoient introduits eux-mêmes dans la province. Ils ne songeoient qu'à satisfaire leurs passions brutales : incapables de foi ou de pitié, ils demandoient tour à tour de l'argent, du vin, des femmes, à leurs hôtes : ils soupçonnoient toujours qu'on leur cachoit quelque chose, et ils les faisoient mourir sous les coups ou à la torture, en leur demandant encore ce qu'ils avoient déjà livré. Ils continuèrent ainsi tant qu'il restoit quelque chose à prendre. Enfin la famine les chassa du pays de Caux, qui retomba au pouvoir du roi d'Angleterre ; mais déjà ils l'avoient réduit à l'état d'un horrible désert. (1)

Le duc de Bourgogne, en faisant la paix avec la France, avoit compté demeurer neutre entre

---

(1) Monstrelet, c. 193, p. 241. — J. Chartier, p. 66. — Richemont, p. 312. — Berry, p. 392. — Barante. T. VI, p. 345. — Amelgardus. L. III, c. 3, f. 51 et 53.

elle et les Anglais : c'étoit de bonne foi qu'il avoit
offert à ceux-ci sa médiation, et il désiroit vivement le rétablissement de la paix générale. Il
en sentoit le besoin pour lui-même ; ses provinces, surtout celles qui relevoient de la couronne de France, étoient ruinées ; son trésor
épuisé ; il étoit accablé de dettes, qu'il ne savoit
comment payer, et, loin de les réduire, il les
augmentoit encore, parce qu'il avoit pour le
faste ce goût fatal qui avoit été héréditaire dans
sa maison ; aussi étoit-il obligé d'accabler ses
sujets de nouveaux impôts, au moment où ceux-ci se flattoient de jouir des fruits de la paix. A la
fin de l'année 1435, un violent soulèvement
éclata à Amiens, l'une des villes de la Somme
qui venoient de lui être cédées, parce qu'il y fit
percevoir une contribution de guerre qui avoit
été imposée au nom de Henri VI. Quelques uns
de ses officiers furent massacrés ; les maisons des
autres furent pillées. Les seigneurs de Brimeu
et de Saveuse, lieutenans du duc, accoururent
à Amiens ; ils donnèrent de bonnes paroles aux
insurgés ; ils les assurèrent que leurs justes désirs seroient satisfaits, pourvu qu'ils rentrassent
dans l'ordre. En même temps, ils introduisirent
des troupes dans la ville, sous prétexte d'attaquer quelques châteaux du voisinage, dont des
brigands s'étoient emparés. Quand ils se sentirent
en force, tout à coup ils occupèrent toutes les

grandes rues ; ils y firent publier à son de trompe, au nom de Charles VII et du duc de Bourgogne, l'ordre de payer la contribution de guerre abolie : en même temps ils firent arrêter les chefs mêmes avec lesquels ils avoient traité. Les chevaliers, les gentilshommes, ne se croyoient pas plus tenus d'observer leur parole envers des roturiers que le chasseur de ne pas tromper le gibier qu'il guette. Le jour même ils firent trancher la tête à douze de ces chefs : les jours suivans ils en firent pendre d'autres, et plus de cinquante furent bannis. (1)

Les Anglais ne répondirent point aux dispositions pacifiques que leur avoit témoignées le duc de Bourgogne ; cependant le cardinal de Winchester, qui désiroit la paix, commençoit à l'emporter sur son rival le duc de Glocester, qui vouloit la guerre ; mais il rejetoit sur le duc de Bourgogne les revers qu'il avoit causés lui-même, en refusant des soldats ou des subsides, et à son exemple tous les Anglais accusoient ce duc de perfidie (2). Ils travailloient en retour à séduire ses sujets, et à les pousser à la rébellion contre lui ; la lettre qu'ils écrivirent dans ce but, le 14 décembre, au nom de Henri VI, aux habitans de Ziriczée, fut mise sous les yeux du

---

(1) Monstrelet, c. 192, p. 236.
(2) Rapin Thoyras. L. XII, p. 269.

duc (1). D'autres négociateurs anglais sollicitoient l'empereur Sigismond de déclarer la guerre
au duc de Bourgogne; la garnison anglaise de
Calais fit une tentative pour s'emparer d'Ardres;
la garnison bourguignonne d'Ardres, en fit une
sur le Crotoy (2). Le duc d'York, qui avoit succédé au duc de Bedford dans le titre de régent
de France, avoit annoncé qu'il ôteroit les sceaux
de chancelier à l'évêque de Thérouane pour
les donner à un Anglais, aliénant ainsi la maison
de Luxembourg, que Bedford avoit cherché à
s'attacher plus intimement par son dernier mariage. Le duc de Bourgogne essaya encore l'entremise des deux chefs de cette maison, le comte
de Ligny et l'évêque de Thérouane, pour convaincre les Anglais de ses intentions pacifiques;
il ne reçut d'eux en réponse que des récriminations : les deux peuples montroient la même
aigreur que les deux gouvernemens, et les gens
de guerre commençoient déjà les hostilités. (3)

Parmi les vassaux du duc de Bourgogne, la
maison de Luxembourg et tous ses adhérens,
le sire d'Antoing, Hugues de Lannoy, le vi-
dame d'Amiens, le bâtard de Saint-Pol, le sire
de Mailly, craignoient la guerre avec l'Angleterre, et le ravage de la Flandre maritime qui

1435.

1436.

(1) Monstrelet, c. 195, p. 249.
(2) Monstrelet, c. 194, p. 246.
(3) Monstrelet, c. 196, p. 253.—Barante. T. VI, p. 356.

pouvoit en être la suite; les sires de Croy, de Charny, de Crèvecœur, l'évêque de Tournai, le bailli d'Amiens, et tous les Bourguignons pressoient au contraire le duc de resserrer son alliance avec la France, et de se venger des insultes des Anglais : les conseillers qui parloient ainsi étoient tous les jours plus écoutés; enfin ils furent appelés seuls aux délibérations (1) et la guerre fut résolue. Le 8 mars, le duc, qui étoit à Gand, y convoqua une assemblée nombreuse des magistrats et de la bourgeoisie, à laquelle il fit adresser la parole en son nom par le bailli de Flandre. Il semble que les princes croyoient déroger à leur dignité, en parlant eux-mêmes au peuple : « Notre très redouté sei-
« gneur et prince naturel, que vous voyez ici
« devant vous en présence », dit le bailli de Flandre aux Gantois, « vous fait dire par moi à
« vous tous, bonjour, et vous remercie de ce
« qu'il vous trouve en si notable nombre. » Il leur exposa ensuite longuement les motifs du duc pour faire la paix à Arras, ses efforts pour la rendre commune au roi d'Angleterre, les offenses qu'il avoit reçues en retour des Anglais, et la nécessité où il se voyoit de leur faire la guerre. Il leur demanda ensuite de le seconder de toutes leurs forces, dans l'attaque qu'il alloit tenter

---

(1) Monstrelet, c. 197, p. 257.

contre Calais, puisque cette ville donnoit aux Anglais l'entrée jusqu'au cœur de la Flandre. Les bourgeois parurent touchés de la confiance du prince, et de la part qu'il sembloit leur donner dans ses décisions. Ils se rassemblèrent le lendemain pour lui présenter leur réponse, par laquelle ils mettoient à son service leur corps et leur avoir, pour l'aider à recouvrer son héritage. (1)

Le duc de Bourgogne n'étoit cependant point encore en état d'entreprendre le siége de Calais ; il falloit pour cela rassembler une armée et des munitions de guerre : mais après le discours qu'il avoit fait adresser aux Gantois, il ne garda plus de ménagemens avec l'Angleterre ; il envoya six cents combattans à Pontoise, sous les ordres de Simon de Lalaing, pour y seconder les efforts que devoient faire le connétable de Richemont et le bâtard d'Orléans, afin de recouvrer Paris. L'apparition des drapeaux de Bourgogne devant Paris, dans l'armée de Charles VII, ne pouvoit plus laisser de doute à ceux des Parisiens qui jusqu'alors, en servant Henri VI, avoient cru seulement se montrer fidèles à la faction de Bourgogne. (2)

Lord Willoughby occupoit Paris avec deux

---

(1) Saint-Remy, c. 191, p. 538. C'est par là que se terminent ses Mémoires.

(2) Monstrelet, c. 197, p. 261.

mille Anglais seulement ; son conseil étoit formé des trois évêques de Paris, de Thérouane et de Lisieux : aucun autre personnage de marque ne l'assistoit. Le duc d'York, quoiqu'il prît le titre de Régent de France, n'arrivoit point d'Angleterre, avec son nouveau chancelier ; les vivres manquoient dans la ville, le pain y avoit quadruplé de prix, les ouvriers demeuroient sans ouvrage, et les trois prélats pour contenir un peuple au désespoir avoient recours à la terreur. Ils avoient exigé de tous les bourgeois un nouveau serment de fidélité au roi d'Angleterre ; ils les forçoient à porter la croix rouge sur leurs habits, et ils faisoient pendre ou jeter à la rivière tous ceux qui laissoient percer leur mécontentement ou leur désir de voir triompher les Français. (1)

Une troupe peu nombreuse, mais toujours armée, toujours active, et qui n'épargnoit pas les supplices, réussissoit à contenir une bourgeoisie affoiblie et effrayée. Mais bientôt la troupe anglaise diminua encore en nombre. Comme on la laissoit sans solde, quatre cents soldats s'étant attroupés le mercredi saint, 4 avril, sortirent sans ordre pour aller piller la campagne et trouver, dans les maisons éparses, l'argent qu'on ne leur donnoit pas ; bientôt le

---

(1) Journal d'un bourgeois de Paris, p. 467.

bruit se répandit que six à huit cents autres étoient encore sortis dans la nuit du 10 avril; mais que, rencontrés par le maréchal de l'Ile-Adam, ils avoient été mis en déroute; que deux cents d'entre eux s'étoient réfugiés dans la tour du Venin, qu'on avoit laissée debout en rasant la ville de Saint-Denis, et qu'ils s'y défendoient (1). Le connétable, le bâtard d'Orléans, les seigneurs de la Roche, de l'Ile-Adam, de Ternant, les deux frères de Lalaing et cinq ou six mille combattans français ou bourguignons, avoient en effet battu les Anglais autour du petit pont de la Brèche, et assiégeoient la tour du Venin. (2)

1436.

Les bourgeois de Paris commencèrent alors à s'assembler dans tous les quartiers, mais surtout dans celui des halles, auparavant le plus dévoué aux Bourguignons. S'apercevant que les Anglais n'étoient pas assez nombreux pour les dissiper, ils s'échauffèrent bientôt: « Attendrons-
« nous, disoient-ils, que ces étrangers nous fas-
« sent périr par la famine, ou nous laissent
« prendre d'assaut, pour que notre roi légitime,
« dont nous voyons les drapeaux sous nos murs,
« nous punisse de notre rébellion? Nous avons
« trop long-temps suivi le duc de Bourgogne
« dans ses erreurs, suivons-le quand il rentre

(1) Bourgeois de Paris, p. 470.
(2) J. Chartier, p. 87 — Amelgardus. L. III, c. 6, f. 59.

« dans le devoir. » Quelques royalistes secrets qui avoient eu des intelligences avec le connétable, commencèrent alors à les avouer hautement. « Les Anglais nous trompent, s'écrioient-« ils, quand ils disent que notre roi nous menace « de vengeances, de pillage, de massacre; au « contraire, il veut tout pardonner, tout mettre « en oubli; et le connétable est porteur d'un acte « d'abolition qu'il nous a fait voir. » Michel de Lallier, Jean de La Fontaine et Pierre de Lancre, se rendirent, au nom de cette assemblée, auprès du connétable, qui leur renouvela l'assurance d'un pardon universel. Richemont, cependant, pour tenir sa promesse, avoit besoin de se mettre en garde contre ses propres soldats; cachant soigneusement sa négociation avec les Parisiens, il commanda tout ce qu'il y avoit de plus redoutable parmi les écorcheurs qui suivoient ses drapeaux, pour livrer le lendemain, 13 avril, un assaut à la tour du Venin; et dans la nuit qui précéda cette journée, il partit avec ses soldats les plus disciplinés pour se présenter au point du jour devant la porte Saint-Michel. Après avoir passé la Seine, il laissa encore en embuscade une partie de sa troupe à Notre-Dame-des-Champs.

Lord Willoughby avoit bien remarqué la fermentation du peuple; mais la force lui manquoit pour le contenir; il n'avoit plus que quinze cents Anglais qu'il avoit concentrés vers la Bastille et la porte Saint-Antoine. L'évêque de Thérouane, Simon Morhier, prévôt de Paris, et les autres qui se sentoient plus compromis, s'étoient réfugiés sous sa protection; de là les Anglais envoyoient de grosses patrouilles parcourir les grandes rues et dissiper les bourgeois : une d'elles occupa la porte Saint-Michel, comme le connétable alloit y arriver; mais en même temps un bourgeois parut sur le mur, et lui cria de tirer vers la porte Saint-Jacques, qui étoit aux mains de ses partisans. Ceux-ci, en effet, avoient tendu leurs chaînes au travers des rues, et arrêtèrent les Anglais qui venoient sur eux. Leurs compagnons du côté de la campagne demandèrent à parler au connétable. Il s'avança à cheval, leur adressa des paroles courtoises, et leur renouvela la promesse, sur sa foi de chevalier, d'une abolition générale. Aussitôt les bourgeois, sans se donner le temps d'enfoncer la porte, dont les Anglais avoient gardé la clé, descendirent une échelle qu'ils appuyèrent contre le mur. Le premier à y monter, et à entrer par là dans la ville, fut le maréchal de Lille Adam, le même qui, le 29 mai 1418, avoit le premier pris possession de Paris pour les Bourguignons. (1)

(1) Voyez ci-devant, T. XII, c. 30, p. 537. — Mém. de Richemont, p. 323. — J. Chartier, p. 88. — Berry, p. 393.

On brisa ensuite les serrures qui tenoient la porte fermée, et le connétable, le bâtard d'Orléans, et les autres seigneurs, Armagnacs ou Bourguignons, tous confondus sous les étendards de Charles VII, entrèrent, à la tête de leurs soldats, dans la ville; tous crioient : *La paix! la paix! Vive le Roi et le duc de Bourgogne!* Les bourgeois se hâtoient de coudre sur leurs habits, ou d'étaler devant leurs maisons, les uns la croix droite de France, les autres la croix penchée de Saint-André ou de Bourgogne; mais les vainqueurs ne faisoient aucune distinction entre eux; à tous ils faisoient bon visage; à tous le connétable répétoit : « Mes bons amis, le bon roi « Charles vous remercie, et moi, de par lui, « de ce que si doucement vous lui avez rendu « la maîtresse cité de son royaume; et si aucun, de quelque état qu'il soit, a méprins « par devers monsieur le roi, soit absent ou « autrement, il lui est tout pardonné. — Et tantôt, sans descendre, fit crier à son de trompe, « que nul ne fût si hardi, sur peine d'être « pendu par la gorge, de soi loger en l'hôtel des « bourgeois, outre leur volonté, ne de reprocher, ne faire quelque déplaisir, ne piller personne. » (1)

Les Anglais essayèrent cependant encore d'ar-

(1) Journal d'un bourgeois de Paris, p. 475.

rêter l'insurrection et de repousser les assaillans. Ils se partagèrent en trois colonnes, qui partirent de la Bastille; le prévôt marcha sur les halles, à la tête de la première; Jean Larcher, son lieutenant, sur la porte Saint-Martin, avec la seconde; lord Willoughby et l'évêque de Thérouane prirent le commandement de la troisième, et se dirigèrent sur la porte Saint-Denis. Les deux premières trouvant toute la bourgeoisie en armes, furent bientôt obligées de rétrograder. Lord Willoughby parvint jusqu'à la porte Saint-Denis; mais Michel Lallier, qui l'y avoit précédé, avoit déjà ouvert cette porte aux villageois du voisinage de Paris, qui, cruellement maltraités par les Anglais, venoient se joindre avec joie aux Parisiens insurgés. Les canons des remparts furent tournés contre la colonne anglaise, et la forcèrent à rebrousser chemin; elle alla se renfermer avec les deux autres dans la Bastille. Le connétable, arrivé devant Notre-Dame, y entra tout armé, y fit dire la messe devant lui, et y fit lire les lettres d'abolition qu'il avoit accordées. Les écorcheurs qui assiégeoient la tour du Venin, entendant sonner les cloches de Paris, comprirent que la ville étoit prise, et accoururent pour avoir part au pillage. Le connétable les fit arrêter aux portes; il nomma le sire de Ternant, bourguignon, prévôt de Paris, et Michel de Lallier, prévôt des mar-

1436.

chands, et il fit garder toutes les issues de la Bastille. (1)

Lord Willoughby, l'évêque de Thérouane, et tous les hommes qui les avoient si bassement servis qu'ils n'espéroient point de merci, ne vouloient pas se laisser enfermer à la Bastille, où ils n'avoient aucune chance d'être secourus; il leur importoit de faire leur retraite sur Rouen, pendant que les chemins étoient encore ouverts; ils offrirent de traiter, par l'entremise de quelques uns des capitaines bourguignons avec lesquels ils avoient été si long-temps associés. Richemont auroit bien mieux aimé réduire de force la Bastille, pour faire prisonniers tous ces seigneurs, car il comptoit qu'il en pourroit tirer au moins 200,000 fr. de rançon; mais il se trouvoit absolument sans argent pour en entreprendre le siége. Le roi ne lui avoit donné que 1,000 francs pour tenter la soumission de Paris qu'il venoit d'accomplir : il fut donc obligé d'entrer en négociations. Les Anglais offroient de lui remettre la Bastille, pourvu qu'on leur permît de se retirer avec tous ceux qui voudroient les suivre, et tous leurs biens; on le leur accorda, sous la seule réserve que l'évêque de Thérouane laisseroit sa chapelle aux mains des vainqueurs; et le 17 avril, après être sortis par la porte Saint-

(1) Mém. de Richemont, p. 325. — J. Chartier, p. 89.

Antoine, ils firent le tour des remparts, en dehors, accompagnés par les huées du peuple, et ils vinrent s'embarquer sur la Seine, pour être transportés à Rouen. (1)

(1) Monstrelet, c. 198, p. 261. — Journal d'un bourgeois de Paris, p. 476. — Mém. de Richemont, p. 327. — J. Chartier, p. 390. — Barante, T. VI, p. 382. — Amelgardus. L. III, c. 7, f. 60.

CHAPITRE VI.

Les deux peuples fatigués de la guerre; les deux rois ne savent pas faire la paix. — René d'Anjou, encore prisonnier, est appelé à régner à Naples. — Révolte et punition de Bruges par le duc de Bourgogne. — Ravages des écorcheurs en France. — Charles VII ne se montre qu'un instant à Paris; misère dans cette ville. — Concile de Bâle et pragmatique-sanction. — 1436-1438.

1436. CHACUN des grands événemens de la guerre qui, depuis si long-temps, ravageoit la France, faisoit espérer qu'on arrivoit près de son terme, et jamais cette espérance n'avoit été plus vive qu'au printemps de l'année 1436. La réconciliation du duc de Bourgogne avec Charles VII sembloit une garantie de tranquillité pour tout le nord et l'est de la France, tandis que la soumission de Paris réunissoit la capitale à la monarchie, et rattachoit à la race des Valois le parlement, l'université, et tous les grands corps qui avoient eu la prétention d'exprimer, par leurs votes, les sentimens de la nation. Désormais la guerre civile pouvoit être considérée comme terminée, car il ne restoit pas une opinion, pas une passion en France qui fût favorable à Henri VI. Quelques Français, il est vrai, continuoient encore à le servir; d'abord c'étoient les bourgeois des villes encore occupées par les garnisons anglaises, et que la crainte seule des supplices empêchoit de secouer le joug; ensuite c'étoient des hommes qui s'étoient faits les instrumens de la tyrannie de l'étranger, et qui, n'espérant plus de pardon auprès de leurs compatriotes, ne pouvoient trouver de refuge que dans les rangs de leurs ennemis. Tous ensemble ils ne formoient plus une faction armée qui disputât la couronne, et l'on ne pouvoit voir en eux qu'une bande décriée de transfuges.

De leur côté, les Anglais ne soupiroient pas moins pour la paix. Il y avoit tout près d'un siècle qu'Édouard III, en élevant des prétentions à la couronne de France, les avoit engagés dans une guerre qui, depuis 1338, avoit à peine été suspendue pendant de courts intervalles. Leur pays étoit moins ruiné que la France, parce qu'il n'avoit jamais été ravagé par des armées ennemies, mais le poids des impôts étoit intolérable; aussi tous les hommes qui avoient quelque propriété, quelque industrie, quelque intérêt dans le bien-être de leur pays, maudissoient les guerres de France. D'autre part, il est vrai, les aventuriers, les brigands, les hommes repoussés de toute profession honnête, regardoient ces guerres comme laissant toujours ouverte pour eux la carrière de la gloire et de la fortune. Dès qu'ils avoient commis quelque excès qui les forçoit à se cacher ou à s'enfuir, ils passoient en France, sûrs d'être bien accueillis sous les drapeaux de Henri VI, et d'y avoir à leur discrétion les vins et les fruits d'un meilleur climat, les biens et jusqu'aux personnes des bourgeois et des paysans. Ces nouveaux soldats ne le cédoient point en bravoure à ceux qu'une plus noble ardeur avoit conduits dans les armées d'Edouard III ou de Henri V, mais ils étoient plus cupides, plus féroces, et ils augmentoient l'horreur qu'on ressentoit en France pour le joug anglais.

Henri VI, qui prétendoit encore unir la couronne de France à celle d'Angleterre, né à la fin de l'année 1421, avoit alors quinze ans; mais à mesure qu'il avançoit en âge, il démentoit toujours plus les espérances de ses sujets. Sa mère, Catherine de France, lui avoit transmis le vrai sang des Valois. Comme Charles VI son aïeul, Henri VI n'avoit ni jugement, ni caractère; aussi sa débonnaireté constitutionnelle ne l'empêcha point de commettre ou d'ordonner des actions atroces. Toujours faible et pusillanime, il se laissoit conduire par tous ceux qui l'approchoient, et il ne sembloit avoir de mémoire ni des bienfaits ni des injures. Plus il avançoit vers l'âge d'homme, moins on pouvoit s'attendre à le voir reprendre en ses mains une autorité toujours exercée en son nom. Au reste sa mère avoit montré elle-même l'indolence et l'incapacité héréditaires dans sa famille. Très peu après la mort de Henri V, elle avoit épousé Owen-Tudor, gentilhomme du pays de Galles, d'une très petite naissance, et qui n'étoit recommandable que par sa force et sa beauté. Dès-lors elle avoit vécu étrangère aux affaires, et tout occupée des plaisirs des sens. Elle mourut au commencement de l'année 1437, après avoir donné trois fils à son second mari. Henri VI les traita en frères; il donna le comté de Richmond à Edmond, qui étoit l'aîné; celui-ci fut père de Henri qui, contre toute attente, monta sur le trône d'Angleterre sous le nom de Henri VII. (1)

1436.

Nous nous sentons fatigué de n'avoir à raconter que des guerres, que des souffrances, de ne pouvoir peindre qu'une longue et cruelle anarchie, qui réduit les hommes presque à l'état des brutes : nos lecteurs languissent d'arriver à des temps meilleurs, qui ne leur présentent plus, dans toutes les parties de la France, les mêmes brigandages, les mêmes parjures, les mêmes douleurs. Qu'on juge, d'après cette impatience,

(1) Rapin Thoyras. T. IV. L. XII, p. 271. — Chronique de Le Bouvier, dit Berry, roi d'armes, p. 396.

de celle que devoient ressentir les hommes sur lesquels pesoient immédiatement toutes ces calamités; de l'inquiétude avec laquelle ils étudioient les symptômes des temps, pour y découvrir quelque pronostic de changement; des transports de joie avec lesquels ils accueilloient l'annonce de la paix de Bourgogne, de la soumission de Paris, de la discorde toujours croissante entre le cardinal de Winchester et le duc de Glocester, qui devoit forcer les Anglais à renoncer aux guerres étrangères; mais qu'on juge aussi de leur douleur, de leur découragement, lorsque toutes ces espérances étoient trompées les unes après les autres, et lorsqu'ils reconnoissoient que des succès qui sembloient décisifs n'avoient pas avancé d'un pas la pacification du royaume.

L'obstacle insurmontable au rétablissement de l'ordre provenoit du caractère de Charles VII. Aucun homme ne poussa plus loin l'indolence : ni ses amitiés, ni ses amours, ne remuoient fortement son âme : il avoit eu des maîtresses et des favoris sans ressentir de passion; mais il se plaisoit à laisser sa vie s'écouler auprès d'eux dans une mollesse que rien ne devoit interrompre. C'étoit comme un demi-sommeil durant lequel il ne vouloit être entouré que de douces images : il vouloit promener ses yeux tour à tour sur les paysages gracieux des bords de la

Loire, ou sur les visages contens de ses courtisans. Il évitoit les villes, où le bruit des affaires l'auroit troublé ; il s'éloignoit des campagnes ravagées par la guerre, où le spectacle de la misère l'auroit attristé ; il écartoit de sa société des ministres qui l'auroient fatigué, des capitaines turbulens dont il auroit fallu réprimer l'audace. Quand on lui enlevoit, quand on lui tuoit un de ses favoris, plutôt que de se fâcher ou de punir, il trouvoit plus commode de prendre celui qu'on lui donnoit à la place. Quand sa cour se partageoit en factions, plutôt que de chercher à les contenir, il trouvoit plus commode de s'abandonner à celle qui lui demandoit le moins d'efforts, et d'exiler l'autre de sa présence.

Avec cette nonchalance toujours prête à tout abandonner, Charles VII se trouvoit dans des circonstances qui auroient demandé de grands efforts et un grand caractère. Il ne devoit plus craindre, il est vrai, que les Anglais lui enlevassent sa couronne : dans leurs plus grands efforts contre lui, jamais ils n'avoient compté plus de quinze mille soldats insulaires sous leurs drapeaux, et depuis long-temps ils n'en avoient plus guère que trois ou quatre mille ; mais c'étoit pour réunir, pour commander, pour contenir les capitaines français eux-mêmes qu'il auroit fallu déployer une énergie, une activité, une confiance en soi-même, qui n'auroient pu appartenir qu'à un homme distingué, et déjà fort d'une grande réputation.

Chacun des capitaines qui s'étoient formés durant ces longues guerres, Étienne de Vignoles dit La Hire, Pothon de Xaintrailles, Chabannes, Guillaume de Flavy, Boussac, et le connétable Arthur de Richemont lui-même, se regardoient comme autant de petits souverains tout-à-fait indépendans. Il y avoit long-temps que le trésor royal ne leur fournissoit plus ni solde, ni munitions de guerre, ni secours d'aucun genre; aussi se dispensoient-ils d'attendre les ordres du roi pour entreprendre leurs expéditions, et souvent même de lui en rendre compte. Ils les concertoient seulement avec ces braves qu'ils avoient enrôlés sur leur crédit personnel, et qui leur étoient dévoués à la vie et à la mort. Le plus souvent il s'agissoit de surprendre quelque ville, quelque bourgade occupée par les Anglais. S'ils réussissoient à s'en emparer, ils pilloient toutes les propriétés qui s'y trouvoient renfermées, ils pendoient les habitans français pour les empêcher de se plaindre, et ils ne rendoient la liberté aux Anglais qu'après avoir tiré d'eux de grosses rançons. Mais le nombre des villes anglaises avoit fort diminué en France; celles qui demeuroient étoient mieux gardées, et fort difficiles à surprendre : les capitaines et leurs soldats seroient bientôt morts de faim s'ils s'étoient abstenus de piller leurs propres compatriotes. Nourris au milieu des forfaits et des souffrances, le sentiment de la pitié ne pouvoit plus être éveillé dans leurs cœurs qu'en faveur de leurs frères d'armes; toute autre douleur étoit pour eux un objet de moquerie. Ils se donnoient à eux-mêmes le nom d'*écorcheurs*, et ils se glorifioient de ce que, dans les campagnes amies ou ennemies où ils avoient passé, dans la Champagne, l'Ile-de-France, la Picardie, la Normandie et le Maine, il ne restoit plus rien à prendre après eux, et il falloit écorcher les paysans pour leur enlever encore quelque chose. Cette misère même leur faisoit chercher à exercer sur des provinces nouvelles leur cruelle industrie ; aussi, malgré la foi des traités, et les ordres précis que Charles avoit donnés de respecter les États de Bourgogne, les écorcheurs s'y jetoient à tous momens, et en dévastoient les provinces d'une manière effroyable. (1)

1436.

Ils se faisoient aussi sans cesse la guerre les uns aux autres, et c'étoit toujours le pauvre peuple qui souffroit de leurs combats. La Hire nourrissoit un profond ressentiment contre Jean de Luxembourg, comte de Ligny, qui n'avoit, il est vrai, point encore prêté serment à la paix d'Arras, mais qui avoit des lettres de répit du

(1) Monstrelet. T. VI, c. 208, p. 319; et c. 214, p. 342.

roi de France, pour lui donner le temps de le faire. La ville de Soissons appartenoit à Ligny, au nom de sa belle-fille, Jeanne de Bar, comtesse de Saint-Pol.

Au milieu de l'été de 1436, La Hire la surprit et la pilla avec la dernière barbarie; il s'y établit ensuite pour porter de là ses ravages dans les autres domaines de la maison de Luxembourg; de son côté, Ligny employa ses hommes de guerre à ravager le Soissonnais et le Laonnois (1). Le même La Hire avoit aussi une secrète rancune contre le sire d'Auffemont, capitaine de Clermont en Beauvoisis, et l'un des officiers les plus dévoués de Charles VII. Un jour, en 1434, qu'il passoit avec sa troupe devant Clermont, Auffemont sortit à sa rencontre, et lui offrit des rafraîchissemens; La Hire, en les acceptant, fit un signe à quelques uns de ses braves, qui se jetèrent sur Auffemont et le désarmèrent. Il fut ensuite traîné dans un cachot infect, où on lui fit éprouver tant de tourmens que, pour se racheter, il consentit à payer quatorze mille saluts d'or (2). Mais il attendoit avec impatience l'occasion d'en tirer vengeance : elle se présenta à lui seulement en 1437; il apprit que La Hire étoit à Beauvais sans aucune défiance, et que dans une hôtellerie qu'on lui indiqua, il le trou-

(1) Monstrelet. T. VI, c. 209, p. 321.
(2) Monstrelet, c. 164, p. 130.

veroit à une certaine heure, jouant à la paume. Auffemont rassembla en hâte cent vingt cavaliers, presque tous gentilshommes; à leur tête il se présenta aux portes de Beauvais, où on le laissa entrer comme soldat de Charles VII et comme ami; il marcha droit à l'hôtellerie et l'investit. La Hire entendant son nom, se blottit dans la mangeoire de ses chevaux, avec son écuyer; mais il y fut découvert : on lui dit qu'on le tueroit à l'instant s'il élevoit la voix, s'il faisoit un signe pour demander assistance. Il fut lié derrière un cavalier de la troupe d'Auffemont, qui le conduisit à Meulan, puis à Ancre, où il le mit au cachot. Cependant le duc de Bourgogne s'interposa dans cette querelle : il engagea Auffemont à se contenter d'une rançon bien moins considérable que celle que lui avoit extorquée son adversaire, et il réconcilia La Hire soit avec Auffemont, soit avec Jean de Luxembourg. (1)

Le connétable Arthur de Richemont sembloit lui-même tout occupé de querelles privées. Il avoit pris en haine Guillaume de Flavy, commandant de Compiègne, qui avoit en effet mérité la punition du chef des armées de Charles VII, par un degré de férocité dans ses brigandages plus révoltant que celui de ses compagnons d'armes. Richemont entré dans Compiègne, en chassa

---

(1) Monstrelet, c. 218, p. 351.

Flavy et ses soldats; mais au bout de peu de mois, Flavy, à son tour, surprit Compiègne en 1437, en chassa les gens du connétable, et s'y réinstalla dans les fonctions de commandant (1). Un autre ennemi que le connétable paroissoit poursuivre d'après une inimitié personnelle, étoit le damoiseau de Commercy; d'abord après la réduction de Paris, il mena tout ce qu'il avoit de troupes contre lui, sur les frontières de la Champagne et de la Lorraine; il lui prit quelques forteresses, mais il consuma quatre mois devant celle de Chavency, et il fut enfin obligé de lever le siége. Pour la première fois, Tristan l'Hermite, prévôt des maréchaux, est nommé comme ayant suivi le connétable à cette expédition. Il semble que ce gentilhomme, qui acquit plus tard une odieuse célébrité, fut choisi par Richemont pour rétablir la discipline dans les camps par des jugemens et des exécutions sommaires (2). Persuadé qu'il ne ramèneroit jamais les écorcheurs à l'ordre, il se proposoit plutôt de les détruire entièrement : sur la première accusation de désobéissance, d'indiscipline ou de pillage, il les faisoit pendre au premier arbre, ou lier deux à deux, ou trois à trois, et jeter à la rivière; et comme il n'y avoit pas un seul soldat dans l'armée qui n'eût des crimes sembla-

(1) Monstrelet, c. 210, p. 325.
(2) Monstrelet, c. 199, p. 267.

bles à se reprocher, il n'y en avoit pas un qui ne sentît que sa vie étoit à la merci du connétable et de son prévôt des maréchaux. Le comte de Fribourg, que le duc Philippe avoit nommé son lieutenant en Bourgogne, n'avoit pas une manière moins expéditive de traiter les écorcheurs, et Olivier de la Marche assure que les pêcheurs ne retiroient jamais les filets qu'ils avoient tendus dans la Saône et le Doux, sans les trouver remplis de cadavres. (1)

Charles VII abandonnant ces mesures de rigueur à son connétable, cherchoit seulement à se tenir aussi loin que possible de ces hommes violens, cruels et avides, qui se chargeoient de combattre pour lui. Il avoit convoqué, pour le 15 avril 1436, les trois États du Languedoc à Vienne en Dauphiné, et il assista en personne à cette assemblée, qui fut nombreuse, mais dont il put à peine obtenir les subsides nécessaires à ses dépenses personnelles ; les peuples étoient tellement ruinés, qu'ils ne pouvoient plus pourvoir aux charges du gouvernement (2). Charles étoit encore à Vienne quand il reçut la nouvelle de deux événemens qui l'affermissoient sur le trône : d'une part, la mort de Jean, comte de

---

(1) Mém. d'Olivier de la Marche. T. VIII, collect. de 1785, c. 4, p. 28.
(2) Hist. génér. de Languedoc. T. IV. L. XXXIV, c. 66, p. 484.

Foix, survenue le 3 mai, qui faisoit rentrer sous son autorité immédiate la puissante province du Languedoc, où ce gouverneur s'étoit jusqu'alors regardé presque comme indépendant (1); d'autre part, la soumission de Paris. Charles ne se pressa point de donner un successeur au comte de Foix dans le gouvernement du Languedoc, et il revint à Bourges, pour être plus près de la capitale qu'il venoit de recouvrer; ses conseillers ne purent cependant le déterminer à s'avancer jusqu'à Paris.

Pendant son séjour à Bourges, au mois de mai, Charles VII rendit plusieurs ordonnances pour l'organisation de sa nouvelle conquête; il fit mettre sous scellé les chambres et greffes du parlement, la chambre des chartes, la Sainte Chapelle, la chambre des comptes et le trésor. (2) Il nomma des commissaires pour l'expédition des causes les plus pressées; il confirma les priviléges de l'université, il fixa enfin le cours des monnoies anglaises qui se trouvoient en circulation dans les pays reconquis (3). Six mois après seulement, ou le 6 novembre, Charles renvoya à Paris les membres du parlement, de la cour des comptes et des monnoies, qui s'étoient établis à Poitiers pendant que la capitale étoit aux

---

(1) Hist. de Languedoc, T. IV, L. XXXIV, c. 65, p. 485.
(2) Ordonn. de France. T. XIII, p. 218.
(3) Ordonn. Ib. p. 218, 219, 221.

mains des Anglais, et il les réunit à ceux de leurs collègues qu'il fit entrer dans la nouvelle organisation (1). Cependant les Languedociens s'étant plaints de l'extrême éloignement où ils se trouveroient désormais de la cour suprême de justice, il leur promit, le 18 avril 1437, qu'il établiroit un autre parlement en Languedoc. (2)

De Bourges Charles VII vint à Tours au mois de juin 1436 ; c'étoit là qu'il avoit donné rendez-vous à la jeune princesse Marguerite, fille de Jacques Ier, roi d'Écosse, qu'il destinoit à son fils. Le dauphin Louis n'avoit que treize ans, et Marguerite en avoit douze. Mais ce mariage précoce étoit destiné à resserrer encore une alliance dont Charles avoit éprouvé la fidélité, quand tous ses amis, tous ses parens l'abandonnoient. Marguerite fit son entrée à Tours le 24 juin ; le lendemain les deux époux, encore enfans, furent mariés par l'archevêque de Reims, et le roi fit placer cet archevêque, au repas de noces, au-dessus de lui-même et de tous les autres convives (3). Les Anglais conçurent assez d'inquiétude de ce mariage, qu'ils s'attendoient à voir suivi bientôt de la rupture de leur trêve avec les Écossais. Une diversion puissante de ces peuples belliqueux au nord de l'Angleterre,

(1) Ordonn. de France. T. XIII, p. 229.
(2) Ordonn. *Ib.* p. 231.
(3) J. Chartier, p. 91.

auroit probablement forcé le conseil de Henri VI, déjà si embarrassé, à faire la paix. Une conjuration qui éclata en Écosse, changea le cours des événemens : Jacques Ier fut assassiné à Perth, le 19 février 1437, par le comte d'Athol son oncle, et les Écossais furent dès-lors trop occupés chez eux pour songer à attaquer l'Angleterre. (1)

Il paroît que Charles VII vint à Lyon après le mariage de son fils, et qu'il retourna ensuite à Tours, où il passa l'hiver. Il prenoit alors bien plus d'intérêt aux affaires de la maison d'Anjou qu'aux siennes propres, et à la guerre de Naples qu'à celle qu'il devoit faire aux Anglais. Charles d'Anjou, comte du Maine, et la reine Marie sa sœur étoient alors au faîte de leur crédit, et chacun des favoris de Charles avoit eu à son tour le pouvoir de mettre ses intérêts personnels à la place de ceux de l'État. Depuis que le duc de Bourgogne avoit remis en liberté, le 6 avril 1432, René d'Anjou, duc de Bar, qu'il avoit fait prisonnier à la bataille de Bullégneville, le 2 juillet 1431, le sort de ce prince avoit éprouvé plusieurs vicissitudes. L'empereur Sigismond avoit été appelé à juger les prétentions du duc de Bar et du comte de Vaudemont au duché de Lorraine, comme suzerain de ce duché. Après avoir entendu les avocats des deux parties, il avoit

---

(1) Monstrelet, c. 211, p. 326.

prononcé dans la cathédrale de Bâle, le 24 août 1434, qu'il donnoit par provision le duché de Lorraine à René d'Anjou, son parent assez proche, sans préjudice toutefois des droits que pourroit établir le comte de Vaudemont. René prêta en effet à Sigismond le serment de fidélité; il fut reçu avec joie à Nancy, et il recommença à gouverner la Lorraine comme souverain légitime (1). Mais Vaudemont regardant le jugement de l'empereur comme un résultat de sa partialité pour son parent, s'en plaignit au duc de Bourgogne; il lui représenta qu'en rendant la liberté à son captif, il lui avoit fait perdre tous les fruits de sa victoire. Philippe, qui voyoit à cette époque la maison d'Anjou puissante à la cour de Charles VII, avec lequel il n'étoit pas encore réconcilié, fit usage du droit qu'il s'étoit réservé, et somma René de venir, selon son serment, se constituer de nouveau prisonnier dans la tour de Bar, à Dijon, où il avoit laissé ses fils en otage. René, fidèle à sa parole, quitta les fêtes de Nancy, et rentra dans sa prison (2). Il y avoit peu de temps qu'il avoit donné cette preuve de loyauté, lorsque son frère aîné, Louis III d'Anjou, qui avoit été adopté par la reine Jeanne II de Naples, mourut en Calabre,

---

(1) Hist. de René d'Anjou, du C. de Villeneuve. T. I, p. 186. — D. Calmet, Hist. de Lorraine. L. XXVIII, p. 783.

(2) Hist. de Bourgogne. T. IV, L. XIX, p. 197.

1436. le 24 octobre 1434, d'une fièvre qu'il avoit gagnée au siége de Tarente (1). Il ne laissoit pas d'enfans, et René étoit son héritier. Quelque peu fondés que fussent les droits de la seconde maison d'Anjou au trône de Naples, comme la première s'éteignoit dans Jeanne II, et que les vices avoient conduit celle-ci à une décrépitude prématurée, quoiqu'elle eût seulement soixante-cinq ans, tous les yeux se tournoient vers René. Les amis de Louis III, qui entouroient alors cette reine, l'engagèrent elle-même à appeler René pour remplacer son frère dans sa succession, après quoi elle mourut le 2 février 1435. L'offre de la couronne de Naples fut apportée à René le 15 mars, dans la prison de Bracon, près de Salins, où il avoit été transféré.

Toutefois, il ne s'agissoit pas seulement d'accepter cette couronne; il falloit la conquérir. Le royaume étoit dès long-temps divisé entre des factions ennemies : tandis que le parti d'Anjou, dominant à Naples, se déclaroit pour René, l'ancien parti de Durazzo, qui avoit précédemment engagé la reine Jeanne II à adopter Alphonse-le-Magnanime, roi d'Aragon, rappeloit ce prince, qui, maître aussi de la Sicile, où il avoit établi sa résidence, ne tarda pas à paroître devant Naples. D'autre part, Eugène IV pré-

(1) Républ. ital. c. 67. T. IX, p. 54.

tendoit que le royaume de Naples avoit fait
échute au Saint-Siége, par l'extinction finale de
la famille à laquelle les papes l'avoient concédé en fief. Eugène, il est vrai, avoit alors
par son imprudence soulevé contre lui la chrétienté représentée par le concile de Bâle, tandis
que les Romains et tous les États de l'Église
avoient secoué son autorité; et Alphonse V,
qui assiégeoit Gaëte, et qui se croyoit sur le
point de s'en rendre maître, fut attaqué devant
l'île de Ponza, le 5 août 1435, par une flotte
génoise qui détruisit la sienne et le fit prisonnier, avec les plus grands seigneurs de son
royaume (1). Lorsque René, toujours prisonnier dans la tour de Bracon, reçut la nouvelle
de cette catastrophe, il se crut assuré du trône
de Naples. Il chargea Isabelle de Lorraine, sa
femme, de le représenter en Italie; celle-ci confia le gouvernement de la Lorraine aux évêques
de ce duché; elle passa en Provence, et s'y mit
en possession de cette partie de l'héritage de son
beau-frère. Après y avoir rassemblé de l'argent
et quelques troupes, et avoir fait armer cinq
vaisseaux à Marseille, elle s'y embarqua, et
vint prendre terre à Naples le 18 octobre 1435.(2)

A son arrivée dans le royaume de Naples,

---

(1) Républ. ital. c. 67. T. IX, p. 62.
(2) Villeneuve, Hist. de René d'Anjou. T. I, p. 207-213.
— D. Calmet, Hist. de Lorraine. T. II. L. XXVIII, p. 792.

1436. Isabelle y trouva des ennemis qu'elle ne s'étoit pas attendue à devoir combattre. La ville de Gaëte, qui avoit soutenu un siége contre Alphonse, et qui par-là avoit été cause de sa captivité, touchée de la générosité qu'il avoit fait paroître dans cette circonstance, ouvrit ses portes aux Aragonais, conduits par un frère d'Alphonse, moins de six mois après la bataille de Ponza : ce roi lui-même y fit son entrée le 2 février 1436, avec tous les seigneurs qui sortoient avec lui de sa captivité. Les Génois, qui, à cette époque, s'étoient mis sous la protection du duc de Milan, avoient fait conduire à Milan les captifs qu'ils avoient faits à Ponza. Le duc Philippe-Marie Visconti accueillit gracieusement le roi Alphonse, et celui-ci le charma si fort par la supériorité de ses talens, l'élégance de ses manières, l'étendue de son esprit, et la variété de ses connoissances, qu'une intime amitié fut presque aussitôt formée entre les deux princes; et que le duc de Milan abandonnant les intérêts des Angevins, qu'il avoit défendus jusqu'alors, se déclara pour les Aragonais, remit en liberté sans rançon le roi Alphonse et les autres captifs, et lui promit son assistance. Alphonse, de retour dans le royaume de Naples, y rassembla bientôt un parti nombreux, et, dans la campagne de 1436, il remporta sur Isabelle plusieurs avantages. (1)

(1) Républ. ital. c. 68, p. 95.

D'autre part, depuis que Charles VII avoit fait sa paix avec le duc de Bourgogne, il le pressoit de rendre la liberté à René d'Anjou, parent de l'un et de l'autre, et frère du favori du roi ; il lui envoya le connétable à Saint-Omer, au mois de mai 1436, pour le solliciter (1). Philippe étant revenu en Bourgogne à la fin de la campagne, alla voir, le 4 novembre, son prisonnier dans la tour de Bracon, où il étoit confiné, et convint avec lui des conditions sous lesquelles il lui rendroit la liberté. Le traité définitif porte la date du 28 janvier 1437, mais il est probable que quelques difficultés de rédaction en retardèrent la signature, tandis qu'il commença à recevoir son exécution dès l'entrevue des deux ducs. Le 7 novembre, René, qu'on commença dès-lors à nommer Roi de Sicile, fut mis en liberté par le chancelier de Bourgogne, Rollin, sous la garantie du duc de Bourbon, des comtes de Richemont et de Vendôme, du maréchal de La Fayette et de Christophe de Harcourt. Il s'étoit engagé à payer en différens termes 600,000 saluts d'or de rançon (2), à céder à Philippe quelques places de son duché de Bar

(1) Mém. de Richemont, p. 329.
(2) Trois saluts équivaloient à un florin ou 2 écus. Les écus étoient de 70 de taille au marc de Troyes, de 24 karats, et ¼ de remède. — D. Calmet, Hist. de Lorraine. L. XXVIII, p. 798.

1436. enclavées dans la Flandre, et à assurer l'héritage de Lorraine à Yolande, sa fille aînée, mariée à Ferry, fils du comte de Vaudemont, son rival. Charles VII lui envoya 20,000 florins pour l'aider à payer sa rançon ; tous les seigneurs ses amis, tous les gentilshommes de ses États, lui firent dans le même but des présens considérables. Le duc de Bourgogne, auquel il avoit été faire visite à Lille, lui remit comme étrennes,

1437. le 1ᵉʳ janvier 1437, une quittance de 200,000 saluts d'or ; il en ajouta une autre de 100,000 peu de jours après, comme présent de noces, au moment du mariage de Jean, duc de Calabre, fils de René, âgé de dix ans, avec Marie de Bourbon, nièce de Philippe ; mais malgré ces concessions généreuses, René, qui vouloit montrer sa grandeur par la prodigalité, se trouva sans argent au moment où, en sortant de prison, il songeoit à conquérir un royaume. (1)

René, après avoir confié l'administration de la Lorraine aux évêques de Metz et de Verdun, vint à la fin de l'hiver trouver Charles VII à Tours. Charles du Maine et la reine Marie, son frère et sa sœur, étoient auprès du monarque : mais leur mère Yolande s'étoit retirée de la cour,

---

(1) Villeneuve, Hist. de René d'Anjou, paroît se contredire lui-même sur les dates. T. I, p. 231. — J. Chartier, p. 92. — Monstrelet, c. 210, p. 323. — D. Calmet, Hist. de Lorraine. T. II. L. XXVIII, p. 796.

et vivoit au château de Tucé, près de Saumur. 1437.
René alla aussi la voir, puis il visita les principales villes de l'Anjou, douaire de sa mère, dont il prit dès-lors l'administration. Au mois de novembre il partit pour la Provence, où il fut aussi reçu comme souverain; il y passa l'hiver suivant, et ce ne fut que le 1er avril 1438 qu'il partit pour Naples. La Lorraine, le Barrois, l'Anjou, la Provence, qui n'avoient point éprouvé les ravages de la guerre, lui payèrent volontairement des subsides considérables pour l'aider dans cette expédition; mais René, qui avoit charmé ses ennemis par les petits talens d'un artiste, qui gagnoit le cœur de ses sujets par sa bonté, n'avoit aucune capacité pour les affaires; il manquoit surtout d'ordre et d'économie, vertus essentielles aux rois; et il échoua dans toutes ses entreprises. (1)

Tandis que Charles VII et que ses généraux sembloient avoir déposé, après la prise de Paris, toute pensée de poursuivre les Anglais dans les provinces, et de les chasser de France, le duc de Bourgogne se préparoit à leur enlever Calais, 1436. comme il l'avoit annoncé aux Gantois. Le comte d'Arundel avoit gouverné Calais au nom de Henri VI avec une extrême rigueur; soupçonnant toujours les habitans de comploter contre

(1) Villeneuve, Hist. de René d'Anjou. T. I, p. 239-252.
— D. Calmet, Hist. de Lorraine. L. XXVIII, p. 865.

l'Angleterre, il ne songeoit qu'à les affoiblir et à les ruiner : l'oppression qu'il faisoit peser sur eux causa le soulèvement qu'il vouloit prévenir, au moment de la captivité et de la mort de ce comte. Mais les Anglais eurent bientôt fait rentrer dans l'obéissance les insurgés de Calais, et ils punirent leur mouvement séditieux, en multipliant les supplices et les confiscations (1). Ces rigueurs, et l'irritation de la bourgeoisie contre les Anglais, redoubloient l'espoir du duc de Bourgogne de se rendre maître d'une ville si fort à sa convenance. Les Flamands ne désiroient pas moins vivement que lui les chasser d'une place qui menaçoit leur repos, et ils mirent dix-sept mille hommes sous les armes pour cette entreprise. Les ducs de Bourgogne avoient eu plus de respect pour leurs privilèges que leurs anciens comtes : ils avoient appris à comprendre la valeur d'un commerce et d'une industrie qui leur rapportoient de si riches revenus; mais aussi, depuis que les bourgeois de Bruges et de Gand n'étoient plus appelés chaque jour à défendre leurs droits par les armes, ils avoient perdu l'habitude des combats et la discipline qui les distinguoient dans le siècle précédent. Leur arrogance, loin de diminuer avec leur vertu belliqueuse, s'étoit accrue avec

---

(1) Amelgardus. L. III, c. 4, f. 54, et c. 5, f. 55.

leur opulence. Rien n'étoit plus riche que leurs équipages, leurs tentes, leurs magasins ; aucune troupe de soldats n'étoit plus altière que leurs milices, ou plus âpre au pillage (1). Le duc de Bourgogne, comptant que l'armée que lui fournissoit la Flandre étoit bien suffisante pour le siége de Calais, renvoya les soldats picards et bourguignons qui s'étoient présentés à lui, et vint, à la fin de juin, investir la place, mais bientôt il eut lieu de se repentir d'avoir mis sa confiance dans des hommes en qui il ne trouvoit ni bravoure, ni obéissance : tout étoit, pour les Flamands, objet de dispute, de soupçons ou de terreur. Le duc avoit ordonné à Jean de Horn, sénéchal de Brabant, d'amener la flotte hollandaise devant Calais pour fermer ce port ; mais comme il n'arrivoit point, que chaque jour au contraire des vaisseaux apportoient des renforts d'Angleterre, les Flamands crièrent à la trahison. Ce ne fut que le 25 juillet 1436 que la flotte hollandaise se présenta devant le port ; elle essaya d'y faire échouer des vaisseaux chargés de pierres, pour en fermer l'entrée : mais tous ses efforts furent vains, et bientôt les vents la forcèrent à se retirer. En même temps, les Anglais avoient fait une sortie ; le corps flamand qui devoit leur tenir tête avoit pris la fuite, d'au-

---

(1) Monstrelet, c. 203, p. 277.

tres s'étoient laissés forcer dans une bastide, où ils avoient perdu deux ou trois cents hommes. Ce double échec excita un violent tumulte dans le camp : les Gantois commencèrent à crier que les officiers du duc les trahissoient, qu'ils manquoient à toutes les promesses qu'ils leur avoient faites, et qu'il falloit lever le siége. Le duc de Glocester avoit envoyé un héraut d'armes au duc de Bourgogne lui annoncer qu'il alloit passer sur le continent avec une armée, et le défier à une bataille rangée; aussi Bourgogne supplioit les Gantois d'attendre l'effet de ces menaces, et de ne pas le déshonorer en levant le siége. Ses instances furent inutiles : les cris, les menaces, alloient redoublant, et le 31 juillet l'armée en tumulte leva le siége, et se retira à Gravelines, où elle força le duc à la congédier. (1)

Peu de jours après la retraite des Flamands, le duc de Glocester vint débarquer à Calais avec dix mille combattans, et il ravagea la Flandre maritime avant de repasser en Angleterre. Les Gantois sentoient que leur duc les accusoit de cette honte et de ce dommage, et ils s'efforçoient d'en rejeter la responsabilité sur les officiers du duc, auxquels ils demandèrent compte du retard de la flotte, et de son manque de succès.

(1) Monstrelet, c. 205. T. VI, p. 285-310. — Meyer, *Annal. Fland.* L. XVI, f. 284, 285. — Amelgardus. L. III, c. 8, f. 62, et c. 9, f. 63.

Ils sommoient Philippe de rendre témoignage à leur bonne conduite, de punir ceux qui disoient du mal d'eux, de corriger des abus qu'ils lui signaloient, de leur accorder de nouveaux priviléges; et malgré tous les efforts du duc de Bourgogne pour les calmer, la fermentation sourde de la Flandre devenoit toujours plus menaçante. (1)

Ces troubles n'avoient plus la dignité ou l'intérêt des révolutions qui avoient agité le pays au temps de la génération précédente. Ceux qui les excitoient n'étoient plus des hommes enthousiastes de leur liberté, et prêts à tous les sacrifices plutôt que de laisser attenter à leurs droits : c'étoient des artisans demeurés grossiers et ignorans, malgré la rapide augmentation de leurs richesses; ils s'étoient enflés d'orgueil en voyant les ménagemens extrêmes dont usoit envers eux leur souverain, et ils s'assuroient qu'ils lui faisoient peur. Ils se montroient turbulens, arrogans, querelleurs, sans qu'on pût presque reconnoître le but vers lequel ils tendoient. Bientôt ils commencèrent à répandre le sang de ceux qu'ils avoient accusés à plusieurs reprises. Une troupe de Flamands rencontra le sire de Horn, qui inspectoit les dunes, près d'Ostende, avec une compagnie peu nombreuse, et le tua

---

(1) Monstrelet, c. 208, p. 315.

beaucoup de gentilshommes furent exilés de Gand, parce qu'ils ne s'étoient pas fait inscrire au registre des bourgeois (1). Peu après, les Gantois tuèrent encore Gilbert Pacters, doyen des métiers, qu'ils accusoient d'avoir empêché de donner un assaut à Calais (2). Les bourgeois de Bruges commirent plus de cruautés encore; ils vouloient assiéger l'Écluse, où ils prétendoient avoir reçu un affront, et comme leur scultate, ou juge, se refusoit à les y conduire, ils le tuèrent. La duchesse étoit alors dans leur ville; elle en sortit effrayée, tenant son jeune fils, le comte de Charolais, dans ses bras; mais les bourgeois arrêtèrent son chariot, et lui arrachèrent la dame d'Utkerque et la veuve du sire de Horn, qu'ils retinrent en prison (3). Le duc, qui vouloit se rendre en Hollande pour y recueillir l'héritage de Jacqueline de Hainaut, morte au mois d'octobre précédent, partit de Lille au mois de mai 1437, avec environ quatorze cents combattans, dans l'intention de passer par Bruges et d'y punir les auteurs de tous ces désordres. Le maréchal de Lille Adam conduisoit son avant-garde; peu de mois auparavant, il s'étoit laissé surprendre à Pontoise, le 12 février 1437, par Talbot, qui, profitant de ce que

(1) Monstrelet, c. 208, p. 316-320.
(2) *Ib*, c. 211, p. 331.
(3) Monstrelet, c. 208, p. 320.

la terre étoit couverte de neige et les fossés gelés, s'étoit introduit de nuit dans la ville avec ses Anglais couverts de draps blancs, qui empêchèrent de les distinguer. Déjà, le 29 juillet 1419, il s'étoit laissé surprendre par les mêmes Anglais dans la même ville. (1)

Les habitans de Bruges voyoient avec beaucoup de défiance l'approche du duc; Lille-Adam leur étoit suspect, et plus encore Roland de Hutekerque, Colard de Comines, Hautbourdin, Saveuse, Crèvecœur et les autres gentilshommes des Pays-Bas qu'ils voyoient à la suite de leur duc. Lorsqu'il se présenta à leur porte, le mercredi 22 mai, ils refusèrent d'abord de le laisser entrer. Après une courte négociation, ils ouvrirent cependant la porte, que le duc fit garnir de quelques uns de ses gentilshommes, avec des archers. Lille-Adam entra ensuite, et le duc le suivit : mais il étoit à peine entré quatre ou cinq cents hommes, quand les Brugelois se jetèrent avec fureur sur la porte intérieure, s'en ressaisirent et la refermèrent. Le duc se trouva ainsi, avec son maréchal, séparé de son armée, et le petit corps de quatre ou cinq cents hommes avec lequel il étoit dans la ville, fut attaqué de toutes parts. Il étoit déjà dans la place

(1) J. Chartier, p. 93. — Monstrelet, c. 210, p. 325. — Journal d'un bourgeois de Paris, p. 484.

Tome XIII.

du Vieux-Marché, d'où il eut peine à faire retraite en combattant jusqu'à la porte. En chemin Lille-Adam fut tué avec près de cent de ses soldats : les Brugelois abandonnèrent la porte, mais il fallut du temps pour en enfoncer la serrure à coups de marteau. Pendant une heure et demie le duc fut enfermé dans la ville, où il courut un extrême danger. Il sortit enfin, mais deux cents de ses soldats demeurèrent prisonniers derrière lui : les bourgeois de Bruges en firent décapiter trente-deux, et ils firent écarteler le maréchal qui avoit fourni les marteaux avec lesquels la serrure avoit été enfoncée. (1)

Malgré une conduite aussi criminelle, le duc de Bourgogne vouloit éviter une guerre ouverte avec ses sujets flamands, et, pour punir les gens de Bruges, il se contenta d'intercepter leur commerce, de garder l'entrée de leurs canaux, et de cerner leur ville. Les autres Flamands, qui avoient d'abord applaudi à sa modération, commencèrent bientôt à se plaindre, car cette cessation du commerce les ruinoit tout autant que les bourgeois de Bruges. Les Gantois résolurent enfin d'opérer eux-mêmes la pacification du pays. Au mois de septembre 1437, ils prirent les armes, s'approchèrent de Bruges, et, par leur médiation, réglèrent les bases d'un traité

(1) Monstrelet, c. 213, p. 334-341. — Barante. T. VI, p. 408-411.

qui maintenoit à la fois les droits du prince et ceux de leurs concitoyens. Déjà les Brugelois y avoient donné leur consentement, lorsque des hommes turbulens leur firent honte de se laisser donner la loi par les gens de Gand ; une nouvelle sédition éclata dans la ville, et toutes les propositions de paix furent rejetées. (1)

Ce furent seulement les souffrances de l'hiver de 1437 à 1438, la misère, la cherté des vivres qui se faisoit sentir dans tout l'occident, la cessation de tout commerce avec l'Angleterre, de toute importation de laine, et par conséquent de tout travail dans les manufactures, qui abattirent l'orgueil et le courage des habitans de Bruges : ils implorèrent la médiation de la duchesse Élisabeth ; ils envoyèrent eux-mêmes au supplice les chefs qui les avoient conduits jusqu'alors. Une horrible épidémie, conséquence de la misère, dévastoit leur ville, et y avoit déjà fait périr vingt mille personnes; enfin leurs députés signèrent, à Arras, le 17 février 1438, la capitulation moyennant laquelle ils se soumettoient à leur duc : ils promirent de lui payer deux cent mille rixdales d'or ; ils laissèrent exclure de l'amnistie quarante-deux de leurs concitoyens, qui périrent successivement dans les supplices, et ils ouvrirent leurs portes au duc

(1) Monstrelet, c. 224, p. 376.

de Clèves, lieutenant de Philippe, et à la duchesse de Bourgogne. (1)

Les troubles de Flandre avoient fait une puissante diversion en faveur des Anglais. Après avoir craint quelque temps de se voir attaqués par leur ancien allié le duc de Bourgogne, ils le voyoient tout occupé des affaires de son pays et dans l'impossibilité de poursuivre la guerre. L'armée que le duc de Glocester avoit conduite contre lui à Calais n'avoit pas repassé tout entière en Angleterre : beaucoup de soldats étoient venus se ranger sous les drapeaux des lords Talbot, de Scales et de sir Thomas Kiriel, et ils les avoient engagés à reprendre l'offensive. C'étoit grâce à ces renforts que Talbot avoit surpris Pontoise le 12 février, et que peu de mois après il avoit mis en déroute une petite armée avec laquelle La Hire, Xaintrailles, Fontaine et d'autres aventuriers s'étoient avancés jusqu'à Ris, gros village à quatre lieues de Rouen, dans l'espoir que des traîtres leur livreroient la capitale de la Normandie (2). Après ces deux succès, les Anglais, maîtres de la campagne, arrivèrent de nouveau jusqu'aux portes de Paris; ils arrêtèrent et rançonnèrent les paysans qui y

(1) Monstrelet, c. 225, p. 389. — Meyer, *Annal. Flandriæ*. L. XVI, fol. 286 à 292. — Barante. T. VI, p. 406-447.
(2) Monstrelet, c. 212, p. 332; et de nouveau, c. 217, p. 350.

portoient des vivres au marché, et ils renouvelèrent la souffrance de cette grande ville, qui déjà depuis un an avoit cru être arrivée au terme de ses misères. (1)

Charles VII étoit à Montpellier le 31 mars 1437 ; il y célébra les fêtes de Pâques, et il y présida l'assemblée des États de Languedoc, qui lui accorda un subside de cent vingt mille francs. Mais il avoit beau chercher dans son royaume la ville la plus éloignée des ennemis, il ne pouvoit nulle part se dérober au spectacle de la guerre. Partout également la violence avoit remplacé les lois ; l'Albigeois étoit dévasté par la querelle de Bernard de Casilhac et de Robert-Dauphin, qui prétendoient tous deux à l'évêché d'Albi, et qui recouroient aux armes pour établir leur droit (2). Tout le pays situé au midi de la Loire souffroit bien plus encore des exactions et des violences de Rodrigo de Villandrade. Cet aventurier espagnol avoit plusieurs fois rendu de grands services à Charles VII, en combattant ses ennemis avec succès ; mais il préféroit encore piller ses sujets. Il avoit rassemblé une bande puissante de brigands, qu'on nommoit *routiers* dans le midi, et *écorcheurs* dans le nord ; il disoit qu'il vouloit la conduire dans la Guienne contre les Anglais ; mais bientôt il

(1) Journal d'un bourgeois de Paris, p. 480.
(2) Hist. de Languedoc. T. V. L. XXXIV, c. 70, p. 487.

1437. l'avoit ramenée en Auvergne, et il ravageoit cette province. Charles VII, qui vouloit retourner à Bourges, convoqua, au mois de mai, la noblesse de Languedoc à Pézénas, pour lui servir d'escorte (1). Villandrade, à son approche, vouloit se retirer dans le Bourbonnais, où il étoit sûr de la protection de son beau-frère le bâtard de Bourbon; mais ses routiers rencontrèrent à Saint-Amand, à dix lieues de Bourges, les fourriers du roi; ils prirent querelle avec eux, les battirent et les dépouillèrent. Charles en éprouva une violente colère : il manquoit d'activité plutôt que de courage, et il parut sentir enfin que puisqu'on ne lui permettoit pas de vivre en paix, il valoit mieux encore faire fuir ses ennemis que de fuir toujours devant eux. Il marcha donc contre Villandrade, auquel le bâtard de Bourbon et Jacques de Chabannes s'étoient associés : ces routiers reculèrent, passèrent la Saône à Trévoux, et se retirèrent dans la Bresse, qui étoit terre d'empire. Charles exigea du duc de Bourbon qu'il ne laissât point rentrer Villandrade en France, et qu'il rappelât le bâtard de Bourbon et Chabannes pour les envoyer contre les Anglais. (2)

Charles prit goût à cette petite campagne contre Villandrade, et il annonça qu'il alloit marcher

(1) Hist. de Languedoc. L. XXXIV, c. 72, p. 488.
(2) Le Bouvier dit Berry, p. 395.

contre les Anglais. Plusieurs grands seigneurs vinrent se joindre à lui, entre autres le comte de Vendôme et le comte de Pardiac ou Perdriac, devenu comte de la Marche; c'étoit le fils du comte d'Armagnac (1). Il s'arrêta à Gien sur la Loire, pour y rassembler son armée, tandis que le connétable et le bâtard d'Orléans avoient pris les devans et soumettoient Château-Landon, Nemours et Terny (2). Après quoi Charles leur donna rendez-vous devant Montereau, qu'il vouloit investir. Gaucourt, Xaintrailles et Boussac passèrent la Seine à Bray, avec seize cents combattans, et vinrent se loger dans la Brie, à droite de cette rivière; le connétable, le bâtard d'Orléans, Pardiac et Chabannes se logèrent à gauche dans le Gâtinais; Valogne, La Tour et Regnault Guillaume, avec un troisième corps d'armée, s'avancèrent enfin entre l'Yonne et la Seine, et de tous les côtés des canons furent mis en batterie. Dix jours plus tard, le 24 août, le roi arriva aussi devant Montereau, et son armée se trouva alors forte de six à sept mille hommes. Dans la ville, il y avoit trois ou quatre cents Anglais, qui se défendoient avec une grande

(1) Le comté de la Marche, apanage de Jacques II, mari de la reine Jeanne de Naples, fut porté par la fille de celui-ci dans la maison d'Armagnac, quand Jacques II se fit capucin à Besançon avant l'année 1435. Mém. d'Olivier de la Marche, T. VIII, c. 1, p. 1-10.

(2) Monstrelet, c. 215, p. 344.

bravoure. Le siége dura six semaines environ : « Le roi lui-même, dit Monstrelet, de sa per- « sonne y prit moult grand travail. » Son roi d'armes Berry dit aussi « que le roi y étoit pré- « sent en personne, faisant son devoir comme « les autres. » Ce langage étoit trop simple pour les écrivains postérieurs : selon eux, Charles se signala à ce siége par la plus brillante valeur. Enfin le 11 octobre, la garnison étant trop foible pour défendre une si grande enceinte, la ville fut prise d'assaut, avec peu de perte pour les assiégeans. Une trentaine d'Anglais furent tués en se défendant ; autant furent faits prisonniers et pendus ; le reste se réfugia dans le château : la ville fut pillée ; mais le roi ne permit pas qu'on touchât aux personnes des bourgeois qui s'étoient réfugiés dans les églises. Quinze jours après, le château se rendit par composition. (1)

Après la prise de Montereau, Charles VII passa une quinzaine de jours à Melun ; il se laissa persuader ensuite de faire son entrée à Paris : il n'avoit jamais revu cette ville depuis le 29 mai 1418, qu'encore enfant il en avoit été emporté au milieu d'une sédition, et il conserva toute sa vie de l'éloignement pour ses habitans. Cependant

(1) Monstrelet, c. 215, p. 344. — Berry, roi d'armes, p. 395. — Journal d'un bourgeois de Paris, p. 490. — J. Chartier, p. 94. — Mém. de Richemont, p. 338. — Amelgardus. L. III, c. 13, f. 68.

il vint loger à Saint-Denis le 12 novembre 1437, et le lendemain il fit son entrée dans la capitale, accompagné par son fils le Dauphin, par le connétable et le bâtard d'Orléans ; les comtes du Maine, de Pardiac, de Vendôme, de Tancarville ; Christophe de Harcourt, La Hire, Xaintrailles, Chabannes, et presque tous les autres chefs qui s'étoient illustrés dans cette longue guerre formoient son cortége. Le prévôt des marchands et ses échevins, le prévôt de Paris, le parlement, les prélats, l'université, attendoient le roi dans des stations différentes pour le complimenter ; dans chaque place on représentoit des mystères, et le peuple, qui se croyoit arrivé au terme de ses maux, crioit *Noël!* et pleuroit de joie. (1)

Peut-être ne dépendoit-il pas du roi de faire beaucoup de bien à une ville que tant de circonstances se réunissoient pour ruiner ; quelques ordonnances qu'il y rendit, sur les preuves de capacité que devroient donner les médecins et les apothicaires, avant d'être admis à exercer leur état (2) ; sur la conservation des protocoles et des registres des notaires (3) ; enfin sur la punition des blasphémateurs, pour lesquels, à la sollicitation du clergé, il renouvela les ordon-

---

(1) Monstrelet, c. 219, p. 354. — Berry, roi d'armes, p. 398.
(2) Ordonn. de France. T. XIII, p. 244.
(3) *Ib.* p. 249.

nances cruelles de Louis IX (1), ne pouvoient pas donner beaucoup de satisfaction au peuple; aussi le bourgeois de Paris dit dans son Journal, « qu'il se départit de Paris le troisième jour de « novembre, sans que nul bien y fit à la ville de « Paris pour lors; et sembloit qu'il ne fût venu « seulement que pour voir la ville : et vraiment « sa prise de Montereau et sa venue coûta plus « de 60,000 francs à la ville de Paris, où qu'ils « fussent pris. » (2)

Le roi s'étoit à peine retiré de Paris à Beaugency, et ensuite à Tours, que les écorcheurs d'une part, les Anglais de Pontoise de l'autre, recommencèrent leurs courses jusqu'aux portes de la capitale, et interrompirent presque absolument les arrivages des vivres; la détresse étoit augmentée par une très mauvaise récolte, et comme il n'y avoit ni police, ni sûreté sur les routes, le commerce des denrées étoit presque interrompu; le pain, qui coûtoit un blanc dans une ville, en coûtoit dix dans une autre; plusieurs villes où l'on avoit défendu de brasser de la bière, où l'on avoit fait tuer tous les chiens, tous les animaux qui partagent la nourriture de l'homme, finirent par chasser leurs pauvres, qu'on voyoit mourir sur des fumiers, où ils

---

(1) Ordonn. de France. T. XIII, p. 247.
(2) Bourgeois de Paris, p. 494. — Berry, p. 398. Je ne sais pourquoi tous deux placent ces événemens sous l'an 1438.

alloient chercher un reste de chaleur; d'autres, au contraire, accueillirent avec une charité généreuse tous ceux qui se présentoient, et la ville de Cambrai se distingua par-dessus toutes les autres, par l'abondance des secours qu'elle distribua (1). Chabannes, Blanchefort, de Bron, Floquet, Reynault, Chapelle, d'Escouvet, et environ deux mille chevaux, s'étoient chargés de garder la frontière du côté de la Normandie; mais n'y trouvant plus rien à piller, ils se jetèrent dans les États du duc de Bourgogne, et dévastèrent d'une manière effroyable le Ponthieu, le Santois, le Cambrésis et le Hainaut. (2)

1437.

Mais la souffrance de Paris dépassoit encore celle des provinces. Une maladie pestilentielle avoit été la conséquence de la misère. Il mourut cinq mille personnes à l'Hôtel-Dieu; il en mourut quarante-cinq mille dans la ville, et la moitié, à ce qu'on assuroit, de faim, non de maladie. « Quand la mort, dit le bourgeois de Paris, se « boutoit dans une maison, elle en emportoit « la plus grande partie des gens, et espécialement « des plus forts et des plus jeunes » (3). Les rues étoient si désertes, que les loups ne craignoient point d'entrer dans la ville par la rivière, pour y enlever des chiens, quelquefois même des

1438.

(1) Monstrelet, c. 223, p. 374.
(2) Monstrelet, c. 222, p. 371.
(3) Journal d'un bourgeois de Paris, p. 495.

1438. petits enfans. Les bourgeois montoient la garde aux portes; mais les corps-de-garde et les lits de camp étoient probablement infectés, en sorte qu'ils en revenoient presque tous atteints de la peste. Le connétable, les capitaines, les hommes riches, tout ce qui pouvoit s'enfuir enfin, quitta la ville, à la réserve d'Adam de Cambrai, président du parlement, de Simon Chasles, président de la chambre des comptes, et d'Ambroise de Loré, commandant de la ville, qui s'efforcèrent d'y maintenir quelque ordre au milieu de tant de calamités. (1)

Les Anglais auroient éprouvé peu de difficulté à s'emparer de nouveau de la capitale, dans de telles circonstances; mais ils se soucioient peu d'y venir chercher la peste et la famine; ils évacuèrent au contraire d'eux-mêmes quelques uns des postes qui en étoient plus rapprochés. Dans le courant de l'été de 1438 on leur reprit Montargis et Chevreuse; mais ils tenoient toujours Meaux, le Creil, Pontoise et Gisors, d'où ils étendoient leurs courses dans toute l'Ile-de-France (2). De leur côté Talbot et Thomas Kiriel soumettoient Longueville, et divers châteaux de la Basse-Normandie et du pays de Caux (3); ils passèrent ensuite en Picardie, et

---

(1) J. Chartier, p. 99.
(2) Monstrelet. T. VII, c. 230, p. 5.
(3) Monstrelet. T. VII, c. 228, p. 5.

forcèrent les troupes du duc de Bourgogne à lever le siége du Crotoy (1). Cependant, il ne restoit plus qu'un petit nombre d'Anglais sur le continent; la nation se dégoûtoit toujours plus de la guerre, et le conseil de Henri VI, comme acheminement à la paix, consentit à l'échange de deux princes du sang prisonniers. Il rendit le comte d'Eu, captif dès la bataille d'Azincourt, contre Jean de Beaufort, depuis duc de Sommerset, fait captif à la bataille de Baugé. (2)

Charles VII, auquel cette guerre ne donnoit plus d'inquiétude, revint, au commencement de juillet, de Tours, où il avoit passé le printemps, à Bourges, où il avoit convoqué une assemblée solennelle du clergé de France. Cinq archevêques, vingt-cinq évêques, et une multitude d'abbés et de députés des universités et des chapitres, s'y trouvèrent réunis; le roi y arriva, accompagné du dauphin, du duc de Bourgogne, du comte du Maine, de Pierre de Bretagne, des comtes de la Marche, de Vendôme et de Tancarville, avec beaucoup de grands seigneurs et de docteurs de l'une et l'autre loi (3). Il promulgua dans cette assemblée, le 7 juillet, une

(1) J. Chartier, p. 98. — Berry, p. 400.
(2) Rapin Thoyras. L. XII, p. 277. — Monstrelet, c. 232, p. 9.
(3) Ordonn. de France. T. XIII. — Préface, p. 47, et texte, p. 268.

ordonnance célèbre, sous le nom de *Pragmatique-Sanction*, contenant le sommaire des libertés que réclama dès-lors l'Église gallicane, libertés que venoit de définir le concile de Bâle, et pour lesquelles la chrétienté se divisoit, au point de paroître menacée d'un nouveau schisme.

Nous n'avons jusqu'ici nommé qu'incidemment le concile de Bâle, quoique cette assemblée des Pères de l'Église eût constamment fixé les regards de l'Europe, dès le 23 juillet 1431, jour de son ouverture; mais la fermentation qu'elle excitoit se faisoit moins sentir en France que dans aucune autre partie de la chrétienté, trop de calamités accabloient alors cette contrée. Chaque année, depuis un siècle, les Français voyoient piller leurs villes, ravager leurs campagnes, décimer leur jeunesse; et tandis que l'art de la guerre étoit leur seule étude, la seule carrière qui menât à la richesse et à la gloire, ils ne s'apercevoient pas que la civilisation avoit marché dans le reste de l'Europe avec des pas de géans. L'antiquité s'étoit révélée aux Italiens; ils avoient d'abord cherché à atteindre la plus vaste érudition, avec une passion, avec une constance que nous ne connoissons plus aujourd'hui. Bientôt ils s'étoient élevés à l'éloquence, à la poésie et à la philosophie; chez eux l'admiration pour la science et le génie ne s'étoit point renfermée dans les écoles; on l'avoit retrouvée dans le peuple, dans la noblesse, dans les princes mêmes ; et la gloire littéraire commençoit à assigner les rangs dans la société.

L'Espagne et l'Allemagne suivoient de près l'Italie, dans ce zèle pour apprendre tout ce que l'homme peut savoir ; mais l'Espagne, comme l'Italie, dans son admiration pour l'antiquité classique, devenoit presque païenne. Les lettrés dans l'un et l'autre pays ne considéroient plus le christianisme que comme une institution politique, dont ils recueilloient les principaux avantages ; aussi mettoient-ils un zèle peu consciencieux à en défendre tous les abus. Les Allemands, au contraire, religieux et enthousiastes par caractère, avoient reporté sur la religion toutes les lumières qu'ils venoient d'acquérir, lorsque leur esprit s'étoit enrichi par tous les trésors de la science, et s'étoit exercé par l'étude de la dialectique et de la philosophie. Ils avoient voulu rendre leur croyance plus pure et plus sainte, et ils préludoient par les controverses des Hussites à la grande réforme qu'ils devoient opérer quatre-vingts ans plus tard.

1438.

A cette époque même l'Église avoit pour chef un homme dont les défauts compromettoient jusqu'à son existence : c'étoit Gabriel Condolmieri, élu pape le 3 mars 1431, sous le nom d'Eugène IV. Son oncle, Grégoire XII, l'avoit introduit dans le sacré collége; mais il y étoit regardé comme un moine d'un esprit étroit et violent, qu'aucun prélat n'auroit voulu avoir pour pape, et qui ne fut nommé que parce que les cardinaux, dans un tour de scrutin où ils vouloient perdre leur suffrage, l'avoient jugé l'homme le plus déconsidéré de leur corps, celui par conséquent qui avoit le moins de chance d'être élu, et dont ils pouvoient le mieux faire ce qu'on nomme aujourd'hui dans les élections un *homme de paille*. Toutefois, Eugène IV s'étoit conduit à l'égard des Hussites comme auroit fait probablement un pape plus habile. Il avoit voulu les écraser; il avoit soulevé contre eux la population ignorante de l'Allemagne; il avoit prêché croisade après croisade, rompu tous les traités qui avoient été faits avec les Hussites, et délié de leurs sermens tous ceux qui leur avoient juré la paix. Mais l'Allemagne ne ressembloit déjà plus à ce qu'elle étoit aux temps barbares; tous les hommes distingués par leurs talens, par l'élévation de leur caractère, avoient refusé de se joindre à la tourbe ignorante que soulevoient les moines. Les croisés, mal conduits, mal conseillés, avoient été constamment battus, et l'Allemagne, ravagée par les Hussites, accusoit l'imprudence du pape, se refusoit à se laisser plus long-temps sacrifier à ses passions, et demandoit à grands cris une réforme de l'Église, dans son chef et dans ses membres. (1)

L'assemblée du concile de Bâle manifesta en même temps l'impatience du public allemand, qui vouloit secouer une tyrannie stupide, et l'esprit républicain qui s'étoit développé chez les lettrés de toute la chrétienté, et qui par eux avoit passé au haut clergé, parce que les hommes les plus éminens dans les lettres avoient été revêtus des dignités de l'Église. La cour de Rome regardoit la chrétienté comme une monarchie spirituelle; le concile ne voulut y voir au contraire qu'une démocratie, ou pour mieux dire un gouvernement assez semblable à celui de la république de Pologne, où les grands seigneurs des provinces, une fois réunis en diète, n'étoient plus que des citoyens égaux dans leurs droits. Dans l'Église, l'égalité et la liberté n'étoient, selon eux, que pour les prélats, comme en Pologne que pour les gentilshommes. En effet, dès sa seconde session le concile de Bâle se déclara supérieur au pape; il lui retira le droit de le dissoudre; il lui interdit de créer de nouveaux cardinaux; il se réserva à lui-même le pouvoir de lui donner un successeur si Eugène venoit à mourir; enfin le pape ayant voulu résister à ce qu'il nommoit les usurpations de l'assemblée, le

---

(1) Hist. de la Guerre des Hussites et du Concile de Bâle, par Jacques Lenfant; 1731, in-4°. *Voyez* tout le tome 1er.

1438. concile le cita à comparoître devant lui à Bâle, pour rendre compte de sa conduite. (1)

Eugène IV étoit l'homme le moins propre à lutter contre cette assemblée ambitieuse, dans laquelle on voyoit réunis presque tous les savans, les orateurs, les philosophes, presque toutes les notabilités littéraires enfin de la chrétienté. Le concile connoissoit ses droits, et les droits de l'Église; il étoit déterminé à les faire valoir à la rigueur, et cependant il ne manquoit pas aussi d'adresse. Eugène, au contraire, avoit conservé tous les préjugés d'un moine ignorant; il croyoit son autorité sans limites, il s'indignoit de toute résistance. Loin de reconnoître la supériorité du concile, ou d'obéir à ses citations, il tentoit de le transférer dans une autre ville, puis il le cassoit, il en convoquoit un second; mais aussi incapable d'administrer les affaires temporelles que les spirituelles, à cette époque même il se brouilloit avec ses sujets en Italie; il perdoit la souveraineté de Rome, de la Marche d'Ancône, de la Romagne, et il étoit obligé de chercher un refuge à Florence, pendant que toutes les villes de l'État de l'Église, ou se constituoient en répu-

(1) Lenfant, Hist. du Concile de Bâle. T. II. L. XVII et XVIII. — *Acta Concilii Basiliensis*, Labbe Concil. generalia. T. XII, p. 459, seq. — *Raynald. Annal. eccles.* T. XVIII, ad ann. 1431-1438. — Hist. des Républ. Ital. du moyen âge. T. IX, ch. 66. — Dumont, Corps diplomat. T. III, p. 30, 36, 37, 38, 46.

bliques, ou étoient occupées par des condottieri.

Les Pères du concile de Bâle auroient pu opérer dès-lors la réforme religieuse que Luther commença quatre-vingts ans plus tard; mais ils n'en avoient pas le désir : en profitant de toutes les lumières du siècle, ils cherchoient leur intérêt propre et non celui de l'humanité; ils vouloient bien détruire le despotisme du pape, mais non le pouvoir ou la richesse des prélats; ils mettoient en jeu les talens de tous les esprits philosophiques enrôlés dans leur parti, mais ils n'avoient garde de dissiper l'ignorance du bas peuple, qui assuroit sa soumission et leur opulence. Ce manque de bonne foi, cette préférence accordée à l'intérêt du corps sur l'intérêt de la société, produisirent un manque de fidélité dans les agens du concile; eux, à leur tour, préférèrent leur intérêt privé à l'intérêt du corps.

Dans sa vingt-huitième session, le 1ᵉʳ octobre 1437, le concile déclara de nouveau Eugène IV contumace, et se prépara à le déposer (1). Peu après, le 8 décembre 1437, l'empereur Sigismond, qui avoit paru en quelque sorte le protecteur et le modérateur du concile, mourut, et fut remplacé sur les trônes

---

(1) *Annal. ecclesiastici Raynaldi*, 1437, §. 18, p. 177. — *Labbe Concilia general.* T. XII, sessio 28, p. 590. — Lenfant, *Hist. du Concile de Bâle*. T. II, L. XVIII, p. 69.

1438. de Bohême et de Hongrie par Albert d'Autriche, son gendre ; celui-ci fut ensuite couronné à Aix-la-Chapelle, comme roi des Romains, le 30 mai 1438, sous le nom d'Albert II. D'autre part, Eugène IV, qui avoit convoqué un autre concile à Ferrare, en opposition avec celui de Bâle, en fit l'ouverture le 8 janvier 1438. Il ne s'étoit d'abord rendu qu'un fort petit nombre de prélats, sujets immédiats du pape, à cette assemblée ; mais bientôt elle acquit plus d'importance aux yeux de la chrétienté, par l'arrivée de Jean VI Paléologue, empereur de Constantinople, qui y amena divers prélats grecs. Ce souverain, dont les titres étoient encore si imposans, n'étoit cependant que le prince d'une seule ville, pressé dans sa capitale par les armes des Turcs ; il s'étoit flatté d'assurer à son empire chancelant les secours de la chrétienté, en consentant à la réunion de l'Église grecque avec l'Église romaine. Ce fut le grand œuvre dont se chargea le concile de Ferrare (1).

Dès-lors l'Église se trouva partagée entre les deux conciles de Bâle et de Ferrare, et plusieurs des prélats qui avoient d'abord été attachés au premier passèrent au second ; c'étoient les plus modérés, et leur défection laissa les plus violens maîtres du terrain. Ceux-ci résolurent,

(1) *Labbe Concilia general.* T. XIII, p. 876. — Lenfant, Concile de Bâle. T. II. L. XIX, p. 78.

pour achever de punir Eugène, de nommer à sa place un nouveau pape. Ils arrêtèrent leur choix sur un homme que nous avons eu plusieurs fois occasion de nommer, Amédée VIII, comte, puis duc de Savoie, beau-frère de Jean-sans-Peur, duc de Bourgogne, allié du duc Philippe, et qui plusieurs fois s'étoit présenté comme médiateur pour rétablir la paix en France. Amédée VIII étoit né en 1383; il régnoit en Savoie depuis 1391. Arrivé à l'âge de cinquante ans, il se sentit fatigué de l'autorité souveraine; il l'abdiqua en faveur de son fils le 7 novembre 1434, et il se retira dans un riant ermitage qu'il avoit fondé à Ripaille, sur les bords du lac de Genève. Il y avoit institué un ordre composé de six chevaliers seulement, auquel il avoit imposé des vœux monastiques; il s'en fit le doyen, et sans renoncer tout-à-fait aux affaires d'État, il partagea ses jours à Ripaille entre les exercices de piété et la bonne chère (1). Les vœux qu'il avoit faits comme ermite l'avoient fait entrer dans l'Église; mais on conçoit à peine comment l'amour du repos, qui lui avoit fait abdiquer le gouvernement tout pacifique de la Savoie, put lui permettre de recevoir une tiare qui lui étoit offerte par une faction turbulente, tandis qu'il s'exposoit au ressentiment d'un pape emporté, dont les invec-

(1) Guichenon, Hist. générale de Savoie, T. II, p. 54. — Monstrelet, c. 168, p. 140.

tives furent répétées par toute l'Église. Le 5 novembre 1439 il accepta cependant, sous le nom de Félix V, la papauté que lui offroit le concile de Bâle ; il composa sa cour de vingt-trois cardinaux, et il établit tour à tour sa résidence à Bâle, à Lausanne et à Genève. (1)

La France avoit adhéré au concile de Bâle; mais il semble que le clergé français avoit pris très peu de part à toute cette controverse; tandis que les ravages de la guerre menaçoient sans cesse l'indépendance, l'existence même des prélats, ils se soucioient assez peu de savoir qui l'emporteroit du pape ou du concile. Ce dernier avoit cependant travaillé dans leur intérêt. Quand l'ensemble des décrets du concile fut présenté à l'Église gallicane assemblée à Bourges, les évêques furent frappés de tous les avantages qu'ils leur offroient. En même temps les gens de loi et les conseillers au parlement, toujours jaloux de l'autorité ecclésiastique, y virent avec plus de plaisir encore que le système de gouvernement introduit par le concile de Bâle seroit favorable à l'autorité royale. Par leur accord,

---

(1) *Labbe Concilia gener.* T. XII, sessio 39, 40, p. 636, 638. — Guichenon, T. II, p. 59. — Monstrelet. T. VII, c. 237, p. 20. — Lenfant, Concile de Bâle. T. II. L. XIX, p. 98. — Dumont, Corps diplomat. T. III; p. 75 et 85. Il rapporte l'élection au 17 novembre, et l'acceptation au 17 décembre.

l'ordonnance nommée *Pragmatique-Sanction* fut rédigée : elle n'étoit autre chose qu'une sanction royale accordée à ceux des décrets du concile que la France acceptoit comme lois de l'État.

L'ordonnance nommée *Pragmatique-Sanction* fut promulguée le 7 juillet ; elle est fort longue et assez difficile à comprendre, parce que se référant uniquement aux décrets du concile de Bâle, elle énumère les uns après les autres, en les indiquant par leurs premiers mots, ceux qu'elle accepte, et auxquels elle donne force de loi en France. Quelquefois elle n'adopte pas le décret tout entier, alors elle rapporte les premiers et les derniers mots des paragraphes qu'elle sanctionne. Voici quelles sont les plus importantes entre ces lois nouvelles du concile que l'assemblée de Bourges importoit en France. Elle reconnoissoit que le saint-siége étoit sous l'obligation d'assembler tous les dix ans un concile œcuménique ; que l'autorité de ce concile étoit supérieure à celle du pape ; que le pape ne pouvoit élire aux hautes dignités ecclésiastiques, sauf un petit nombre de siéges qui lui étoient formellement réservés : pour tous les autres, la liberté d'élection étoit conférée aux chapitres. Elle ôtoit à la cour de Rome la collation des bénéfices inférieurs ; elle lui interdisoit en particulier les expectatives, ou la nomination à un bénéfice dont le titulaire étoit encore vivant ; elle limitoit aux causes les plus graves les appels en cour de Rome, toutes les fois que les plaideurs auroient plus de quatre journées de chemin à faire pour s'y rendre. Elle interdisoit de troubler par ces appels, ou de toute autre manière, ceux qui auroient été trois ans de bonne foi en possession d'un bénéfice ou d'une dignité ecclésiastique ; elle fixoit à vingt-quatre le nombre des cardinaux, et exigeoit que le pape ne pût les nommer avant qu'ils fussent âgés au moins de trente ans ; elle déclaroit simoniaque la perception des annates ; elle soumettoit les prêtres concubinaires à la perte de trois mois de leurs revenus par année ; elle limitoit à de certains actes l'obligation d'éviter tout commerce avec les excommuniés ; enfin, elle déclaroit qu'un interdit ne pouvoit envelopper dans son opération les innocens avec les coupables. Quelques autres décrets sur la célébration des offices divins, sur la présence au chœur, sur les heures canoniques, également sanctionnés, n'ont point de rapports avec la querelle qui divisoit alors l'Église. (1)

Quoique l'assemblée de Bourges se fût permis de choisir entre les décrets du concile, de modifier plusieurs de ceux qu'elle adoptoit, et d'y faire des réserves en faveur d'Eugène IV, les

(1) Ordonn. de France. T. XIII, p. 267-291. — *Concilium Bituricense*, in *Labbe Concil. generalia.* T. XII, p. 1429. — Lenfant, Hist. du Concile de Bâle. L. XIX, p. 83.

Pères de Bâle apprirent avec joie cette adhésion
d'une grande monarchie à leur législation, et
ils en témoignèrent leur reconnoissance dans
une lettre qu'ils adressèrent à l'archevêque de
Lyon (1). Eugène IV, au contraire, en exprima
son ressentiment à Charles VII avec tant de hauteur, qu'on n'auroit pu soupçonner, en lisant sa
lettre, qu'il étoit alors même exilé de ses États
par ses sujets, et déposé par l'Église dont il se
disoit le chef (2). Cependant peu s'en fallut qu'Eugène ne trouvât en France même des vengeurs
qui accablassent le concile de Bâle, et anéantissent cette assemblée, au moment où le roi et
le concile de Bourges adoptoient et sanctionnoient ses décrets. Ce fut le vieux comte Guillaume de Diets, évêque de Strasbourg, qui en
fit la tentative. Il savoit que les capitaines d'aventuriers, les écorcheurs dont la France étoit
remplie, ne trouvoient presque plus rien à piller
dans ce malheureux pays, ravagé à la fois par
la peste et la famine; qu'en même temps ils
étoient tous aigris contre le connétable de Richemont, qui, sous prétexte de rétablir la discipline, faisoit pendre ou noyer par centaines leurs
soldats (3), qu'ils lui avoient refusé l'entrée des
châteaux de Vincennes et de Beauté, où il avoit

---

(1) *Concil. gener.* T. XII, p. 831.
(2) *Ann. eccles. Raynaldi.* T. XVIII, an. 1439, §. 37.
(3) Mém. de Richemont, T. VII, p. 340.

1438. voulu se retirer pour éviter la peste qui ravageoit Paris (1); que l'un d'eux, Guillaume de Flavy, commandant de Compiègne, avoit même arrêté Pierre de Rochefort, maréchal de Rieux, et l'avoit fait mourir en prison, parce qu'il le savoit dévoué au connétable (2); qu'enfin tous ces vaillans soldats devenus comme étrangers à leur pays, s'attendant à être licenciés à la paix, et se déclarant déjà ennemis de leurs généraux, étoient tout prêts à passer au service de la puissance qui voudroit les employer. Plusieurs d'entre eux s'étoient réunis en Lorraine, où ils recommençoient, au nom de la régence laissée par le roi René, les hostilités contre le comte de Vaudemont (3). L'évêque de Strasbourg vint les y trouver; il leur représenta que peu de marches les conduiroient devant Bâle, où ils trouveroient le plus riche butin que pussent espérer des hommes de guerre. Dans cette ville étoient réunis tous les prélats les plus opulens de la chrétienté, des hommes nourris dans la mollesse, qui se rachèteroient à tout prix, si les écorcheurs commençoient à les livrer aux tourmens par lesquels ils étoient accoutumés à tirer des rançons de leurs

---

(1) Mém. de Richemont, p. 341.

(2) J. Chartier, p. 98. — Lobineau, Hist. de Bretagne, L. XVII, p. 609.

(3) Monstrelet, c. 226. T. VI, p. 393. — D. Calmet, Hist. de Lorraine. T. II. L. XXVIII, p. 812.

captifs, et tandis que les capitaines français s'enrichiroient par cette capture, ils auroient encore l'avantage de gagner les indulgences et la vie éternelle, que le pape leur promettoit en récompense.

La Hire, Blanchefort, Boussac, Antoine de Chabannes, Chapelle, Pierre Regnault et d'autres capitaines célèbres, séduits par ces promesses, se mirent en effet en chemin à la tête de six mille écorcheurs, et entrèrent en Alsace, se dirigeant vers la Suisse; ils prenoient à tâche d'augmenter la terreur qu'ils inspiroient, en soumettant à d'affreux supplices les paysans qu'ils faisoient prisonniers, et auxquels ils demandoient des rançons. Mais tandis que les paysans de France, désarmés et opprimés, trembloient devant les soldats, ceux d'Allemagne avoient été accoutumés à se défendre. Ils se retirèrent dans les lieux forts, et y opposèrent une résistance obstinée; ils épièrent les soldats qui se détachoient pour chercher des vivres, et tombant sur eux à l'improviste, ils en tuèrent un grand nombre. Bientôt les vivres manquèrent aux écorcheurs, l'Alsace entière étoit soulevée contre eux, les Suisses se mettoient en mouvement pour défendre avec toutes leurs forces le concile de Bâle; les capitaines d'aventuriers n'osèrent pas arriver seulement jusqu'en vue de leurs frontières; ayant déjà perdu un grand

1438. nombre de leurs soldats, ils rentrèrent par la Franche-Comté et la Bourgogne dans le Nivernais, ils repassèrent la Loire, et ils revinrent ravager les provinces où Charles VII avoit établi sa cour; car c'étoient celles qu'ils trouvoient les plus dépourvues de toute protection. (1)

(1) Monstrelet, c. 233. T. VII, p. 12.

CHAPITRE VII.

Négociations sans succès avec les Anglais. — Changement dans le caractère du roi. — Prise de Meaux; États d'Orléans. Efforts pour supprimer le brigandage. Mécontentement des princes et des capitaines; leur révolte, nommée la Praguerie; leur soumission. Pacification de la Champagne. — Prise de Pontoise par le roi. — Journée de Tartas. — Nouvelles demandes des princes à Nevers. — 1439-1442.

Les Français ainsi que les Anglais, épuisés par la guerre, accablés d'impôts, appauvris de soldats, et ayant éprouvé dans les dernières années, pour surcroît à toutes les autres calamités, les ravages de la famine et de la peste, n'étoient plus accessibles, les uns par rapport aux autres, ou à la haine ou à l'ambition; ils ne désiroient plus des vengeances qu'il falloit acheter trop cher; ils n'espéroient plus des conquêtes dont ils avoient reconnu la difficulté, et de même qu'ils vouloient sincèrement la paix, ils croyoient que leurs chefs la vouloient aussi. Le 20 décembre 1438, il avoit été signé à Harcourt un traité qui avoit suspendu les hostilités dans l'Anjou et le

Maine (1). Peu après, la duchesse de Bourgogne avoit rencontré à Gravelines le cardinal de Winchester, et, dans cette conférence, ils étoient convenus, le 31 janvier 1439, qu'un congrès seroit ouvert sur la frontière de la banlieue de Calais, pour y traiter de la paix générale, et que le duc d'Orléans seroit transféré dans cette ville, pour qu'il pût hâter les négociations par son influence. (2)

Le désir ardent de la paix qu'éprouvoient les peuples étoit secondé par les vœux de toutes les puissances : la rivalité entre le concile de Bâle et le pape piquoit d'honneur les prélats et le pontife pour mettre un terme aux souffrances de l'humanité. Le pape et le concile avoient en même temps adressé de nouvelles instances aux deux rois pour qu'ils fissent cesser l'effusion du sang chrétien (3). Le duc d'Orléans, qui, depuis vingt-cinq ans, étoit retenu prisonnier en Angleterre, n'avoit d'autre désir au monde que de rentrer en France; pour en obtenir la permission, il s'étoit montré prêt à sacrifier l'indépendance de sa patrie, et la couronne qui appartenoit au chef de sa maison; les circonstances étoient devenues plus favorables à la France, mais son désir de la paix n'étoit pas moins ardent; il croyoit qu'il le

---

(1) Dumont, Corps diplom. T. III, p. 60.
(2) Rymer. T. X, p. 718.
(3) Rymer. T. X, p. 683.

communiqueroit à tous les négociateurs, s'il assistoit aux conférences; aussi avoit-il sollicité avec instance la grâce que lui avoient enfin accordée les Anglais de passer à Calais, pour prendre part à la négociation. Son frère, le bâtard d'Orléans, qui avoit acquis de la gloire dans les armes, et que l'ambition auroit pu détourner de ces projets pacifiques, secondoit, au contraire, les désirs du duc; il se rendit caution pour lui qu'il ne tenteroit point de s'échapper si les Anglais l'amenoient sur le continent, et il déposa vingt-six mille saluts d'or entre leurs mains, comme garantie de la fidélité de son frère (1). Le duc ne tarda pas à reconnoître ce bon office; il fit don à son frère naturel des seigneuries de Romorantin et de Milançay, et du comté de Vertus; et lorsque les deux frères purent enfin se voir à Calais, le 21 juillet 1439, il échangea ces concessions contre le comté de Dunois, dont le bâtard d'Orléans porta dès-lors le titre. (2)

La maison de Bourgogne ne désiroit pas la paix moins vivement que la maison d'Orléans. Le duc Philippe-le-Bon aimoit les fêtes et les plaisirs beaucoup plus que la guerre; une partie de ses États héréditaires avoit été ruinée par les guerres civiles de France; l'autre ne subsistoit que par le commerce et les manufactures, et elle

---

(1) Rymer. T. X, p. 707.
(2) Godefroy, Hist. de Charles VII, p. 805.

ne pouvoit se passer des laines d'Angleterre : tant que le commerce avec ce pays étoit interrompu, la Flandre et tous les Pays-Bas ne pouvoient éviter d'être troublés par des discordes civiles. Il s'offrit donc comme médiateur entre les deux couronnes; puis, pour ne pas exciter la défiance de Charles VII, il se fit remplacer par sa femme Isabelle de Portugal, petite-fille de Jean de Gand, et nièce par conséquent du cardinal de Winchester; de son côté, il avoit resserré ses liens avec la maison de France, en faisant épouser à son fils Charles, Catherine, fille du roi, qui n'avoit encore que dix ans. (1)

Isabelle n'étoit pas seulement propre au rôle de médiatrice par sa proche parenté avec les deux maisons royales qu'elle prenoit à tâche de réconcilier; elle avoit beaucoup d'adresse dans l'esprit, de goût pour la politique, et d'intelligence : elle avoit alors quarante-deux ans. C'étoit déjà elle qui s'étoit chargée, au mois de novembre précédent, de proposer à Henri VI une trêve marchande entre l'Angleterre et la Flandre, et elle étoit chargée de la conclure, si elle ne réussissoit pas à faire signer la paix générale (2). Des tentes avoient été dressées sur la ligne de la frontière entre Calais et Gravelines; c'est là

(1) Le contrat de mariage fut signé à Blois le 30 septembre 1438. Il est dans Dumont, Corps diplom. T. III, p. 58.
(2) Rymer. T. X, p. 715.

que la duchesse se rendit, le 28 juin, avec dix dames de la plus haute condition et une suite magnifique. L'évêque de Cambrai, les sires de Crèvecœur et de Santes étoient ses principaux conseillers. Son mari avoit alors fixé sa résidence à Saint-Omer; c'étoit là qu'on lui avoit amené la jeune Catherine de France, et les mêmes ambassadeurs qui avoient accompagné cette princesse étoient chargés de soutenir les intérêts de la France au congrès. Ils étoient huit: les archevêques de Reims et de Narbonne, les comtes de Vendôme et de Tonnerre, le sire de Beaujeu, fils du duc de Bourbon, le bâtard d'Orléans, et deux autres: parmi les Anglais, les principaux étoient le cardinal de Winchester, le duc de Norfolk, et le comte d'Essex. (1)

Le cardinal de Winchester fit à la duchesse de Bourgogne, sa nièce, l'accueil le plus affectueux; le duc d'Orléans parut aussi transporté de joie de la voir : c'étoit à ses yeux l'annonce de sa prochaine délivrance. Elle obtint que les lettres de créance de Henri VI, qui avoient blessé les Français, parce qu'elles désignoient Charles VII sous le seul nom de Charles de Valois, fussent changées. Tout paroissoit donc confirmer les espérances de paix que les peuples avoient conçues. On savoit que Henri VI sai-

(1) Monstrelet, c. 241, p. 67.—Barante. T. VII, p. 17.
—Hist. de Bourgogne. T. IV. L. XIX, p. 236.

sissoit toutes les occasions de mortifier son oncle le duc de Glocester, qui vouloit la guerre, et de témoigner au contraire une confiance croissante au cardinal de Winchester, qui vouloit la paix. On ne pouvoit accuser Charles VII d'aimer la guerre, lorsqu'on lui voyoit toujours fixer sa résidence dans la partie de ses États qui en étoit le plus éloignée, et repousser toutes les affaires, tous les soucis qui se lioient à son administration. Mais bientôt, dans les conférences, on put remarquer que les hommes foibles et timides restent souvent dans une situation dangereuse, et qui demande de leur part des efforts continuels, faute de savoir prendre une décision ferme, qui leur rendroit à la fois la sécurité et le repos. Pour avoir la paix, il falloit que les rois de France et d'Angleterre renonçassent franchement à ce qu'ils étoient sûrs qu'ils n'obtiendroient pas; ils ne surent jamais s'y déterminer.

Les historiens du temps, si prolixes dans la relation des moindres combats, accordent à peine quelques lignes aux négociations de Gravelines (1). Mais plusieurs des offices qui furent échangés nous ont été conservés, et c'est par eux que nous pouvons suivre les offres des deux puissances, et les difficultés qu'elles firent naître. En premier lieu, nous trouvons les instructions données au nom du roi d'Angleterre au cardi-

(1) Monstrelet, c. 243, p. 71.

nal de Winchester; elles peignent d'une manière naïve l'obligation de marchander qu'on imposoit alors aux négociateurs, de demander beaucoup, de résister à chaque concession, et de descendre cependant de degrés en degrés. Avant tout, les ambassadeurs anglais devoient déclarer que le moyen le plus simple de rendre la paix à l'Europe, c'étoit que Charles de Valois cessât de troubler Henri VI dans la pleine jouissance de son royaume de France, annonçant en même temps qu'ils ne permettroient pas que le titre de leur monarque à ce royaume fût mis en question. Cependant, après un débat et des protestations convenables, les ambassadeurs d'Angleterre devoient s'avancer et offrir, pour le bien de la paix, d'accorder à Charles de Valois, en Languedoc et dans les provinces voisines, un apanage de 20,000 livres de rente, à tenir en fief de Henri VI roi de France. Comme toutefois on s'attendoit bien que les Français ne se contenteroient pas de cette offre, sur leur refus le cardinal de Winchester devoit prendre la parole, et, comme homme d'église, faire un long discours sur les avantages de la paix, discours dont les principaux points lui sont indiqués dans cette instruction. Quand il auroit fini de parler, les autres ambassadeurs anglais devoient se montrer émus, et faire une nouvelle offre, celle de reconnoître deux royaumes de France : l'un pour

1439. Charles VII, qui comprendroit les provinces du midi de la Loire, à la réserve de la Guienne, du Poitou, et de tout ce que les Anglais y avoient jamais possédé; l'autre, au nord de la Loire, pour Henri VI. Dans la suite de la discussion, ils devoient consentir à laisser à Charles VII toutes les provinces qu'il possédoit au midi de la Loire, et à ne réserver aux Anglais que la partie de la Guienne qu'ils tenoient actuellement.

Si ces offres n'étoient pas acceptées, les ambassadeurs anglais devoient recommencer à parler des droits de l'humanité, de ceux de la religion, de la modération qui sied aux princes, et enfin proposer de partager la France comme elle l'avoit été par le traité de Bretigny, en conservant seulement le titre de roi de France à Henri VI aussi-bien qu'à Charles VII; et même, sur ce dernier article, ils devoient finalement s'en rapporter au cardinal de Winchester, qui avoit des instructions particulières. Si les Français mettoient en avant une proposition de mariage, ils devoient renvoyer de la traiter après que la paix seroit signée, en demandant toutefois deux millions de dot avec une princesse française, quitte à se réduire ensuite à un million. Ils devoient enfin écouter, sans rompre, toutes les propositions que leur feroient les Français, et demander une trève pour les débattre. Cette trève pouvoit être, ou pour un long terme, par exemple, de cinquante années, en rétablissant les communications entre les deux peuples comme sur le pied de paix; ou brève, de cinq ans ou moins, en interdisant les communications, mais en autorisant seulement l'échange des enclaves respectives. (1)

Toute cette comédie fut jouée par les ambassadeurs anglais dans les premières séances du congrès, ou du 10 au 18 juillet, avec cette différence que le cardinal de Winchester prit dans les conférences la fonction de médiateur anglais; la duchesse de Bourgogne et le duc d'Orléans celles de médiateurs français : le cardinal de Winchester présidoit en outre l'assemblée, à laquelle assistoient tous les ambassadeurs de France, d'Angleterre, de Bourgogne, et de plusieurs princes, entre autres du comte d'Armagnac. Les uns et les autres alloient souvent rendre visite au duc d'Orléans à Calais, et quelquefois au duc de Bourgogne à Saint-Omer. Le 18 juillet, le cardinal exposa à l'assemblée les difficultés qui se trouvoient à conclure une paix finale, attendu que les Français persistoient à exiger la renonciation du roi d'Angleterre à la couronne de France, ce à quoi les Anglais ne vouloient point consentir. (2)

(1) *Instructiones apud Rymer*. T. X, p. 724.
(1) P. Plancher, Hist. de Bourgogne. T. IV. L. XIX, p. 237, d'après un journal anglais des négociations.

1439. Les instructions des Français paroissent plus franches : ils annonçoient qu'ils étoient prêts *à laisser et bailler* un certain nombre de pays, terres et seigneuries, au roi d'Angleterre, sous condition qu'il les tînt en hommage de la couronne de France, comme pair du royaume ; qu'il renonçât aux autres, ainsi qu'au droit qu'il prétendoit à la couronne et aux armes de France ; qu'enfin il remît en liberté, sans rançon, le duc d'Orléans. Comme ils voyoient que ces renonciations répugnoient aux Anglais, ils proposèrent que, pendant un terme de quinze, vingt ou trente ans, il fût sursis, soit à cette renonciation, soit à l'hommage, pourvu que, durant cet intervalle, Henri VI s'abstînt de prendre le titre de roi de France. Si, au terme convenu, ce roi, parvenu à toute la maturité de l'âge, vouloit faire l'hommage et la renonciation, la paix deviendroit perpétuelle ; s'il en jugeoit autrement, il rentreroit dans l'entier de ses droits, et pourroit recommencer les hostilités en avertissant un an d'avance (1). Sur cette base, qui paroissoit assez raisonnable, les ambassadeurs français firent, le 29 juillet, une dernière offre concertée avec la duchesse de Bourgogne et le duc d'Orléans, que le cardinal de Winchester paroissoit

---

(1) Premières offres des ambassadeurs français. Preuves de Bourgogne, §. 132, p. 166.

agréer. Ils abandonnèrent au roi d'Angleterre tout ce qu'il possédoit en Guienne, Calais et tout ce qu'il possédoit autour de cette place, tout le duché de Normandie enfin, à la réserve de la forteresse de Mont-Saint-Michel et de l'hommage de Bretagne (1). Il fut convenu que ces bases seroient immédiatement communiquées aux deux rois, et que, le 10 septembre, les ambassadeurs se réuniroient de nouveau au même lieu pour signer. Mais, pendant l'absence du cardinal de Winchester, le foible Henri VI s'étoit livré de nouveau au duc de Glocester, qui vouloit la guerre, ne fût-ce que pour contrarier son rival. A leur retour, le 10 septembre, les ambassadeurs anglais durent annoncer à la duchesse, au lieu de l'acceptation, le refus des conditions qui avoient été si longuement débattues. Le congrès fut rompu le 15; le duc d'Orléans dut se résigner à retourner en Angleterre, dans sa triste captivité : toutefois la duchesse de Bourgogne signa, le 20 octobre, une trève marchande de trois ans, avec l'Angleterre, en faveur de ses sujets flamands et brabançons (2), et les ambassadeurs des deux couronnes convinrent de se réunir au mois de mai de l'année sui-

1439.

(1) Dernières offres des ambassadeurs français. Preuves de Bourgogne, §. 133, p. 167.
(2) Rymer. T. X, p. 736.

vante, pour reprendre leurs négociations, afin de parvenir à la paix générale. (1)

Les opérations militaires n'avoient pas été suspendues durant le congrès de Gravelines; les Anglais, il est vrai, n'avoient fait passer que peu de troupes en France pour renforcer leur petite armée, et sachant l'état de détresse auquel étoit réduit le royaume, ils s'attendoient peu à être attaqués. Toutefois Richemont insistoit auprès de Charles VII sur la nécessité de recouvrer la ville de Meaux s'il vouloit demeurer maître de Paris; à moins de recevoir dans cette ville des vivres par la Marne, on devoit bientôt y succomber à la famine, et Richemont, qui connoissoit son maître par une longue expérience, n'attendoit de lui aucun effort; il succomboit au découragement, et il étoit sur le point de lui envoyer sa démission de l'office de connétable (2). Mais nous sommes arrivés à l'époque où il s'opéra dans les habitudes de Charles un changement que les historiens du temps n'expliquent point, ne remarquent pas même, et qui restera toujours un phénomène étrange de l'esprit humain. Jusqu'alors Charles avoit paru incapable d'attention, d'intérêt à ses propres affaires, d'activité, de sacrifice de ses aises ou de

---

(1) Berry, roi d'armes, p. 404. — Hist. de Bourgogne, L. XIX, p. 239.

(2) Mém. de Richemont, p. 347.

ses plaisirs : dès à présent, au contraire, nous le verrons montrer une ferme volonté de rétablir l'ordre dans son royaume, d'en chasser ses ennemis, de sacrifier son repos, ses plaisirs, à son devoir, et une intelligence remarquable dans le choix des moyens pour arriver à son but. Charles VII, né le 21 janvier 1403, avoit alors trente-six ans accomplis; il en avoit régné dix-sept avec une foiblesse dégoûtante, au point d'être signalé, et par les Français, et par les étrangers, comme l'homme qui perdoit la monarchie; il en régna encore vingt-deux comme son restaurateur (1). Malgré la détresse univer-

(1) On a fait honneur, il est vrai, à la belle Agnès Sorel d'une révolution dans le caractère de Charles VII, qui ramena ce roi au sentiment de ses devoirs, et lui fit prendre la résolution de chasser les Anglais de France. C'étoit l'opinion de François Ier, lorsqu'il inscrivit sous le portrait de la dame de Beauté ces vers :

> Gentille Agnès, plus d'honneur tu mérite,
> La cause étant de France recouvrer,
> Que ce que peut dedans un cloître ouvrer,
> Close nonain ou bien dévot ermite.

Mais François Ier avoit probablement entendu faire le conte que rapporte Brantome dans ses *Femmes galantes*, Discours VI. T. VII, p. 463, auquel on ne peut guère ajouter foi. Le voici :
« La belle Agnès voyant le roi Charles VII en amouraché
« d'elle, et ne se soucier que de lui faire l'amour, et mol et
« lâche, ne tenir compte de son royaume, lui dit un jour que
« lorsqu'elle étoit encore jeune fille, un astrologue lui avoit
« prédit qu'elle seroit aimée et servie de l'un des plus vaillans

1439. selle, et contre l'attente du connétable, Charles VII rassembla de l'argent, sans doute à l'aide de Jacques Cœur, riche marchand de Bourges, auquel il commençoit à donner la direction de ses finances. Il l'employa à solder les gens de guerre, les routiers, les écorcheurs, dont les provinces du midi étoient remplies, et que la famine, la misère universelle avoient forcé à vendre leurs armes et leurs chevaux : il les équipa

« et courageux rois de la chrétienté ; que quand le roi lui fit
« cet honneur de l'aimer, elle pensoit que ce fût ce roi valeu-
« reux qui lui avoit été prédit ; mais le voyant si mol, avec si
« peu de soin de ses affaires, elle voyoit bien qu'elle s'étoit
« trompée, et que ce roi si courageux n'étoit pas lui, mais le
« roi d'Angleterre qui faisoit de si belles armes, et lui prenoit
« tant de belles villes à sa barbe, dont dit-elle au roi, je m'en
« vais le trouver, car c'est celui duquel entendoit l'astrologue.
« Ces paroles piquèrent si fort le cœur du roi, qu'il se mit à
« pleurer, et de là en avant prenant courage, et quittant sa
« chasse et ses jardins, prit le frein aux dents ; si bien que
« par son bonheur et sa vaillance chassa les Anglais de son
« royaume. »

On voit que les auteurs de cette historiette songeoient à Henri V comme au concurrent de Charles VII. Mais Henri V, le seul *qui fît de si belles armes*, mourut le 31 août 1422. Neuf ans plus tard, en 1431, Charles VII vit, pour la première fois, Agnès Sorel. Henri VI, son rival, n'avoit alors que dix ans, et jamais depuis il ne montra ni courage ni talent, de manière à humilier Charles VII par la comparaison. Quand enfin Charles VII parut tout à coup se réveiller en 1439, il y avoit huit ans qu'il étoit attaché à la dame à qui on en attribue le mérite.

de nouveau, et les envoya au connétable (1). Il lui envoya aussi Jean Bureau, nouveau maître de l'artillerie, qui avoit le premier soumis à des règles précises l'art de battre en brèche les murailles, que jusqu'alors le canon renversoit plutôt par hasard que par un feu bien dirigé.

Le 20 juillet, le connétable arriva devant Meaux avec quatre mille combattans. La ville est bâtie au nord, ou sur la rive droite de la Marne; une forteresse alors importante, nommée *le Marché de Meaux*, est bâtie sur la rive gauche. Richemont n'attaqua point cette dernière, mais Bureau établit ses batteries contre les murs de la ville, et, les coupant de ses boulets avec une régularité inconnue jusqu'à lui, il y pratiqua bientôt une large brèche. Les Anglais se hâtoient cependant d'accourir au secours de Meaux. Le duc de Sommerset, Talbot, Scales, Falconbridge, avoient rassemblé tout ce qu'il y avoit d'Anglais dispersés en Normandie, et s'avançoient à la tête de sept mille hommes. Bureau ne leur donna pas le temps d'arriver. La brèche étant praticable le 12 août, bien plus tôt que la garnison de Meaux ne s'y seroit jamais attendue, Richemont fit donner l'assaut, et en demi-heure la place fut prise. Le bâtard de Thian, qui y commandoit, fut fait prisonnier

(1) Le Bouvier, dit Berry, roi d'armes, p. 401.

avec une partie de ses soldats. Les autres, qui s'étoient réfugiés au Marché de Meaux, y répandirent l'effroi. Cette forteresse offrit de capituler, pourvu que tous les prisonniers fussent remis en liberté. Richemont disputa sur les conditions, et comme on ne lui céda pas immédiatement, il ordonna que le bâtard de Thian et tous ses soldats prisonniers fussent pendus. Cet acte de férocité faillit lui coûter cher : les assiégés du Marché de Meaux rompirent toute négociation, et, le 15 août, le duc de Sommerset y arriva avec l'armée anglaise. Il changea la garnison du Marché, il reprit d'assaut la petite île qui se trouve entre cette forteresse et la ville, il offrit la bataille au connétable, qui n'osa point l'accepter. Mais, au bout de trois jours, le manque de vivres força le duc de Sommerset à reprendre la route de Normandie; le connétable passa alors la Marne; Bureau dressa ses batteries devant le Marché, et, après un feu soutenu de quinze jours, la brèche fut praticable; les Français donnèrent l'assaut le 13 septembre, et ils prirent le Marché, comme ils avoient pris la ville. (1)

Pendant que le connétable pressoit ce siége, le roi étoit revenu à Paris, où il fit son entrée

(1) Mém. de Richemont, p. 344-353. — Berry, roi d'armes, p. 402, 403. — J. Chartier, p. 101. — Monstrelet, c. 239, p. 53. — Journal d'un bourgeois de Paris, p. 501.

le 9 septembre, et où il resta jusqu'au 30. Il avoit été assailli par les plaintes des gens de guerre et des aventuriers, qui accusoient le connétable de les traiter avec la plus odieuse férocité, les faisant pendre ou noyer, par son prévôt des maréchaux, pour la moindre peccadille. Charles voulut en juger par lui-même, et, ce qu'on étoit loin d'attendre, il se montra en état d'en juger bien. Richemont lui parut, en effet, dur et farouche dans sa justice prévôtale, mais les écorcheurs lui parurent encore plus souillés de crimes, et toute sa pitié se porta sur le pauvre peuple, que les gens de guerre dépouilloient avec tant de barbarie. Toute son attention fut dirigée sur les moyens de mettre un terme à leur désordre, et de les soumettre à cette discipline que la France, depuis un siècle, ne connoissoit plus. Ce fut plein de cette idée qu'il repartit de Paris pour se rendre à Orléans, où il avoit convoqué les États du royaume. Il donna cependant à Richemont la commission de se préparer à l'attaque d'Avranches, tandis que le sire du Bueil attaquoit et prenoit Sainte-Suzanne dans le Maine, une des meilleures places que possédassent les Anglais. (1)

L'assemblée des États à Orléans fut la plus brillante comme la plus importante de celles

---

(1) Berry, roi d'armes, p. 405.

qu'on vit durant ce règne. Jusqu'alors le roi avoit assemblé toutes les années, et même plusieurs fois par année, les États, sans que les historiens du temps aient daigné nous informer de ce qui s'y passoit. Un découragement universel empêchoit la nation de faire usage des pouvoirs constitutionnels qui lui étoient laissés. Peu de députés se rendoient à ces assemblées, voyageant au péril de leur vie sur des routes infestées par les écorcheurs et les routiers; dans l'anarchie universelle, ils ne pouvoient se faire une idée ni des ressources de la France, ni des remèdes à apporter à ses maux; ils défendoient leur argent le mieux qu'ils pouvoient contre les demandes du roi, puis, après avoir voté les subsides, ils se hâtoient de se séparer. Mais, en 1439, l'état du royaume faisoit concevoir de meilleures espérances; les Anglais n'en occupoient plus qu'une petite partie, la guerre civile étoit terminée, la guerre étrangère sembloit près de l'être; les souffrances étoient encore intolérables, mais on entrevoyoit qu'avec une ferme volonté on pouvoit les faire cesser. Les députations furent choisies avec soin, et elles se rendirent à Orléans, animées du désir de connoître à fond l'état de la France, et de porter remède à tous ses maux. Charles VII se rendit à l'assemblée accompagné par la reine Yolande de Sicile sa belle-mère, le duc de Bourbon, le comte du

Maine, le connétable et son frère Pierre de Bretagne, le comte de Perdriac et de la Marche, les comtes de Vendôme et de Dunois. Les députés étoient qualifiés d'ambassadeurs des princes ou des provinces; les ducs de Bourgogne, de Bretagne, d'Orléans, s'y faisoient représenter par des seigneurs de leur choix; les villes avoient leurs commissaires, mais rien n'indique la division par ordre. « Après le roi, dit Berry, furent
« assis les seigneurs dessus dits, chacun selon
« leur degré, et pareillement les prélats et autres
« seigneurs et ambassadeurs, dont il y avoit fort
« grand nombre, et grande multiplication de
« peuple. » (1)

1439.

L'archevêque de Reims, chancelier de France, ouvrit la session par un discours dans lequel il annonçoit combien ardemment le roi désiroit la paix, et combien il avoit travaillé pour l'obtenir. Il rendit compte des conférences qui avoient été tenues dans ce but à Gravelines; il lut les propositions que la France avoit faites, et que le cardinal de Winchester avoit paru agréer; il en donna copie à tous ceux qui la demandèrent, pour qu'ils pussent y réfléchir à loisir, et il ajourna l'assemblée au troisième jour, pour entendre la question de la paix ou de la guerre débattue contradictoirement. A cette

(1) Berry, Histoire chronologique du roi Charles VII, p. 404.

deuxième séance, Vendôme et Juvénal des Ursins furent chargés de plaider pour la paix; Dunois, La Fayette et Rabatteau, président au parlement, de plaider pour la guerre. Après avoir entendu leurs discours, l'assemblée passa aux suffrages, et s'étant décidée pour la paix, il fut résolu de renvoyer les ambassadeurs à Saint-Omer, le 1ᵉʳ mai suivant, pour conclure avec les Anglais, si ceux-ci se trouvoient au rendez-vous. (1)

La seconde affaire déférée aux États d'Orléans, et la plus importante de beaucoup, fut la réorganisation de l'armée, pour la ramener sous la dépendance du roi, la soumettre à l'ordre et à la discipline, et soustraire les citoyens paisibles à ses vexations et ses outrages. Cette grande tâche fut accomplie; nous trouvons une partie des résultats des délibérations de l'assemblée dans l'ordonnance rendue à Orléans le 2 novembre 1439 (2); mais cet événement, le plus important de tous ceux du règne de Charles VII, est passé complétement sous silence par tous les historiens contemporains, et ce n'est que par conjecture que nous pouvons en découvrir les principaux traits.

L'un des plus sages conseillers du roi, et peut-être le connétable de Richemont, qui avoit déjà

(1) Berry, Hist. p. 404.
(2) Ordonn. de France. T. XIII, p. 306.

signalé son zèle pour la discipline, représenta 1439. aux États qu'on ne pourroit ramener les gens de guerre à l'obéissance, et préserver les provinces de leurs excès, qu'autant qu'on pourvoiroit régulièrement à leur paye. Les domaines devoient suffire à l'entretien du roi; sa maison, où il avoit rétabli depuis peu un grand ordre, ne lui coûtoit plus que cent mille francs par an, et il renonçoit à rien prendre sur les tailles pour sa dépense personnelle; les aides et les gabelles devoient couvrir les autres dépenses du gouvernement, mais il falloit assurer la solde de l'armée, la faire percevoir dans les provinces par des officiers particuliers, par le trésorier des guerres et des receveurs révocables chaque année; et il falloit que ceux-ci payassent les gens de guerre chaque mois, avec une régularité qui ne leur laissât aucun prétexte de se payer par leurs propres mains, en pillant le paysan. (1)

Il paroît que les États agréèrent dès-lors le plan qui leur fut proposé de réduire toute la gendarmerie à quinze cents lances, chacune de six hommes de guerre, et de la payer à raison de dix livres tournois par mois et par homme. Cette organisation ne fut cependant définitivement établie que quelques années plus tard. Il y a lieu de croire que les finances étoient alors regardées

(1) Éloge du roi Charles VII, par un anonyme contemporain de son fils, publié par Denis Godefroy, *in Car. VII*.

comme un secret d'État qui ne pouvoit être révélé sans crime, aussi n'apprenons-nous d'une manière positive que par les débats des États de Tours, quarante-cinq ans plus tard, que les États d'Orléans fixèrent la taille à 1,200,000 liv., en l'affectant exclusivement à payer la gendarmerie. Elle ne varia point pendant le reste de ce règne, et trois fois seulement le roi perçut, du consentement des États, des crues, pour quelque circonstance accidentelle. (1)

L'ordonnance d'Orléans publiée le 2 novembre 1439 expose que le roi, par le conseil des trois États actuellement assemblés, s'est réservé à lui-même le droit d'appointer tous les capitaines de France, et de fixer le nombre de leurs soldats. Il les choisira parmi ceux qui portent aujourd'hui ce titre, mais il interdit, sous peine de confiscation de corps et de biens, de prendre le nom de capitaines, ou de commander des gens de guerre, à ceux qu'il n'aura pas nommés. Sous les mêmes peines il interdit aux capitaines qu'il aura appointés d'en recevoir d'autres sous leurs ordres sans son consentement, ou d'accroître leur compagnie au-delà du nombre qu'il aura fixé lui-même. Le capitaine choisira ses soldats, mais il demeure responsable de leur conduite; il doit les empêcher de piller les gens d'église, les

---

(1) Éloge anonyme de Charles VII, dans Godefroy.

nobles, les marchands, les laboureurs; de les maltraiter, de les mettre à rançon, d'exiger d'eux des fournitures, de brûler leurs biens, d'endommager leurs maisons. Pour toutes ces fautes de leurs subordonnés, les capitaines peuvent être punis par la perte de noblesse, de corps, et de biens, toutes les fois qu'ils n'auront pas eux-mêmes arrêté le délinquant, et qu'ils ne l'auront pas livré à la justice. Ils demeurent soumis à la juridiction de tous les baillis, prévôts et justiciers du royaume. Si les juges ne se sentent pas assez puissans pour punir les délinquans, ils devront les traduire immédiatement devant le parlement de Paris, auquel il est enjoint de faire justice. Enfin le roi autorise tous ceux qui éprouveroient quelque violence de la part des gens de guerre, s'ils sont en un lieu où ils ne puissent recourir ni aux tribunaux, ni aux capitaines, à implorer l'aide de leurs concitoyens, pour attaquer à main armée les soldats qui commettent du désordre, et les livrer à la justice.

De plus, le roi ordonne aux capitaines d'aller tenir garnison aux places frontières qu'il assignera à chacun; il leur défend de s'en éloigner sans son ordre, ou d'aller vivre sur le pays. Il ordonne aux barons qui tiennent des garnisons dans leurs châteaux, de les maintenir de tous points à leurs frais, ou de les congédier, rendant responsables lesdits barons de tout excès commis par leurs soldats, autant que le sont les capitaines, des excès commis par les soldats du roi, et déclarant qu'ils peuvent ainsi se rendre coupables du crime de lèze-majesté. Il interdit à tous les barons de lever des tailles et des péages pour l'approvisionnement de leurs forteresses, autres que celles auxquelles ils ont droit de toute antiquité, sous peine de confiscation desdites forteresses : il leur interdit enfin de retenir tout ou partie des tailles et aides accordées par les trois États, et levées dans leurs seigneuries, ou d'y ajouter aucune crue pour leur propre compte. Il finit par déclarer qu'il n'accordera point de pardon à ceux qui violeront cette ordonnance fondamentale, et s'il venoit à céder à des sollicitations importunes, et à pardonner à un délinquant, il enjoint aux juges de n'y avoir aucun égard. (1)

On reconnoît la puissance nationale des États-Généraux dans la hardiesse avec laquelle étoit conçue cette ordonnance. Le roi de France le plus absolu n'auroit osé tenter, par ses seules forces, une si grande révolution. Il s'agissoit de ramener sous l'empire des lois et des magistrats civils ceux qui avoient le pouvoir en mains ; de faire obéir à la fois l'armée et les barons, qui jusqu'alors avoient commandé ; de réduire les

(1) Ordonnances de France. T. XIII, p. 306.

maîtres au rang de serviteurs. Il semble que Charles VII lui-même fut étonné de ce développement de puissance, que tout en sentant combien les États l'avoient cette fois bien servi, il comprit qu'ils pourroient à leur tour lui faire la loi, et qu'il conçut d'eux une défiance qui jusqu'alors ne s'étoit point manifestée dans sa conduite, tandis que plus tard il évita avec soin de les convoquer de nouveau.

1439.

Après la signature de l'ordonnance et la dissolution de l'assemblée des États-Généraux, le connétable de Richemont partit d'Orléans pour se mettre à la tête de l'armée, qu'il avoit fait filer du côté d'Avranches; elle étoit forte de plus de six mille hommes, parmi lesquels on remarquoit le comte de Vendôme, Antoine de Chabannes, que le roi avoit récemment nommé sénéchal de Toulouse, et Blanchefort, un des plus redoutables capitaines d'écorcheurs. La saison étoit avancée, et les troupes souffrirent des intempéries de l'air pendant le siége d'Avranches, qui dura un mois; mais surtout un esprit de sédition et de mécontentement s'y manifesta, quand elles eurent connoissance de l'ordonnance qui régloit leur future discipline. Les soldats ne vouloient plus obéir; ils désertoient par bandes, et leurs chefs, Chabannes, Blanchefort, Vendôme lui-même, offensés de se voir soumis aux lois et à des juges qu'ils méprisoient, les encourageoient dans leur

1439. turbulence. Sur ces entrefaites, lord Talbot et Scales, avec l'armée anglaise, vinrent, peu avant les fêtes de Noël, s'établir sur l'autre bord de la rivière d'Avranches, qu'on nomme *la Sélune;* on ne la croyoit pas guéable, et les Français ne prirent point de précautions pour leur fermer le passage; mais, à leur grand étonnement, ils virent les Anglais, à la marée basse, traverser la rivière à l'endroit où elle mêle ses eaux à celles de la mer, et entrer par là dans la ville. Ils auroient pu les attaquer avec avantage, tandis que les Anglais étoient ainsi engagés dans les sables; au contraire, ils forcèrent en tumulte Richemont à lever le siége, en abandonnant une grande partie de ses bagages. (1)

1440. Revenu auprès de Charles VII à Angers, Richemont trouva que la cour n'y étoit pas moins mécontente de la nouvelle ordonnance que l'armée : les barons comme les capitaines s'offensoient d'une gêne qui leur paroissoit insupportable; ils crioient à la tyrannie parce qu'ils ne pouvoient plus tyranniser les paysans; à l'injustice parce qu'on les rendoit responsables des excès de leurs subordonnés. Richemont, le comte du Maine et le comte de la Marche, se montroient seuls fidèles au roi et à la loi; mais les ducs de Bourbon et d'Alençon, les comtes de

(1) Mém. de Richemont, p. 353. — Berry, Hist. p. 405. — J. Chartier, p. 101.

Vendôme et de Dunois, s'écrioient que le roi, incapable de rien juger par lui-même, et s'abandonnant aux conseils du dernier qui lui parloit, alloit désorganiser l'armée, et livrer sans défense la France aux Anglais; que, par une ordonnance qui lui étoit arrachée par les sollicitations de bourgeois et de gens de petit état, il avoit offensé à la fois tous les gens de guerre, tous les barons et tous les princes, en les privant de leurs gains accoutumés, et les soumettant à l'ignominie d'être traduits devant la justice. Ils ajoutoient que c'étoit laisser trop long-temps la France victime de l'incapacité de son roi, et que, puisque le dauphin approchoit de dix-sept ans, et montroit des talens précoces, il falloit en finir du règne des favoris et des maîtresses, laisser Charles au repos qu'il aimoit, et mettre Louis à la tête du gouvernement. Le sire de Chabannes, Blanchefort, et le bâtard de Bourbon, les plus redoutables parmi les chefs d'écorcheurs, étoient aussi les plus actifs dans cette conspiration. Ils furent joints par la Trémoille, qui ne pouvoit pardonner à Richemont de l'avoir exilé de la cour. Pendant ce temps, Richemont, chargé du gouvernement de l'Ile-de-France, étoit reparti pour Paris. Comme il traversoit Blois, il y trouva Bourbon, Dunois, Vendôme et Chabannes, qui, de leur côté, s'étoient retirés de la cour. Ils cherchèrent à le provoquer par des paroles piquantes, avec l'intention de l'arrêter s'ils prenoient querelle ensemble; mais Richemont se contint et repartit au plus vite, sans qu'ils osassent faire un éclat. Arrivé à Baugency, le connétable fut atteint par Gaucourt et Xaintrailles, qui, demeurés fidèles au roi, le supplièrent de sa part de revenir en toute hâte, pour l'aider à se défendre contre la révolte qui éclatoit. (1)

Le jeune Louis étoit d'un naturel ambitieux, inquiet, empressé d'entreprendre toutes les choses nouvelles, de tenter toutes les intrigues; les liens du sang et les devoirs de la morale n'avoient point de prise sur lui. Charles, qui l'avoit tout récemment nommé gouverneur de Languedoc, l'avoit en même temps placé sous la direction du comte de la Marche, fils du comte d'Armagnac; mais Louis se cachoit autant qu'il pouvoit de ce surveillant, et il prêtoit l'oreille aux grands qui lui proposoient de faire une révolution, ou, comme on disoit alors, une praguerie; les soulèvemens de la ville de Prague n'ayant cessé, depuis la réforme de Jean Huss, d'occuper toute la chrétienté. Louis étoit alors au château de Loches avec le comte de la Marche; le bâtard de Bourbon et Antoine de Chabannes y arrivèrent subitement avec une bande nombreuse d'écorcheurs; ils en chassèrent le comte de la

(1) Richemont, Mém. p. 356. — Monstrelet, c. 245. T. VII, p. 78. — Berry, p. 407.

Marche, et emmenèrent le dauphin à Niort, où 1440. les ducs de Bourbon et d'Alençon, le comte de Vendôme, La Trémoille, Chaumont, Prie, Jean de la Roche, sénéchal de Poitou, Jean Sanglier, le petit Boucicault, et beaucoup d'autres seigneurs, s'empressèrent de le joindre. (1)

Cependant la révolution n'avoit point tout le succès sur lequel avoient compté les princes. Le peuple s'apercevoit déjà que c'étoit pour des intérêts contraires aux siens qu'on vouloit l'entraîner dans la guerre civile. Le bâtard de Bourbon et Chabannes, au mépris de l'ordonnance, avoient rappelé leurs troupes des frontières, et avoient commencé à piller le Berri et la Sologne, enseignant ainsi aux paysans ce qu'ils avoient à attendre des succès de la praguerie. De leur côté, la plupart des barons considéroient l'ordonnance sur les gens de guerre comme un bienfait, car ils avoient bien plus à souffrir du pillage des soldats qu'ils ne pouvoient gagner aux extorsions qu'on leur interdisoit à eux-mêmes. Enfin les aventuriers armés n'avoient pas tous embrassé le parti de la révolte; plusieurs étoient retenus par un sentiment de devoir; plusieurs par l'espoir de la solde régulière qui leur étoit promise; plusieurs, parmi leurs chefs, espéroient de l'avancement dans les compagnies d'or-

(1) Monstrelet. T. VII, c. 245, p. 78. — Berry, p. 407. — Amelgardus. L. III, c. 12, f. 67.

donnance qu'on alloit former. Le petit Blanchefort avoit été arrêté à Angers par ordre du roi, et alloit être livré au supplice; Richemont, à son arrivée, le sauva : c'étoit un bon capitaine; il se rangea sous les drapeaux du roi, et le servit fidèlement. Les premiers mots qu'adressa le connétable au roi, en le rejoignant à son retour de Beaugency, furent de se souvenir du sort de Richard II, et de se garder de s'enfermer dans aucune ville; mais la présence du danger et l'indignation avoient achevé de réveiller Charles de son indolence : il se mit à la tête de l'armée, et il montra, pour supprimer la praguerie, une activité qu'on ne soupçonnoit point en lui. (1)

Charles étoit arrivé à Poitiers avec les gens de guerre qui s'étoient attachés à lui, et il y avoit fait ses pâques le 27 mars. Peu de jours après, comme il étoit à dîner, on lui apporta la nouvelle que le duc d'Alençon et Jean de La Roche avoient surpris le château de Saint-Maixant, mais que les bourgeois s'étoient réfugiés dans la tour de l'une des portes, et s'y défendoient encore. A l'instant il monta à cheval avec les sires de Coétivy et de La Varenne, l'un amiral de France, l'autre sénéchal de Poitou; quatre cents lances les suivirent, et le même soir ils entrèrent dans Saint-Maixant, par la porte

(1) Berry, p. 407. — Richemont, p. 357.

où les bourgeois se maintenoient depuis vingt-quatre heures. Alençon et La Roche se retirèrent à l'approche de Charles ; leurs gens laissés dans le château furent forcés à capituler le jour suivant; ceux de La Roche furent décapités ou noyés; ceux d'Alençon furent renvoyés sur parole de ne plus servir. Le roi projetoit déjà de détacher ce duc de ses ennemis. (1)

Pendant la nuit, Alençon et La Roche étoient revenus à Niort; ils y trouvèrent Chabannes, que le duc de Bourbon leur avoit envoyé avec cent vingt lances, pour les engager à lui amener le dauphin en Bourbonnais. Alençon le conduisit en effet à Moulins, tandis que La Roche demeura chargé de la défense de Niort, et des places occupées en Poitou par les soldats de la praguerie; mais plusieurs de ces places, attaquées avec vigueur par les gens du connétable, ne tardèrent pas à capituler. Le comte de Dunois, bâtard d'Orléans, inquiet de la tournure que prenoient les affaires des insurgés, fit sa paix particulière avec le roi, et s'engagea à le servir contre ses anciens associés. Il vint en effet le rejoindre à Poitiers, où Charles se trouva à la tête de huit cents lances et de deux mille hommes de trait, sans avoir eu besoin de rappeler une seule des garnisons qui faisoient tête aux Anglais en Norman-

(1) Berry, p. 407.

die. Le duc de Bourbon avoit sollicité son beau-frère le duc de Bourgogne de se joindre à la praguerie, mais celui-ci lui avoit répondu que cette révolte amèneroit la ruine de la France, et que tout ce qu'il pourroit faire pour lui, c'étoit de chercher à faire sa paix.

Le Poitou étoit rentré presque en entier dans l'obéissance. Charles se mit en marche par Guéret et la Souterraine, pour aller attaquer le duc de Bourbon dans son apanage. En chemin, il fut rejoint par de nouveaux capitaines d'aventuriers, qui commençoient à voir clairement que le roi demeureroit le plus fort; entre autres par le vicomte de Lomagne, le bâtard de Foix et Sallasar, qui auparavant avoient suivi Rodrigue de Villandrade sur les frontières du Bordelais. Pothon de Xaintrailles, Robert Floquet et Jean de Brézé commandoient l'avant-garde royale; ils voulurent piller les petites villes et les châteaux où ils éprouvoient quelque résistance, mais le roi et le connétable se contentèrent de leur faire payer quelques rançons, déclarant que les pauvres habitans ne devoient pas être victimes de ce que des aventuriers étrangers s'étoient défendus dans leurs murs. Le 15 mai le roi célébra la Pentecôte à Aigueperse, sur les frontières du Bourbonnais. Les révoltés y avoient concentré leurs forces, et dans la nuit Chabannes leur enleva une partie de son artillerie. Cependant, là comme ailleurs, le peuple se déclaroit pour le roi : Bourbon, qui, avec le dauphin et La Trémoille, avoit son quartier à Saint-Poursain, voyant que Cusset, Charroux, Escurolles, et cinq ou six forteresses plus petites, avoient ouvert volontairement leurs portes, ou avoient été prises de force, se retira à Moulins, tandis que les royalistes entrèrent à Saint-Poursain ; il songea même à passer en Bourgogne, et s'avança jusqu'à Décize sur la Loire ; mais le duc Philippe lui fit dire qu'il ne le recevroit, avec ses capitaines, que comme de simples particuliers, et que si leurs gens d'armes pilloient quelque chose dans le plat pays, la noblesse et les communes se soulèveroient contre eux. (1)

Les seigneurs de la praguerie revinrent à Moulins, très affectés du danger de leur position. Ils voyoient Lomagne et Sallasar les attaquer avec vigueur, tandis qu'ils avoient compté que tous les aventuriers militaires se déclareroient pour eux. Ils se présentèrent devant Clermont-Ferrand ; on leur en ferma les portes, et on y accueillit, au contraire, le roi avec empressement. Celui-ci y convoqua les États de l'Auvergne, quoique Bourbon fût toujours maître de Riom, qui n'en est qu'à trois lieues. L'évêque de Clermont exposa au nom du roi à l'assem-

---

(1) Berry, Hist. chronol. p. 408, 409.

blée, que cette rébellion n'avoit d'autre motif que les efforts du roi pour sauver le peuple des ravages des gens de guerre. Le sire de Dampierre répondit, au nom des Etats, qu'ils étoient au roi de corps et de biens, et qu'ils vouloient obéir du tout à sa volonté. En même temps ils lui accordèrent une aide en argent assez considérable. (1)

Cependant, les princes du sang qui s'étoient attachés au roi désiroient fort dérober à toute punition ceux du parti contraire. Le comte d'Eu fit plusieurs visites aux ducs d'Alençon et de Bourbon, pour entamer avec eux des négociations ; il les amena même à Clermont, où ces ducs eurent une conférence avec le comte du Maine et le connétable, mais, retournés à leur quartier, ils recommencèrent les hostilités. Alors le roi poussa ses avantages, et prit Vichy et plusieurs places autour de Cusset, puis se dirigeant par Saint-Haon-le-Châtel, qu'il prit d'assaut, et qu'il sauva cependant du pillage, il arriva jusqu'à Roanne. Quelques villes au-delà de la Loire, comme Perreux et Charlieu, s'empressèrent de lui faire leur soumission. Dès-lors les ducs perdirent courage : le duc d'Alençon le premier demanda grâce, et obtint la permission de se retirer à Pouançay dans son apanage. Le comte

(1) Berry, Hist. chron. p. 410. — Monstr., c. 245. T. VII, p. 79.

d'Eu se chargea ensuite d'amener au roi, le 19 juillet, à Cusset, le duc de Bourbon et le dauphin. Ils approchoient en effet, mais à demilieue de Cusset ils trouvèrent un messager du roi qui avertit les seigneurs de La Trémoille, de Chaumont et de Prie, de ne point suivre le dauphin, car le roi ne les assuroit point, et ne vouloit point les recevoir dans son cortége. Le jeune Louis eut alors un mouvement qui lui fait honneur : il déclara qu'il ne vouloit point d'une paix qui sauvoit les princes et non les gens de leur hôtel. Le duc de Bourbon et le comte d'Eu eurent de la peine à l'amener jusqu'au roi. Bourbon et le dauphin s'agenouillèrent par trois fois devant le monarque, et lui demandèrent pardon. Charles se contenta de dire à son fils : « Louis, « soyez le bien-venu : vous avez moult longue« ment demeuré ; allez-vous-en reposer en votre « hôtel pour aujourd'hui, et demain nous parle« rons à vous. » Mais au duc de Bourbon, il dit : « Beau cousin, il nous déplaît de la faute que « maintenant et autres fois avez faite contre notre « majesté par cinq fois »; et lui déclara les propres lieux où ce avoit été, disant : « Si ne fust « point pour l'honneur et amour d'aucuns, les« quels nous ne voulons point nommer, nous « vous eussions montré le déplaisir que vous « nous avez fait. Si, vous gardez dorénavant de « plus y renchoir. »

Le lendemain, Bourbon et le dauphin supplièrent de nouveau le roi de vouloir bien pardonner à La Trémoille, Chaumont et Prie. Charles dit qu'il n'en feroit rien, mais que seulement il vouloit bien leur permettre de s'en retourner chez eux sans y être molestés. Alors le dauphin s'écria : « Monseigneur, il faut donc que je m'en « retourne, car ainsi leur ai promis »; et le roi lui répondit : « Louis, les portes vous sont ou-
« vertes, et si elles ne vous sont assez grandes,
« je vous ferai abattre seize ou vingt toises de
« mur pour passer où mieux vous semblera.
« Vous êtes mon fils, et ne vous pouvez obliger
« à quelque personne sans mon congé et consen-
« tement; mais s'il vous plaît vous en aller, si
« vous en allez; car, au plaisir de Dieu, nous
« trouverons aucuns de notre sang qui nous ai-
« deront mieux à maintenir et entretenir notre
« honneur et seigneurie que vous n'avez fait jus-
« ques à ici. » (1)

Cependant le dauphin ne partit point; il accepta la grâce que le roi faisoit à ses serviteurs rebelles, en leur permettant de se retirer chez eux. Le duc de Bourbon rendit au roi les châteaux de Corbeil, Vincennes, Sancerre et Loches; les gens d'armes évacuèrent le Bourbonnais et l'Auvergne, en se dirigeant les uns vers

(1) Monstrelet., c. 245. T. VII, p. 82, 83.

l'Orléanais, les autres vers Paris; et, le 24 juillet, la paix qui terminoit la praguerie fut publiée à Cusset à son de trompe. (1)

La guerre civile de la praguerie retarda les négociations qui devoient s'ouvrir le 1ᵉʳ mai à Gravelines, pour la paix entre la France et l'Angleterre. Cependant l'une et l'autre nation avoit paru vouloir y apporter les dispositions les plus pacifiques. Henri VI avoit accordé, le 31 janvier, les plus amples sauf-conduit aux ambassadeurs de France (2). Il avoit en même temps agréé les principaux articles d'un traité pour la mise en liberté du duc d'Orléans. De son côté, Charles VII avoit donné, le 12 avril, à Saint-Maixant, des lettres-patentes pour que le chancelier, en son absence, pût accorder sous le grand sceau tous les actes nécessaires au duc d'Orléans pour sa délivrance (3). Les ambassadeurs de France et de Bourgogne se rendirent bien à Saint-

---

(1) Monstrelet, c. 245, p. 84. — Berry, roi d'armes. p. 411. — J. Chartier, p. 103-105. — Richemont, p. 358. — Journal d'un bourgeois de Paris, p. 504-506. Cette pacification fut suivie, au bout de très peu de jours, de la cession que fit Charles VII à son fils, du Dauphiné, « vu qu'il est venu en âge suffi- « sant pour avoir connoissance et soi employer ès besognes et « affaires de notre royaume, et d'avoir état et gouvernement. » Cette cession est datée de Charlieu, 28 juillet 1440. — Preuves de l'Hist. de Louis XI, Duclos. T. III, p. 16.

(2) Rymer. T. X, p. 756.

(3) Rymer. T. X, p. 763.

Omer le 1ᵉʳ mai, comme ils en étoient convenus, mais l'espérance des Anglais s'étoit ranimée en voyant le roi engagé dans une guerre civile : pendant sept mois entiers il n'arriva à Calais aucun ambassadeur d'Angleterre, et quand enfin l'évêque de Rochester et lord Stanhope se présentèrent comme chargés de pouvoirs par Henri VI, les ambassadeurs français déclarèrent qu'ils n'étoient pas d'assez haute dignité pour traiter avec eux. (1)

Au lieu de renouer les négociations, les Anglais faisoient de nouvelles entreprises guerrières. Vers la fin d'avril, le duc de Sommerset avoit assemblé six mille combattans à Rouen; il avoit sous ses ordres Dorset, Falconbridge et Talbot, et il vint mettre le siége devant Harfleur, où Jean d'Estouteville commandoit une garnison française de quatre cents hommes. Celui-ci se défendit avec beaucoup de vaillance pendant quatre mois : cependant les vivres commençoient à lui manquer, et il demandoit instamment des secours que le roi ne put point lui envoyer tant que dura la praguerie. Ce fut seulement après la paix de Cusset que les comtes d'Eu et de Dunois, ayant réuni quatre mille hommes à Paris, s'avancèrent par Amiens et Abbeville ; ils avoient sous leurs ordres le bâtard

---

(1) Barante, Ducs de Bourgogne. T. VII, p. 64.

de Bourbon, Gaucourt, La Hire, Saint-Simon, Pennesac, Broussac, et beaucoup d'autres capitaines auxquels ils vouloient donner occasion d'effacer les fautes qu'ils avoient commises pendant la révolte (1); mais il étoit trop tard; les Anglais avoient eu le temps de se fortifier dans leurs lignes : en vain Dunois les attaqua avec vaillance, il ne put ni les forcer, ni engager les Anglais à en sortir. Au bout de huit jours il se vit réduit à se retirer, et la garnison capitula. Les capitaines d'aventuriers retombèrent alors dans leurs anciennes habitudes : les uns se jetèrent dans le Ponthieu pour le piller, quoiqu'il appartînt au duc de Bourgogne; les autres gagnèrent la Champagne, où ils recommencèrent leurs ravages. (2)

Mais, pendant le même temps, le duc de Bourgogne poursuivoit en Angleterre des négociations qui avoient uniquement pour but la mise en liberté du duc d'Orléans. Depuis que Charles avoit commencé à manifester une énergie et des talens qu'on ne lui avoit jamais soupçonnés, les princes avoient conçu de lui une jalousie nouvelle; ils répétoient contre lui les accusations d'indolence, d'incapacité, de favoritisme, justement parce qu'il cessoit de les mériter, et ils

---

(1) Monstrelet, c. 247, p. 87.
(2) Monstrelet, c. 247. T. VII, p. 87-94, et c. 249, p. 97. —J. Chartier, p. 105.

cherchoient des combinaisons pour défendre leur pouvoir contre des vertus inattendues, tout en l'accusant des vices contraires. Le duc d'Orléans, captif depuis vingt-cinq ans en Angleterre, commençoit à se faire connoître par d'assez jolies poésies en français comme en anglais. Elles avoient donné l'idée qu'il étoit doué de talens supérieurs; comme en même temps il étoit, par ses apanages, le plus puissant des princes du sang, comme on supposoit que tout l'ancien parti d'Orléans se réuniroit à lui, le duc de Bourgogne ne doutoit point qu'en confondant leurs deux influences ils ne fussent absolument les maîtres du royaume, et ne pussent condamner Charles VII à ce repos des rois fainéans, auquel, pendant dix-sept ans, il avoit paru aspirer uniquement. La duchesse de Bourgogne avoit négocié cette alliance intime entre les ducs d'Orléans et de Bourgogne; le premier, comme garantie de son amitié, s'étoit engagé à épouser, aussitôt qu'il auroit recouvré sa liberté, Marie de Clèves, nièce du second, et élevée dans sa maison (1). Les ambassadeurs de France avoient eux-mêmes pris part au traité, croyant devoir bien plus se mettre en garde contre un renouvellement de guerres civiles entre ces princes rivaux, que contre une alliance trop intime entre eux.

---

(1) Preuves de l'Hist. de Bourgogne, n° 134, p. 169.

Il falloit cependant obtenir du conseil d'Angleterre la mise en liberté du duc d'Orléans, et tandis que le cardinal de Winchester y donnoit les mains, le duc de Glocester s'y opposoit. Il invoquoit la mémoire de son frère Henri V, et les injonctions qu'il leur avoit faites en mourant. Il fit inscrire, le 2 juin 1440, sa protestation contre l'élargissement du duc d'Orléans sur les registres du conseil; il y disoit, entre autres choses : « Le roi et son conseil n'ignorent point
« quelle est, d'après la commune renommée,
« l'indisposition de son adversaire de France;
« qu'il n'a ni prudence ni discrétion pour se gou-
« verner lui-même, mais qu'il doit être conduit,
« par défaut de raison naturelle, d'après les dé-
« sirs de ceux qui, pour le temps, l'ont sous
« leur gouvernement, et l'on croit que son fils
« aîné est fait tout de même. Il me semble donc,
« considérant la grande subtilité et disposition
« cauteleuse du duc d'Orléans, qui est si bien
« connue de tous les lords du conseil, que nous
« ne devons point le mettre en liberté; car les
« seigneurs de la partie adverse et les trois États,
« le voyant si prochain du sang, et si habile, le
« prendront probablement pour régent, et lui
« donneront le gouvernement; et lui, qui con-
« noît si bien dans quelles dispositions nous som-
« mes ici, ne voudra jamais travailler à une paix

« qui soit honorable et profitable au roi mon sei-
« gneur. » (1)

Malgré la protestation de Glocester, la mise en liberté du duc d'Orléans fut résolue ; la riche rançon qu'on attendoit de lui, tandis que le parlement refusoit ses subsides, fut le vrai motif qui détermina le conseil. Elle fut fixée à deux cent mille écus, dont deux valoient un noble d'Angleterre : quatre-vingt mille devoient être payés au moment où le duc seroit mis en liberté ; les cent vingt mille restant au bout de six mois ; et, pour cette somme, Orléans remettoit des engagemens séparés du dauphin, des ducs de Bretagne et d'Alençon, des comtes de Vendôme et de la Marche, des archevêques de Reims et de Narbonne, des seigneurs de Harcourt, Tancarville, Mailly et Lohéac (2). Le duc de Bourgogne ajouta, le 8 juillet, sa garantie à celle du dauphin, peut-être parce que les Anglais se défioient du pouvoir qu'auroit celui-ci d'accomplir ses promesses, depuis qu'il s'étoit engagé dans la guerre civile (3). Les ambassadeurs de France ratifièrent à Saint-Omer, le 16 août 1440, ces divers traités au nom du roi (4). Le 20 août, des sauf-conduit

(1) Rymer. T. X, p. 764. — Rapin Thoyras. L. XII, p. 285.
(2) Rymer. T. X, p. 776, et p. 794.
(3) Rymer. T. X, p. 787.
(4) Rymer. T. X, p. 798.

furent expédiés par Henri VI au bâtard d'Orléans, pour qu'il vînt avec sa femme trouver son frère à Calais ou à Gravelines : d'autres sauf-conduit furent envoyés, le 28 octobre, à l'archevêque de Reims, chancelier, à l'archevêque de Narbonne, à l'évêque de Poitiers, à deux conseillers au parlement et deux secrétaires, formant l'ambassade française qui attendoit à Saint-Omer. Enfin, le duc d'Orléans ayant satisfait à tous ses engagemens, et donné les cautions des princes ses parens, prit congé, le 3 novembre, de Henri VI à Westminster, et partit pour Calais, sous la conduite de Jean Cornwallis. Parvenu à Gravelines, il y donna, le 12 novembre, des lettres par lesquelles il reconnoissoit qu'il avoit été remis en liberté, et il confirmoit tous les engagemens qu'il avoit pris durant sa captivité. (1)

La duchesse de Bourgogne avoit attendu le duc d'Orléans à Gravelines ; le duc de Bourgogne vint bientôt l'y joindre avec toute sa cour. Les deux princes s'embrassèrent avec attendrissement, et le duc d'Orléans fit au duc de Bourgogne les protestations les plus vives d'attachement et de reconnoissance. Il jura d'observer fidèlement le traité d'Arras; il fit faire le même serment à son frère Dunois, qui d'abord y montroit peu de disposition. Il célébra son ma-

(1) Rymer. T. X, p. 800, 808, 823 et 829.

1440. riage avec la demoiselle de Clèves, le 26 novembre, dans l'église de Saint-Bertin, à Saint-Omer, et le 29 il reçut le collier de la toison d'or, dans un chapitre de l'ordre que tint le duc de Bourgogne. Ce collier fut aussi envoyé aux ducs de Bretagne et d'Alençon (1). Le duc de Bourgogne conduisit ensuite le duc d'Orléans à Bruges, annonçant à cette ville qu'il lui pardonnoit à l'intercession de son cousin. Il fournit magnifiquement aux dépenses de son hôte, et lui monta une brillante maison. Les deux princes se séparèrent à Gand, et Orléans prit la route de
1441. Paris, où il fit son entrée le 14 janvier 1441. (2)

Tant de marques d'affection et d'une intime intelligence, entre deux princes que jusqu'alors on avoit crus ennemis, éveillèrent la défiance de Charles VII, et lui firent découvrir le but de cette association inattendue. Plus il avoit montré jusqu'alors d'indifférence pour le pouvoir, et plus, depuis qu'il s'en étoit ressaisi, il sembloit le défendre avec jalousie. Il avoit assemblé à Bourges, au mois de septembre 1440, ses États-Généraux; mais il eut soin de ne leur soumettre autre chose que quelques affaires d'église (3). Il les fit déclarer pour Eugène IV et contre Félix V, en interdisant toutefois de publier dans le

---

(1) Monstrelet, c. 252. T. VII, p. 105-114.
(2) Monstrelet, c. 252. T. VII, p. 115-125.
(3) Hist. de Languedoc. L. XXXIV, p. 495.

royaume aucune citation, suspension ou privation de bénéfice, à l'occasion du schisme qui éclatoit (1). Il obtint d'eux en même temps un subside d'un dixième à lever sur tous les ecclésiastiques du royaume (2). Dans le même esprit il sembla se précautionner contre les princes du sang, et pour bien montrer au duc de Bourgogne qu'il vouloit gouverner sans prendre ses conseils, il rappela Tanneguy du Châtel, qu'il savoit lui être odieux, et le donna pour lieutenant au comte du Maine, dans le gouvernement de Guienne. (3)

Dès le commencement du printemps de 1441, Charles VII se mit à la tête des troupes qu'il avoit rassemblées autour d'Orléans et de Blois, et partit pour la Champagne, celle des provinces du royaume où son autorité étoit le moins respectée, et où les gens de guerre commettoient les plus cruelles exactions. Les peuples y étoient tour à tour dépouillés par des aventuriers lorrains ou barrois, qui déployoient les drapeaux ou du roi René, ou du comte de Vaudemont, en guerre l'un avec l'autre; ils l'étoient encore par Robert de Saarbruck, qu'on nommoit le damoiseau de Commercy, par le bâtard de Vergy ou le sire de Cervolles, capitaines bourguignons, qui

(1) Ordonn. de France. T. XIII, p. 319-326.
(2) *Ibid.* p. 326.
(3) Hist. de Languedoc. L. XXXIV, p. 495.

prétendoient user de représailles pour des incursions faites chez eux par des écorcheurs français. Jean de Luxembourg, comte de Ligny, avoit seul réussi par son activité et sa fermeté à écarter de ses fiefs tous ces brigands; mais il venoit de mourir à son château de Guise, et Charles VII, qui avoit prolongé d'année en année le répit qu'il lui avoit accordé pour accepter le traité d'Arras, vouloit au contraire forcer son neveu et son successeur le comte de Saint-Pol à se soumettre sans réserve à l'autorité royale. (1)

Charles VII conduisoit avec lui le connétable, le dauphin et le comte du Maine, avec beaucoup de gentilshommes et de capitaines, dont les uns vouloient rappeler qu'ils avoient fait preuve de fidélité l'année précédente, durant la praguerie, les autres vouloient faire oublier leur rébellion. Arrivé à Troyes, où il passa trois semaines, il fit attaquer les châteaux des brigands et des aventuriers qui désoloient le pays: les uns furent pris de force, d'autres ouvrirent volontairement leurs portes. Le damoiseau de Commercy vint s'excuser de ses brigandages et implorer la merci du roi. Le pardon qu'il obtint encouragea le bâtard de Vergy, Charles de Cervolles et le bâtard de Bourbon à venir demander grâce. Charles pardonna aux deux premiers;

(1) Monstrelet, c. 252. T. VII, p. 128.

mais il avoit toujours trouvé le bâtard de Bourbon parmi les artisans les plus actifs du désordre, avant comme après la praguerie : il étoit bien aise de faire sentir au duc son frère que son nom n'étoit point une sauvegarde ; il le livra au prévôt des maréchaux, pour avoir tout récemment pillé Mucy-l'Évêque, et celui-ci le fit lier dans un sac et noyer dans la rivière, à Bar-sur-Aube. Ce supplice inspira une salutaire terreur aux autres chefs de bande, qui n'étoient pas d'un sang si illustre. L'ordonnance pour la création des compagnies commença dès-lors à être mieux exécutée, les tailles à être plus régulièrement perçues sur des campagnes qui étoient moins ravagées, et les soldes des gens de guerre à être payées avec ponctualité. (1)

De Bar-sur-Aube Charles VII passa successivement à Châlons, à Reims et à Laon : un convoi d'artillerie qu'il faisoit venir de Tournai fut attaqué en chemin et enlevé par le jeune comte de Saint-Pol. Le roi donna ordre à La Hire, Chabannes et Joachim Rohault de punir cet outrage ; bientôt les forteresses de Ribeumont et de Marle furent soumises, et le comte de Saint-Pol vint à Laon pour demander grâce. Il s'engagea à observer la paix, à réparer les dommages qu'il avoit causés et à soumettre au par-

(1) Monstrelet, c. 253, p. 130. — Richemont, p. 359. — Berry, p. 412. — J. Chartier, p. 109.

lement de Paris les procès que faisoit naître la succession du comte de Ligny. La duchesse de Bourgogne vint dans le même temps à Laon, pour demander au roi, au nom de son mari, le redressement de plusieurs griefs. Mais les ducs étoient alors l'objet spécial de la jalousie de Charles, et il trouva moyen, tout en recevant la duchesse avec beaucoup de courtoisie, de ne lui rien accorder du tout. (1)

Le roi continua ensuite sa marche par Soissons, Noyon, Compiègne et le pont Sainte-Maxence. Après avoir ramené à l'obéissance toutes les provinces qu'il laissoit derrière lui, son dessein étoit de conduire contre les Anglais les forces qu'il avoit réunies, pour leur faire sentir enfin leur imprudence d'avoir rejeté toutes ses offres de paix. Le 19 mai il vint donc mettre le siége devant le château du Creil, qui se rendit au bout de douze jours, et le 4 juin, ayant reçu de nouveaux renforts, il entreprit le siége de Pontoise. (2)

L'armée du roi étoit fort belle et fort nombreuse. Il avoit avec lui le dauphin, les comtes d'Eu et du Maine, le connétable de Richemont, les maréchaux de Lohéac et de Culant, l'ami-

---

(1) Monstrelet, c. 255, p. 136. T. VII, et c. 256, p. 143. — Berry, p. 413.

(2) Journal de Paris, p. 514-516. — Monstrelet, c. 260, p. 153. — Amelgardus. L. III, c. 14, f. 69.

ral de Coétivy, et un grand nombre de comtes et de gentilshommes. Mais les ducs d'Orléans, de Bourbon, d'Alençon et le comte de Dunois se tenoient à l'écart : ils n'avoient pas abandonné le projet qui avoit éclaté l'année précédente sous le nom de *Praguerie*, celui de forcer le roi à rentrer dans l'indolence et l'apathie, dont ils lui faisoient cependant un crime. Ils correspondoient pour cela avec le duc de Bourgogne, et ils espéroient trouver dans le peuple plus d'appui qu'ils n'en avoient eu l'année précédente. Dans les provinces que le roi avoit parcourues, il est vrai, on avoit reconnu ses bonnes intentions et son désir de réprimer les brigandages ; mais un jugement fondé sur une expérience de dix-sept ans ne se change pas en quelques mois. L'activité nouvelle du roi, soit qu'elle fût, comme on le prétendoit, l'ouvrage d'un nouveau favori ou d'une nouvelle maîtresse, n'étoit qu'un accident qu'on ne s'attendoit pas à voir durer. D'autre part, l'Ile-de-France étoit toujours cruellement vexée ; et à Paris les tailles étoient si onéreuses et se succédoient si rapidement les unes aux autres, que les bourgeois accusoient Charles de leurs malheurs avec plus d'amertume que jamais. « Il étoit, disoient-ils, « gouverné par ses faux et mauvais conseillers, « qui le tenoient comme on fait un enfant en tu- « tèle. Tandis que par leur mauvaiseté ils dé-

« pouilloient les confréries et ruinoient les églises
« sans honneur à Dieu; ils avoient si peu de cou-
« rage, que dès qu'ils savoient les Anglais d'un
« côté ils s'enfuyoient d'autre part, sans oser les
« combattre, même lorsqu'ils étoient trois contre
« un. » (1)

Dans cette disposition des esprits le siége de Pontoise étoit une opération dangereuse, et ses difficultés étoient encore augmentées par la ferme résolution des Anglais de défendre à tout prix cette place importante, d'où ils menaçoient toujours Paris. Richard, duc d'York, cousin de Henri VI, petit-fils du cinquième fils d'Édouard III, et dont le fils monta plus tard sur le trône, sous le nom d'Édouard IV, avoit été nommé, le 2 juillet 1440, lieutenant-général et gouverneur du roi Henri VI dans le royaume de France et en Normandie (2). Il avoit sous lui le vaillant Talbot, le plus redouté comme le plus intrépide des généraux anglais, encore qu'il eût déjà soixante-huit ans. Lord Clifford commandoit la garnison de Pontoise, où l'on comptoit de six à huit cents, tant Anglais que transfuges français. Charles VII établit son quartier à l'abbaye de Maubuisson, sur la gauche de l'Oise; un pont fut jeté sur la rivière, un peu au-dessous de la ville, et le comte du Maine

---

(1) Journal d'un bourgeois de Paris, p. 517
(2) Rymer. T. X, p. 786.

avec l'amiral de Coétivy se logèrent sur la droite de l'Oise, autour de l'abbaye de Saint-Martin. Ce fut de ce côté qu'arriva Talbot, avec quatre mille combattans seulement. Il offrit le 21 juin la bataille aux Français; mais Charles VII, trop frappé du souvenir des grandes défaites de Crécy, de Poitiers et d'Azincourt, étoit résolu à ne pas mettre sa fortune à l'épreuve, et ne permit pas qu'on acceptât le combat. Il passa cependant le pont avec le dauphin, et ayant rejoint le comte du Maine, il examina avec lui les lignes des Anglais; mais il contint ses troupes dans les fortifications de Saint-Martin et de la bastide, et il laissa seulement La Hire, Rouhault et Jaillet escarmoucher au-dehors, pendant trois heures que Talbot demeura en bataille. Ce général voyant enfin que le roi étoit déterminé à ne pas combattre, s'avança par la presqu'île entre la Viorne et l'Oise, entra dans Pontoise, l'approvisionna de vivres, en changea la garnison, qu'il porta à quinze cents hommes, donna le commandement de ces troupes aux lords Scale et Falconbridge, et se retira, le 24 juin, par Mantes, sans être molesté. (1)

Charles VII ne vouloit pas combattre, mais il ne vouloit pas non plus abandonner son entreprise. Après la retraite des Anglais, il remit ses canons

(1) Berry, Hist. chronol. p. 414. — Monstrelet, c. 260. T. VII, p. 153. — Richemont, p. 360-364.

en batterie, et continua le siége. Il donna ordre à Guillaume de Flavy de construire une nouvelle bastide entre la Viorne et la rive droite de l'Oise. L'ouvrage étoit commencé le 6 juillet, mais Talbot revint par le même chemin : l'ordre fut donné à Flavy de ne pas combattre, et Talbot entra de nouveau dans la ville, y introduisit des vivres et des troupes fraîches, et en emmena les malades et les blessés. (1)

Pendant ce temps, le duc d'York rassembloit à Rouen son armée; il se mit en marche après la mi-juillet, avec six ou sept mille combattans; il donna le commandement de l'avant-garde à Talbot, et il vint offrir la bataille à Charles VII, qui la refusa de nouveau. Le duc d'York, pour forcer le roi à lever le siége, résolut alors de passer l'Oise, et de pénétrer dans l'Ile-de-France. Il détourna son attention par une fausse attaque sur Beaumont, et tandis que les soldats du roi se portoient de ce côté, il passa la rivière vis-à-vis l'abbaye de même nom. Charles VII, toujours déterminé à ne pas combattre, envoya ses plus lourds équipages à la bastide de Saint-Martin, sur la droite de l'Oise, où il laissa le sire de Coétivy avec trois mille hommes, et lui-même se retira à Poissy avec le dauphin et la plus grande partie de son armée. Le duc d'York passa trois

---

(1) Monstrelet, c. 260, p. 158. — J. Chartier, p. 113.

jours à Pontoise, il examina bien la bastide de Saint-Martin, mais il ne crut pas pouvoir l'attaquer avec succès. Il présenta donc de nouveau la bataille au roi à Poissy, et il le força à se retirer à Saint-Denis, puis à Conflans. Espérant le forcer à défendre les entours de sa capitale, le duc d'York ravagea cruellement l'Ile-de-France; il rentra dans Pontoise une quatrième fois, et y introduisit encore des vivres; mais vers le milieu d'août, il se vit obligé d'évacuer des campagnes qu'il avoit dévastées, et de reconduire son armée en Normandie. Charles VII étoit humilié de n'avoir osé nulle part attendre l'ennemi; les peuples accablés de tailles l'accusoient de lâcheté; les princes mécontens augmentoient d'audace; le comte de Saint-Pol lui avoit demandé son congé, et s'étoit retiré; d'autres capitaines l'abandonnoient sans même le prévenir. Il fallut à Charles un degré de fermeté que rien n'avoit fait prévoir en lui, pour recommencer, sans se décourager, le siége de Pontoise. Il revint occuper sa première position à Maubuisson. Son artillerie étoit fort bonne, et habilement dirigée par le sire Jean Bureau; le 15 septembre il fit donner l'assaut à l'église Notre-Dame, dont les assiégés avoient fait une redoute avancée en dehors de la ville. Il s'en empara après deux heures d'un combat obstiné. De là il put battre en brèche les remparts avec un grand avantage. En effet, le 19 septembre il donna un assaut au corps même de la place en trois endroits différens. Le roi conduisoit lui-même la première division, le dauphin la seconde, le maréchal de Lohéac la troisième. Après deux heures et demie d'un combat obstiné, toutes trois entrèrent également dans la ville; cinq ou six cents Anglais furent tués dans l'assaut, quatre cents environ furent faits prisonniers. Charles VII fit cesser le massacre, et prit sous sa protection les femmes et les laboureurs qui s'étoient réfugiés dans les églises; mais il laissa les prisonniers aux mains des gens d'armes, qui les traitèrent fort durement, et qui après les avoir traînés dans les rues de Paris, comme un méprisable bétail, noyèrent dans la Seine tous ceux qui ne purent pas se racheter. (1)

Les Anglais avoient dépensé tout l'argent dont ils pouvoient disposer dans leurs premiers efforts pour secourir Pontoise. Ils avoient été obligés ensuite d'abandonner la campagne, tandis que Charles VII avoit montré que par la patience, la persévérance, la richesse et le nombre, il pouvoit triompher même de Talbot, qu'il n'osoit pas combattre. En même temps la ville d'Évreux avoit été surprise le 15 septembre;

---

(1) Monstrelet, c. 261. T. VII, p. 160-171. — Berry, roi d'armes, p. 415, 416. — J. Chartier, p. 115-120. — Richemont, p. 365-369. — Journal d'un bourgeois de Paris, p. 518. — Amelgardus, L. III, c. 15, f. 71.

sur les Anglais, par le capitaine Floquet; et quoique cette conquête eût moins coûté que celle de Pontoise, elle n'étoit pas moins importante (1). Dans le Languedoc et la Guienne, il y avoit eu aussi quelques hostilités. Les Anglais avoient attaqué le sire d'Albret; ils l'avoient assiégé dans sa ville de Tartas, et vers la fin de l'année ils l'avoient réduit à capituler. Le sire d'Albret s'étoit engagé à leur livrer Tartas le 23 juin suivant, veille de la Saint-Jean, si ce jour-là le roi ne venoit en personne le délivrer, et *tenir sa journée* devant la place. Il avoit donné son fils en otage en garantie de cette promesse. (2)

Il est probable que les assiégeans comme les assiégés s'attendoient peu à voir un monarque qu'on avoit toujours jugé si indolent, conduire son armée de la Normandie dans les landes de la Gascogne, à vingt-cinq lieues au midi de Bordeaux. Charles étoit revenu à Paris le 25 septembre, après la soumission de Pontoise, et il y resta jusqu'au 15 octobre. Mais les Parisiens ne lui tenoient encore aucun compte de ses efforts; ils l'accusoient des brigandages que le roi ne pouvoit pas empêcher, et qui se commettoient souvent, sous ses yeux même, par les gens de sa suite. Ils l'accusoient de la pesanteur des tailles qu'il

(1) J. Chartier, p. 120. — Berry, p. 417. — Amelgardus. L. III, c. 16, f. 72.
(2) Hist. générale de Languedoc. L. XXXIV, p. 496.

levoit à la rigueur pour payer ses soldats; de son peu de respect pour les immunités de l'Église, qu'il soumettoit à des contributions, et de l'avarice des prêtres, qui retranchoient au peuple quelque partie du service divin, proportionnelle à ce que leur prenoit la couronne. Les curés appauvris supprimoient des messes; dans quelques églises ils n'en disoient même plus du tout. L'université cessa toute prédication pendant l'hiver, il n'y eut pas même de sermon aux fêtes de Noël, et cependant les prêtres avoient bien soin d'avertir le peuple que son salut éternel dépendoit des cérémonies qu'ils lui retranchoient. Charles VII, impatienté de cette petite lutte, retourna dans ce que les Parisiens appeloient encore *son pays de Berri*, comme s'il étoit toujours *le petit roi de Bourges*. (1)

Dans les premiers mois de l'hiver, Charles VII eut une entrevue à Saumur avec le duc de Bretagne; celui-ci tenoit sur ses frontières des garnisons d'aventuriers, qui commettoient de grands ravages dans le Poitou, l'Anjou et la Saintonge. Le roi l'engagea à les retirer; d'autres s'étoient fortifiés dans des châteaux d'où Richemont les chassa. A cette époque même la femme de ce seigneur, veuve du premier dauphin, et qu'on nommoit toujours la duchesse de Guienne,

(1) Journal d'un bourgeois de Paris, p. 517-520.

mourut à Paris le 30 janvier 1442 (1). Pendant le même mois de janvier, Charles visita le Poitou et la Saintonge, obligeant le sire de La Trémoille et le sire de Pons à renvoyer de leurs châteaux les aventuriers qu'ils y tenoient en garnison, et qui levoient des contributions sur tout le pays environnant (2). Le 17 janvier, il écrivit à tous ses barons de Languedoc qu'il tiendroit sa journée devant Tartas, et il les convoqua à Toulouse pour l'y suivre. Il s'adressa en particulier à ses cousins d'Armagnac, de Foix, de Comminges, de Lomagne et d'Albret, qui, regardant cette affaire comme leur étant personnelle, mirent beaucoup d'ardeur à rassembler leurs gens de guerre, pour paroître avec éclat dans l'armée du roi. (3)

Charles, toujours occupé de réprimer les brigandages des soldats, se rendit de Saintes à Lusignan, puis à Limoges, où il passa une partie du mois de mai. Le 8 juin, il fit son entrée à Toulouse. Là, il trouva rassemblée toute la noblesse de la Guienne française et du Languedoc; on compta dans son armée plus de cent vingt barons. Le dauphin, les comtes de Lomagne, de

---

(1) Berry, p. 417. — Richemont, p. 369. — Journal d'un bourgeois de Paris, p. 520. — J. Chartier, p. 121. — Hist. de Bretagne de Lobineau. L. XVII, p. 519.

(2) Berry, p. 417.

(3) Hist. de Languedoc. L. XXXIV, p. 496.

la Marche, de Foix, de Comminges, marchoient avec le roi; le connétable étoit venu le rejoindre. Ils passèrent par Mont-de-Marsan, et, le 23 juin, ils se rangèrent en ordre de bataille sur la lande de Tartas; mais les Anglais ne se présentèrent pas pour combattre une aussi puissante armée, et ils rendirent au connétable le fils du sire d'Albret, qui leur avoit été livré comme otage. Le roi assiégea ensuite Saint-Sever, qu'il prit d'assaut; puis Dax, qui se rendit par composition, après avoir tenu six semaines. Pendant que son armée pressoit ce dernier siége, Charles visita Toulouse, Agen, Carcassonne, et rendit dans ces diverses villes des ordonnances contre les routiers, les déserteurs, et tous les gens de guerre qui exerçoient le brigandage; il autorisa tous les paysans à leur courir sus et à les tuer (1). Il avoit convoqué à Béziers, pour le mois d'octobre, l'assemblée des États de Languedoc. Là, il se montra entouré des hommes qui partageoient avec lui la reconnoissance du peuple, pour leurs efforts soutenus afin de supprimer l'anarchie. C'étoient le chancelier, archevêque de Reims, l'archevêque de Vienne, Tanneguy du Châtel, mais surtout Jacques Cœur, argentier ou trésorier du roi, qui le premier avoit remis quelque ordre dans ses finances.

(1) Monstrelet, c. 265, p. 195. — Richemont, p. 373, 374. — Hist. de Languedoc. T. IV. L. XXXIV, p. 497.

Cette assemblée lui accorda un subside de cent mille livres, et en partagea vingt-sept mille entre les princes et les grands officiers de la couronne. Pendant ce temps, l'armée royale continuoit ses opérations; elle les termina par la soumission de La Réole, qui se rendit le 8 décembre (1). A la suite des fatigues de cette campagne, La Hire, le plus illustre des aventuriers français qui avoient servi Charles VII depuis le commencement de ses guerres, mourut de maladie à Montauban, dans un âge avancé. (2)

Les Anglais étoient peu en état d'arrêter cette carrière de succès. La nation prenoit toujours moins d'intérêt aux affaires du continent, et son roi, Henri VI, en avançant en âge, se montroit toujours plus incapable. Le duc de Glocester, le seul des princes qui parût avoir à cœur l'honneur des armes anglaises, étoit abreuvé de dégoûts et de mortifications par son oncle le cardinal de Winchester. Sa femme, la duchesse de Glocester, avoit été accusée de s'être concertée avec des sorciers pour *envouter* le roi, ou le faire périr en fondant à petit feu une image de cire qui le représentoit. L'homme et la femme qu'on accusoit d'être ses complices, périrent par un supplice cruel, et la duchesse elle-même, après avoir

---

(1) Monstrelet, c. 266, p. 198. — Hist. de Languedoc. L. XXXIV, p. 497.

(2) Monstrelet, c. 266, p. 202.

fait amende honorable dans l'église de Saint-Paul, fut enfermée dans une prison perpétuelle. (1)

Mais tandis que les vrais ennemis de l'État avoient cessé d'être redoutables, les princes du sang causèrent pendant quelque temps assez d'inquiétude à Charles VII. Vers la fin de l'année 1441, les ducs de Bourgogne et d'Orléans avoient eu une conférence à Hesdin, et ils étoient convenus de convoquer pour le mois de mars suivant, à Nevers, tous les princes de la maison de France. On vit à cette assemblée le duc et la duchesse d'Orléans, le duc et la duchesse de Bourbon, le comte d'Angoulême, le duc d'Alençon, le comte d'Étampes, le comte de Dunois et le comte de Vendôme; le seul duc de Bourgogne, qui avoit invité tous ces princes à s'y rencontrer, ne voulut pas s'y trouver. Le chancelier et quelques conseillers du roi avoient été envoyés par Charles VII à Nevers, pour le représenter au milieu de tous ces princes ses parens.

Ceux-ci se regardant comme les notables de la France, rédigèrent un cahier de doléances, qui fut présenté au roi pendant son séjour à Limoges, au mois de mai 1442. Les premiers articles se rapportoient aux affaires publiques; ils étoient destinés à capter la faveur populaire, et à rejeter sur le roi le blâme des maux qu'il

---

(1) Rapin Thoyras. L. XII, p. 294

cherchoit au contraire à réparer. Mais ensuite les princes arrivoient à ce qui leur tenoit vraiment à cœur, à la demande de faveurs personnelles, de pensions, de gouvernemens. Ils croyoient toujours que la France leur appartenoit, et que c'étoit à eux à s'en partager les dépouilles. Charles VII leur répondit avec franchise, avec modération, avec bonté, et ses réponses nous feront connoître les demandes qui lui étoient adressées. Quant à l'accusation de laisser la France exposée aux ravages des ennemis, Charles répondit, qu'en partant pour Tartas, il avoit pourvu à la défense de la Beauce et du pays Chartrain contre les Anglais, et qu'il avoit fait choix pour commander sur cette frontière, du comte de Dunois, qui sans doute étoit agréable aux princes. Quant à la paix, qu'il n'y avoit point de sa faute si elle n'étoit pas faite encore, que c'étoient les Anglais qui avoient négligé d'envoyer aux dernières conférences, et que les conditions sur lesquelles ils avoient insisté aux précédentes, de l'aveu même des princes, n'étoient pas acceptables. Qu'il étoit prêt de nouveau à ouvrir un congrès pour le 25 octobre, au lieu que les Anglais voudroient choisir sur la frontière, mais qu'il annonçoit publiquement d'avance, qu'il ne traiteroit de la paix que sous la condition de se réserver la foi, l'hommage et la souveraineté de la partie quelconque du territoire de France qu'il abandonneroit au roi d'Angleterre; quant à la demande de faire rendre la justice par des hommes éclairés et intègres, et d'une manière impartiale, le roi répondit que tel avoit toujours été son désir; que peu de plaintes avoient été élevées contre ses juges, mais que s'il y en avoit quelqu'une de fondée, il y feroit droit; quant aux pillages des gens de guerre et à la pauvreté du peuple que les princes lui reprochoient, il dit qu'il ne cessoit de travailler à réprimer ces brigandages; que c'étoit pour se mettre en état de le faire qu'il avoit dû lever sur le peuple des taxes dont il regrettoit la rigueur; que toutefois les aides avoient été consenties par les seigneurs, et quant aux tailles, il prétendit que celles sur ses propres sujets dépendoient de sa seule autorité royale, sans le concours des États; que d'ailleurs les peuples ne regardoient l'assemblée de ces États que comme une dépense et une charge inutiles; toutefois il promettoit de consulter les princes et les seigneurs, comme il l'avoit fait auparavant, dans toutes les occasions importantes, et sans avoir égard aux divisions passées. (1)

Arrivant ensuite aux demandes personnelles des princes, Charles essaya encore de les désarmer par la condescendance. Il promit de payer

(1) Monstrelet, c. 264. T. VII, p. 174-188.

au duc d'Alençon la valeur du gouvernement de Niort, qu'il lui avoit ôté durant la praguerie ; mais quant à sa lieutenance et à sa pension, il déclara ne vouloir les rendre que quand ce duc se conduiroit comme il auroit dû le faire. Il assura n'avoir point suspendu la pension du duc de Bourbon, qui montoit à 14,400 francs ; que c'étoit lui au contraire qui n'avoit pas voulu recevoir un à-compte qui lui étoit offert ; que de même c'étoit le comte de Vendôme qui avoit abandonné l'office de grand-maître qu'il redemandoit. Il dit qu'il continueroit au duc de Nevers sa pension, pourvu que celui-ci assurât dans le Rhételois l'obéissance aux ordres royaux, et y réprimât la licence des gens de guerre. Il promit enfin au duc de Bourgogne de veiller à la stricte exécution du traité d'Arras, comme il avoit toujours voulu le faire. En même temps il fit bon accueil aux ambassadeurs des princes ; il leur annonça que l'année suivante il requerroit leur aide pour la conquête de la Normandie (1). Il mit enfin tant de modération et de support dans cette discussion, à laquelle il eut soin en même temps de donner assez de publicité, que les princes perdirent tout espoir d'intéresser le peuple à leur querelle. Il étoit évident pour tous les yeux que le roi agissoit en protecteur

---

(1) Monstrelet, c. 264. T. VII, p. 188-194.

des intérêts publics, tandis que l'assemblée de Nevers n'avoit été formée que pour faire valoir contre lui toutes les prétentions personnelles les plus déhontées. Ce fut le dernier effort de la praguerie. La résistance des grands et des soldats aux réformes et au rétablissement de l'ordre, qui avoit commencé par les armes, qui s'étoit continuée ensuite par des remontrances au nom de toute la famille royale, ne put pas se prolonger plus long-temps en opposition avec le sentiment national. Le duc d'Orléans, qui, à son retour d'Angleterre, avoit cru pouvoir se mettre à la tête des mécontens, et partager ainsi l'autorité royale, sentit combien ce rôle seroit dangereux, combien il étoit heureux pour lui que le roi eût bien voulu conserver la paix et ne pas rompre avec les princes. Il vint à Limoges avec la duchesse sa femme, pour assurer Charles VII de son entière soumission, et se recommander à sa faveur. Charles, de son côté, le reçut avec amour, et contribua largement à acquitter la rançon qu'il avoit encore à payer. (1)

(1) Berry, p. 418.

CHAPITRE VIII.

Avantages remportés sur les Anglais par Charles VII et par le dauphin son fils. — Congrès de Tours, où une trêve de deux ans est conclue. — Henri VI épouse Marguerite d'Anjou. — Le dauphin conduit contre les Suisses les soldats devenus inutiles. — Bataille de Saint-Jacob sur la Birse. — Campagne de Charles VII contre Metz. — Réforme de l'armée. — Compagnies d'ordonnance. — Meurtre du duc de Glocester en Angleterre. — 1442-1447.

Depuis le commencement du règne de la maison de Valois, la guerre entre les Français et les Anglais avoit paru aux historiens des deux nations presque le seul sujet digne de l'histoire. Les grands combats, les petits faits d'armes, les surprises de places et le ravage des campagnes, sont les seuls événemens dont les contemporains aient daigné nous entretenir; ils ne sembloient jamais se fatiguer de leur monotonie. Nous sommes arrivés enfin à une époque où les chroniqueurs paroissent n'avoir presque plus rien à nous dire sur cette longue et cruelle lutte. La guerre duroit encore cependant, mais elle se

1442.

faisoit avec une langueur, avec une mollesse toujours croissante ; elle se faisoit par paresse, s'il est permis de s'exprimer ainsi, plutôt que par passion ; car l'un et l'autre gouvernement n'avoit pas assez d'énergie pour faire la paix. Il ne savoit point se rendre compte de ce qu'il vouloit ; il ne pouvoit se déterminer ni à renoncer à ce qu'il ne pouvoit pas atteindre, ni à prendre des mesures pour employer les gens de guerre dont il étoit accablé, et les contenir dans le devoir après qu'ils auroient posé les armes, ni à gouverner ses États selon un système pacifique. Il falloit bien plus de résolution, bien plus de réflexion pour arriver à l'état de paix que pour laisser continuer la guerre, d'autant que celle-ci se faisoit sans plan de campagne, sans rassemblemens de munitions ou d'artillerie, sans grandes levées d'hommes, et seulement en laissant un libre cours aux mauvais penchans des soldats aventuriers. Ces derniers continuoient à méditer et à exécuter des surprises de places, des incursions et des pillages sur le territoire ennemi, sans qu'aucun de ces faits militaires pût amener une conquête ou l'accomplissement des conditions que l'un ou l'autre gouvernement avoit mises à la pacification.

Charles VII, cependant, réveillé de ce sommeil d'indolence dans lequel il avoit passé sa jeunesse, persistoit dans le projet qu'il avoit formé, depuis peu d'années, de délivrer le peuple de la tyrannie des soldats et de celle des grands, et de ramener la France sous le joug de la seule autorité royale. Il avoit montré, dans la précédente campagne, qu'il pouvoit au besoin développer de l'activité et de l'énergie ; il avoit laissé voir aussi une jalousie de ses droits qu'on n'auroit pas attendue d'un homme presque toujours dominé par ses favoris ou ses maîtresses. Déjà il étoit retombé sous le joug des uns et des autres ; mais la guerre et le malheur avoient développé en France des caractères énergiques. On trouvoit plus de talent pour les affaires dans les hommes qui approchoient de la cour, et Charles VII, en changeant souvent de favoris et de conseillers, n'employoit plus guère que des hommes habiles ; aussi assure-t-on qu'il fut surnommé par ses contemporains Charles le bien servi (1). Il y eut, vers cette époque, un renouvellement dans son cabinet, dont on ne nous explique point la cause, mais qui parut contribuer à la meilleure administration des affaires. Le roi éloigna de la cour l'amiral de Coétivy, sans lui ôter aucun de ses offices, et il appela dans ses conseils Pierre de Brezé, Jamet du Tillay et Petit Mesnil, auquel il accorda dès-lors beaucoup de confiance. (2)

(1) Prol. de Matth. de Coucy. Collect. de Buchon. T. X, p. 4.
(2) Mém. de Richemont, p. 378.

1442. Les grands seigneurs du midi de la France sembloient avoir mieux réussi que tous les autres à secouer absolument le joug de l'autorité royale. Charles VII, qui s'étoit avancé jusqu'en Gascogne pour tenir sa journée de Tartas, parut vouloir profiter de sa présence dans ce pays avec une armée, pour ramener à l'obéissance ces grands feudataires que la distance de la capitale, la longueur des guerres civiles, et l'appui qu'ils trouvoient alternativement dans les Anglais et les Français, avoient encouragés à se rendre indépendans; il prit sur lui de régler la succession au comté de Comminges, qui depuis bien long-temps étoit un sujet de guerre entre les comtes de Foix et d'Armagnac.

Le dernier comte de Comminges, Pierre Raymond II, étoit mort au mois d'octobre 1375; il n'avoit laissé qu'une fille, Marguerite, qui avoit été déclarée héritière de son comté. Le comte d'Armagnac l'avoit prise sous sa protection, ainsi que sa mère; le comte de Foix, au contraire, avoit entrepris de les dépouiller, et depuis soixante-sept ans la possession de ce comté, au pied des Pyrénées, avoit excité des guerres fréquentes entre ces deux puissantes maisons (1). Les passions et l'inconduite de l'héritière de Comminges avoient compliqué encore les droits

(1) Hist. de Languedoc. T. IV. L. XXXII, p. 357.

de ces familles rivales. Marguerite fut mariée trois fois : d'abord à Jean III d'Armagnac, celui qui conduisit, en 1391, une expédition en Italie, où il périt; puis à Jean d'Armagnac, comte de Pardiac; mais elle n'avoit pas cru qu'une personne d'aussi haut rang qu'elle fût obligée ou à la fidélité ou à l'obéissance conjugales. Lorsque son second mari avoit montré du ressentiment de ses galanteries, elle lui avoit déclaré la guerre en 1401 (1); elle avoit tour à tour été son ennemie et sa captive; ensuite, comme elle se trouva trop foible pour lui résister, elle avoit eu recours à la maison rivale des comtes de Foix; et, en 1419, elle épousa Matthieu de Foix, quatrième fils d'Archambaud de Grailly, quoique son autre mari fût toujours vivant (2). Cet autre mari l'avoit long-temps tenue en prison. Matthieu de Foix ne la traita pas mieux : dès l'année de son mariage, il la fit enfermer, assurant que c'étoit le seul moyen de mettre des bornes à son incontinence. Cependant, il abusa bientôt de l'autorité qu'il exerçoit, en son nom, sur le Comminges. Les trois États de ce comté s'étoient adressés, en 1439, à Charles VII; ils lui avoient représenté que leur souveraine légitime étoit, depuis vingt ans, retenue en prison, par son troisième mari, dans une des tours du château de

---

(1) Hist. de Languedoc. T. IV. L. XXXIII, p. 413.
(2) Hist. de Languedoc. L. XXXIII, p. 431.

Foix; que l'âge avoit sans doute glacé depuis long-temps les passions de sa jeunesse; que même, s'il n'en étoit point ainsi, ils aimeroient mieux subir les caprices de la fille de leurs anciens maîtres que de se soumettre plus long-temps aux extorsions et à l'avarice de l'homme qui la traitoit si cruellement. (1)

Charles VII avoit dès-lors négocié pour faire remettre en liberté la vieille comtesse de Comminges; mais son mari s'étoit absolument refusé à la relâcher. Le roi, se trouvant donc dans le pays, fit attaquer par Xaintrailles les principales forteresses du comté de Comminges; et, à mesure qu'il s'en rendoit maître, il les faisoit occuper par des garnisons que fournissoit le comte d'Armagnac; mais celui-ci n'en fut pas plus tôt en possession, qu'il demanda pour lui-même la souveraineté du Comminges. La présence seule de Charles avec son armée, et la vigueur avec laquelle il repoussa les prétentions de ces feudataires, les forcèrent l'un et l'autre à se soumettre. Matthieu de Foix vint le trouver, à Toulouse, le 9 mars 1443; il promit de remettre sa femme en liberté, sous condition que le comté de Comminges seroit partagé entre elle et lui, que le survivant auroit la jouissance de la totalité, et qu'après la mort des deux époux, comme

(1) Hist. de Languedoc. L. XXXIV, p. 490.

ils n'avoient point d'enfans, le Comminges seroit réuni à la couronne. C'est ce qui arriva, à la fin de l'année 1453, à la mort de Matthieu : la comtesse Marguerite étoit morte à Poitiers, en 1443, l'année même où elle avoit été remise en liberté. (1)

Le roi ne tarda pas à s'apercevoir que l'acte de souveraineté qu'il venoit d'exercer sur l'un des grands fiefs situés au pied des Pyrénées avoit aliéné de lui le comte d'Armagnac. Ce comte, nommé Jean IV, joignoit à la seigneurie de cette province celle du Rouergue ; il s'intituloit comte par la grâce de Dieu. Il refusoit de contribuer aux aides et subsides votés par le royaume ; il ne cessoit de se plaindre de l'ingratitude de Charles VII, qui, disoit-il, n'avoit été soutenu sur le trône que par son père, barbarement massacré, à Paris, le 12 juin 1418, et par la faction des Armagnacs, à l'aide de laquelle il avoit triomphé des Bourguignons et des Anglais. Armagnac songeoit alors à se rapprocher de ces ennemis du royaume ; il offroit sa fille en mariage à Henri VI ; il promettoit au duc de Glocester, qui favorisoit cette alliance, de faire déclarer en faveur des Anglais une grande partie de la Guienne ; plusieurs des capitaines de routiers et de soldats aventuriers, qui étoient encore can-

(1) Hist. de Languedoc. L. XXXIV, p. 498. — Le Bouvier, dit Berry, p. 423.

tonnés dans cette province, lui étoient tout dévoués. Il étoit entre autres assuré de Salazar et de Jean de Lescun, bâtard d'Armagnac, dont les deux troupes étoient considérables. Quand il se crut certain du mariage de sa fille avec le roi d'Angleterre, il donna ordre à ceux-ci de prendre possession, en son nom, des places du comté de Comminges. (1)

Pendant l'automne de 1442, l'hiver et le printemps suivant, Charles VII avoit habité tour à tour le Languedoc et la Guienne, cherchant à rétablir l'ordre dans ces provinces, à raccoutumer les feudataires à l'obéissance, et à restreindre dans la possession du district de Bordeaux les Anglais, auxquels il enleva plusieurs petites places. Il revint à Poitiers pour les fêtes de Pentecôte de l'année 1443; il avoit appris que le vaillant Talbot, que Henri VI venoit d'élever à la dignité de comte de Shrewsbury, étoit venu investir Dieppe, au commencement de novembre 1442, avec une armée de cinq mille Anglais (2). Avant la fin du même mois, le comte Dunois avoit introduit dans la ville un renfort qu'il amenoit aux assiégés (3); mais Talbot s'étant emparé du fort de Charles-Mesnil, sur la montagne de Polet, coupa dès-lors toute communication à la ville

(1) Hist. génér. de Languedoc. T. V. L. XXXV, p. 3.
(2) Rapin Thoyras. L. XII, p. 298.
(3) J. Chartier, p. 122.

assiégée, dont le blocus continua près de neuf mois. (1)

En revenant à Poitiers, Charles se proposoit surtout de délivrer la ville de Dieppe, à laquelle tenoit la sûreté de toute la province. Son fils Louis lui demanda avec instance de le charger de cette expédition. Le dauphin Louis, né le 3 juillet 1423, entroit dans sa vingt et unième année, et il commençoit à montrer des qualités et des défauts qu'on n'avoit encore jamais trouvés dans sa race : son ambition comme son activité étoient dévorantes. Tandis que son père ne vouloit, le plus souvent, rien faire ou rien voir, et qu'il abandonnoit les affaires les plus importantes au favori du jour, Louis vouloit tout faire et tout voir par lui-même; il supportoit avec impatience l'autorité des conseillers de son père et celle de son père lui-même. Il avoit été élevé au milieu des armes; il étoit brave, et il avoit appris la guerre, mais il lui préféroit l'intrigue. Déjà il laissoit voir une grande connoissance des hommes, connoissance qui avoit manqué aux autres Valois, un grand talent de profiter de leurs vices et de leurs foiblesses; il s'étudioit à persuader à ceux qu'il vouloit employer qu'il les aimoit, qu'il se fioit à eux, tandis qu'il n'avoit d'attachement pour personne, et que sa plus vive

(1) Le Bouvier, dit Berry, p. 424 — Amelgardus. L. III, c. 18, f. 75.

jouissance étoit de tromper. Faux, cruel, et sans pitié, il étoit en même temps d'une dévotion minutieuse; il ne s'étoit jamais permis d'exercer sur les matières de religion la subtilité extrême de son esprit, et il croyoit fermement que ses pieuses pratiques suffisoient à le laver de tous ses vices.

Louis obtint de Charles VII qu'il voulût bien lui confier le commandement des pays entre Seine et Somme, et la commission de faire lever le siége de Dieppe; les comtes de Dunois et de Saint-Pol, et Gaucourt, lui furent adjoints comme conseillers. Au commencement du mois d'août, il arriva dans le pays de Caux, et ayant reconnu l'impossibilité d'attaquer le fort de Charles-Mesnil du côté de la campagne, il força les lignes des Anglais d'un autre côté, il entra dans Dieppe le 14 août, et en ressortant aussitôt par une autre porte, il vint donner l'assaut au fort, dont Talbot, qui étoit alors passé en Angleterre, avoit confié la garde à un de ses bâtards. Trois fois les Français furent repoussés; une centaine d'entre eux furent tués, deux ou trois cents furent blessés; mais enfin ils emportèrent le fort d'assaut : trois ou quatre cents Anglais y périrent, le reste fut fait prisonnier, et entre ceux-ci, le dauphin fit choisir le lendemain tous les Anglais qu'on put reconnoître comme lui ayant dit des injures pendant le combat, avec une soixantaine de Français, restes du parti de Bourgogne, qui servoient les ennemis de l'État, et il les fit tous pendre à des arbres. (1)

Cinq jours après, le duc Jean de Sommerset arriva devant Dieppe avec un corps anglais de cinq mille hommes : il étoit trop tard ; la bastille de Charles-Mesnil étoit reprise, le blocus étoit levé, et le duc fut réduit à se rembarquer. Avec la même petite armée, il pénétra ensuite jusque dans l'Anjou, et vint se loger devant Pouancé. Tous les Anglais répandus en Normandie vinrent se joindre à lui, en sorte que son armée se trouva forte de dix mille hommes. Le maréchal de Lohéac voulut le surprendre de nuit ; mais ce fut lui-même qui fut surpris pendant sa marche, et qui perdit quelques chevaliers avec une trentaine de soldats (2). Toutefois le duc de Sommerset ne put rien accomplir avec une armée qui répandoit la terreur autour d'elle ; l'incapacité du souverain rendoit vains tous les efforts de ses sujets. Le foible Henri VI, alors âgé de vingt et un ans, se défioit de tous ceux qui auroient pu gouverner en son nom ; il croyoit

---

(1) J. Chartier, p. 124. — Bouvier, dit Berry, p. 423. — Monstrelet, c. 268, p. 207. = Amelgardus. L. III, c. 18, f. 75. — Duclos, Louis XI. L. I, p. 22.

(2) Monstrelet, T. VII, c. 268, p. 208. — Berry, p. 424. — Mém. de Richemont, p. 377.

voir un conspirateur dans son oncle le duc de Glocester, en qui l'on retrouvoit l'ardeur militaire, l'amour de la gloire et les traditions de Henri V, son frère; il l'abreuvoit de dégoûts, il se décidoit presque toujours en contradiction avec ses conseils, il faisoit échouer les entreprises contre la France, parce qu'elles avoient été faites à sa suggestion (1). Le duc de Sommerset, sans cesse contrarié par sa cour, ne put pas même assiéger Pouancé, et après une campagne infructueuse, il revint prendre ses quartiers d'hiver à Rouen.

Tandis que Sommerset étoit à Pouancé, Charles étoit venu à Saumur, qui n'en est guère qu'à vingt lieues, pour veiller sur ses mouvemens. Ce fut là qu'il apprit, au mois d'octobre, que le comte Jean IV d'Armagnac avoit interdit à ses sujets de payer la taille, malgré l'injonction que lui en avoit faite le garde des sceaux de France; qu'il avoit déclaré appeler au pape, au concile ou à qui il appartiendroit, de cette violation de son indépendance; qu'il avoit fait arborer ses étendards dans les places du comté de Comminges, et qu'il recherchoit l'alliance de l'Angleterre, en offrant sa fille au roi Henri VI. Le dauphin Louis venoit de se distinguer par la délivrance de Dieppe; son père lui donna la

---

(1) Rapin Thoyras. T. IV. L. XII, p. 361. — Hume. T. IV, c. 20, p. 159.

commission de ramener le comte d'Armagnac à son devoir.

1443.

Le dauphin se mit en marche de Saumur avec mille lances, et un corps proportionné de gens de trait; le maréchal de Culant, les sires de Châtillon, d'Estissac et de Blanchefort, l'accompagnoient et lui servoient de conseil. Il attaqua d'abord le Rouergue; le capitaine Salazar, assiégé dans Rhodez, fut obligé de capituler; il remit sa compagnie d'aventuriers au dauphin, qui leur donna un autre capitaine, et qui envoya Salazar dans les provinces de l'intérieur. Le dauphin, arrivé à Toulouse, y reçut, le 8 février 1444, une députation des États du comté de Comminges, qui s'étoient assemblés, et qui avoient reconnu le roi pour leur souverain. Le dauphin passa ensuite la Garonne, et vint assiéger le comte d'Armagnac au château de Lille-en-Jourdain, où il s'étoit enfermé. Soit qu'Armagnac ne se sentît pas assez fort pour résister plus long-temps, ou qu'il crût n'avoir rien à craindre du dauphin, qui l'appeloit toujours son beau cousin, il vint le trouver dans son camp pour se soumettre à lui. Une telle confiance étoit dangereuse avec Louis, qui fit aussitôt arrêter son hôte, aussi-bien qu'Isabelle de Navarre, sa femme, ses deux filles et son plus jeune fils. L'aîné, qui portoit le titre de vicomte de Lomagne, s'enfuit en Navarre. Le bâtard d'Armagnac essaya de défendre

1444.

encore quelque temps les deux châteaux de Sévérac et de Capdenac; mais avant le mois de mai, il fut forcé de capituler, et tous les États de la puissante maison d'Armagnac furent, dans cette courte campagne, mis sous la main du roi. (1)

La ruine de la maison d'Armagnac avoit été hâtée par l'abandon du roi d'Angleterre. Henri VI, à qui son favori William de La Pole, comte, puis marquis de Suffolk, avoit réussi à inspirer la plus extrême défiance contre son oncle le duc de Glocester, ne vouloit plus d'une femme que cet oncle lui recommandoit : il ne se soucioit point d'une alliance qui augmenteroit le nombre de ses partisans en France; car tout son désir étoit désormais de faire la paix avec la France, et d'imposer ainsi silence à Glocester, qui lui rappeloit toujours les exploits glorieux de son père. Il avoit donc autorisé William de La Pole à recommencer les négociations avec la France; il lui avoit même donné, le 20 février, non seulement de pleins pouvoirs, mais même un pardon anticipé pour tout ce qu'il pourroit conclure, en traitant avec la France, de désavantageux pour sa couronne (2); et la ville de Tours ayant été choisie pour y

---

(1) Berry, roi d'armes, p. 424. — Hist. de Languedoc. T. V. L. XXXV, p. 4.
(2) Rymer. T. XI, p. 49 et 53.

assembler un congrès, Suffolk s'y rendit avec plusieurs grands seigneurs anglais. Le duc d'Orléans, le comte de Vendôme, et les sires de Brezé et de Beauvau, y représentoient la France. Le duc de Bourgogne, quoiqu'il eût conclu, dès le 23 avril de l'année précédente, une trêve avec l'Angleterre, y envoya aussi ses ambassadeurs. (1)

Jusqu'alors les Anglais s'étoient refusés à poser les armes, à moins qu'ils ne pussent obtenir des Français ou la paix, ou une longue trêve; les Français, au contraire, ne demandoient qu'un court répit, pour reprendre haleine, remettre de l'ordre chez eux, et se préparer ainsi à achever la conquête de la France. Henri VI ayant donné l'ordre à Suffolk de se prêter à tout ce que ses adversaires demanderoient, le congrès de Tours tomba bientôt d'accord sur le projet d'une courte trêve; elle fut signée le 20 mai 1444, et devoit durer seulement du 1er juin suivant jusqu'au 1er avril de l'année 1446. Pendant ces vingt-deux mois, les Anglais et les Français s'interdisoient non seulement toute hostilité, mais la construction ou même la réparation de tout château ou forteresse sur leurs frontières. La liberté de commerce étoit rétablie entre les deux dominations pour tout ce qui n'étoit pas

(1) Monstrelet. T. VII, c. 275, p. 232. — Rymer. T. XI, p. 24.

marchandise de guerre; les voyageurs, pélerins ou marchands, devoient être admis sans difficulté dans les États de l'une et l'autre puissance; mais les nobles et les hommes d'armes ne pouvoient être introduits dans les forteresses que sous le bon plaisir des commandans, et les prisonniers faits avant la trève ne devoient point être relâchés. (1)

Suffolk n'avoit montré tant de complaisance que parce que son but principal étoit d'unir intimement son roi à la France; il vouloit le marier avec une princesse française, pour se faire des Français un appui contre le duc de Glocester, et contre tout le parti qui travailloit sans cesse à réveiller les passions belliqueuses des Anglais, ou à en appeler à leurs souvenirs de gloire pour renverser l'administration. Celle-ci étoit aux mains des cardinaux de Winchester, d'York et de lui-même; et leur triumvirat se flattoit qu'en donnant à Henri VI une très jeune et très belle épouse, ils assureroient par elle leur empire absolu sur lui; ils se mettroient surtout à l'abri des intrigues que pourroit favoriser quelque maîtresse. Ils avoient jeté les yeux sur Marguerite, fille de René d'Anjou, née le 23 mars 1429,

(1) Monstrelet. T. VII, c. 275, p. 233. C'est la fin du récit de cet historien. — Amelgardus. L. III, c. 19, f. 76. — Rymer. T. XI, p. 59, sous la date du 28 mai. — Dumont, Corps diplomatique. T. III, p. 551.

et âgée par conséquent de quinze ans, et Suffolk étoit chargé de négocier avec son père.

René d'Anjou, roi titulaire de Naples, de Sicile et de Jérusalem, comte de Provence, duc d'Anjou, de Lorraine et de Bar, étoit beau-frère de Charles VII; il avoit perdu sa mère, la reine de Sicile, veuve de Louis II, le 14 novembre 1442 (1); mais il restoit fort uni avec la reine de France, sa sœur, et avec le comte Charles du Maine, un des favoris de Charles VII, son frère. Il avoit soutenu une lutte inégale, dans le royaume de Naples, contre Alphonse-le-Magnanime, roi d'Aragon, depuis le 19 mai 1438, qu'il avoit été reçu dans la capitale de ce royaume, jusqu'au 2 juin 1442, qu'il fut forcé de l'abandonner. René avoit beaucoup de douceur et d'amabilité dans le caractère; il s'étoit fait aimer des Napolitains qui l'approchoient; mais il avoit peu de talens pour la guerre, et moins encore pour l'administration; d'ailleurs il étoit arrivé à Naples sans argent et sans soldats, et ses partisans s'étoient fatigués de se sacrifier pour lui. Antonio de Caldora, le plus puissant des condottieri dévoués à son parti, l'abandonna dans l'été de 1440, pour passer au service des Aragonais; et François Sforza, qui lui avoit promis des secours, fut arrêté par la trahison

(1) Berry, p. 422.

du pape Eugène IV, autre allié du roi René, qui attaqua en pleine paix ce général dans la marche d'Ancône. Obligé de s'enfermer dans la ville de Naples, où il fut bientôt assiégé, et où il souffroit déjà de la famine, il y fut surpris par les Aragonais, qui pénétrèrent dans la ville par le même aqueduc par lequel Bélisaire y étoit entré en 537, ou 907 ans auparavant. René, encore maître des châteaux de Naples, les avoit alors évacués, pour ne pas prolonger les souffrances d'un peuple qui lui avoit montré tant de dévouement, et il étoit revenu à la cour de son beau-frère. (1)

René avoit eu deux fils et deux filles : l'aîné, Jean, portoit le titre de duc de Calabre; le second, Louis, marquis de Pont-à-Mousson, étoit mort à la fin de l'année 1443. Yolande étoit mariée à Ferry, comte de Vaudemont, qui disputoit à René la possession de la Lorraine; la cadette, Marguerite, étoit fort belle; mais René, à qui ses prodigalités, plus que ses vertus, avoient fait donner le nom de Bon par les courtisans qui en profitoient, n'avoit point de dot à lui constituer. Suffolk ne se laissa point arrêter par cette difficulté; au contraire, il promit qu'en raison de cette alliance, les Anglais rendroient

---

(1) Répub. Ital. T. IX, c. 70, p. 188-195. — Villeneuve, Hist. de René d'Anjou. T. I. L. III, p. 240-354. — D. Calmet, Hist. de Lorraine. L. XXVIII, p. 811.

à Charles du Maine, oncle de leur nouvelle reine, la ville du Mans, capitale de son apanage, condition qu'il n'osa pas avouer ensuite en Angleterre. (1)

Suffolk retourna en Angleterre rendre compte au roi de la beauté et de l'esprit de la princesse qu'il avoit choisie pour lui, et assurer les deux cardinaux ses associés, que la France étoit désormais entièrement dans leur intérêt; qu'il avoit même reçu des propositions d'unir les deux royaumes contre la maison de Bourgogne. Une seconde commission lui fut expédiée le 28 octobre, pour revenir en France chercher la nouvelle reine. Il paroît que le mariage de Henri VI et de Marguerite fut béni à Nancy par l'évêque de Toul, au commencement du printemps de 1445. (2)

La trève que Charles VII venoit de signer avec les Anglais fut en effet mise à profit pour le bien du royaume. Le monarque n'avoit pas absolument renoncé à ses habitudes de mollesse et de favoritisme, mais il se trouvoit mieux entouré. L'homme qu'il écoutoit alors le plus,

(1) Chron. de Berry, roi d'armes, p. 425.—Matth. de Coucy, dans la Collect. de Buchon. T. X, c. XII, p. 73, et c. 23, p. 111.— Villeneuve, Hist. de René d'Anjou. T. I, p. 345.— Olivier de la Marche. T. VIII, anc. collection, c. 13, p. 145. —D. Calmet, Hist. de Lorraine. L. XXVIII, p. 831.

(2) Rymer. T. XI, p. 74.—Hist. de René d'Anjou. T. I, p. 353.— Amelgardus. L. III, c. 20, f. 77.

1444. Jean de Brezé, seigneur de La Varenne et sénéchal de Normandie, étoit, dit Olivier de la Marche, « un gentil chevalier, honorable, et « le plus plaisant et gracieux parleur que l'on « sût nulle part; sage et grand entrepreneur, et « gouvernoit du royaume et des princes de « France la plus grande partie. » La maîtresse du roi, Agnès Sorel, à laquelle il avoit donné la seigneurie de Beauté, près Vincennes, pour lui faire prendre le nom de *dame de Beauté*, « prenoit plaisir à avancer devers le roi jeunes « gens d'armes et gentils compaignons, dont le « roi depuis fut bien servi » (1). Enfin Charles VII accordoit en même temps sa confiance à Jacques Cœur, riche marchand de Bourges, qui montroit tout ensemble le talent et la volonté de rétablir quelque ordre dans le chaos des finances, et il consultoit des jurisconsultes qui accomplissoient des réformes tout aussi importantes dans l'administration de la justice.

Quatre ordonnances successives, du 25 septembre 1443 au 26 novembre 1447, établirent et complétèrent un système nouveau de comptabilité, d'après lequel tous les officiers royaux devoient rendre leurs comptes au receveur général. Dans le dispositif de ces longues ordonnances, et dans le contrôle que les divers offi-

(1) Olivier de la Marche. T. VIII, c. 13, p. 143-144.

ciers royaux devoient exercer les uns sur les autres, on croit reconnoître l'esprit clair et méthodique d'un homme accoutumé aux affaires par la pratique d'un grand commerce (1). D'autres ordonnances rendues dans le même temps donnoient une organisation nouvelle aux cours de judicature; elles rendoient au Languedoc un parlement indépendant, appelé à juger selon le droit romain, toujours en vigueur dans le Midi, tandis que le Nord étoit régi par la coutume; elles renvoyoient à ce parlement, établi à Toulouse, et dont une section faisoit les fonctions de cour des aides, les procès déjà pendans au parlement de Paris, et elles abandonnoient l'élection des nouveaux conseillers aux chambres assemblées (2). Le vieux Tanneguy du Châtel, à qui le roi sembloit prendre à tâche de faire oublier qu'il l'avoit autrefois éloigné de lui pour complaire au duc de Bourgogne, fut chargé d'installer le parlement de Toulouse, ce qu'il fit le 4 juin 1444.

La ville de Lyon avoit perdu pendant la

---

(1) Ordonn. de Saumur, du 25 septembre 1443. T. XIII, p. 372; de Nancy, 10 février 1445, p. 414; de Châlons, 12 août 1445, p. 444; de Bourges, 26 novembre 1447, p. 516.

(2) Ordonn. de Saumur, du 11 octobre 1443. T. XIII, p. 384; d'Angers, 4 février 1443, p. 495; d'Orléans, 21 juillet 1444, p. 407; de Tours, 28 octobre 1446, p. 471.

guerre les deux tiers de ses habitans, qui s'étoient réfugiés de l'autre côté du Rhône, sur terre d'Empire, pour éviter les vexations que les gens de guerre exerçoient sur la France : ses murailles étoient en ruines, et ses bourgeois étoient trop pauvres pour les relever à leurs frais. Charles, pour aider les Lyonnais à se rétablir, leur accorda la permission de tenir trois foires par année, chacune de vingt jours, pendant lesquelles ils jouiroient d'une franchise absolue de tous droits, de la permission de trafiquer dans toutes les monnoies étrangères, et d'accorder les garanties personnelles les plus complètes aux marchands étrangers qui les visiteroient (1). Les foires de Champagne, également célèbres autrefois, et également abandonnées, furent rétablies le 19 juin 1445, avec une franchise de dix jours pour chaque foire, l'une d'hiver et l'autre d'été, en faveur de tous les marchands forains qui les fréquenteroient, tant chrétiens que mécréans. (2)

Le commerce, que ces ordonnances étoient destinées à favoriser, avoit en effet commencé à renaître, dès la publication de la trêve. Les Normands, dont le pays avoit été fort dévasté, étoient accourus en foule à Paris, pour y acheter

(1) Lettres-patentes données à Angers en février 1444. — Ordonn. T. XIII, p. 399.
(2) Au château de Sarry-lès-Châlons, *ib.* p. 431.

des vins et des blés, dont ils avoient un grand besoin, et qui étoient à assez bas prix en France. Un grand nombre de marchands français commençoient de leur côté à parcourir la Normandie, et en même temps que les deux peuples trouvoient un avantage pécuniaire dans ce rapprochement, ils se dépouilloient avec joie des haines excitées entre eux sans motif; ils renouveloient d'anciens liens d'hospitalité, d'amitié, de parenté, dont le souvenir leur étoit encore cher, après vingt-cinq ans de séparation; et les Normands, qui, depuis la conquête de Henri V, avoient été forcés de combattre sous les drapeaux anglais, se souvenoient avec attendrissement qu'ils étoient Français. Beaucoup de brigands infestoient encore les grandes routes, mais tous les commandans civils et militaires s'occupoient à l'envi de les détruire; tous s'attribuoient également le pouvoir de faire justice, tous étoient applaudis s'ils la faisoient prompte et sévère; car la société, encore effrayée de la puissance des écorcheurs, songeoit beaucoup moins à la protection des prévenus devant les tribunaux qu'à sa propre délivrance; et bientôt on vit la plupart de ces maraudeurs pendus aux arbres qui bordoient les grands chemins. (1)

Cependant il y avoit impossibilité de rétablir l'ordre dans le royaume, si on ne trouvoit aupa-

(1) Chron. de Matthieu de Coucy, c. 1, p. 5.

ravant moyen d'en faire sortir la majeure partie de ces gens de guerre, qui, accoutumés depuis plus de trente ans à vivre aux dépens du peuple, mettoient leur point d'honneur à n'obéir à aucune loi, à aucune discipline, et s'étoient endurcis contre toute pitié. L'ordonnance qui avoit fait éclater la praguerie n'avoit été que fort imparfaitement exécutée. Le dauphin, les princes, les grands seigneurs, s'empressoient toujours de défendre les gens de guerre qui avoient commis des désordres, et d'empêcher leur punition. D'ailleurs, on sentoit que quelque effroyables que fussent les déportemens de ces brigands enrégimentés, qu'on désignoit tour à tour par les noms d'armagnacs, d'écorcheurs, de routiers, il n'y auroit pas plus de prudence que d'humanité à les livrer à la justice, pour qu'elle punît des crimes que l'État avoit encouragés, et dont il avoit profité. Si on avoit instruit leur procès, il n'y en avoit pas un qui, d'après les lois, eût pu échapper à la potence; cependant ces mêmes hommes avoient défendu la France pendant ses longues guerres, et ils devoient la défendre encore, dès que les hostilités se renouvelleroient; car l'oppression avoit éteint presque tout courage dans les populations désarmées, et l'on ne trouvoit plus de bravoure que chez ces aventuriers accoutumés à se mettre au-dessus de toutes les lois.

Il y eut à ce sujet de longues délibérations dans un conseil extraordinaire, auquel le roi appela son fils le dauphin, le roi de Sicile et son fils le duc de Calabre; Charles, comte du Maine; le connétable comte de Richemont, et les comtes de Clermont, de Foix, de Saint-Pol, de Tancarville et de Dunois. Tous demeurèrent d'accord qu'il falloit trouver moyen d'entraîner hors des frontières du royaume, par quelque entreprise de guerre, le plus grand nombre de ces hommes dangereux qui avoient été licenciés en même temps par les rois de France et d'Angleterre. (1)

Une heureuse occasion s'offrit alors pour arriver à ce but. Peu après la signature de la trève entre la France et l'Angleterre, une ambassade solennelle de Frédéric III d'Autriche, empereur élu, arriva à Tours, et demanda à Charles VII de lui fournir des soldats expérimentés, que l'empereur s'engageoit à soudoyer, pour les opposer aux Suisses. Ceux-ci assiégeoient alors la ville impériale de Zurich, qui s'étoit mise sous la protection de l'Autriche, et cette guerre avoit réveillé l'ancienne haine de la noblesse contre ceux qu'elle nommoit des paysans révoltés, auxquels toute l'aristocratie de l'Europe ne pouvoit pardonner d'avoir conquis leur liberté

---

(1) Matthieu de Coucy, c. 6, p. 46.

1444. par les armes, et d'avoir donné aux Allemands l'exemple de l'indépendance et de ses heureux fruits. On retrouvoit ce même sentiment de haine contre les Suisses chez la noblesse de Souabe et d'Alsace, chez le duc de Bourgogne et le duc de Savoie, quoique ces derniers eussent contracté des alliances avec les ligues suisses, et chez tous ceux des nobles français qui avoient eu occasion d'entendre parler de ces montagnards. Les autres, et surtout les hommes d'armes qui depuis trente ans désoloient la France, sans se soucier de savoir s'il y avoit quelque motif légitime de guerre contre les Suisses, embrassèrent avec joie l'offre qui leur étoit faite de porter leurs armes dans un pays nouveau, où ils se flattoient de retrouver en abondance le butin qui commençoit à leur manquer dans les campagnes de France. Pour conserver un lien entre ces bandes redoutables et le royaume qui les poussoit hors de son sein, il fut convenu que le dauphin commanderoit l'armée qu'on en formeroit; et celui-ci, avide de pouvoir, et désireux d'attacher les soldats à sa personne, accepta avec empressement une mission qui sembloit plus faite pour un aventurier que pour l'héritier de la monarchie. (1)

(1) Muller, Geschichte der Schweitz. T. III, p. 489, III. B. 2 abtheil. X capit. — Amelgardus. Lib. IV, c. 2, f. 80. — Barante, Ducs de Bourgogne. T. VII, p. 179.

Bientôt on reconnut que le nombre des gens de guerre auxquels il convenoit de donner quelque emploi, étoit supérieur encore à celui que pouvoit conduire le dauphin : d'ailleurs, il y auroit eu du danger à se défaire à la fois de toute l'armée; le roi désiroit en garder une partie immédiatement sous sa main; il accueillit donc la demande qui lui fut faite par le roi René, de l'aider à subjuguer les villes libres de Lorraine. Les trois évêchés de Metz, Toul et Verdun, relevoient de l'empire germanique, mais les villes s'étoient successivement affranchies du joug de leurs prélats, et s'étoient mises en possession de presque tous les attributs de la souveraineté (1). Celle de Metz avoit eu une querelle avec Thierry des Armoises, l'un des gentilshommes d'Isabelle, femme de René, et les Messins avoient saisi les équipages de cette reine pour en avoir raison (2). Le bon roi René vouloit profiter de cette querelle pour subjuguer ces trois villes libres, et les joindre à ses États. Charles VII lui promit de venir en personne, à la tête d'une forte armée, mettre le siége devant Metz.

Dès-lors tous les hommes d'armes commen-

---

(1) Ce fut l'évêque Bertrand qui, en 1179, accorda à la ville de Metz l'élection de ses échevins et la garantie de ses droits communaux. *Gallia christian.* T. XIII, p. 752, et *Instrum.* p. 407.

(2) Hist. de René d'Anjou. T. I, p. 347.

cèrent à se diriger vers la Lorraine, les uns pour former l'armée du dauphin, les autres celle du roi. Sir Matthieu Gough, que les Français nommoient souvent Mathago, avec huit mille combattans anglais, prit aussi la même direction, s'associant à ceux qu'il avoit si récemment combattus, pour partager avec eux le pillage d'un pays nouveau. On assure que le nombre des gens de guerre qui sortirent alors de France, s'éleva à cinquante mille hommes (1). Burkardt Monk, un des ambassadeurs de la noblesse de Souabe, qui avoit eu des premiers l'idée d'écraser les paysans de la Suisse à l'aide des soldats dont la France se trouvoit accablée, conduisoit l'armée du dauphin; celle-ci s'étant rassemblée au mois de juillet autour de Troyes, se dirigea d'abord sur Langres, puis sur Montbéliard; le comte de Wurtemberg consentit à lui remettre cette forteresse pour une année, moyennant caution, pour qu'elle servît aux Français de place d'armes sur les frontières de la Suisse. Le maréchal de Culant, le comte de la Marche, Antoine de Chabannes, le sire du Beuil, Blanchefort, Joachim Rouhault, et Gilles de Saint-Simon, commandoient les différens corps d'aventuriers qui formoient l'armée du dauphin; Montgommery lui amenoit les Écossais, tandis que Floquet et

---

(1) Matthieu de Coucy. T. X, c. 2, p. 9. — D. Calmet, Hist. de Lorraine. L. XXVIII, p. 833.

Matthieu Gough, avec les Anglais, arrivoient par un autre chemin des marches de Picardie. (1)

En même temps le dauphin fut sollicité de combattre pour une autre cause encore. Autant la noblesse d'Allemagne avoit de haine contre les Suisses, autant le pape Eugène IV avoit de haine contre les pères du concile, qui étoit toujours assemblé à Bâle, et qui poursuivoit, malgré la défaveur croissante des grandes puissances, l'œuvre de la réformation. On assure qu'Eugène fit passer beaucoup d'argent au dauphin, pour l'aider à rassembler son armée, sous condition qu'arrivé en Suisse, il l'emploieroit à chasser et dissiper le concile. Le dauphin s'engagea joyeusement à servir toutes les haines, auxquelles il étoit également étranger, comptant par là gagner une plus grande réputation militaire, et enrichir ses soldats par le pillage. Avant la fin d'août, il arriva sur la petite rivière de la Birse, au-dessus de Bâle, avec vingt-deux mille de ses redoutables aventuriers. (2)

Les Suisses étoient alors divisés : la riche ville de Zurich s'étoit rattachée à la cause de l'Autriche; beaucoup de villes le long du Rhin, sur le lac de Zurich, et dans l'Argovie, suivoient le

---

(1) Matth. de Coucy, c. 2, p. 17. — J. Chartier, p. 126. — Bouvier, dit Berry, p. 425. — Olivier de la Marche, c. 13, p. 148. — Richemont, p. 379.

(2) Muller, Geschichte der Schweitz. B. IV, cap. 1, p. 66.

même parti, ainsi que toute la noblesse. Celle-ci brûloit de zèle pour le nouvel empereur, Frédéric III, alors âgé de vingt-neuf ans, et sur lequel elle comptoit pour ramener sous le joug des paysans révoltés. La ligue suisse ne comprenoit encore proprement que les paysans des petits cantons; mais ceux-ci, confians dans leur adresse, dans une force de corps qu'aucune race d'hommes n'égaloit en Europe, conservoient au milieu du danger une constance inébranlable; chacun étoit prêt à combattre jusqu'au dernier soupir pour l'honneur de la patrie, dût-il voir tomber autour de lui tous ses compagnons d'armes, et être accablé lui-même par la fatigue et les blessures. Entre ces deux factions, une bataille terrible avoit été livrée le 22 juillet 1443, à Saint-Jacques sur la Sile, devant Zurich. Six mille Suisses des sept cantons des montagnes y avoient vaincu les Zuricois, secondés par les Autrichiens et la noblesse de Souabe (1); et ce succès les avoit enflés d'un tel orgueil, qu'il n'y avoit plus d'ennemis qu'ils ne crussent dès-lors pouvoir braver. D'autre part, la violence des guerres civiles avoit développé chez eux des haines, des ressentimens, une cruauté féroce, qu'on n'avoit point eu jusqu'alors à leur reprocher. Après avoir pris la forteresse de

---

(1) Muller, Geschichte. B. III, cap. 10, p. 695.

Greifensee, qui s'étoit rendue à leur merci, ils avoient, le 28 mai 1444, condamné toute la petite garnison qui la défendoit à périr par la hache du bourreau. Soixante têtes tombèrent l'une après l'autre; le sang ruisseloit autour des juges, le bourreau lui-même imploroit la grâce de ceux qui survivoient encore, mais le capitaine des Suisses, Ital Reding, refusant toute merci, fit continuer les exécutions aux flambeaux jusqu'à ce que la dernière tête fût tranchée. Toutefois le remords suivit cet acte de fureur, et quand les Suisses se trouvèrent aux mains avec les Armagnacs, ils se regardèrent comme dévoués à périr en bataille, pour l'expiation d'un si grand forfait. (1)

Les Suisses assiégeoient en même temps Zurich et Farnsburg, quand la terrible armée des Armagnacs entra dans leur pays. La ville et le concile de Bâle envoyèrent à leur camp des messagers pour implorer leur aide. Ceux-ci leur peignirent la terreur du pays, le nombre inouï de ces cavaliers revêtus de fer, qui se montroient inaccessibles à toute pitié; mais leur langage parut si exagéré, qu'il n'excita que la risée et le mépris. Vingt mille Suisses, depuis près de soixante jours, assiégeoient Zurich avec peu de succès; car ils n'entendoient rien à l'attaque des places. Une autre armée moins forte assiégeoit

(1) Muller, Geschitchte. B. IV, cap. 1, p. 34.

Farnsburg (1); en les réunissant, les Suisses se seroient trouvés assez forts pour attaquer les Armagnacs; leurs chefs auroient préféré cependant qu'ils attendissent le combat au lieu de l'offrir. Mais les montagnards gouvernoient leurs armées comme leurs républiques, par la voix populaire, et leur présomptueuse ignorance égaloit leur courage. L'armée qui assiégeoit Farnsburg résolut de détacher seulement seize cents hommes, tous gens d'élite, qui durent se rendre dans la nuit, de Liestal jusqu'à Pratelen, sur le bord oriental de la Birse, pour reconnoître l'ennemi, et repousser ceux des Armagnacs qui auroient pu passer cette rivière : on leur donna en même temps l'ordre précis de ne point la passer eux-mêmes, et d'éviter un combat en règle. (2)

La Birse est une rivière assez grosse, et cependant guéable, qui coule du midi au nord; après avoir reçu les eaux du Jura, elle vient se jeter dans le Rhin au-dessus de Bâle. L'armée française marchant par Altkirch et tournant l'extrémité septentrionale du Jura, s'étoit échelonnée entre cette montagne et la Birse; mais le maréchal de Dammartin et le comte de Sancerre avoient passé la rivière avec un corps qu'on prétend avoir été fort de huit mille cavaliers. Le 26 août 1444, à huit heures du matin, les

(1) Muller, Geschichte. B. IV, cap. 1, p. 46.
(2) Muller. *Ib.* p. 79.

seize cents Suisses arrivèrent à Pratelen, renversèrent une avant-garde de cent chevaux qui avoit voulu les arrêter, et s'élancèrent sur le corps de bataille et l'artillerie, avec la fureur aveugle des taureaux de leurs montagnes. Dammartin étoit instruit de leur approche et de leur nombre, mais il n'auroit jamais pu s'attendre à une telle attaque : jamais encore les Suisses et les Français ne s'étoient rencontrés en bataille, et ils se connoissoient à peine de nom. Les derniers, que les Suisses désignoient toujours sous le nom d'Armagnacs, troublés, confondus, plus encore qu'effrayés, repassèrent la Birse en désordre, abandonnant aux mains de leurs adversaires beaucoup de bannières, de chevaux, de caissons, et un immense butin. Dammartin, laissant un avant-poste de six cents chevaux sur la Birse, se réunit au dauphin, à quelque distance au-dessus de la rivière, mais en même temps il détacha un corps du côté de Bâle, pour couper le chemin aux bourgeois de cette ville, qui commençoient à marcher au secours de leurs confédérés.

Les seize cents Suisses cependant, enivrés de leur premier succès, provoqués par les six cents cavaliers qu'ils voyoient vis-à-vis d'eux de l'autre côté de la rivière, commencèrent à crier qu'il falloit poursuivre leur victoire. En vain leurs capitaines leur rappeloient les ordres qu'ils avoient reçus en partant de Farnsburg, et leur demandoient l'obéissance au nom de l'honneur et du serment. Une fureur aveugle sembloit s'être emparée d'eux ; ils s'élancèrent dans la Birse, en face de l'artillerie des Français. Ils gagnèrent, sous un feu terrible, le rivage opposé, et là ils se trouvèrent au milieu d'une armée entière qui les attaqua de toutes parts. Tous leurs efforts pour se reformer furent vains. Les pesans escadrons qui se précipitoient sur eux les eurent bientôt partagés en deux corps. Cinq cents d'entre eux, repoussés dans une prairie entourée presque de tous côtés par les eaux de la Birse, continuèrent à y combattre avec fureur jusqu'à ce qu'ils fussent tous massacrés. Les autres, au nombre de près de mille, avançant dans l'intention d'entrer à Bâle, arrivèrent jusqu'au lazaret et aux jardins de Saint-Jacob, dans lesquels ils voulurent prendre quelques instans de repos, fatigués qu'ils étoient de combattre et de vaincre. Le dauphin admiroit leur valeur, et ne vouloit pas, pour les détruire, sacrifier un plus grand nombre de guerriers, il étoit prêt à leur offrir une capitulation, mais le chevalier Pierre de Moersberg se jeta aux pieds du maréchal de Dammartin pour le supplier de n'épargner aucun de ces montagnards rebelles. Parmi les Suisses on en entendit plusieurs s'écrier : « C'est aujourd'hui que les braves gens massacrés à Greifensee exercent leur terrible vengeance. » Cependant, ils ne songeoient plus qu'à vendre chèrement leur vie. Trois fois, dans l'enceinte du cimetière de Saint-Jacob, ils repoussèrent les assauts de toute cette armée ; deux fois, par des sorties impétueuses, ils portèrent la terreur et la mort au milieu des assaillans. Enfin, les murs du cimetière et du lazaret furent rasés par l'artillerie. Les Français ayant mis pied à terre, entroient par toutes les brèches ; la tour de Saint-Jacob étoit en flammes ; mais tout Suisse qui respiroit encore combattoit toujours, entouré de cadavres ; quand ses blessures ne lui permettoient plus d'être debout, il s'appuyoit sur le bras, sur le genou, et continuoit à frapper de sa terrible hallebarde. Ce ne fut qu'après dix heures de combat qu'il ne resta plus de Suisse qui ne fût ou tué, ou étendu sans connoissance sur le champ de bataille. Dix d'entre eux seulement, repoussés dans la Birse, au premier passage, se trouvèrent séparés de leurs compagnons et s'échappèrent. Un seul de ceux-ci revint sans blessure, et il fut accablé par le mépris, peut-être injuste, de ses compatriotes. Les Français avoient perdu onze cents chevaux et huit mille morts. Burchard Monck, qui les avoit été chercher jusqu'à Tours, contemploit cependant avec joie ce champ de bataille, lorsqu'un

Suisse agonisant le reconnut et l'étendit roide mort, d'une pierre qu'il lui lança avec fureur au visage. (1)

Les Suisses qui combattirent à Saint-Jacob sur la Birse sauvèrent leur patrie en périssant tous pour elle. Ils donnèrent aux étrangers une idée de leur bravoure désespérée, qui devint dès-lors leur plus sûre sauvegarde. Les pères du concile de Bâle, députés de tous les pays de l'Europe ; les capitaines les plus célèbres de toutes les armées de France et d'Angleterre, avoient été présens à ce terrible sacrifice, comme s'ils y avoient été appelés à dessein, pour en répandre la connoissance dans toutes les parties de la chrétienté.

Mais ce fut surtout l'impression que reçut le dauphin de la bataille de Saint-Jacob, qui eut des effets politiques d'une haute importance et pour la France et pour la Suisse. Louis n'avoit pas été personnellement engagé dans la bataille, mais il parcourut avec étonnement ce champ de carnage ; il entendit ses hommes d'armes, qui avoient vu les plus sanglantes batailles entre les Anglais et les Français, lui déclarer : « Qu'en

---

(1) Muller, Geschichte. B. IV, cap. 1, p. 78-93. — Matth. de Coucy, c. 2, p. 17. — J. Chartier, p. 126. — Berry, roi d'armés, p. 426. — Olivier de la Marche, c. 13, p. 147. — Amelgardus. L. IV, c. 7, p. 89. — Barante, Ducs de Bourgogne. T. VII, p. 195-204.

« leur temps, ils n'avoient vu ni trouvé aucunes
« gens de si grand défense, ni tant outrageux et
« téméraires pour abandonner leurs vies » (1).
Et il commença dès-lors à penser comment il
pourroit faire servir une telle valeur au profit
de sa politique. Tandis que les Suisses, étonnés
de la destruction absolue des héros de Saint-
Jacob, levoient précipitamment les siéges de
Zurich et de Farnsburg, et se retiroient dans
leurs montagnes, Louis, se tournant du côté
opposé, transporta son quartier-général dans la
Haute-Alsace, à Ensisheim, et répandit ses
escadrons jusqu'à Strasbourg; d'autres ravagè-
rent la partie de la Suisse qui s'étend de l'embouchure de l'Aar au Jura; mais bientôt n'y
trouvant rien à piller et ne voulant pas s'engager dans les montagnes, ils passèrent le Rhin
entre Lauffenbourg et Waldshut, et se jetèrent
sur la Souabe. Ainsi, toute cette terrible armée
qui s'étoit mise en mouvement sous prétexte
d'assister l'empereur contre les Suisses, avoit
évacué la Suisse, et ne ravageoit plus que
les terres de l'Empire. Les mêmes effroyables
cruautés que les écorcheurs avoient si long-
temps exercées sur les paysans de la France,
ils les faisoient éprouver à présent sans provocation aux paysans de l'Allemagne. Tour à

(1) Matth. de Coucy, p. 18.

tour ces malheureux étoient victimes de l'avidité insatiable, de la lubricité ou de la férocité de ces hommes atroces, pour lesquels la souffrance des autres, la souffrance même des victimes de leurs débauches étoit un plaisir. (1)

Louis avoit eu pour but avant tout, de débarrasser la France de ces bandes terribles, puis d'inspirer de la crainte à tous les pays voisins. Désormais, il sembloit hésiter sur ce qu'il avoit à faire. Il avoit ouvert des négociations avec la ville de Bâle et avec les pères du concile, par l'entremise du duc Louis de Savoie, fils de Félix V. Il avoit fait déclarer aux magistrats qu'il considéroit leur alliance avec les Suisses comme une ligue contre la noblesse, qui équivaloit pour lui à une offense personnelle dont il demandoit réparation; puis, tout à coup il proposoit aux Bâlois de reconnoître la souveraineté de la France, comme leurs ancêtres avoient reconnu celle de Charlemagne, et il leur promettoit en retour de nouveaux priviléges (2). Il traitoit aussi avec l'empereur, qui avoit assemblé une diète à Nuremberg, où les États de la Souabe et de l'Alsace avoient porté leurs plaintes contre les Français. Louis demandoit à Frédéric III de

---

(1) Muller, Geschichte. B. IV, cap. 2, p. 98. — Bericht bey Schilter, f. 924.

(2) Muller, *ibid.*, p. 99.

pourvoir à la solde de ses troupes, ainsi qu'il s'y étoit engagé en les appelant en Allemagne, et Frédéric répondoit qu'il avoit demandé une troupe auxiliaire de cinq mille hommes, non une armée de quarante mille; qu'il l'avoit fait pour combattre les Suisses, mais que le dauphin, à la réserve de la bataille que la témérité des Suisses avoit provoquée, n'avoit fait la guerre qu'aux impériaux, sur les terres desquels ses troupes vivoient alors même à discrétion. (1)

Cependant le duc de Bourgogne, auquel il importoit que la Suisse ne fût soumise ni à la France, ni à l'Autriche, employa les comtes de Neuchâtel et de Valengin, ses vassaux, à négocier avec la diète de la Confédération, alors assemblée à Zoffingen. Par leur entremise, un traité fut signé le 28 octobre 1444 à Ensisheim, en Alsace, entre le dauphin Louis et les nobles et habitans des villes et communes de Bâle, Berne, Lucerne, Soleure, Ury, Schwitz, Unterwald, Zug et Glaritz et leurs alliés le duc de Savoie, les comtes de Neuchâtel et de Valengin, les villes de Bienne et de la Neuville. Comme il n'y avoit eu entre eux aucune offense, aucun droit contesté, aucune dispute de territoire, leur réconciliation con-

---

(1) Muller, Geschichte. B. IV, cap. 2, p. 101.

sista dans une simple promesse d'amitié, de bonne intelligence et de pleine liberté de commerce. Louis avoit bien demandé le paiement d'une somme d'argent considérable pour satisfaire ses troupes, mais les Suisses s'y refusèrent absolument. (1)

Pendant ce temps, les écorcheurs continuoient leurs déprédations : pour trouver des vivres, ils étoient obligés de se partager en petites bandes, qui couroient le pays ; mais les Allemands ne se laissoient pas piller et maltraiter sans vengeance. Dès que les villageois pouvoient espérer d'attaquer les soldats avec avantage, ils se jetoient sur eux et ne les épargnoient pas. L'armée française avoit déjà perdu dans ces rencontres obscures un grand nombre de ses guerriers, lorsque Louis, pressé pas l'approche de l'hiver et la chute des neiges, ramena le reste en Lorraine.

Charles VII avoit, de son côté, fait la guerre dans cette province pour le compte du roi René. Comme il s'approchoit de Metz pour en faire le siége, les habitans avoient par avance mis le feu à leurs quatre faubourgs, pour que les Français ne pussent pas s'y loger (2). Leur république étoit habituellement administrée par

---

(1) Muller, Geschichte. B. IV, cap. 2, p. 105. Le traité est dans Dumont, Corps diplomatique. T. III, p. 142.

(2) *Gallia christiana.* T. XIII. — *Episcopi Metenses,* p. 785.

un doyen des échevins et treize jurés (1). Mais dans les momens de danger, ils confioient la défense de la patrie à une magistrature dictatoriale, qu'ils nommoient *les sept de la guerre*, et dont Jean de Vytout étoit alors le chef. Les Français n'avoient eux - mêmes aucun motif d'hostilité contre les Messins; ils n'en avoient reçu aucune offense, et ils ne s'étoient point donné la peine de s'enquérir quels griefs avoit René pour leur faire la guerre; cependant ils traitèrent leurs ennemis avec une férocité qui leur paroissoit suffisamment justifiée par l'arrogance de ces bourgeois lorsqu'ils osoient résister à un roi. Aucun prisonnier n'étoit admis à se racheter; on les noyoit dans la Moselle, ou on les faisoit périr par quelque autre supplice, et Jean de Vytout, usant de représailles, mettoit aussi à mort tous les Français qu'il prenoit (2). Charles VII abandonna le siége de Metz au sire de Brezé et à Xaintrailles, et il vint s'établir avec le roi René à Nancy, où il passa l'hiver dans les fêtes. Ce fut là que le dauphin vint le joindre. Bientôt il y fut suivi par l'archevêque de Trèves, qui venoit traiter de la

1444.

---

(1) *Epistola Eugenii IV, in Instrum. eccl. Metensis*, ib. p. 416.

(2) Matth. de Coucy. T. X, c. 3, p. 24. — J. Chartier, p. 127. — D. Calmet, Hist. de Lorraine. T. II. L. XXVIII, p. 834.

paix au nom de l'empire d'Allemagne. Les Allemands étoient déterminés a ne pas supporter davantage les exactions de l'armée française. Après beaucoup de menaces, ils avoient formellement déclaré la guerre à la France. Cependant, les deux nations renoncèrent bientôt à des hostilités dont elles ne pouvoient attendre aucun avantage. Les Français consentirent à retirer leur armée, et à évacuer toutes les villes de l'empire qu'ils avoient occupées; les Allemands renoncèrent de leur côté aux indemnités qu'ils avoient quelque droit d'exiger, mais qu'ils ne se sentoient pas le pouvoir d'obtenir. Ce second traité étant signé, les Messins comprirent qu'ils pourroient voir revenir sur eux toute l'armée du dauphin, et ils consentirent à acheter la paix. Ils tinrent quitte René de cent mille florins qu'ils lui avoient prêtés pour l'aider à payer sa rançon; ils payèrent deux cent mille écus à Charles VII, et lui firent en outre un présent de vaisselles. A ces conditions, un traité de paix fut signé à Nancy, le 27 février 1445, dans lequel il ne fut plus question ni des prétentions antiques de la couronne à la souveraineté de Metz, ni des griefs du roi René contre cette ville, à laquelle la France promit désormais son amitié (1). Les villes de Toul et de Verdun, effrayées par la

(1) Matth. de Coucy, c. 3, p. 23-29, et c. 4, p. 33. — J. Chartier, p. 127. — Berry, p. 426. — Hist. de René d'An-

présence de l'armée française, se soumirent de leur côté à payer des contributions.

1445.

Ainsi se termina cette importante campagne, qui n'avoit été honorable ni dans ses motifs, ni dans sa conduite, ni dans sa conclusion. Les Français avoient attaqué sans aucune provocation les Suisses, les villes libres de la Lorraine et l'Empire. Cette triple guerre n'avoit été signalée que par des actes de brigandage et d'une férocité inouïe, et la paix avoit ensuite été vendue sans pudeur aux villes de Lorraine. Cependant, le but secret que s'étoit proposé Charles VII étoit atteint. On assure qu'il disoit lui-même qu'il avoit fait ainsi tirer du mauvais sang à son armée. En effet, ces redoutables compagnies que le dauphin avoit conduites en Allemagne rentrèrent en France humiliées autant qu'affoiblies par les pertes qu'elles avoient faites, et par la retraite de tous ceux qui ne se soucioient plus de courir de semblables hasards; elles se montroient plus disposées à l'obéissance qu'elles ne l'eussent jamais été. Aussi, Charles VII crut-il pouvoir mettre enfin entièrement en exécution le plan qu'il avoit depuis long-temps arrêté pour régulariser l'armée, la soumettre à une dépendance absolue, et assurer sa paie. C'étoit l'accomplissement de l'ordonnance rendue dans les

jou. T. I, p. 349, 350. — Dumont. T. III, p. 143, 144. — D. Calmet, Hist. de Lorraine. L. XXVIII, p. 836.

États d'Orléans, le 2 novembre 1439, et dont nous avons déjà rendu compte. (1)

Ce fut à Châlons-sur-Marne que Charles VII, après avoir appelé à plusieurs reprises à ses conseils le dauphin, le roi de Sicile, le duc de Calabre, le comte du Maine, le connétable de Richemont, et les comtes de Clermont, de Foix, de Saint-Pol, de Tancarville et de Dunois, mit la dernière main à cette grande organisation de l'armée. Ces seigneurs se chargèrent de parler secrètement aux capitaines les plus accrédités, en leur promettant, pour prix de leur coopération, qu'ils seroient nommés au commandement de l'une des quinze compagnies d'ordonnance auxquelles on devoit réduire l'armée. Lorsque ces choix furent faits, le plan de la nouvelle organisation commença à se développer. Chaque compagnie devoit être formée de cent lances; chaque lance étoit composée de six personnes à gages, savoir : l'homme d'arme et son page, trois archers et un coutiller. Les compagnies furent réparties sur tout le royaume, de telle sorte qu'une division de chaque compagnie étoit assignée à chaque ville, et que même les plus grandes, comme Troyes, Châlons, Reims et Laon, n'avoient pas plus de vingt à trente lances. Chaque ville devoit payer chaque mois,

---

(1) Préface des Ordonnances. T. XIII, p. 27.

régulièrement, avec les impositions locales, les hommes d'armes mis à sa charge, et de cette manière la taille qui avoit été consentie pour payer l'armée, par les États d'Orléans de 1439, devint perpétuelle. Les capitaines nommés par le roi s'occupèrent immédiatement de former leurs compagnies, et de choisir sur toute la cavalerie française les hommes les plus braves, les plus obéissans, les mieux montés, et les mieux armés, pour les retenir à leur service. L'empressement pour entrer dans ces corps étoit si grand, que plusieurs vieux guerriers consentirent à se mettre à la suite des compagnies, pour s'assurer qu'à la première vacance ils y seroient reçus à leur tour. Aussi, quoique quinze cents lances à six chevaux ne dussent faire que neuf mille hommes de cavalerie, il y en eut dix mille environ d'attachés aux compagnies d'ordonnance. Tous les autres reçurent l'ordre de se retirer immédiatement chez eux, sans commettre de désordre nulle part, sous peine d'être livrés à la justice comme gens sans aveu. Ils se trouvoient désorganisés, sans appui de la part de leurs camarades, dont tous les plus braves et les plus expérimentés étoient entrés dans les compagnies d'ordonnance. La terreur les saisit; ils se dispersèrent en hâte, et au bout de quinze jours, on n'entendit plus parler d'eux. Une discipline rigoureuse fut établie dans les lieux où les gendarmes tenoient garnison; on eut soin de punir si bien leurs premières violences, qu'ils apprirent à respecter la propriété des bourgeois, et à obéir aux magistrats. En peu de temps les routes furent assurées; le commerce et l'industrie reprirent un essor qui passa l'attente commune; les laboureurs recommencèrent avec joie leurs travaux, et cependant le roi eut dès-lors sous la main une armée d'élite toujours disponible, qui lui donna une grande supériorité sur les princes du royaume et sur les rois étrangers. (1)

Les Parisiens furent des derniers à éprouver le bien-être nouveau que fit goûter aux provinces la répression du brigandage des gens de guerre, ou à en ressentir de la reconnoissance. Le roi ne les aimoit pas, et visitoit très rarement leur ville. De leur côté, ils se sentoient humiliés de ne voir chez eux aucun grand seigneur; de ne point profiter des dépenses de la cour, et de sentir leur ville en quelque sorte déchue du rang de capitale. Les tailles étoient assises sur eux d'une manière très pesante, tandis que les vexations des gens de guerre, dont elles les rachetoient, les avoient moins atteints que les habitans des petites villes ou des campagnes : aussi se plaignoient-ils du changement. Cependant les portes

(1) Matth. de Coucy. T. X, c. 6, p. 43 à 52. — Olivier de la Marche. T. VIII, c. 13, p. 147. — Mém. de Richemont, p. 381. — Amelgardus. L. IV, c. 3, f. 81.

de Paris, dont plusieurs étoient demeurées fermées depuis le commencement des guerres civiles, étoient successivement rendues au public. On reportoit les reliques de Saint-Cloud, et celles de tous les autres sanctuaires, de la ville où on les avoit mises en sûreté, aux églises des hameaux voisins; on rétablissoit la foire du Landit, suspendue depuis dix-huit ans (1). Mais en même temps le clergé, comme si la paix n'avoit été faite que pour lui, prenoit à tâche de réveiller toutes les superstitions, pour occuper les esprits que ne remplissoient plus les terreurs de la guerre. Le 15 mai 1444, les évêques de Paris et de Beauvais, pour ranimer la haine du peuple contre les juifs, qui sembloit s'assoupir, « portèrent le corps
« de notre Seigneur de Saint-Jean en Grève,
« sur les épaules, et de là allèrent aux Billettes
« querre, à grand révérence, le gannivet (petit
« couteau) de quoi le faux juif avoit dépiqué la
« chair de notre Seigneur; et de là furent por-
« tés avec la sainte croix et autres reliques sans
« nombre à Sainte-Catherine du Val-des-Éco-
« liers; et y avoit devant plus de cinq cents
« torches allumées, et de peuple bien neuf ou
« dix mille personnes, sans ceux de l'église; et
« avoit, après ces saintes reliques, tout le mys-
« tère du juif, qui étoit en une charrette lié; où

---

(1) Journal d'un bourgeois de Paris. T. XV, p. 529.

« il avoit épines, comme si on le menât ardoir;
« et après la justice venoit sa femme et ses en-
« fans. » (1)

On avoit soumis les prêtres à la taille, comme tous les autres citoyens; ils résistèrent quelque temps, et, par ressentiment, ils renoncèrent à prêcher dans Paris pendant tout l'hiver de 1444 à 1445. Le gouvernement n'ayant tenu aucun compte de cette opposition, ils essayèrent du moins de se faire rembourser la valeur de cette taille par un nouvel appel à la superstition, et l'exposition d'une relique, dont un témoin oculaire, le vieux et dévot auteur du journal de Paris, est le seul, ce nous semble, qui ait jamais fait mention. « En celui temps, dit-il, fut ap-
« porté le circoncis de notre Seigneur à Paris,
« et ceux qui l'apportèrent disoient que le roi
« et le dauphin, et Charles d'Anjou avoient im-
« pétré lettres à notre saint-père le pape Eugène,
« que tous ceux qui prendroient une lettre qu'il
« bailleroit, qu'ils seroient absous de peine et
« de coulpe à l'heure de la mort, mais qu'ils
« fussent vrais confessés et repentans; et très
« cher coûtoit une telle lettre, car les riches en
« payoient quarante sols parisis, et les moyens
« trente-deux ou vingt sols..... mais quand ils
« eurent emporté la sainte relique, l'évêque de

---

(1) Journal d'un bourgeois de Paris, T. XV, p. 528.

« Paris fit commandement par toutes les paroisses
« de Paris, que tous ceux qui avoient ces dites
« lettres les lui portassent sous peine d'excom-
« munication, pour les visiter plus à loisir, et
« ceux qui les avoient portées ne les purent plus
« avoir. » (1)

Peu après, on apporta à Paris la châsse de saint Sébastien, puis celle de saint Quentin, et pour chacune on fit une grande cueillette d'argent; puis vinrent le clou et la couronne de saint Denis, puis le pardon à Pontoise, pour la Nativité de Notre-Dame, puis le pardon au mont Saint-Michel; de telle sorte que le journal du bourgeois de Paris, qui finit seulement en 1449, n'est plus rempli jusqu'à sa fin que des fêtes de l'église et des pieuses contributions du peuple. (2)

Pendant que Charles VII séjournoit à Châlons-sur-Marne, il y reçut, au mois de mai 1445, la visite de la duchesse de Bourgogne. Le mari de cette habile princesse, quoiqu'il lui fût peu fidèle, avoit une grande confiance en elle; il l'avoit chargée d'obtenir du roi le redressement des nombreux griefs qu'avoient les Bourguignons. Beaucoup de districts de la Bourgogne avoient été ravagés par les gens de guerre; beaucoup de droits cédés au duc par le traité d'Arras avoient été contestés par les officiers royaux. Le

(1) Bourgeois de Paris, p. 531, 532.
(2) Bourgeois de Paris. T. XV, p. 532-551.

souverain des grands fiefs de Flandre et de Bourgogne devenoit toujours plus étranger à la France; il avoit traité sans elle avec l'Angleterre, il s'étoit engagé contre Ladislas, roi de Bohême, et contre le duc de Saxe, dans une guerre pour la possession du duché de Luxembourg, qui pouvoit devenir d'autant plus dangereuse, que ces princes cherchoient à y entraîner tout l'empire germanique. Il savoit que le dauphin avoit juré de se venger de lui, parce que le maréchal de Bourgogne avoit détroussé quelques uns de ses soldats (1). Plusieurs des conseillers de Charles VII auroient voulu effacer, par une nouvelle guerre, l'humiliation du traité d'Arras, et mettre à profit l'organisation donnée à l'armée, la faveur de l'Angleterre et les embarras du duc Philippe, pour le ramener à la dépendance. Mais Charles VII se montra plus pacifique que ses conseillers; il ne voulut ni troubler l'ordre qu'il avoit eu tant de peine à rétablir dans le royaume, ni déranger ses propres plaisirs; il apporta dans ses négociations avec la duchesse, de la galanterie et de la bonne volonté; celle-ci fit de son côté plusieurs concessions : elle rendit au roi René plusieurs de ses villes qu'elle tenoit en gage, et elle accepta en échange de tout ce que ce roi lui restoit devoir pour solde de sa rançon, la seigneurie de Cassel en Flandre, dont il avoit hérité. Deux traités,

(1) Monstrelet, c. 274, p. 231.

du 24 juin et du 6 juillet, terminèrent tous les différends qui existoient encore entre les cours de France et de Bourgogne. (1)

Ce fut encore à Châlons que Charles VII accorda, au mois d'août 1445, des lettres de grâce et de rémission au comte Jean d'Armagnac. Ce seigneur, fait prisonnier par le dauphin, étoit toujours captif, tandis que les bandes terribles qu'on désignoit par son nom, portoient la désolation dans la Suisse et l'Allemagne. L'avocat criminel avoit instruit son procès; il avoit récapitulé tous les forfaits, tous les actes de désobéissance ou de rébellion qu'il avoit été possible d'attribuer à la maison d'Armagnac, pendant les trois derniers siècles; puis il avoit conclu à une punition corporelle contre le comte, et à la confiscation de tous ses biens; mais tous les princes du sang, tous les grands seigneurs du midi de la France, avoient imploré sa grâce, et Charles VII le remit en liberté, en lui restituant ses États, à l'exception du comté de Comminges, qu'il garantit à Matthieu de Foix. Le comte se retira à son château de Lille-en-Jourdain, où il mourut en 1450. Son fils Jean V lui succéda. (2)

(1) Matthieu de Coucy. T. X, c. 5, p. 34-43. — Olivier de la Marche, p. 145. — Berry, p. 428. — Plancher, Hist. de Bourgogne. T. IV. L. XX, p. 260. — Barante, Ducs de Bourgogne. T. VII, p. 224-231.

(2) Matthieu de Coucy, c. 7, p. 52-59. — Hist. de Languedoc T. V. L XXXV, p. 6 et 7.

La cour avoit vécu à Châlons dans les fêtes; mais elles furent tout à coup suspendues par la mort de la dauphine Marguerite d'Écosse, qui fut frappée d'une pleurésie, en revenant à pied de Châlons à Sarry-le-Château, où logeoit alors la cour. Dans ses derniers momens, elle fut encore troublée par les rapports qu'on lui fit de quelques propos légers tenus sur son compte par Jamet du Tillay, un des favoris du roi. Ces propos donnèrent lieu plus tard à une enquête contre Jamet, qui ne servit pas même à faire connoître de quels propos on l'accusoit. La dauphine fut regrettée : sa libéralité, son goût pour la poésie, l'avoient fait aimer de tout le monde. Charles VII, à sa mort, parut s'éloigner du dauphin et de tous ceux qui étoient dans sa confidence; il se refroidit aussi pour le roi René et pour le connétable de Richemont, tandis que le sire de Brezé fit de nouveaux progrès dans sa faveur. Plusieurs courtisans furent éloignés de la cour comme elle quittoit Châlons pour retourner à Tours prendre ses quartiers d'hiver. (1)

La trève conclue avec l'Angleterre expiroit au 1er avril 1446, elle fut prolongée d'abord de six mois, puis d'une année ; les deux rois promirent qu'ils se trouveroient en personne à une

(1) Matth. de Coucy, c. 7, p. 59. — Berry, p. 428. — Barante, p. 233-238. — Duclos. L. I, p. 44-48. — Preuves audit. T. III, p. 20.

conférence, entre Rouen et Chartres, pour y traiter de la paix générale (1), et les Anglais consentirent à mettre en liberté, moyennant rançon, le comte d'Angoulême, qui, dès l'an 1412, leur avoit été donné en otage par son frère le duc d'Orléans. (2)

1445.

Les chroniques qui nous servent de guides sont vides pendant la paix, ou bien elles remplissent cet intervalle par le récit des tournois de la cour de Bourgogne ou de la cour de France. Les vieux écuyers, les rois d'armes, qui écrivoient alors quelques mémoires, ne songeoient point que l'histoire dût servir à l'instruction des hommes d'état, qu'elle pût comprendre tous les intérêts des citoyens; ils savoient qu'ils ne seroient lus que dans des châteaux, qu'ils n'y exciteroient d'attention que par des récits chevaleresques. Les princes et les seigneurs n'avoient lu d'autres livres que des romans de chevalerie; après les combats singuliers, la pompe et la magnificence des Roland et des Amadis étoit ce qui les intéressoit le plus. Aussi Olivier de la Marche et Matthieu de Coucy décrivent-ils avec une attention minutieuse comment, dans les fêtes militaires, les chevaliers étoient habillés; quels étoient les parrains qui les conduisoient au com-

1446.

---

(1) Berry, p. 428. — Rymer. T. XI, p. 86, 94, 97, 101, 108, 111 et 117.

(2) Matth. de Coucy, c. 11, p. 72.

bat, de quelles armes ils faisoient usage, et comment ils combattoient, d'abord avec la lance, puis avec l'estoc. Ils nous racontent ainsi l'histoire des fêtes que donna en 1442, à Besançon, le duc Philippe à Frédéric III, roi des Romains (1); du pas d'armes que tint, du 1ᵉʳ juillet 1443 jusqu'à la mi-août, le sire de Charny avec douze chevaliers, qui s'engagèrent à combattre, sous l'arbre de Charlemagne, près de Dijon, tous ceux qui oseroient les défier à pied ou à cheval (2); du pas d'armes que tint à Arras, au mois d'avril 1446, Galeotti Baldaccino, chevalier milanais, contre le seigneur de Ternant (3); du combat enfin de Jacques de Lalain contre Jean Bonifacio, autre chevalier milanais, au chapitre de la Toison-d'Or à Gand, le 6 novembre 1446. (4)

Il n'y eut personne de tué ou même de blessé grièvement à ces combats divers de la cour de Bourgogne; mais ceux de la cour de France eurent une issue plus funeste. Messire de Champion fut tué d'un coup de lance à Saumur, dans un pas d'armes tenu devant les rois Charles et René, au printemps de l'année 1446, et dans l'au-

---

(1) Olivier de la Marche. T. VIII, c. 7, p. 49.
(2) *Ibid.* c. 8, p. 61 et c. 9, p. 69, 87.
(3) *Ibid.* c. 14, p. 150-171. — Matth. de Coucy, c. 13, p. 78.
(4) *Ibid.* c. 15, p. 176-200.

tomne de la même année, Louis de Bueil fut tué à Tours par un Anglais, également sous les yeux de Charles VII, qui, attristé de ces deux accidens, s'abstint pendant quelque temps de ces fêtes chevaleresques. (1)

Il est bien difficile de découvrir l'histoire réelle d'une période, quand les contemporains n'ont point su nous la donner. La France marchoit cependant : elle recouvroit son agriculture, son commerce, son industrie, à l'époque même où ses chroniqueurs n'ont su y voir autre chose que des tournois. Jacques Cœur, argentier ou trésorier du roi, qui étoit lui-même engagé dans le commerce, avoit su reconnoître ce qui favorisoit le plus le développement de la richesse publique. Tandis qu'il engageoit le roi à protéger à l'intérieur, contre toute espèce de brigandage, le paysan et le boutiquier, en sorte qu'on voyoit rebâtir de toutes parts les villages et les fermes ruinées, il protégeoit également les spéculateurs plus hardis, que le commerce conduisoit jusque chez les infidèles ; il écrivit dans ce but à Abousaïd-Jacmac, sultan d'Égypte, auquel il envoya, au nom du roi, l'offre de son amitié et des présens par Jean Village, son premier commis. Le sultan accueillit bien cet envoyé ; il promit de protéger les marchands français et les pélerins

---

(1) Matth. de Coucy, c. 16, p. 92.

qui visiteroient Alexandrie ou Jérusalem, et il écrivit au roi, en lui envoyant aussi des présens, une lettre qui seule nous instruit de cette négociation. (1)

Le Languedoc, qui, dans la répartition de l'entretien de l'armée du royaume, avoit été chargé de pourvoir à celui de cinq cents lances, comme il avoit conservé des États qui s'assembloient annuellement, s'efforçoit du moins, par leur entremise, d'éviter tout arbitraire dans la perception des aides et des tailles qui devoient défrayer les soldats, et il faisoit, en général, accepter au roi une somme fixe, comme équivalent de ces contributions vexatoires. C'est de quoi s'occupèrent, entre autres, les États de Languedoc assemblés à Montpellier au mois d'avril 1446 ; ils rédigèrent en même temps un cahier de doléances en cinquante-cinq articles. (2)

Les États se plaignoient toujours, dans ces cahiers, de la misère publique ; il étoit nécessaire de la rappeler, pour qu'on ne rejetât pas sur la province une partie du fardeau que supportoient les autres ; d'ailleurs, malgré l'amélioration des circonstances, il restoit toujours assez de misère pour rendre ces plaintes légitimes. Dans leurs doléances, les États se plaignoient aussi de la

(1) Matth. de Couey, c. 21, p. 105.
(2) Hist. de Languedoc. T. V. L. XXXV, p. 9, et Preuves, *ibid*. p. 1.

continuation du brigandage; et, quoique le roi eût déjà fait beaucoup pour le réprimer, il étoit disposé à faire davantage encore, d'autant plus qu'on ne lui demandoit qu'un redoublement de sévérité, et qu'on songeoit beaucoup moins à garantir un jugement équitable aux prévenus qu'à débarrasser au plus tôt le royaume de leur présence. Le 6 octobre 1447, Charles VII rendit en effet, à Bourges, une ordonnance pour attribuer à Robert d'Estouteville, prévôt de Paris, la juridiction dans tout le royaume « sur tous les
« larrons, mendians, espieux de chemins, ravis-
« seurs de femmes, violeurs d'église, tireurs à
« l'oie, joueurs de faux dés, trompeurs, faux
« monnoyeurs, malfaiteurs, et leurs associés,
« récepteurs et complices.... pour enquérir, par
« lui et ses commis, de leur vie et gouverne-
« ment; et si, par leurs confessions ou autre-
« ment, il ou ses commis, les tiennent coupables
« ou crimineux, de les punir et faire exécuter,
« selon leurs démérites, en tels lieux et justices
« que bon leur semblera » (1). Depuis long-temps la justice criminelle étoit entourée, en France, de bien peu de garanties; mais cette fatale ordonnance de Bourges sembloit les renverser toutes. Elle confondoit le pauvre avec le brigand, et soumettoit l'un et l'autre à la rapidité comme à la sévérité de la justice prévôtale; et

---

(1) Ordonn. de France. T. XIII, p. 509.

cependant les délits y étoient si mal spécifiés, le désordre, le hasard, le soupçon, pouvoient en étendre si indéfiniment le cercle, qu'on voit à peine quel citoyen pouvoit n'y pas être compris, quelle garantie il lui restoit devant un juge qui pouvoit déléguer à qui il vouloit un pouvoir sans appel, et faire exécuter ceux qu'il croyoit coupables, sans que rien lui fût prescrit ni sur les lois qu'il suivroit, ni sur les preuves, ni sur les personnes, le temps ou le lieu des procédures. Cependant, l'impatience de l'anarchie, le désir universel de repos, firent accueillir cette ordonnance sans qu'une plainte s'élevât sur son arbitraire et sa rigueur.

L'esprit de liberté sembloit, en effet, alors complétement étouffé en France. Le roi avoit ramené à la plus absolue obéissance tous les princes du sang, qui si récemment encore partageoient son pouvoir, et personne n'avoit regretté la part qu'on leur ôtoit dans la souveraineté; il avoit cessé d'assembler les États, et il levoit comme une taxe perpétuelle la taille qui lui avoit été accordée pour un temps limité; et personne ne faisoit entendre de plaintes ou pour les représentans du royaume, dépouillés de leur part à l'autorité législative, ou pour le contribuable taxé sans son consentement. L'autorité judiciaire enfin étoit méconnue, une ordonnance arbitraire soustrayoit les justiciables à leurs juges, et anéantissoit toutes les formes de la justice, sans que ni les parlemens, ni les citoyens fissent entendre de plaintes pour tant de droits foulés aux pieds. Il y avoit eu, durant les longues guerres civiles et étrangères, tant de souffrances, la paix et l'obéissance avoient ramené comparativement tant de bien-être, qu'on ne sentoit que de la reconnoissance pour la fermeté que déployoit le roi, que son nom est même resté dans la mémoire du peuple comme celui d'un restaurateur de l'ordre et de la justice, non comme celui d'un tyran.

1446.

C'étoit par de tels exemples qu'avoit été formée Marguerite d'Anjou, la jeune reine que la France avoit donnée à l'Angleterre, et ce fut aussi le pur despotisme qu'elle essaya d'introduire dans son nouveau pays. On a beaucoup loué son esprit, son courage et sa décision de caractère; elle étoit trop jeune au moment où le marquis de Suffolk fit choix d'elle, pour qu'il eût pu distinguer en elle ces qualités. Elle seconda cependant complétement les vues du triumvirat qui avoit voulu dominer par elle le foible Henri VI. Celui-ci, tout aussi débonnaire que son aïeul Charles VI, mais tout aussi imbécille, ne vouloit que ce que vouloient ses entours : depuis le couronnement de sa femme, le 30 mai 1445, il n'eut plus d'autres volontés que les siennes, et Marguerite n'avoit alors d'autre envie que de servir les passions du cardinal de Winchester, de l'archevêque d'York, et de Suffolk, qui l'avoient faite reine. Ceux-ci haïssoient Humphroy de Lancastre, duc de Glocester, le plus jeune des trois frères de Henri V, et le seul qui rappelât au peuple sa valeur et son caractère héroïque. Glocester vouloit continuer la guerre, le triumvirat désiroit la paix. Glocester parloit souvent avec mépris de l'incapacité de son neveu, des vues intéressées de ses ministres; le triumvirat, qui voyoit en lui, tant que Henri VI n'avoit pas d'enfans, l'héritier présomptif du trône, redoutoit de l'y voir monter un jour. La noblesse s'étoit attachée aux dispensateurs du pouvoir et des grâces. Le peuple étoit demeuré fidèle au prince qui lui rappeloit Henri V., et il n'avoit accordé aucune créance à l'accusation de sorcellerie dont la duchesse de Glocester avoit été victime. Un parlement servile, assemblé en 1446, avoit voté des remercîmens au marquis de Suffolk, pour le grand service qu'il avoit rendu à l'État, en négociant le mariage de la reine. Il avoit laissé exclure Glocester du conseil, sur une accusation d'avoir abusé de son pouvoir, lorsqu'il étoit protecteur du royaume, et d'avoir fait mourir injustement plusieurs personnes; mais Glocester s'étoit justifié victorieusement, et l'accusation étoit tombée. Le triumvirat avoit enfin persuadé à Henri VI que son oncle en vouloit à sa couronne et à sa vie. Marguerite, témoin des terreurs de son époux et de la colère de ses conseillers, ne pouvoit pas réconcilier ce qu'elle voyoit avec ses habitudes françaises. Il lui sembloit que, sur cette terre de liberté, les rois seuls étoient esclaves, puisque, gênés dans l'exercice de leurs volontés, ils ne pouvoient pas faire mourir qui ils vouloient et comme ils vouloient. Elle exhorta Suffolk à montrer plus d'énergie. En effet, un parlement fut convoqué, en février 1447, à Saint-Edmondsbury, et le triumvirat eut soin de faire approcher de ce bourg les gens de geurre sur lesquels il pouvoit le plus compter. Le duc de Glocester, qui étoit venu loger avec le roi dans le couvent de Saint-Édmond, fut arrêté par le duc de Buckingham, le jour même de l'ouverture du parlement. On l'étouffa ou on l'étrangla pendant la nuit, et le lendemain il fut trouvé mort dans son lit. On exposa son corps publiquement, pour faire croire qu'il n'avoit point éprouvé de violence, mais en même temps on le traita en coupable ; on arrêta plusieurs de ses domestiques, qu'on accusa d'être entrés avec lui dans une conjuration contre le roi. On en condamna trois à être pendus et coupés en morceaux, et quoique Henri VI leur fît grâce de la vie, on commença par les accrocher à la potence et couper la corde ensuite, pour leur faire éprouver toutes les horreurs de l'agonie. (1)

Ce fut le 25 février 1447 que périt le duc de Glocester, et Henri de Beaufort, évêque de Winchester, cardinal de Saint-Eusèbe, son grand-oncle et son rival acharné, ne lui survécut que peu de semaines; il mourut le 11 avril 1447, tourmenté, à ce qu'on assure, dans ses derniers momens, par le remords d'avoir fait périr son neveu. La disparution simultanée de ces deux rivaux, qui avoient déployé dans leur lutte de grands talens et un grand caractère, laissa le marquis de Suffolk et la reine Marguerite seuls dépositaires du pouvoir royal. La reine, glorieuse d'avoir osé ordonner la mort d'un prince redouté, crut que son règne commençoit réellement de ce jour; mais la défaveur du peuple alloit croissant comme son orgueil, et déjà la haine qu'elle inspiroit faisoit élever des doutes sur la légitimité du titre du roi son mari. En effet Richard duc d'York, que Henri VI avoit en 1446 confirmé pour cinq ans dans ce qu'il nommoit la régence de France, et le gouvernement de Normandie, auroit dû, d'après les lois de succession de la couronne d'Angleterre, la porter de préférence à Henri VI. Il étoit fils d'Anne

---

(1) Matth. de Coucy. T. X, c. 19, p. 99. — Rymer, T. XI, p. 178. — Amelgardus. L. IV, c. 10, f. 63. — Rapin Thoyras. T. IV. L. XII, p. 309-312. — Hume. T. IV, c. 20, p. 161.

Mortimer, arrière-petite-fille de Lionnel, le second des fils d'Édouard III ; il représentoit donc tous ses droits, tandis que Henri VI ne représentoit que les droits du troisième des fils d'Édouard III, Jean de Gant, dont il étoit arrière-petit-fils. Si le duc de Glocester avoit vécu, le duc d'York n'auroit jamais pu faire valoir un droit mis en oubli depuis un demi-siècle ; mais le meurtre de ce prince, l'imbécillité de Henri VI, l'orgueil de la reine et le mécontentement du peuple, fixèrent les regards des Anglais sur l'injustice d'une usurpation qui avoit fait passer la couronne de leur pays à un homme incapable de se conduire, et à une femme étrangère et insolente. (1)

Dès-lors la France n'eut plus rien à craindre de l'Angleterre : elle s'étoit doublement vengée de son ancienne rivale, en lui donnant un roi et une reine tous deux issus du sang des Valois. Henri VI avoit apporté aux Anglais la foiblesse et l'incapacité de Charles VI son aïeul, et Marguerite l'orgueil et l'imprudence de Jean et de Philippe VI ses bisaïeul et trisaïeul ; la nation victime de leurs vices ne devoit plus avoir de forces à opposer aux étrangers, et il dépendoit désormais de Charles VII de choisir le moment qui lui seroit le plus favorable pour enlever aux Anglais leurs dernières possessions en France.

(1) Rapin Thoyras. T. IV. L. XII, p. 313-315.

CHAPITRE IX.

Progrès de la prospérité publique. — Fin du concile de Bâle. — Le Dauphin se retire de la cour. — Renouvellement de la guerre avec les Anglais. — Conquête de la Normandie par le roi. — Conquête de la Guienne par Dunois. — 1447-1451.

La France avoit fait des progrès marquans vers la prospérité; elle étoit disposée à en attribuer le mérite à son roi, et elle sentoit pour lui de la reconnoissance quand elle comparoit son état à ce qu'il avoit été si récemment encore; cependant le gouvernement, après avoir ramené la paix au-dehors, la sûreté au-dedans, par la répression des gens de guerre, s'étoit à peine occupé du rétablissement de l'agriculture ou de l'industrie; il les avoit abandonnées à elles-mêmes: la prospérité qu'on ressentoit n'étoit autre chose que la réaction des adversités passées. Dans les campagnes tant de champs avoient été abandonnés en friche, que le laboureur en rentrant dans son village pouvoit choisir les terres les plus fertiles qu'il lui convenoit de cultiver; il les trouvoit longuement reposées, et il étoit sûr d'en obtenir d'abondantes moissons. Dans les villes tant d'ateliers étoient déserts, tant d'industries étoient suspendues; dans les châteaux, dans les couvens, tant d'appartemens étoient dévastés, que la nation avoit besoin de produits de tout genre, et que tout travail étoit hautement récompensé.

Charles VII étoit foible et indolent; en avançant en âge il n'avoit point renoncé aux voluptés qui avoient eu déjà tant d'empire sur lui dans sa jeunesse. Claude de Seyssel, quoique fort enclin à le louer, dit de lui : « Qu'après qu'il eut chassé « ses ennemis et pacifié son royaume, il ne fut « pas exempt de plusieurs malheuretés; car il « véquit en sa vieillesse assez luxurieusement, « et trop charnellement entre femmes mal re- « nommées et mal vivant, dont sa maison étoit « pleine. Et ses barons et serviteurs, à l'exemple « de lui, consumoient leur temps en voluptés, « danses et momeries, et folles amours; et « pour occasion de sa belle Agnès, dont il fut « longuement abusé, fit maintes choses mal « séantes à un si grand roi, et si renommé » (1). Amelgard parle également de la débauche de Charles, prolongée jusqu'à la fin de sa vie, de ses prodigalités envers Agnès Sorel, du luxe de celle-ci, des demoiselles qu'elle tenoit auprès

1447.

---

(1) Claude de Seyssel, Louanges du bon roi Louis XII, p. 77, édition de Théod. Godefroy. Paris, 1615, in-4°.

d'elle, et qui presque toutes devenoient à leur tour les maîtresses du roi. Il ajoute que Charles étoit de stature médiocre, mais que sa physionomie étoit agréable ; sa taille étoit bien faite, mais ses jambes étoient minces et grêles ; aussi paroissoit-il à son avantage quand il étoit revêtu de son manteau, tandis que quand il se montroit en veste courte de drap vert, comme il faisoit le plus souvent, on étoit choqué de voir ses jambes si menues, contrastant avec des genoux gros et enflés. (1)

A ce goût du plaisir et à cette indolence, Charles avoit joint, en avançant en âge, une grande jalousie de son autorité, une grande impatience contre toute opposition, tout partage de son pouvoir, un grand désir de rapporter tout à lui seul. Cependant il étudioit peu les affaires par lui-même, il se mêloit peu du gouvernement, et il n'exerçoit sa volonté que dans le choix de ses ministres et de ses serviteurs. Il le faisoit avec un grand discernement, et depuis qu'il avoit triomphé de la praguerie, il avoit réussi, avec un singulier bonheur, à ne s'entourer presque que de gens habiles ; mais s'il les laissoit faire ensuite les choses qu'ils paroissoient entendre, et s'il ne contrarioit pas leurs mesures, il ne s'en montroit pas moins accessible à leur égard à une conti-

(1) Amelgardus. L. V, c. 22, f. 160.

nuelle défiance. Il croyoit aisément aux complots ou contre son autorité, ou contre sa personne, et aucun de ses favoris ne garda au-delà d'un petit nombre d'années le crédit dont il jouissoit auprès de lui.

Il ne faut pourtant pas attribuer les bons choix que fit Charles VII uniquement à sa perspicacité pour connoître les hommes; le nombre de ceux entre lesquels il pouvoit faire de bons choix étoit devenu beaucoup plus considérable; le mérite, l'intelligence, étoient devenus beaucoup plus communs, en raison du progrès général du siècle. Les lettres commençoient enfin à être cultivées avec fruit dans toute l'Europe. Les Italiens avoient abordé tous les genres de connoissances, et ils les avoient fait profiter à la science du gouvernement. La mort d'Eugène IV, survenue à Rome le 23 février 1447, avoit donné occasion de placer sur la chaire de saint Pierre Thomas de Sarzane, l'un des hommes les plus érudits, l'un des savans les plus versés dans l'ancienne philosophie qui honorassent alors l'Italie. En même temps le savant Æneas Sylvius Piccolomini, qui fut pape à son tour sous le nom de Pie II, s'étoit attaché comme secrétaire à l'empereur Frédéric III, et cet écrivain éloquent, ce politique délié, habile et exempt de préjugés, étoit un homme plutôt de notre siècle que du quinzième. Toutes les nations avoient commencé à se mêler, les progrès de l'une d'elles profitoient à toutes, et quoique les Français fussent encore pour la culture de l'esprit fort en arrière des Italiens ou même des Allemands, il y avoit trop d'idées saines en circulation pour que Charles VII, même s'il eût pris ses favoris au hasard, en eût rencontré d'aussi incapables que l'avoient été les courtisans de son père et de ses aïeux.

Le commerce mêloit surtout les nations, et portoit de l'une à l'autre les idées d'ordre et d'économie; car c'étoit l'époque où le marchand le plus illustre qu'ait vu l'Europe, Côme de Médicis, père de la patrie, sembloit destiner ses comptoirs répandus dans tout le monde alors connu, autant à favoriser les progrès des lettres qu'à échanger les produits de l'industrie. Ce fut aussi en effet un marchand qui eut le plus de part à faire connoître au roi les principes d'une bonne administration. Jacques Cœur, riche négociant de Bourges, avoit commencé à rendre des services à Charles VII dans le temps où les ennemis de celui-ci, ne lui ayant presque laissé que le Berri pour apanage, l'appeloient par dérision le petit roi de Bourges. Charles anoblit Jacques Cœur en 1440, et lui donna le titre de conseiller. Bientôt après il le fit son *argentier* ou gardien de son épargne privée; il l'employa de préférence dans le gouvernement du Languedoc, où il le chargea à plusieurs reprises de présider les États (1); il nomma un de ses fils archevêque de Bourges, un autre doyen de l'église de Limoges, et il lui permit en même temps de continuer le commerce où Jacques Cœur acquit une fortune colossale. (2)

Les ministres arrivent bien plus difficilement que les généraux à une gloire personnelle; on sait rarement quelles mesures ils ont proposées, quelles lois ils ont rédigées, et ce n'est guère que par induction qu'on peut réclamer leur part dans les ordonnances qu'ils rendent au nom du roi. Ce n'est en particulier que par conjecture que nous attribuons à Jacques Cœur l'ordonnance qui appela les plébéiens à la défense du pays, en organisant une infanterie nationale, qui sembloit émaner de son système de finances : cette ordonnance est du 28 avril 1448. Elle oblige chaque paroisse du royaume à fournir au roi un franc-archer. Celui-ci devoit être choisi par les *élus* du roi entre les hommes valides de la paroisse, comme le plus habile à tirer de l'arc ou de l'arbalète. Il devoit alors s'armer et s'entretenir à ses frais de « huque de brigandines, ou de jaques, de salade, « d'épée, de dague, d'arc et de trousse, ou d'ar-

---

(1) Hist. de Languedoc. T. V, p. 6, et *passim*.
(2) Mémoires de Bonamy sur Jacques Cœur, dans les Mém. de l'Acad. des Inscriptions et Belles-Lettres. T. XX, p. 509 et 535. — Supplém. à Monstrelet de Buchon. T. XIII, p. 353.

« balestre garnie » (1). Il devoit de plus s'exercer tous les jours de fête, et être prêt à servir le roi, toutes les fois qu'il y seroit appelé, moyennant une solde de quatre francs par mois, tant qu'il seroit en campagne. Un important privilége étoit attaché à la fonction de franc-archer, et la faisoit fort rechercher par tous les habitans de chaque paroisse, c'étoit celui d'être exempt de toutes les tailles et subsides, excepté des aides et de la gabelle, et d'être dispensé en même temps de tout guet ou garde-porte dans sa paroisse. La part qui auroit dû être imposée au franc-archer, retomboit ainsi sur tous les autres contribuables, et la paroisse étoit d'autant plus grevée que son franc-archer étoit plus riche (2). Aussi cette désignation des archers, qui étoit absolument arbitraire, donna-t-elle lieu aux plus graves abus, et occasionna-t-elle des plaintes amères. (3)

La répartition des francs-archers entre les paroisses étoit confiée aux mêmes magistrats que Charles VII avoit chargés de la perception des impôts destinés à l'entretien de l'armée. On les nommoit les *élus*, parce que du temps de Saint-Louis, c'étoient des prudhommes élus

---

(1) La brigandine étoit un corselet à lames de fer, et le jaques un pourpoint garni de bourre; la trousse étoit un carquois.

(2) Ordonn. de France à Montil-lès-Tours. T. XIV, p. 1.

(3) Amelgardus. L. IV, c. 4, p. 83; c. 5, p. 84, et c. 6, p. 85.

dans les assemblées des communes (1). Mais par une ordonnance du 19 juin 1445, Charles VII avoit réglé les attributions de ces élus et la circonscription de leurs *élections,* en se réservant à lui-même leur appointement(2). Il les avoit chargés de percevoir les tailles levées en vertu de la décision des États d'Orléans de 1439, tailles qu'il avoit rendues perpétuelles, et portées à un million huit cent mille livres. Cette taxe étoit levée sur les personnes des roturiers, et elle étoit assise par les élus, en proportion de leurs possessions et de leurs facultés. La taille, de même que les aides, ou droit sur la vente des marchandises, et la gabelle, ou droit sur la vente du sel, devoit être levée aux termes de l'ordonnance, « sur tous les sujets, de quelque état
« qu'ils soient, tant marchands, mécaniques,
« laboureurs, procureurs, praticiens, officiers,
« tabellions, notaires, comme autres, excepté
« tant seulement vrais écoliers étudians et con-
« tinuellement fréquentans ès universités de
« Paris, Orléans, Angers, Poitiers, et autres
« par nous approuvées, pour acquérir degrés
« ès sciences; nobles vivant noblement, et sui-
« vant les armes, ou qui par vieillesse ne les
« peuvent plus suivre; nos officiers ordinaires
« et communaux; enfin, pauvres et misérables

---

(1) Préface des Ordonn. royales. T. XIII, p. 84.
(2) Ordonnances. T. XIII, p. 428.

« personnes, lesquelles sont exemptes des dites « tailles » (1). Tandis que les élus répartissoient la taille, c'étoit eux aussi qui donnoient les aides à ferme, en sorte qu'ils formoient le corps inférieur de la finance et de l'administration. Il n'y avoit de recours contre eux que par-devant la cour des aides. Du temps de Philippe-le-Bel, cette cour avoit été composée de *généraux sur le fait des aides;* les États de 1355 avoient réglé leur juridiction. Dès-lors la cour des aides avoit été plusieurs fois supprimée ou suspendue, jusqu'à l'ordonnance de Charles VII du 22 octobre 1425, qui lui donna une organisation régulière. (2)

Il faut convenir que si cette répartition des impôts eut l'avantage d'atteindre tous les contribuables, de faire rentrer au trésor de l'État tout ce qui pouvoit être enlevé au peuple, et d'assurer plus de régularité et d'ordre dans les recettes, elle fut dans tout son esprit singulièrement arbitraire et oppressive. La taille n'étoit soumise à aucune règle que le caprice des élus; et quant à la cour des aides, elle n'avoit été instituée que pour soustraire toutes les procédures relatives aux finances à l'esprit de justice et de régularité du parlement. Toutefois cette organisation

---

(1) Ordonn. de France. T. XIII, p. 428.

(2) Préface des Ordonn. T. XIII, p. 90. — Ordonn. de Poitiers. T. XIII, p. 105.

passoit encore pour de l'ordre et de la justice, quand on la comparoit au pillage universel qui avoit duré près d'un siècle, pendant toutes les guerres avec les Anglais. Si les contribuables firent entendre quelques plaintes, elles ne furent pas écoutées. Le roi eut plus d'égards pour celles des gentilshommes. Ceux-ci ne se contentoient pas d'être exemptés des contributions; ils voyoient avec inquiétude que le roi, soit par l'organisation des compagnies d'ordonnance, soit par celle des francs-archers, sembloit avoir renoncé à l'assistance de l'armée féodale. Ils obtinrent une nouvelle ordonnance pour régler tant l'armure que la solde de toute la noblesse, lorsqu'elle seroit appelée à servir. Lorsqu'un gentilhomme étoit assez riche pour se fournir et s'équiper, avec son page, son coutillier, et ses trois archers, comme une lance complète d'ordonnance, il devoit aussi être payé comme elle, à raison de quinze francs par mois, pour tout le temps de son service; s'il étoit trop pauvre pour servir en si complet équipage, s'il conduisoit moins d'hommes ou moins de chevaux, sa paie lui étoit encore assurée à raison ou de dix livres, ou de sept livres dix sols par mois. Une ordonnance du 30 janvier 1455 mit la dernière main à cette organisation militaire de la noblesse. (1)

---

(1) Ordonn. de France. T. XIV, p. 350.

1448.   Tandis que les ministres de Charles VII, sous prétexte de régulariser l'administration, lui donnoient toujours plus le caractère de celle d'une monarchie absolue, les intrigues de palais se multiplioient, comme il arrive toujours autour des monarques qui se sont mis au-dessus des lois. Charles VII, disposé à se défier de tout le monde, commençoit à se défier du dauphin, son fils, plus que de tous les autres; et le dauphin étoit en effet plus propre que personne à exciter la défiance. Faux et dissimulé, et cependant imprudent dans ses propos, il offensoit tous ceux qu'il voyoit en crédit auprès de son père, en même temps qu'il sembloit cacher de vastes et coupables projets. Il recherchoit l'amitié des gens de guerre, et se déclaroit le protecteur de tous les mécontens, de ceux surtout qu'avoit faits, parmi les soldats, la création des compagnies d'ordonnance; il étoit jaloux de tout pouvoir qu'il n'exerçoit pas lui-même; il parloit avec un profond mépris du nouveau favori du roi, Pierre de Brezé, seigneur de La Varenne, et sénéchal de Poitou. Le bruit se répandit aussi qu'il avoit donné un soufflet à Agnès Sorel, la maîtresse de son père.

Antoine de Chabannes, comte de Dammartin, reconnut la défiance croissante entre le père et le fils, et il chercha à en profiter : il dénonça le dauphin à Charles VII comme ayant formé une conspiration contre le roi. Les archers de la garde écossaise étoient déjà séduits, assuroit-il; le roi devoit être enlevé à son château de Rasilly ; Jean de Daillon, Louis de Beuil et Louis de Laval étoient parmi les complices du dauphin. Louis donna un démenti à Chabannes, mais peu après il quitta la cour pour se retirer dans son gouvernement du Dauphiné; et cependant le roi fit mourir plusieurs des Écossais de sa garde; il auroit même fait mourir leur commandant, Coningham, si le roi d'Écosse n'avoit intercédé pour lui. (1)

Les intrigues et les dénonciations continuoient cependant à la cour. Un secrétaire du roi, nommé Guillaume Mariette, produisit des lettres du dauphin, annonçant qu'il se préparoit pour venir à force ouverte chasser Pierre de Brezé de la cour. Mais Mariette, accusé d'avoir falsifié ces lettres, fut mis à la torture par ordre du parlement de Paris, condamné comme faussaire, décapité et écartelé. On ne sait point si l'intrigue de Mariette étoit dirigée contre Brezé ou contre le dauphin. Le premier cependant se crut compromis, et, au commencement de l'année 1448, il demanda lui-même une enquête sur sa conduite, avec la permission de se faire défendre par un avocat. Charles le renvoya à la cour du

---

(1) Duclos, Louis XI. L. I, p. 54. — Preuves, *ibid.* T. III, p. 50.

1448. parlement, qui instruisit une longue procédure, et finit par l'absoudre; mais il avoit suffi pour le perdre de l'éloigner de la conversation familière du roi. Encore qu'il eût été déclaré innocent, Charles, qui avoit eu le temps de prêter l'oreille à ses envieux, ne lui rendit ni ses emplois ni sa faveur. (1)

Ces intrigues auroient déconsidéré la France si les étrangers les avoient vues de près; mais un secret profond les couvroit; aussi aucun autre des souverains de l'Europe n'approchoit de Charles VII, ou en puissance réelle ou en réputation, et les ministres de celui-ci savoient profiter de ces avantages. Ils se proposèrent, vers cette époque, de faire cesser le schisme que le concile de Bâle avoit excité. Félix V, le même qu'on avoit désigné auparavant sous le nom d'Amédée VIII, duc de Savoie, n'étoit plus guère reconnu comme pape que dans une petite partie de la Suisse. Il semble que cette contrée n'avoit pas seulement adopté les réformes de discipline qu'avoit voulu établir le concile de Bâle, mais qu'un esprit plus libre encore s'y étoit conservé, que le joug de l'Église y étoit en partie rejeté. L'historien Jean Muller s'est attaché à recueillir des preuves de l'indépendance des esprits à cette

(1) Matth. de Coucy. T. X; c. 25, p. 115-118. — Duclos, Louis XI, Preuves. T. III, p. 61.

époque, ainsi que de l'existence d'une doctrine secrète en opposition à celle de Rome ; et il en a trouvé de nombreuses. Il croit que les Lollards, les Béguards, les Vaudois, persécutés depuis trois siècles dans le reste de l'Europe, avoient mieux réussi en Suisse que nulle part ailleurs à se dérober au pouvoir sacerdotal ; et autant qu'on peut suivre la marche de doctrines secrètes, ou la conservation de sectes ignorées même de leurs contemporains, on reconnoît des traces en Suisse de l'existence de ces sectaires réformés, et de leur communication constante par la Rhétie et les montagnes de l'Autriche avec les Hussites de Bohême et les Pauliciens de Bulgarie. (1)

Cette indépendance d'opinions, ces croyances secrètes, auxquelles la plupart des hommes instruits s'étoient associés, avoient d'abord assuré chez les Suisses beaucoup de faveur au concile de Bâle. Dans aucune occasion une plus noble assemblée de l'Église n'avoit été formée, aucune n'avoit montré plus de courage dans sa résistance aux usurpations de Rome, aucune n'avoit paru animée d'un désir plus sincère d'opérer une sage réforme. Cependant, cette assemblée avoit été obligée de chercher un appui auprès des rois et des princes ; peut-être

(1) Muller, Geschichte der Schweitz. B. IV, cap. IV, p. 234.

n'avoit-elle pas voulu s'associer aux passions populaires ; peut-être celles-ci n'étoient-elles point encore assez éveillées, pour qu'elle pût trouver aucune force dans les masses. Toutefois, elle éprouva bientôt que ceux qui tiennent le plus haut rang dans la société sont de tous les hommes les plus occupés de leurs intérêts propres, et les plus faciles à corrompre. Les rois commencèrent par profiter de la généreuse résistance du concile à la cour de Rome, pour arracher à celle-ci des concessions qui mettoient le clergé de leurs États dans leur dépendance, et qui leur permettoient de disposer de ses richesses ; après quoi ils traitèrent avec cette cour, et ils abandonnèrent le concile. Ainsi, Charles VII commença par publier la *Pragmatique-Sanction*, ou l'adoption des principaux décrets du concile ; puis, après l'élection de Nicolas V, homme adroit, éclairé, philosophe, mais qui mettoit à profit ses lumières pour défendre le pouvoir pontifical, Charles VII lui envoya, au mois d'avril 1448, des ambassadeurs chargés, non seulement de l'assurer de son obéissance, mais encore de négocier comme médiateurs entre Nicolas et Félix, pour amener ce dernier à résigner le pontificat (1). Le roi des Romains, Frédéric III, qui avoit commencé

---

(1) J. Chartier, p. 131. — Lettre de Nicolas V à Charles VII, Concil. général. T. XIII, p. 1325.

par s'appuyer sur le concile pour opérer des réformes dans ses États, depuis qu'il avoit atteint son but, se réconcilioit de nouveau à la cour de Rome (1). Il s'étoit attaché, comme chancelier, Æneas Sylvius, qui avoit été l'éloquent secrétaire du concile, et il employoit ses talens à combattre la cause qu'il avoit d'abord servie. Plusieurs des pères, plusieurs des cardinaux, qui avoient montré au commencement le plus de zèle pour les libertés de l'Église, furent secrètement achetés à un haut prix par Nicolas V; on assura que l'argent de Rome avoit aussi été répandu parmi les magistrats de la Suisse, et que plusieurs des conseillers de Bâle furent gagnés par Nicolas. Cette ville avoit été, pendant seize ans, enrichie et honorée par le séjour des représentans du clergé de la chrétienté. Frédéric III lui donna ordre de les renvoyer, déclarant que leur assemblée étoit rebelle à l'Église. Les magistrats de Bâle résistèrent pendant un an entier à ces sollicitations et à ces ordres, quoiqu'ils fussent accompagnés de la menace de faire marcher contre eux l'armée de l'empire. Mais enfin les pères, effrayés soit de ces menaces, soit d'un changement qu'ils apercevoient dans les résolutions des magistrats,

(1) Concordat de Fréd. III et de l'empire d'Allemagne avec Nicolas V. Traités de paix. T. I, p. 517-519.

se déterminèrent, le 28 juin 1448, à transférer leur concile à Lausanne; et c'est là que, réduits en nombre, diminués en dignités, menacés par toutes les puissances de l'Europe, ils mirent fin à leur assemblée le 25 avril 1449. Ils stipulèrent seulement, en faveur de Félix V, qu'en renonçant à la papauté, il conserveroit les honneurs pontificaux dans tous les États de la maison de Savoie et les évêchés de la Suisse, en même temps qu'il seroit déclaré évêque de Sabine et cardinal-légat (1). Le comte de Dunois et Jacques Cœur furent au nombre des négociateurs de cette pacification de l'Église.

Les affaires d'Italie attirèrent aussi momentanément l'attention des ministres de Charles VII. Philippe-Marie, le dernier des Visconti, duc de Milan, étoit mort dans son château de Porta-Zobia, le 13 août 1447. Il ne laissoit point d'héritiers légitimes, mais seulement une fille naturelle, mariée au grand-capitaine Francesco Sforza, qui commandoit une de ces armées d'aventuriers prêtes à se mettre à la solde de qui voudroit les employer. Philippe avoit bien eu une sœur, Valentine Visconti, mère du duc

(1) Muller, Geschichte der Schweitz. B. IV, cap. 4, p. 263-267. — J. Chartier, p. 133. — Berry, roi d'armes, p. 431. — Concordat de Frédéric III avec Nicolas V, du 14 mars 1448. Traités de paix. T. I, p. 519. — *Concilia generalia.* T. XIII, p. 1325-1349. — Guichenon, Hist. générale de Savoie. T. II, p. 66-72.

d'Orléans, qui, plus tard, prétendit à l'héritage des Visconti; mais dans aucun temps les femmes n'avoient eu de droit à la succession du duché de Milan, non plus qu'à aucune des seigneuries d'Italie. Celles-ci, usurpées sur le peuple, retournoient au peuple, s'il ne se présentoit pas de chef en état de courir la ville à la tête de ses cavaliers, et de se faire nommer seigneur par acclamation. En effet, les Milanais cherchèrent à reconstituer leur république, à l'extinction de la famille des Visconti; mais Pavie, et toutes les autres villes que ces seigneurs avoient subjuguées, voulurent de leur côté recouvrer leur indépendance, au lieu d'obéir à la république de Milan. Charles VII fomenta ces dissentions dans l'espoir de les faire tourner à son avantage, et peut-être de recouvrer la seigneurie de Gênes. Le duc d'Orléans avoit, de son côté, envoyé à Asti un gouverneur, nommé du Dresnay, qui, avec près de trois mille chevaux, avoit tenté de s'emparer d'Alexandrie; mais il avoit été défait, le 11 octobre 1447, par un général milanais. Le dauphin Louis, enfin, depuis qu'il avoit quitté la cour de son père, agissoit dans le Dauphiné comme un souverain indépendant, et recherchoit ou des conquêtes ou des alliances dans son intérêt propre, sans égards pour la politique générale de la France. Il se lia avec Francesco Sforza, qui lui paroissoit l'emporter sur tous les autres en

1448.

habileté, et dont la politique perfide excitoit son admiration. Celui-ci, en effet, commença par se mettre au service de la république de Milan ; mais, traitant en même temps avec les autres villes de Lombardie, il en engagea plusieurs à le reconnoître pour seigneur ; il fit, pour les Milanais, la guerre aux Vénitiens, et remporta sur eux de grandes victoires, mais il passa tout à coup à leur service avec son armée ; puis, les Vénitiens ayant fait la paix avec les Milanais, il n'en persista pas moins à combattre seul les deux républiques, et il finit par forcer les Milanais, pressés par la guerre et la famine, à le reconnoître pour duc le 26 février 1450. Il n'avoit d'autres titres à cette nouvelle souveraineté que la fraude, la perfidie et la violence ; mais ceux des Visconti, auxquels il succédoit, n'étoient pas plus respectables. (1)

Cette issue de la guerre de Lombardie étoit opposée aux vues de Charles VII ; mais il avoit été obligé de renoncer à influer sur les affaires d'Italie : la guerre avec l'Angleterre avoit recommencé, et demandoit l'emploi de toutes ses forces. Dans le traité de mariage de Marguerite d'Anjou, il avoit été stipulé que le Mans, chef-lieu de l'apanage de Charles du Maine, oncle de

---

(1) Républ. italiennes du moyen âge. T. IX, c. 72, 73, p. 264-367.

cette reine, lui seroit rendu. Mais Suffolk n'avoit jamais osé donner connoissance, au parlement britannique, de cette clause du traité, moins encore la faire exécuter. Le Mans étoit une ville forte, que les Anglais considéroient comme couvrant la Normandie et comme nécessaire à sa sûreté : ils en avoient donné le gouvernement à François Surienne, qui y commandoit une garnison de deux mille cinq cents hommes. Depuis trois ans que Marguerite étoit mariée, les Français avoient, à plusieurs reprises, demandé que le traité fût exécuté, et que le Mans leur fût remis, sans pouvoir rien obtenir. Enfin, Charles VII eut recours à la force. Le comte de Dunois, l'amiral de Coétivy, le maréchal de Lohéac et Pierre de Brezé, avec six ou sept mille hommes, vinrent au commencement de l'année 1448 mettre le siége devant le Mans. Peut-être Marguerite les y avoit-elle secrètement encouragés; du moins, elle n'envoya aucun secours à Surienne, et celui-ci fut forcé de capituler. Il livra le Mans aux Français dans la nuit du 16 au 17 mars, aussi-bien que toutes les autres places du Maine. L'évêque de Glocester, qui fut chargé par la reine d'Angleterre de signer cette capitulation, convint en même temps que cette attaque des Français sur le Maine ne seroit point considérée comme un acte d'hostilité, et, au contraire, que la trève entre les deux royaumes seroit prolongée jusqu'au 1er avril 1449. (1)

François de Surienne, qui étoit un aventurier aragonais au service d'Angleterre, étant sorti du Mans avec la garnison qu'il y avoit commandée, voulut d'abord se retirer en Normandie; mais les Anglais, qui tenoient garnison dans les places de cette province, ne voulurent point y recevoir ces hommes d'armes qui venoient partager avec eux leurs ressources, déjà insuffisantes. Henri VI n'envoyoit à son armée, en France, ni argent, ni munitions; toute subordination y avoit cessé, et chacun n'y agissoit plus que suivant son propre intérêt. Surienne, après avoir été renvoyé successivement de plusieurs villes, fut obligé de pourvoir, par la violence, à la subsistance de ses soldats. Il prit possession de deux places abandonnées sur les marches de Bretagne, Saint-James-de-Beuvron et Pontorson, et il commença par s'y fortifier; de là, il pilla tout le pays voisin (2). Ensuite, une occasion favorable s'étant présentée à lui, le 24 mars 1449, il surprit, avec six cents combattans, la ville et le château de Fougères, qui

(1) Matth. de Coucy. T. X, c. 23, p. 111. — Berry, p. 430. — Amelgardus. L. IV, c. 9, f. 92. — Rymer, *Acta*. T. XI, p. 149, 156, 160, 163, 175, 182, 189, 193 et 203. — Lobineau, Hist. de Bretagne. L. XVII, p. 651. — D. Morice, Hist. de Bretagne. T. II. L. X, p. 17.

(2) Matth. de Coucy, c. 24, p. 113.

appartenoient au duc de Bretagne, sur la frontière de Normandie. Fougères étoit une ville riche et marchande : les aventuriers qui s'en étoient rendus maîtres, pillèrent sans scrupule les magasins et les églises; ils tuèrent plusieurs bourgeois, violèrent beaucoup de femmes, et abusèrent, au sein de la paix, des droits les plus odieux de la guerre. (1)

François Ier, duc de Bretagne, qui, le 28 août 1442, avoit succédé à son père Jean V, d'une part, et Charles VII de l'autre, envoyèrent aussitôt des ambassadeurs, soit à Henri VI, en Angleterre, soit au duc de Sommerset, son représentant en Normandie, pour demander réparation de cet outrage, restitution de Fougères, et compensation des dommages causés par ce pillage, qui avoient été évalués seize mille écus, non seize cent mille, comme quelques historiens anglais l'ont dit ensuite (2). Le duc de Sommerset désavoua Surienne, mais, selon l'esprit de tous les hommes d'état de cette époque, il ne voulut point renoncer aux avantages que le sort venoit de lui donner. Il ne

---

(1) Matth. de Coucy, c. 29, p. 133. — J. Chartier, p. 134. — Jacq. du Clercq, continuat. de Monstrelet. T. XII, c. 1, p. 5. — Amelgardus. L. IV, c. 11, f. 94, et c. 12, f. 95. — Lobineau, Hist. de Bretagne. L. XVII, p. 633. — D. Morice, Hist. de Bretagne. L. X, p. 22.

(2) Rapin Thoyras. L. XII, p. 318. — Hume. T. IV, p. 164.

restitua point Fougères ; il chercha des longueurs pour se dispenser de rien conclure. Quant aux dédommagemens, il produisit des récriminations contre le duc de Bretagne, qu'il accusa d'avoir violé la trève, en faisant arrêter son frère Gilles, parce qu'il le savoit dévoué aux Anglais ; et surtout il prétendit que la querelle étoit tout-à-fait étrangère à la France, puisque le duc de Bretagne, feudataire du duché de Normandie, avoit reconnu Henri VI comme roi de France, et qu'il étoit compté parmi ses alliés. (1)

Mais quoique le duc de Sommerset, en traînant ainsi la négociation en longueur, semblât, de gaîté de cœur, s'exposer à la guerre, il n'étoit nullement prêt pour la soutenir, et il ne songeoit pas même à préparer ses moyens de défense. On put aisément le reconnoître, lorsque les Français, dans le temps même qu'ils sollicitoient de lui des réparations, essayèrent de les obtenir par leurs propres mains.

Le jeudi 15 mai, avant même que les plénipotentiaires fussent réunis, le bailli d'Évreux, avec quatre cents combattans, surprit le Pont-de-l'Arche, forteresse importante à quatre lieues de Rouen. Le sire de Falconbridge, qui y étoit

---

(1) J. Chartier, p. 138. — Jac. du Clercq, c. 2, p. 7. — Lobineau, Hist. de Bretagne. L. XVII, p. 635. — Morice, Hist. de Bretagne. L. X, p. 24. — Actes de Bretagne. T. II, p. 1461.

arrivé la veille, fut au nombre des prisonniers, avec environ cent vingt Anglais (1). A peu de jours de distance, les Français surprirent encore Gerberoy et Conche, en Normandie; Coignac et Saint-Mégrin dans le Bordelais (2). Les Anglais sentoient déjà que la fortune se déclaroit contre eux; ils demandoient instamment la conservation des trèves et la restitution mutuelle de ce qui avoit été pris à leur préjudice; mais tel étoit le désordre de leur gouvernement que leurs négociateurs arrivèrent toujours sans pouvoirs suffisans aux conférences de Vénables, de Louviers, de Bouport, et qu'ils n'effectuèrent jamais la restitution de Fougères, par laquelle ils auroient dû commencer. (3)

En effet, jamais la guerre n'avoit moins convenu à l'Angleterre; jamais cette puissance n'avoit été moins en condition de provoquer un redoutable ennemi. La jeune et hautaine Marguerite d'Anjou essayoit de gouverner selon le système de la cour de France, au nom de son mari, le royaume où elle étoit étrangère. Elle offensoit les grands, elle violoit les priviléges du peuple,

(1) Matth. de Coucy, c. 30, p. 140. — Jacq. du Clercq, c. 3, p. 9. — Amelgardus. L. IV, c. 13, f. 97.

(2) Matth. de Coucy, c. 31, p. 145. — Jacq. du Clercq, c. 4 et 5, p. 12 et 13.

(3) D. Morice, Hist. de Bretagne. L. X, p. 25. — Procès-verbal des conférences dans les Actes de Bretagne. T. II, p. 1472.

elle accordoit toute sa confiance à Suffolk, qu'elle avoit fait duc, et qui étoit devenu l'objet de la haine universelle. Loin de songer à défendre les provinces que l'Angleterre possédoit encore en France, et à envoyer des renforts à Rouen et à Bordeaux, elle venoit de faire partir le duc d'York pour l'Irlande, avec toutes les troupes dont elle pouvoit disposer, moins encore pour contenir dans l'obéissance les Irlandais, toujours enclins à la rébellion, que pour écarter un prince qui, en secret, prétendoit au trône, qui lui faisoit ombrage, et dont elle espéroit peut-être trouver l'occasion de se défaire. (1)

Quoique les conférences tenues à Louviers et à Bonport n'eussent amené aucun résultat, Charles VII n'avoit point encore déclaré la guerre; mais, le 19 juillet, Pierre de Brezé, sénéchal de Poitou, surprit Verneuil dans le Perche (2). Le comte de Richemont, dès la fin d'avril, étoit entré en Basse-Normandie avec seize cents combattans, qui avoient déployé seulement les enseignes du duc de Bretagne (3). L'occasion parut trop belle au roi pour la laisser échapper; il donna commission au comte de Dunois, bâtard d'Orléans, d'entrer en Norman-

---

(1) Rapin Thoyras. L. XII, p. 322.
(2) Matth. de Coucy, p. 266. — Jacq. du Clercq, c. 7, p. 15.
(3) Matth. de Coucy, c. 32, p. 248.

die à la tête de l'armée qu'il avoit rassemblée, et d'entreprendre la conquête de cette province.

Le vaillant Talbot étoit alors à Rouen avec le duc de Sommerset, et, malgré son âge très avancé, c'étoit surtout en lui que les Anglais mettoient leur confiance; mais ceux-ci étoient épars dans les plaines de Normandie; à peine en comptoit-on mille à Rouen, et, dans les autres villes, ils étoient distribués par centaines, ou même par dizaines. Les Français, au contraire, arrivoient avec des forces très supérieures. Leurs capitaines étoient déjà las de la paix, et ils étoient venus en foule offrir leurs services au duc de Bretagne, tandis que Charles VII hésitoit encore. De même les Bourguignons accoururent se ranger sous les drapeaux de France; car le duc de Bourgogne, en protestant qu'il observeroit lui-même la neutralité, avoit ajouté qu'il ne gêneroit point ses sujets; et, en effet, Louis de Luxembourg, comte de Saint-Pol, en conduisit plus de huit cents en Normandie. (1)

On ne nous a point conservé la déclaration de guerre de Charles VII, et nous n'en savons pas la date; mais la surprise de Fougères n'étoit pas le seul grief qu'il alléguoit; il accusoit encore les Anglais d'avoir attaqué ses alliés les rois d'Écosse et de Castille, et d'avoir suscité les gens mas-

(1) Matth. de Coucy, c. 34, p. 163.

qués, les *faux visages*, qui avoient commis beaucoup de brigandages sur la route de Paris (1). Le 20 juillet, lendemain de la surprise de Verneuil, le comte de Dunois arriva dans cette ville, où il prit le titre de lieutenant-général des armées du roi; il y commença les hostilités au nom du gouvernement, et non plus comme chef de partisans, par l'attaque de la Tour Grise, forteresse de Verneuil qui se défendoit encore. Talbot fit bien un mouvement pour la secourir, mais averti que le comte de Saint-Pol s'avançoit d'un autre côté contre Rouen, il se hâta de revenir vers la capitale de la Normandie, et les assiégés de la Tour de Verneuil furent contraints à capituler.

Saint-Pol ayant passé la Seine au Pont-de-l'Arche, se réunit à Dunois, qui avoit alors sous ses ordres trois mille combattans. Charles VII assembloit en même temps une seconde armée sur la Loire; mais il ne s'avançoit que lentement pour prendre possession des conquêtes faites par ses lieutenans, plutôt que pour contribuer à en faire lui-même. Le 6 août il étoit encore à Amboise, d'où il se dirigea sur Vendôme, tandis que, le 8 août, Dunois marcha d'Évreux sur Pont-Audemer avec l'armée d'expédition, de

(1) Mém. de Jacq. du Clercq, T. XII, c. 6, p. 14. — Matth. de Coucy. T. X, c. 31, p. 146. — J. Chartier, p. 142. — Berry, p. 434.

manière à couper en deux la Normandie, et à interrompre toute communication entre Caen, qu'il laissoit à sa gauche, et Rouen à sa droite. Pont-Audemer fut attaqué le 12 août, et pris d'assaut le jour même; quatre cent vingt Anglais y furent faits prisonniers (1). Lisieux, que Dunois comptoit attaquer ensuite, n'attendit pas qu'il y mît le siége, et envoya son évêque porter sa soumission au lieutenant de Charles VII. Mantes se soumit de même; Vernon fut assiégé le 17 août, et se rendit le 19; puis Gournay. Pendant ce temps, Charles VII avançoit paisiblement, et faisoit son entrée solennelle à Verneuil, à Évreux, à Louviers. Dunois, dans tout le mois de septembre, continua à soumettre les villes ou châteaux du centre et de l'est de la Normandie, Harcourt, Chambrois, Neufchâtel, Essay, la Roche-Guyon; tandis que le duc de Bretagne pressoit la même province du côté de l'ouest, et s'emparoit de Saint-Lô et de Coutances, et que le duc d'Alençon, au midi, rentroit, secondé par la bourgeoisie, dans la ville dont il portoit le nom. (2)

Vers la fin de septembre, le roi René, avec

---

(1) Jacq. du Clercq, c. 8, p. 17. — Matth. de Coucy, c. 34, p. 167. — J. Chartier, p. 145. — Berry, p. 437. — Amelgardus. L. IV, c. 16, f. 102.

(2) Jacq. du Clercq, c. 13. p. 26. — Matth. de Coucy, c. 36, p. 181. — Amelgardus. L. IV, c. 17, f. 104.

son frère le comte du Maine, et beaucoup de grands seigneurs, vinrent rejoindre le roi à Louviers. Charles fit alors mettre le siége devant Château-Gaillard, tandis que Pierre de Brezé recevoit la capitulation de Gisors. Dans toute la Normandie, les Anglois étaient frappés de terreur, d'autant que les bourgeois ne dissimuloient plus les vœux qu'ils faisoient pour le roi de France. Charles jugea le moment venu d'attaquer la capitale de la province; il rappela à lui les comtes de Dunois, d'Eu et de Saint-Pol; il établit son quartier au Pont-de-l'Arche, et il envoya ses hérauts d'armes sommer Rouen. Les Anglais ne voulurent point les laisser entrer dans la ville, de crainte que le peuple ne se soulevât à leur vue ; mais malgré leurs précautions pour cacher aux bourgeois la connoissance de ce qui se passoit, ceux-ci prirent les armes le 16 octobre, s'emparèrent de deux tours, et firent demander au roi de leur envoyer du secours. Dunois arriva devant les murailles de Rouen, et y dressa ses échelles; il étoit trop tard cependant, le vaillant Talbot avoit repris les deux tours, et il repoussa l'escalade. Mais les Anglais n'en sentirent pas moins qu'il étoit impossible de défendre, malgré elle, une si grande ville. Le lendemain, 17 octobre, ils firent demander des sauf-conduit pour négocier. Dunois, le chancelier, et quelques autres, les reçurent à Saint-Ouen. L'archevêque de Rouen y accompagna les commissaires anglais pour traiter au nom du clergé, de la noblesse et de la bourgeoisie. A son retour, le 18 octobre, il annonça à l'Hôtel-de-Ville qu'il avoit promis que Rouen ouvriroit ses portes au roi de France, que toutes les personnes et les propriétés seroient respectées, et que quiconque voudroit se retirer pourroit le faire. Les commissaires anglais ne s'étoient point autant avancés dans leurs promesses, mais la fermentation de la ville ne permettoit déjà plus de délibérer. (1)

Le dimanche matin, 19 octobre, tous les bourgeois prirent les armes, et les Anglais furent obligés de se renfermer au Palais. Ils évacuèrent Sainte-Catherine-du-Mont, forteresse aux portes de la ville où le roi vint se loger; mais ils faisoient encore bonne contenance dans le château ou palais où Sommerset et Talbot étoient entourés d'un grand nombre de capitaines et de soldats; cependant ils sentoient bien l'impossibilité d'y soutenir un long siége, et le danger croissant de leur situation. Le duc de Sommerset demanda donc de pouvoir parler au roi. Le plus grand mérite de Charles VII fut peut-être d'avoir ap-

(1) Mém. de J. du Clercq, c. 17 et 18, p. 35 et 37. — Matth. de Coucy, c. 37, p. 186. — J. Chartier, p. 171. — Berry, p. 441. — Amelgardus. L. IV, c. 20, f. 111.

porté dans la pratique de la guerre une douceur, une courtoisie, des égards pour les vaincus, dont la génération précédente ne lui avoit point laissé d'exemple. Pendant ce temps, ses troupes étoient entrées dans Rouen, mais il les avoit maintenues dans une si bonne discipline, que cette entrée n'avoit été marquée par aucune violence, par aucun pillage. Il reçut gracieusement la demande du duc de Sommerset, et il lui envoya ses hérauts d'armes, qui le conduisirent à Sainte-Catherine-du-Mont, où le roi avoit son quartier. « Charles VII, nous dit
« Jacques du Clercq, avoit en sa compagnie le
« roi de Sicile, le comte du Maine et plusieurs
« autres seigneurs de son sang; le patriarche
« d'Antioche, l'archevêque de Rouen et plu-
« sieurs autres prélats. Après que le duc eut
« salué et fait la révérence au roi de France, il
« lui pria qu'il lui plût que lui, le sieur de Talbot
« et autres Anglais s'en pussent aller sûrement,
« jouissant de l'absolution, ainsi que ceux de
« Rouen l'avoient fait, et avoit été ordonné et
« accepté par son grand conseil. Le roi de France
« répondit que la requête n'étoit point raison-
« nable, et qu'il n'en feroit rien; car ils n'avoient
« voulu tenir le traité, appointement et absolu-
« tion dites, ne rendre le Palais et le châtel; ains
« les avoient tenus et encore tenoient contre sa
« puissance, son gré et volonté; et si n'avoient

« voulu consentir que ceux de Rouen lui ren-
« dissent sa ville, mais résisté à leur pouvoir.
« Et pour ces causes, devant qu'ils partissent
« du Palais, lui rendroient Honfleur, Harfleur
« et toutes les places du camp étant ès mains du
« roi d'Angleterre. Sur ces paroles, le duc s'en
« retourna au palais, regardant parmi les rues
« tout le peuple portant la croix blanche, dont
« il n'étoit pas joyeux. Et fut convoyé par les
« comtes de Clermont et d'Eu. » (1)

Le roi fit immédiatement approcher l'artillerie pour commencer le siége du Palais : cependant Sommerset ayant demandé de nouveau à traiter, il consentit par courtoisie à suspendre les hostilités, et l'armistice se prolongea autant que les négociations, c'est-à-dire pendant douze jours. Enfin Sommerset promit de faire évacuer les places d'Arques, Caudebec, Moustier-Villier, Lillebonne, Tancarville et Honfleur; de payer de plus cinquante mille écus pour sa rançon, celle de sa femme, de ses enfans, de ses biens, et de tous les Anglais enfermés au château avec lui, qui, comme lui, auroient la liberté de se retirer en Angleterre. Talbot devoit demeurer en otage aux mains des Français jusqu'à ce que l'évacuation des places promises fût effectuée ; d'autres otages devoient garantir le paiement soit

(1) Mém. de Jacq. du Clercq, c. 18, p. 41.

des cinquante mille écus, soit des dettes privées que les Anglais laissoient à Rouen. A ces conditions, Sommerset avec ses Anglais sortit de Rouen pour se rendre à Harfleur, d'où il passa ensuite à Caen. Le 20 novembre, Charles VII fit son entrée solennelle dans la capitale de la Normandie. Le roi de Sicile, le comte du Maine, Dunois, Brezé, et beaucoup de grands seigneurs formoient son cortége. Le roi confirma la coutume de Normandie, la charte aux Normands, et tous les priviléges de la ville de Rouen, et il s'occupa activement d'y faire arriver des vivres, dont les bourgeois avoient un grand besoin. La convention signée par le duc de Sommerset fut exécutée par la plupart des commandans de place, qui ouvrirent leurs portes aux Français. Celui d'Honfleur cependant se refusa à livrer cette forteresse, et Talbot en conséquence demeura prisonnier du roi de France. (1)

Pendant le même temps, d'autres armées pressoient également les Anglais. Le duc de Bretagne, dirigé par son oncle, le connétable de Richemont, étoit entré avec environ huit mille combattans dans la Basse-Normandie et le Co-

(1) Mém. de Jacq. du Clercq, c. 19 et 20, p. 42-44.—Matth. de Coucy, c. 37, p. 186-215 — Confirmation des priviléges de Normandie. Ordonn. de France. T. XIV, p. 75. — J. Chartier, p. 176. — Berry, p. 443. — Amelgardus. L. IV, c. 21, f. 113.

tentin. Il avoit pris successivement Gournay, Thorigny, Reneville, la Haie-du-Puis et Valogne. Il assiégea pendant un mois Fougères, qui se rendit enfin, et l'Aragonais François de Surienne, qui, par la surprise de cette place, avoit donné occasion à la guerre, quitta le service anglais pour passer à celui de France (1). D'autre part, dès le mois de septembre, les comtes de Foix, de Comminges et d'Astarac, le vicomte de Lautrec, et beaucoup de barons et de chevaliers du pied des Pyrénées, avec cent vingt lances et dix mille arbalêtriers, avoient attaqué le Bordelais, et mis le siége devant le château de Mauléon. Le roi de Navarre, beau-père du comte de Foix, sous la sauvegarde duquel les Anglais avoient mis Mauléon, et probablement tout le Bordelais, s'approcha bien, avec six mille combattans, jusqu'à deux lieues de cette forteresse, pour la délivrer; mais il se contenta d'avoir quelques pourparlers avec son gendre, et celui-ci lui ayant déclaré que, d'après les ordres du roi de France son souverain, il ne pouvoit se dispenser de poursuivre ses conquêtes sur les Anglais, le roi de Navarre se retira, sans commettre d'hostilités, et Mauléon capitula. (2)

1449.

(1) J. du Clercq, c. 21, p. 51. — Matth. de Coucy, c. 35, p. 175.
(2) Jacq. du Clercq, c. 14, p. 28. — Matth. de Coucy, c. 36, p. 181.

Les rapides succès obtenus dans cette courte campagne devoient sans doute être attribués en grande partie à l'incapacité de Henri VI, au ressentiment excité contre la reine et contre Suffolk, et à l'anarchie complète du gouvernement anglais. De son côté, le duc de Sommerset n'étoit pas exempt de blâme, et les Anglais, qui l'avoient vu à Rouen beaucoup plus occupé de sauver sa famille et ses richesses que la province confiée à son gouvernement, le jugeoient indigne de fonctions auxquelles étoit attachée une si haute responsabilité. Mais, d'autre part, les sages mesures adoptées par le conseil de Charles VII avoient secondé efficacement la fortune de ses armes; sur toutes choses, l'argent s'étoit toujours trouvé prêt pour la solde des gens de guerre, et l'obstacle qui avoit fait échouer jusqu'alors presque toutes les entreprises militaires n'avoit point arrêté les Français. C'étoit à Jacques Cœur qu'on en attribuoit tout le mérite. « Par le moyen de Jacques « Cœur, dit du Clercq, le roi avoit ainsi conquis « la Normandie, parce qu'il avoit prêté au roi « une partie des deniers pour payer ses gen- « darmes; laquelle armée eût été rompue ce « n'eût été icelui Jacques Cœur, lequel étoit « extrait de petite génération; mais il menoit « si grand fait de marchandise, que par tout « royaume avoit ses facteurs qui marchandoient « de ses deniers pour lui, et très tant que sans

« nombre ; et même en avoit plusieurs qui onc- « ques ne l'avoient vu. » (1)

L'activité de Charles s'augmentoit avec le succès. Dans sa jeunesse, il n'avoit pu se résigner à donner son attention aux affaires publiques, parce qu'elles ne lui présentoient que souffrance et décadence universelles ; depuis le commencement de ses prospérités, au contraire, la guerre et le gouvernement faisoient partie de ses plaisirs. A peine il donna un mois de repos à ses troupes après la soumission de Rouen ; puis il les remit en campagne, en chargeant les comtes de Dunois, d'Eu, de Clermont et de Nevers d'assiéger Harfleur. La ville fut investie le 8 décembre, et Charles vint s'établir à Montivillier, qui n'en est qu'à demi-lieue (2). On comptoit dans l'armée du roi six mille combattans à cheval et quatre mille francs-archers. Vingt-cinq vaisseaux gardoient l'embouchure de la Seine. Jean Bureau, trésorier, et son frère Gaspard, grand-maître de l'artillerie, établirent devant Harfleur une batterie de seize bombardes, qui força bientôt les Anglais à capituler, quoiqu'ils fussent au nombre de seize cents combattans dans la place. Leur traité fut signé le 24 décembre, et dans les journées du 3 et du 4 janvier ils s'embarquèrent pour

1449.

1450.

---

(1) J. du Clercq. c. 20, p. 49.
(2) J. du Clercq, c. 22, p. 52 — J. Chartier, p. 187.
— Amelgardus. L. IV, c. 22, f. 114.

retourner en Angleterre. Charles VII avoit fait venir au camp, pour être témoin de ce siége, Jean Chartier, chantre de Saint-Denis, qu'il avoit nommé chroniqueur de France, et chargé de continuer les grandes chroniques de Saint-Denis. (1)

Charles résolut ensuite de faire assiéger également Honfleur, afin d'être maître des deux rives de la Seine ; dans ce but, il vint loger à l'abbaye de Jumièges, à cinq lieues au-dessous de Rouen, tandis qu'il fit passer la Seine à son armée, sur les ponts de Rouen, de Caudebec et de Tancarville ; mais Charles VII trouva à l'abbaye de Jumièges Agnès Sorel, qui étoit venue l'y rejoindre. La reine l'avoit reçue depuis cinq ans, et après la mort de la reine de Sicile, sa mère, au nombre de ses dames d'honneur : elle se soumettoit, comme toutes les femmes des princes dans ce siècle, à ce que son mari eût des galanteries ; timide, réservée et dépourvue d'ambition, elle se laissoit presque oublier. Cependant le luxe d'Agnès Sorel, la publicité de ses amours et de son crédit, et le bruit répandu qu'elle cherchoit elle-même de nouvelles maîtresses pour le roi, l'avoient choquée. Le dauphin, quelque relâchée que fût sa morale, avoit adopté les ressentimens de sa mère, et le public ne

---

(1) J. Chartier, p. 190. — Berry, roi d'armes, p. 447. — J. du Clercq, c. 22, p. 53.

croyant point alors qu'Agnès, comme on l'a dit depuis, eût inspiré à Charles son nouvel héroïsme, montroit pour cette intrigue une sévérité qu'il étend rarement jusqu'aux rois. On parut voir de mauvais œil surtout l'effronterie avec laquelle Agnès venoit rejoindre le roi dans une abbaye et aux yeux de toute son armée. Tout à coup la dame de Beauté, qui étoit grosse, tomba malade à Jumièges d'un flux de ventre, et y mourut le 9 février 1450. Elle avoit fait un testament par lequel elle disposoit d'environ soixante mille écus de legs, et elle avoit choisi pour ses exécuteurs testamentaires Jacques Cœur, argentier du roi, et deux autres personnes de sa maison. La rapidité de sa maladie, la jalousie de la reine, du dauphin, de ses partisans, et l'animosité du peuple, firent concevoir sur cette mort des soupçons que les courtisans de Charles VII ne tardèrent pas à exploiter. Mais auparavant, Jean Chartier, que Charles avoit appelé auprès de lui pour être son historiographe, eut ordre de détruire dans son histoire les bruits injurieux à la belle Agnès, qui circuloient à la cour. « Or j'ai trouvé, dit-il, tant par le récit de
« chevaliers, écuyers, conseillers, physiciens
« ou médecins et chirurgiens, comme par le
« rapport d'autres de divers états, examinés par
« serment, comme à mon office appartient, afin
« d'ôter et lever l'abus du peuple..... que pen-

« dant les cinq ans que la dite demoiselle a de-
« meuré avec la reine, oncques le roi ne délaissa
« de coucher avec sa femme, dont il a eu quan-
« tité de beaux enfans..... que quand le roi
« alloit voir les dames et damoiselles, mêmement
« en l'absence de la reine, ou qu'icelle belle
« Agnès les venoit voir, il y avoit toujours
« grande quantité de gens présens, qui oncques
« ne la virent toucher par le roi au-dessous du
« menton..... et que si aucune chose..... elle
« a commise avec le roi, dont on ne se soit pu
« apercevoir, cela auroit été fait très cauteleu-
« sement et en cachette, elle étant encore alors
« au service de la reine de Sicile. » (1)

Quelque chagrin qu'éprouvât Charles VII de la mort de son amie, il recommença bientôt à s'occuper de la guerre qu'il faisoit aux Anglais. Le 17 janvier, le comte de Dunois avoit mis le siége devant Honfleur. Le roi quittant Jumièges vint se loger à l'abbaye de Grestain, à deux lieues de cette ville. Curson commandoit la garnison anglaise, qui ne comptoit que trois ou quatre cents hommes; il fit demander des secours au duc de Sommerset, qui étoit alors à Caen, mais ne pouvant en obtenir, il capitula le 18 février. De là le roi revint à Alençon, et fit en même temps assiéger Fresnay, petite

---

(1) J. Chartier, p. 190, 191.

place entre Alençon et le Mans, qui capitula le 22 mars. (1)

Cependant, vers la fin de mars, Thomas Kyriel, chevalier de grande renommée, vint débarquer à Cherbourg avec trois mille Anglais; l'indignation que causoit au peuple anglais la perte de la Normandie avoit réveillé momentanément le gouvernement de Henri VI; Kyriel marcha droit à Valogne, dont il entreprit le siége; il appela en même temps à lui tous les Anglais dispersés dans la Basse-Normandie: Robert Veer lui amena de Caen six cents combattans; Matthieu Gough, célèbre dans les chroniques du temps sous le nom de Mathago, lui en amena huit cents de Bayeux, et Henry Norbury quatre cents de Vire; Kyriel, se trouvant ainsi à la tête de cinq ou six mille hommes, pressa si bien le siége de Valogne, que la ville se rendit à lui le 12 avril. (2)

Sur la nouvelle de la descente des Anglais, Charles VII avoit envoyé contre eux son gendre Jean II comte de Clermont, fils du duc de Bourbon; ce comte, avec le peu de monde qu'il avoit pu rassembler, se jeta dans Carentan, mais il ne se trouva pas assez fort pour faire lever le siége de

---

(1) J. Chartier, p. 194. — Berry, p. 449. — Jacq. du Clercq, c. 23, p. 55.

(2) J. Chartier, p. 195. — Matth. de Coucy, c. 41, p. 249.

Valogne (1). D'autre part, le connétable comte de Richemont étoit arrivé à Saint-Lô avec une partie de l'armée bretonne, le reste lui avoit manqué par la jalousie du duc François Ier, qui voyant dans son oncle Richemont un protecteur de son frère Gilles, l'homme qu'il haïssoit le plus, lui avoit ôté une partie de ses gendarmes (2). Kyriel se trouvant maître de presque toute la presqu'île du Cotentin, voulut ramener sa petite armée au duc de Sommerset à Caen, ou le rejoindre à Bayeux. Pour arriver à cette dernière ville, il falloit passer entre Carentan, qu'occupoit le comte de Clermont, et la mer, et traverser à gué, sur une grève dangereuse, les petites rivières qui se jettent dans la mer. Toutefois le comte de Clermont n'essaya point de lui disputer le passage, mais il le suivit le long du rivage, sur la route de Bayeux, jusqu'à Fourmigny, dépêchant en même temps un courrier au connétable, pour l'engager à venir le rejoindre. Celui-ci partit de Saint-Lô, le mardi 14 avril à trois heures du matin, et vint coucher à Trenières; le mercredi 15 avril il commença à paroître sur les hauteurs que les Anglais avoient à leur droite, près d'un moulin à vent, au moment où le comte de Clermont les attaquoit en queue à Fourmigny, et

---

(1) Matth. de Coucy, p. 250.
(2) Mém. de Richemont, p. 394. — Lobineau, Hist. de Bretagne. L. XVII, p. 640.

les forçoit à faire volte-face. Les deux armées françaises ne s'étoient point encore mises en communication l'une avec l'autre, et chacune étoit inférieure en force à l'armée anglaise; une fois réunies elles lui auroient été fort supérieures. Les Anglais, couverts par un ruisseau, par des jardins et des vergers entourés de murs, occupoient une forte position qu'ils avoient rendue meilleure encore par quelques travaux faits à la hâte : d'ailleurs ils se confioient dans leur valeur obstinée, que confirmoit le souvenir de leurs anciennes victoires, et la persuasion que les Français n'étoient point leurs égaux en bravoure. Le comte de Clermont fit approcher d'eux, sous la protection de soixante lances et d'un corps de francs-archers, une batterie de coulevrines, qui les incommoda fort. Les Anglais s'élancèrent de leurs retranchemens, chassèrent les Français et s'emparèrent des coulevrines ; mais dans ce moment ils virent descendre sur eux l'armée du connétable, qui avoit commencé à couronner les hauteurs ; ils durent alors se retirer, abandonner une partie de leur position, et se concentrer plus près de Fourmigny. Ils défendirent cependant avec obstination le passage du ruisseau et du petit pont, par lequel les deux armées françaises pouvoient se réunir. Ce ne fut qu'au bout de trois heures que les Anglais se virent forcés de l'abandonner. En reculant, ils prirent une nouvelle position sur le grand chemin, et ils s'y défendirent de nouveau avec beaucoup de vaillance. Mais après avoir perdu plus de la moitié de ceux qui étoient en ligne au commencement de la journée, ils prirent enfin la fuite. Matthieu Gough, Robert Veer, et Henri Norbury arrivèrent à Bayeux avec une partie de leurs soldats, tandis que les hérauts d'armes français comptèrent sur le champ de bataille trois mille sept cent soixante-quatorze Anglais morts ou blessés, et que Thomas Kyriel, avec quarante-trois gentilshommes, demeura au nombre des prisonniers. Les mêmes hérauts d'armes assurèrent que la perte des Français avoit été très peu considérable. (1)

La bataille de Fourmigny décida du sort de la Normandie. Les Français la regardèrent comme un de leurs plus nobles exploits, et comme effaçant le souvenir des défaites de Crécy, Poitiers et Azincourt. Les Anglais, disséminés dans leurs garnisons, et partout inférieurs en nombre à ce qu'auroit demandé l'étendue des places qu'ils devoient défendre, perdirent cou-

---

(1) J. Chartier, p. 196-197. — Berry, p. 449. — Matth. de Coucy, c. 41, p. 250, 257. — Jacq. du Clercq, c. 24, p. 57-61. — Mém. de Richemont, p. 395-398. — Amelgardus. L. IV, c. 24, f. 116. — Lobineau, Hist. de Bretagne. L. XVII, p. 641. — D. Morice, Hist. de Bretagne. T. II. L. X, p. 29. — Rapin Thoyras. T. IV. L. XII, p. 328. — Hume. T. IV, c. 20, p. 165.

rage. Les troubles croissans du gouvernement de Henri VI, qui commençoit à voir de toutes parts des soulèvemens éclater contre lui, ne leur laissoient point espérer de secours de leur patrie. La ville de Vire, dont Norbury étoit gouverneur, ayant été attaquée la première par l'armée victorieuse, se rendit presque aussitôt; la garnison obtint la permission de se retirer à Caen. Le comte de Clermont vint ensuite mettre le siége devant Bayeux, et le connétable devant Avranches : Bayeux capitula le 16 mai; Matthieu Gough en sortit avec neuf cents combattans, et trois ou quatre cents femmes, pour se retirer à Cherbourg; Avranches et le fort de Tombelaine-en-Mer, se rendirent au connétable avant la fin de mai (1). Bricquebec et Valognes capitulèrent ensuite, puis Saint-Sauveur-le-Vicomte. Dans les capitulations de toutes ces villes on put remarquer, de la part des vainqueurs, un progrès de courtoisie et d'égards envers les vaincus. Enfin le connétable et le comte de Clermont vinrent, le 5 juin, mettre le siége devant Caen. Le comte de Dunois les joignit bientôt; et comme tous les gentilshommes vouloient avoir part à une campagne si glorieuse, l'armée à laquelle on les voyoit arriver de tous les côtés, se trouva forte de dix-sept cents lances, de sept

---

(1) J. Chartier, p. 202. — J. du Clercq, c. 25, p. 61. — D. Morice, Hist. de Bretagne. L. X, p. 30.

mille archers ou coutilliers à cheval, et de quatre mille francs-archers à pied. Le roi vint en prendre le commandement ; il se logea à l'abbaye d'Ardennes : le roi de Sicile, les ducs de Calabre et d'Alençon, les comtes du Maine, de Saint-Pol, de Tancarville, de Vaudemont, le vicomte de Lomagne, le baron de Traisnel chancelier de France, et tous les plus grands seigneurs du royaume vinrent s'y ranger sous les ordres du roi (1). Les Anglais se défendirent avec vaillance, mais leur nombre étoit trop disproportionné avec celui des assiégeans pour qu'ils pussent résister long-temps. Le 24 juin des brèches étoient ouvertes de toutes parts dans les murailles, et la ville n'auroit pu soutenir un assaut : le château étoit encore, il est vrai, susceptible d'une longue défense ; mais Sommerset, qui n'espéroit aucun secours, offrit de capituler. Charles VII lui accorda des conditions honorables ; il lui permit de se retirer en Angleterre, avec tous les Anglais qui se trouvoient à Caen, au nombre de quatre mille, avec leurs femmes, leurs enfans et leurs biens. La ville fut livrée au roi le 1er juillet, et il y fit son entrée solennelle le 6 du même mois. (2)

(1) J. Chartier, p. 205. — Jacq. du Clercq, c. 26 et 27, p. 65, 66.

(2) J. Chartier, p. 208. — J. du Clercq, c. 28, 29, p. 68-70. — Matth. de Coucy, c. 41, p. 258, et c. 43, p. 274. — Berry, p. 451-454. — Amelgardus. L. IV, c. 25. f. 118.

Le jour même où le roi faisoit son entrée à Caen, Xaintrailles mettoit le siége devant Falaise; le surlendemain le roi y arriva avec toute son armée; mais comme elle ne pouvoit prendre part tout entière à l'attaque de cette ville petite quoique forte, le comte de Richemont en détacha une partie pour investir Cherbourg. Henri VI avoit donné la seigneurie de Falaise au vaillant Talbot, qui étoit toujours prisonnier; ses lieutenans y commandoient quinze cents soldats d'élite; mais comme ils furent assurés qu'on ne leur enverroit aucun secours d'Angleterre, ils capitulèrent le 10 juillet, en faisant de la mise en liberté de Talbot une des conditions de la reddition de la place. Elle fut remise au roi le 21 juillet; Domfront ouvrit peu de jours après ses portes à Charles de Culant. (1)

Le siége de Cherbourg se prolongea un peu plus long-temps : la ville étoit très forte, la garnison étoit nombreuse, et s'il y avoit eu alors en Angleterre un gouvernement qui pût songer aux affaires publiques, il auroit été aisé de la secourir par mer. Les assiégés virent avec beaucoup d'étonnement les canonniers français dresser une de leurs batteries sur la grève, dans un lieu que les eaux de la mer couvroient deux fois par jour; à l'approche de la vague ils bouchoient

---

(1) J. Chartier, p. 211. — Amelgardus. L. IV, c. 26, f. 120.

la lumière et la bouche de leurs canons avec des peaux graisseuses, et dès que les eaux s'étoient retirées, ils revenoient à leurs pièces, et recommençoient le feu. Prégent de Coétivy amiral de France, et le Bourgeois bailli de Troyes, deux des bons capitaines de Charles VII, furent tués à ce siége. Cependant Thomas Gowel, commandant de Cherbourg, capitula le 22 août; il s'embarqua pour l'Angleterre avec tous ses soldats, tous ses biens, et son fils, que le duc de Sommerset avoit donné en otage et qu'il s'étoit fait rendre : on crut que l'envie de le délivrer avoit amolli son courage. Ainsi, un an et six jours après que Charles VII avoit commencé l'invasion de la Normandie, cette grande province étoit conquise en entier; toutes ses garnisons avoient été renvoyées en Angleterre, avec leurs armes et leurs bagages; et les Normands, au lieu d'avoir éprouvé les pillages et les actes de cruauté qui signaloient alors toutes les guerres, étoient reçus dans la famille française comme des enfans avec lesquels leurs frères s'empressent de partager tous les avantages de la maison paternelle. (1)

A peine la conquête de la Normandie étoit-elle terminée, que le roi résolut sans perdre de

(1) J. Chartier, p. 213, 214. — Berry, 455, 456. — Matth. de Coucy, c. 43, p. 285. — J. du Clercq, c. 31-35, p. 74-80. — Mém. de Richemont, p. 403. — Ord. de France, T. XIV, p. 90, 91, 93, 96.

temps d'entreprendre celle de la Guienne. Les circonstances étoient aussi favorables que possible; car l'Angleterre étoit réduite sous Henri VI, précisément au point où avoit été la France, sous Charles VI, après la bataille d'Azincourt. De même un roi imbécille occupoit le trône, sans savoir distinguer ses amis de ses ennemis; de même une reine étrangère, suspecte à la nation, et tout occupée de ses ressentimens privés, entretenoit autour d'elle un foyer d'intrigues : de même les princes du sang et les grands divisés, commençoient à se disputer le pouvoir à main armée, et songeoient à renverser un trône qui ne protégeoit plus la nation. Le parlement assemblé au commencement de l'année 1450 avoit dressé un acte d'accusation contre le duc de Suffolk, principal ministre et favori de la reine, acte dans lequel tous les revers que la couronne avoit éprouvés en France étoient mis à sa charge. Le parlement manifestoit en même temps la défiance de la nation contre Marguerite d'Anjou, dont le père, l'oncle et le frère, étoient alors même à l'armée qui conquéroit la Normandie sur les Anglais. La reine, pour soustraire Suffolk au ressentiment national, le fit enfermer à la Tour : elle le remit en liberté pendant le recès du parlement; mais dès qu'il s'assembla de nouveau elle se vit obligée à le condamner à un exil de cinq ans. Suffolk partit pour la France; mais ses

1450. ennemis dépêchèrent un navire pour courir après lui; il fut arrêté, ramené devant Douvres, et il y eut la tête tranchée le 2 mai, sur les bords d'une chaloupe, sans jugement, sous les yeux du capitaine qui l'avoit fait prisonnier. (1)

Ce supplice fut bientôt suivi par le soulèvement de John Cade dans le comté de Kent. Celui-ci étoit un aventurier, Irlandais de naissance, qui se donnoit pour John Mortimer, prince du sang, décapité au commencement de ce règne, auquel la couronne auroit dû appartenir. Cade se rendit maître de Londres le 4 juillet; il fit trancher la tête à lord Say, grand-trésorier de la couronne, tandis que le roi tout tremblant se retira au château de Kenilworth. Bientôt, cependant, l'archevêque de Cantorbéry et le chancelier, qui étoient restés maîtres de la Tour, trouvèrent moyen de brouiller Cade avec les bourgeois de Londres, et d'engager ceux-ci à accepter une amnistie, et à se dissiper. Ils mirent alors la tête de ce rebelle à prix, et Cade leur ayant été livré, fut exécuté le 15 juillet. (2)

(1) Jacq. du Clercq, Guerres d'Angl., c. 1, p. 119.—Matth. de Coucy, c. 42, p. 272.—Rapin Thoyras. T. IV, L. XII, p. 325.—Hume. T. IV, c. 21, p. 173.

(2) Jacq. du Clercq, Guerres d'Anglet. T. XII, c. 2, p. 121.—Rymer. T. XI, p. 275.—Rapin Thoyras. L. XII, p. 327, 328.—Hume, c. 21, p. 176.

Sur ces entrefaites, le duc de Somnerset revint de France; on l'accusoit universellement de la perte de la Normandie; les deux capitulations de Rouen et de Caen sembloient des preuves de sa pusillanimité. Le parlement, assemblé à Westminster au mois de novembre, le fit mettre à la Tour, et le peuple pilla son palais; mais dès que le parlement se sépara, Marguerite le fit remettre en liberté, l'appela au conseil, à la place que Suffolk avoit occupée, et ne songea plus qu'à se défendre avec son aide contre la haine du peuple, et contre l'ambition toujours plus suspecte du duc d'York, qui étoit encore gouverneur d'Irlande. (1)

Pendant que le gouvernement anglais étoit ainsi absolument désorganisé, les provinces qui lui obéissoient en France, entièrement abandonnées à elles-mêmes, ne recevant plus ni subsides, ni soldats, ni généraux, ne pouvoient faire un usage énergique même des ressources qui leur étoient laissées. Aucune mesure générale n'étoit prise pour la défense du pays, aucun ordre n'étoit donné, aucune armée ne s'assembloit; et chaque garnison, abandonnée à ses seules ressources, faisoit la guerre comme si elle n'avoit plus de relations avec le royaume dont elle déployoit toujours les drapeaux.

___

(1) Rapin Thoyras, p. 329.—Hume, 175.

1450.   Mais malgré l'avantage que de telles circonstances offroient à Charles VII, l'activité que déploya celui-ci, et qu'on auroit si peu pu prévoir d'après sa conduite passée, n'en étoit pas moins digne d'éloges. Il avoit eu soin d'entretenir la plus exacte discipline dans son armée; la solde des gens de guerre leur avoit été ponctuellement payée chaque mois; tout pillage, toute exaction avoient été soigneusement réprimés. Il laissa six cents lances avec leurs archers sous le commandement du connétable de Richemont, à la garde du duché de Normandie; et un mois après la prise de Cherbourg, il étoit déjà en marche avec le reste de son armée pour la faire entrer en Guienne. (1)

Charles VII, il est vrai, s'arrêta à Tours, où il passa l'hiver; mais son armée continuoit à traverser la France pour se rendre dans le midi. Il l'avoit mise sous les ordres de Jean de Penthièvre, comte de Périgord (2), auquel il avoit donné pour conseillers Charles de Culant, maréchal de France, Pothon de Xaintrailles, Saint-Belin, Joachim Rouhault, et Pierre de Louvain; Jean Bureau, trésorier de France, com-

---

(1) J. Chartier, p. 215. — Berry, p. 457, 458. — Jacq. du Clercq, c. 36, p. 81, et 37, p. 83. Ces trois historiens semblent s'être copiés l'un l'autre. — Matth. de Coucy, c. 46, p. 293.

(2) Les Penthièvre de la maison de Bretagne avoient acheté le Périgord du duc d'Orléans, durant sa captivité.

mandoit l'artillerie, devenue si redoutable entre ses mains et celles de son frère. Penthièvre, avec cinq ou six cents lances et un corps de francs-archers, avoit commission de chasser, avant l'hiver, les Anglais des bords de la Dordogne (1). Bergerac fut la première ville qu'il attaqua; elle capitula au mois d'octobre. Gensac fut pris d'assaut; Montferrant et Sainte-Foi, situées de même sur la Dordogne, se rendirent peu après; puis enfin la Roche-Chalais ouvrit ses portes, quoique défendue par une garnison de cinquante lances anglaises (2). En même temps les grands feudataires français de la Gascogne attaquèrent les Anglais au midi. Le sire d'Orval, troisième fils du sire d'Albret, étoit entré à Bazas, le 31 octobre, avec cinq cents combattans. Le lendemain, il les conduisit dans le Médoc pour le piller, et beaucoup d'aventuriers gascons se joignirent encore à eux. Le maire et la milice de Bordeaux se crurent insultés par cette irruption; ils s'avancèrent pour combattre Orval; mais au moment du choc des deux troupes, le jour même de la Toussaint, le cœur manqua au maire de Bordeaux; il s'enfuit des premiers, ses bourgeois furent mis en déroute; ils laissèrent beaucoup de morts sur le champ de bataille, et Orval leur enleva autant

(1) J. Chartier, p. 218.
(2) J. Chartier, p. 219.

de prisonniers qu'il comptoit de soldats dans son armée. (1)

Des deux parts les soldats passèrent ensuite l'hiver en repos dans leurs cantonnemens; mais, au printemps de 1451, de nombreux renforts furent dirigés par Charles VII vers la Dordogne, et, au commencement de mai, Dunois vint prendre le commandement de l'armée de Guienne, à laquelle il amena un nouveau renfort de quatre cents lances et trois mille francs-archers. Son frère, le comte d'Angoulême, étoit avec lui. Leur premier fait d'armes fut la prise du château de Montguyon, après huit jours de siége (2). Dunois se présenta ensuite, le 15 mai, devant Blayes, où il fut joint par Pierre de Beauvau, Saint-Belin, Chabannes, Joachim Rouhault, et beaucoup d'autres capitaines célèbres. Jean-le-Boursier, général des galères de France, remontoit en même temps la Gironde avec sa flotte; il chassa du port de Blayes cinq navires anglais qui se réfugièrent à Bordeaux. Bureau avoit ouvert ses batteries contre le corps de la place; il y fit plusieurs brèches, et, le 22 mai, la ville de Blayes fut prise d'assaut; les assiégés, qui

---

(1) J. Chartier, p. 220, 221. — Berry, p. 459. — Matth. de Coucy, c. 46, p. 289. — Jacq. du Clercq, c. 38, p. 86.

(2) J. Chartier, p. 222. — Berry, p. 459. — J. du Clercq, c. 39, p. 89. — Matth. de Coucy, c. 47, p. 297. — Amelgardus. L. V, c. 1, f. 123.

s'étoient retirés dans le château, capitulèrent le 24. Parmi eux se trouvèrent le maire et le sous-maire de Bordeaux, Pierre de Montferrand, souldich de l'Estrade, et le sire de l'Esparre, les plus puissans entre les seigneurs gascons attachés à l'Angleterre; ils commencèrent bientôt à entrer en négociations pour la soumission du reste de la province (1). Bourg, en effet, ouvrit ses portes dès le 29 mai. Pendant ce temps, les Français avoient formé quatre siéges à la fois : Dax, sur l'Adour, étoit assiégé par le sire d'Albret, le comte de Foix, huit cents lances, et quatre mille arbalétriers du pays; Rions, par le comte d'Armagnac et les sénéchaux du Languedoc; Fronsac, par Dunois; Castillon en Périgord enfin, par le comte de Penthièvre, qui, s'en étant rendu maître, ainsi que de Saint-Émilion, assiégea ensuite et prit Libourne le 2 juin. (2)

Vingt mille combattans étoient répartis entre ces quatre armées : de nouveaux renforts leur arrivoient de toutes parts; les compagnies d'ordonnance, les francs-archers, la noblesse, la nation tout entière étoit pleine d'ardeur. Chacun

(1) J. Chartier, p. 225. — Berry, p. 460. — J. du Clercq, c. 39, p. 90. — Matth. de Coucy, c. 47, p. 299. — Hist. de Languedoc. T. V. L. XXXV, p. 14. — J. Bouchet, Annales d'Aquitaine, f. 147. Édit. de Poitiers, 1557, petit in-fol.

(2) J. Chartier, p. 231. — Berry, p. 460. — J. du Clercq, c. 40, p. 93. — Matth. de Coucy, c. 47, p. 302.

1451. vouloit contribuer à achever de chasser les Anglais de France, chacun vouloit prendre part à une aussi glorieuse expédition, tandis que, au contraire, les Bordelais étoient complétement découragés. Depuis des siècles ils appartenoient à l'Angleterre; leur commerce avoit fleuri sous la protection de cette couronne, leurs priviléges avoient été passablement respectés; ils payoient peu d'impôts, et les libertés des villes ou les juridictions des barons étoient rarement troublées par les officiers du roi d'Angleterre. Mais, quoique les Gascons jouissent d'une liberté locale, ils sentoient qu'ils étoient sans influence sur le gouvernement de leur pays, sans crédit à Londres, où le peuple les traitoit en étrangers, et les regardoit avec jalousie; sans espoir d'opérer d'utiles réformes dans leur province même, où la justice étoit mal observée, et où tous les crimes des gens puissans demeuroient impunis. Ils n'étoient donc nullement disposés à faire des efforts héroïques pour demeurer attachés à l'Angleterre. D'ailleurs ils étoient bien avertis que tout s'y préparoit déjà à la guerre civile entre la reine et le duc d'York; ils n'avoient avec eux que peu d'Anglais pour les défendre, et ils ne devoient point s'attendre à en voir arriver d'autres.

Aussi des négociations furent-elles entamées dès le commencement de juin, pour réduire toute la province sous l'obéissance du roi de

France. Dunois nomma, pour traiter avec les députés de Bordeaux, des villes assiégées et des seigneurs de Gascogne, Antoine de Chabannes, grand-maître d'hôtel du roi, Thebaldo Valperga, bailli de Lyon, Jean Bureau, trésorier, et Jean Boursier, général des galères. Ces commissaires montrèrent la plus grande condescendance aux désirs des Gascons; ils s'empressèrent de confirmer, d'amplifier leurs priviléges; loin d'être mus par l'avidité du pillage, ils ne demandoient ni taxe de guerre aux villes, ni rançon aux personnages de marque qui y étoient renfermés; au contraire, ils ne violentoient pas même les inclinations de ceux qui ne pouvoient encore se déterminer à devenir Français; ils accordèrent six mois ou un an aux marchands qui voudroient émigrer, pour terminer leurs affaires et emporter leur fortune : ils permirent aux gentilshommes qui ne voudroient pas prêter serment au roi de transmettre leurs fiefs à ceux de leurs enfans qui consentiroient à devenir bons Français; enfin ils s'engagèrent à ce que le comte de Dunois tînt journée devant les diverses villes assiégées, mais dans un terme très court, pour donner une chance à l'armée anglaise qui étoit peut-être envoyée par leur souverain pour les délivrer.

D'après ces bases, la capitulation de Fronsac fut signée le 5 juin, et celle de Bordeaux le 12. Dunois devoit tenir sa journée le mardi 15 juin devant la première de ces places, que les Anglais regardoient comme la clé de la Guienne, et le 23 juin devant la seconde; si une armée anglaise en état de le combattre ne se présentoit pas, elles devoient lui être livrées. Les places de Vaires, Rions, Saint-Macaire, Blagnac, Castillon de Périgord et Dax, furent livrées aux Français pour sûreté de ces capitulations. En passant sous la domination française, Bordeaux devoit obtenir l'établissement d'une cour souveraine ou d'un parlement dans ses murs, et d'un hôtel des monnoies (1). Un autre traité fut signé le 13 juin, avec le captal de Buch, de la maison de Foix, et son fils le sire de Candale, pour mettre leurs fiefs sous la main du roi. Le captal de Buch, le plus grand seigneur de la Guienne anglaise, étoit décoré de l'ordre de la Jarretière, et ne vouloit pas abandonner le parti anglais; il transmit en conséquence tous ses fiefs à son petit-fils, âgé seulement de trois ans, qui devoit être élevé par le comte de Foix dans l'attachement à la France; d'autres traités de même nature furent signés avec Bernard de Montferrand, qui portoit le titre demi-arabe de Souldich de l'Estrade, et avec les sires de Langoran, de Rosan et de Duras. (2)

(1) J. Chartier, p. 232-236. — Berry, p. 460, 461. — J. du Clercq. c. 41, p. 96. — M. de Coucy, c. 47, p. 304.

(2) J. Chartier, p. 242-245.

A la fin de la journée du mercredi 23 juin, le héraut d'armes de Bordeaux appela à haute voix *secours de ceux d'Angleterre pour ceux de Bordeaux;* mais comme personne ne répondit, il ouvrit la ville aux Français. Le comte de Dunois y fit son entrée solennelle, accompagné de toute la noblesse et de la gendarmerie; mais les francs-archers n'eurent point permission d'entrer dans la ville, de peur qu'ils n'y commissent quelque désordre, et un soldat français fut puni sévèrement pour avoir insulté un bourgeois. Dunois confirma par serment les priviléges de la province, après quoi les Bordelais prêtèrent serment d'allégeance au roi de France (1). Le comte de Clermont, sous la surveillance d'Olivier de Coétivy, fut nommé gouverneur de Bordeaux.

Toutes les villes de la Guienne se trouvoient comprises dans la capitulation de Bordeaux, et elles ouvrirent sans difficulté leurs portes aux Français, à la réserve de Bayonne. Les bourgeois de cette ville, très dévoués à l'Angleterre, déclarèrent que les Bordelais n'avoient rien pu stipuler pour eux, et Charles VII, qui s'étoit avancé jusqu'à Taillebourg, envoya aux comtes de Dunois et de Foix l'ordre de les investir, après avoir donné un repos de six semaines à leur armée. Ils tracèrent leur camp devant cette ville

---

(1) J. Chartier, p. 247. — Berry, p. 462. — J. du Clercq, c. 42; p. 99. — M. de Coucy, c. 48, p. 306.

le 6 août 1451 ; leur armée comptoit alors seulement quatre cents lances d'ordonnance, et un nombre égal de la troupe féodale des gentilshommes. Gaspard Bureau commandoit l'artillerie, et Tristan l'Ermite, qui plus tard acquit une triste célébrité, et qui avoit été fait chevalier peu de semaines auparavant, y étoit revêtu de l'office de prévôt des maréchaux (1). Le roi de Castille enfin y avoit envoyé des vaisseaux biscayens pour fermer l'embouchure de l'Adour.

Les bourgeois de Bayonne brûlèrent eux-mêmes leurs faubourgs, et se présentèrent avec vaillance au combat ; mais chaque jour les assiégeans recevoient des renforts, tandis que tout espoir de secours étoit ôté aux assiégés, et, le 18 août, une brèche étant ouverte, ils commencèrent à parlementer. Dunois, pour les punir de leur opiniâtreté, leur imposa des conditions plus sévères qu'aux autres villes du midi. Il exigea que leur commandant, Jean de Beaumont, frère du connétable de Navarre, demeurât prisonnier du roi, avec tous les gens de guerre, et que les bourgeois lui payassent quarante mille écus comme contribution de guerre. A ces conditions, Bayonne, la dernière place que les Anglais occupassent en France, à la réserve de Ca-

(1) Son office, selon le roi d'armes Berry, étoit de distribuer les vivres aux soldats, et de tenir la justice. — Berry, p. 464. — J. Chartier, p. 253. — J. du Clercq, c. 43, p. 107.

lais, ouvrit ses portes aux troupes de Charles VII le samedi 21 août 1451; et le monarque, pour que les vaincus eux-mêmes pussent se réjouir de ce dernier et glorieux succès, accorda aux habitans de Bayonne la remise de la moitié de la contribution de guerre qu'ils avoient promis de payer. (1)

(1) J. Chartier, p. 255-257. — Berry, p. 465. — J. du Clercq, c. 44, p. 110. — M. de Coucy, c. 49, p. 311.

CHAPITRE X.

Malheurs de Giles de Bretagne et de Jacques Cœur. — Révolte et seconde conquête de la Guienne. — Révolte des Gantois contre le duc de Bourgogne, et leur soumission. — Prise de Constantinople. — Projets de croisade contre les Turcs. — 1450-1454.

Depuis le règne de Philippe-Auguste, ou depuis près de deux cent cinquante ans, les Français n'avoient point vu de période plus glorieuse pour leurs armes que celle qui venoit de se terminer : elle les relevoit d'une oppression qui avoit duré près de cent ans; car, à dater de la bataille de Crécy en 1346, ils avoient été presque sans relâche insultés, ravagés et humiliés par les Anglais. Ils ne les avoient jamais rencontrés à nombre égal en rase campagne sans être battus; ils avoient perdu successivement leurs meilleures villes, leurs provinces, et enfin leur capitale; et ils n'avoient obtenu quelques suspensions d'hostilités que par des traités honteux. Mais enfin, sans le savoir, sans le vouloir, ils s'étoient vengés de l'Angleterre par le plus humiliant de tous ces traités, celui de Troyes. C'étoit la race des Valois qui, depuis qu'elle régnoit sur eux, avoit, par son incapacité, son orgueil et ses vices, causé tous leurs désastres, et le traité de Troyes avoit donné à leur superbe et cruel vainqueur une femme de cette race. Celle-ci, en mêlant au sang de Lancaster le sang de Charles VI, lui avoit communiqué sa déplorable incapacité. Le petit-fils du monarque fou avoit été un monarque imbécille. Dès-lors les favoris et les femmes l'avoient dominé ; la discorde avoit régné dans ses conseils, une fermentation toujours croissante s'étoit manifestée parmi son peuple, les princes de son sang avoient ébranlé son trône, et se préparoient à le renverser ; le gouvernement des provinces conquises en France avoit été confié à des mains inhabiles ; les recrues et la solde avoient manqué aux garnisons, dans le temps même où l'orgueil royal, ce même orgueil qui avoit perdu les Valois, provoquoit le renouvellement des hostilités, et se refusoit à toute réparation des offenses qu'il avoit imprudemment données. Henri VI avoit alors trente ans, et il avoit montré combien un roi dans toute la vigueur de l'âge, mais sans talent et sans caractère, peut énerver une nation. Dans deux seules campagnes il avoit reperdu ce que cent ans de victoire avoient donné à ses ancêtres, une étendue de pays égale au tiers de l'Angleterre, couverte de forteresses et d'une population belliqueuse, qui lui avoit voué un attachement héréditaire. Il ne lui restoit plus sur le continent que la seule ville de Calais, la première des conquêtes, après la bataille de Crécy, d'Édouard III, son trisaïeul.

Charles VII a dû au recouvrement de son royaume sur les Anglais le surnom de *Charles-le-Victorieux*. Il ne fut point, en effet, étranger à ces dernières victoires; son activité inattendue, le bon choix de ses généraux, et l'ordre rétabli dans ses finances, lui firent tirer le parti le plus avantageux de l'imbécillité de son rival, qui étoit aussi son neveu. La mauvaise fortune de la maison de France sembloit s'être épuisée dans Charles VI, et l'héritage de la folie, qui presque toujours passe à quelqu'un des enfans, avoit été dévolu en entier au fils de sa fille. On pouvoit cependant reconnoître entre l'oncle et le neveu une grande ressemblance de famille. Dans l'un et dans l'autre on trouvoit de la bonté jointe à une extrême nonchalance, à de l'incapacité pour les affaires, au besoin d'être dominé, à la foiblesse d'âme qui livroit le monarque à un favori; et celui-ci n'étoit pas même l'objet d'un goût vif ou d'un choix réfléchi; un hasard de cour le plaçoit auprès du monarque qu'il dominoit, et qui lui obéissoit par habitude, jusqu'à ce qu'un autre hasard le renversât. Le malheur cependant avoit formé les Français dans la carrière civile comme dans la militaire; de plus grands talens, durant cette dernière période, s'étoient développés chez eux que chez leurs rivaux, et les favoris de Charles avoient triomphé de ceux de Henri.

La conquête de la Normandie et de la Guienne fut suivie de la concession de beaucoup de priviléges aux habitans de ces deux provinces, ou de la confirmation de ceux dont elles jouissoient anciennement. Charles, devenu fort jaloux de son autorité, et craignant d'autant plus les résistances nationales, qu'il s'abandonnoit plus habituellement à ses favoris, se proposoit de ne plus assembler d'États-Généraux; il avoit senti, dans ceux de 1439, un pouvoir supérieur au sien, et quoique ce pouvoir eût alors secondé ses projets, il étoit résolu à ne jamais plus lui donner l'occasion de se connoître soi-même. Comme transition à la suppression absolue des assemblées nationales, il jugea convenable d'accoutumer les provinces à n'être représentées que par des États provinciaux. Il confirma donc la charte aux Normands, accordée par Louis X le 22 juillet 1315, en vertu de laquelle la Normandie ne pouvoit être taxée que par les trois États de la province; et nous avons en effet un monument de l'assemblée de ces États en 1457 (1). Il con-

(1) Préface du T. XIV des Ordonnances, p. 10.

firma un privilége semblable dont la Guienne étoit en jouissance, et il promit de ne faire battre monnoie dans cette province que *par l'avis et délibération des trois États de Guienne ;* enfin il continua à assembler de temps en temps les trois États de Languedoc. Les autres priviléges qu'il accorda à cette époque aux villes qu'il avoit reconquises, et dont on trouve vingt-un dans le recueil des ordonnances, se bornoient à l'abolition des offenses que leurs habitans pouvoient avoir faites à la couronne, la garantie de leurs propriétés, la confirmation de leurs offices civils et ecclésiastiques, de leurs magistratures municipales, de leurs corps de métier, et de quelques revenus propres à chaque ville. (1)

Mais l'interruption des assemblées nationales, la suppression de toute voix qui pût révéler les abus du pouvoir, et la substitution du bon plaisir d'un monarque absolu aux garanties qu'auroient pu donner soit les États-Généraux, soit des tribunaux librement constitués, portoient déjà de funestes fruits. On pouvoit reconnoître qu'il n'y avoit plus de droit, autre que le caprice de Charles manifesté entre ses courtisans, quand on voyoit la destruction de toute sécurité pour tout sujet français, depuis les situations les plus humbles jusqu'aux plus élevées.

(1) Dans le T. XIV des Ordonnances de France, p. 159 à 187.

La funeste histoire de Giles de Bretagne, fils d'une sœur de Charles VII, qui depuis huit ans occupoit sourdement les esprits, et qui se termina en 1450, fit plus que toute autre sentir aux plus hauts personnages du royaume que leur vie étoit à la merci d'un pouvoir despotique. Cependant ce ne fut pas, dans ce cas, le roi qui abusa de son autorité ; le crime fut commis dans une province qui relevoit à peine de la France, et par un souverain feudataire que Charles VII étoit obligé de traiter en allié plutôt qu'en vassal.

Le duc Jean V de Bretagne, qui étoit mort le 28 août 1442 dans son manoir de la Touche, près de Nantes, avoit réussi, durant un règne de quarante-trois ans, à se maintenir presque constamment en paix avec la France et l'Angleterre ; il étoit beau-frère de Charles VII, tandis que sa mère avoit épousé en secondes noces Henri IV d'Angleterre ; et ces alliances avoient contribué à sa sécurité : il avoit tour à tour reconnu Charles VII et Henri VI pour rois de France, et l'un et l'autre avoit senti la nécessité de le ménager, pour qu'il ne passât pas au parti de son rival (1). Jean V avoit laissé trois fils : François, qui lui succéda, et qui étoit alors âgé de trente-deux ans ; Pierre et Giles. Ce dernier

(1) D. Lobineau, Hist. de Bretagne. L. XVII, p. 620. — D. Morice. T. I. L. IX, p. 541.

avoit été élevé en Angleterre : l'intention de son père avoit été de lui faire recouvrer le comté de Richmont, que les cadets de Bretagne avoient tenu long-temps des rois d'Angleterre, et François, à son avénement à la couronne ducale de Bretagne, avoit envoyé son frère Giles à Londres pour se concilier l'amitié de Henri VI (1). La Bretagne, sous le règne de François Ier comme sous celui de Jean V, n'étoit point encore franchement décidée entre les deux monarques qui se disoient rois de France. La question de savoir si elle étoit un fief ou un arrière-fief de la couronne, si elle relevoit ou non des ducs de Normandie, se présentoit à chaque négociation pour la paix, et, dans les diverses trèves entre la France et l'Angleterre, Henri VI, comme Charles VII, avoient toujours nommé le duc de Bretagne parmi leurs alliés. (2)

Des trois fils de Jean, l'aîné, le duc François, étoit un prince foible, vicieux, cruel, dominé par les prêtres, et par le bel Arthur de Montauban, qui étoit en même temps le favori du duc et de sa femme, Isabeau d'Écosse; Pierre étoit plus foible encore, et plus superstitieux; mais

---

(1) D. Morice, Hist. de Bretagne. T. II. L. X, p. 1.
(2) Les historiens de Bretagne prétendent qu'il y eut supercherie à la capitulation du Mans, dans l'insertion du nom du duc de Bretagne parmi les alliés du roi d'Angleterre; ce n'étoit que la répétition de ce qui s'étoit fait dans tous les traités précédens.

Giles, par ses qualités et même par ses défauts, pouvoit faire espérer un grand prince; il étoit hardi, entreprenant, ambitieux; et son oncle, le connétable de Richemont, croyoit se voir revivre en lui. Les deux cadets de Bretagne avoient été assez pauvrement partagés par leur père; il leur avoit assigné quelques baronnies valant seulement six mille livres de rente. Giles de Bretagne étoit peu content de celles de Chantocé et d'Inglande, qui lui avoient été assignées en partage; il cherchoit, par son crédit à la cour d'Angleterre, à se faire céder un plus riche apanage : il le demandoit quelquefois avec hauteur à son frère; il offensoit celui-ci par ses propos; il l'offensa davantage encore en enlevant Françoise de Dinan, héritière de cette riche maison, et de celle de Chateaubriand, que François destinoit à son favori Arthur de Montauban. Le duc fut irrité de ce que son frère s'étoit ainsi procuré un riche héritage avec une femme qui n'étoit pas encore nubile, mais Montauban fut plus profondément blessé encore : il jura de tirer vengeance de ce qu'il regardoit comme un affront personnel, et dès-lors il attisa sans cesse le ressentiment du duc, jusqu'à ce que messire Giles y eût succombé. (1)

1450.

(1) Lobineau, Hist. de Bretagne. L. XVII, p. 624. — D. Morice, Hist. de Bretagne. L. X, p. 1-6. — Daru, Hist. de Bretagne. T. II. L. VI, p. 288.

C'étoit en 1445 que Giles avoit enlevé Françoise de Dinan : peu après, et par l'entremise du connétable de Richemont, il fut réconcilié avec son frère, et il lui fit satisfaction, le 19 octobre 1445, au château de Rieux, pour les offenses dont il avoit pu se rendre coupable, en particulier pour ses correspondances avec l'Angleterre (1). Ce ne fut que le 14 mai 1446 que François vint à Chinon faire hommage à Charles VII, se déterminant ainsi d'une manière positive entre les deux prétendans à la couronne. Charles mettoit un grand prix à s'assurer du duc de Bretagne pour le moment où les hostilités se renouvelleroient avec l'Angleterre : il reçut son hommage, tel que l'avoient prêté ses prédécesseurs, sans décider s'il étoit lige ou non. En même temps il consentit à l'aider à se défaire de son frère Giles. Celui-ci étoit alors au Guildo, l'un des châteaux qu'il tenoit de sa femme, et il y avoit introduit quelques archers anglais, avec lesquels il s'exerçoit à tirer de l'arc. Les stipulations de la trève lui en laissoient expressément le droit; cependant ce fut le prétexte dont Charles VII se servit pour le traiter en ennemi de l'État. Il envoya l'amiral de Coétivy avec quatre cents lances pour le prendre; Giles le laissa entrer sans difficulté au château de Guildo, le 26

---

(1) D. Morice. L. X, p. 8. — Actes de Bretagne. T. II, p. 1386.

juin 1446 : il ne fit aucune tentative, ou pour se défendre, ne soupçonnant pas même qu'on pût le traiter en coupable, ou pour s'échapper. Il fut ainsi arrêté et livré à son frère, qui l'enferma au château de Dinan. Le connétable ayant appris du roi l'ordre qu'il avoit donné à Coétivy, suivit en hâte ce dernier pour en empêcher l'exécution. Arrivé à Dinan, il obtint que le duc vît son frère : Giles, à genoux, demanda pardon à François; le connétable et Pierre de Bretagne se jetèrent aussi à genoux, et, les larmes aux yeux, ils supplièrent un frère de pardonner à son frère. François répondit par des railleries offensantes, et il donna au procureur général de Bretagne l'ordre d'informer contre son frère, pour le faire condamner à mort. (1)

Ce fut devant les États de Bretagne assemblés à Redon que la cause fut instruite. Le duc avoit remis au procureur général toutes les lettres de son frère qui pouvoient le charger le plus; il avoit produit comme témoins plusieurs de ses ennemis personnels, qui déposoient sur des propos que Giles, disoient-ils, avoit tenus devant eux; il fit paroître aussi plusieurs femmes et filles qui affirmoient que Giles les avoit violées. Cependant, les commissaires que le roi avoit envoyés

---

(1) D. Morice. L. X, p. 14. — Lobineau. L. XVI, p. 627. — Mém. de Richemont. T. VII, p. 383. — Matth. de Coucy, c. 14, p. 83.

aux États de Redon observèrent que Giles n'avoit point été entendu, point été confronté avec les témoins, que rien n'étoit prouvé, et qu'après des preuves complètes, encore exhorteroient-ils le duc à la clémence. Le connétable prit avec chaleur la défense de son neveu, et les États, se conformant à la réponse qu'avoient faite les commissaires du roi, déclarèrent le procès pendant faute de preuves, et recommandèrent messire Giles à la clémence de son frère. (1)

Le duc François ne vouloit accorder à son frère ni le droit de se défendre, ni la confrontation avec les témoins qui avoient déposé contre lui : il fit cependant continuer les informations, et il obtint de nouveaux indices des communications de Giles avec les Anglais, et des demandes qu'il avoit adressées au roi d'Angleterre. Alors, le procureur général Olivier du Breil lui déclara que, quoiqu'il y eût là des présomptions suffisantes pour arrêter Giles, il n'y avoit pas des preuves pour le condamner à mort; un frère surtout n'ayant pas le droit de faire périr son frère. (2)

Le malheureux Giles étoit toujours en prison cependant, lorsque Surienne surprit Fougères,

---

(1) D. Morice, Hist. de Bret. L. X, p. 15. — Actes de Bretagne. T. II, p. 1404.
(2) D. Morice. L. X, p. 16. — D. Lobineau. L. XVII, p. 629. — Daru. L. VI, p. 295.

et que le duc de Sommerset, pour se dispenser de rendre cette place, rassembla toutes les plaintes et les récriminations qu'il pouvoit produire contre le duc de Bretagne. La manière dont ce duc traitoit messire Giles, à cause de son affection pour l'Angleterre, forma l'une des plaintes de Sommerset; ce fut en même temps un nouveau grief contre Giles, et le duc le fit valoir auprès de Charles VII. Une ligue offensive et défensive entre le roi et le duc fut signée le 27 juin 1449, et la guerre, qui se termina par la conquête de la Normandie, fut une conséquence de cette ligue (1). En même temps Giles avoit été transféré dans une basse-fosse du château de Moncontour, et confié à la garde d'un homme féroce, Olivier de Meel, que François avoit choisi comme le plus propre à le débarrasser de son frère. On assure que Meel fit venir du poison d'Italie, et qu'il en fit l'essai sur des animaux avant de le mêler au potage de Giles; mais, soit qu'il ne sût pas en faire usage, ou que la défiance de Giles, ou la force de son tempérament le sauvassent, il ne mourut point, et Meel conclut, après plusieurs tentatives, que son prisonnier étoit impossible à empoisonner. (2)

Du fond de son cachot, Giles de Bretagne

(1) D. Morice. L. X, p. 25. — Actes de Bretagne. T. II, p. 1451.

(2) Lobineau, Hist. de Bretagne. L. XVII, p. 629.

trouva moyen de faire parvenir à Charles VII une requête où il justifioit ses actions; il exposoit ses souffrances, et il demandoit au roi son oncle, et au duc son frère, justice ou grâce. Charles VII chargea Prégent de Coétivy, amiral de France, de redemander le prisonnier. François accorda à Coétivy un ordre sur lequel Giles devoit lui être remis; mais il expédia en même temps un contre-ordre à Moncontour, alléguant, pour motiver ce changement, des menaces qu'il venoit, disoit-il, de recevoir du roi d'Angleterre, auxquelles il n'étoit pas de sa dignité d'obtempérer. Coétivy repartit sans avoir seulement vu messire Giles, qui fut transféré à Touffou, puis au château de la Hardouinaie. (1)

Ce fut là qu'après quarante-six mois de captivité, pendant la campagne du duc en Normandie, en 1450, le crime si long-temps médité fut enfin accompli. Louis de Rohan, chancelier de Bretagne, qui avoit épousé la nièce d'Arthur de Montauban, l'ennemi le plus acharné du jeune prince, signa et scella lui-même un ordre adressé à Olivier de Meel et Robert Roussel, ses geoliers, pour le mettre à mort. Ceux-ci, craignant encore d'encourir la responsabilité de leur crime, au lieu de porter leurs mains sur leur prince, l'en-

---

(1) Lobineau, Hist. de Bret. L. XVII, p. 637. — D. Morice, Hist. de Bret. L. X, p. 31. — Actes de Bretagne. T. II, p. 1551.

fermèrent dans une salle basse au fond d'une tour, et défendirent qu'on lui portât à manger ou à boire. Les cris de ce malheureux furent cependant entendus par une pauvre femme, qui, se glissant chaque nuit dans les fossés du château, réussit à lui faire passer, au travers des grilles, du pain, et de l'eau par une sarbacane. L'agonie de Giles de Bretagne dura six semaines. Les geoliers n'ayant point découvert les secours qu'il recevoit, en conclurent que quelque aide diabolique soutenoit sa vie. Ils entrèrent enfin, le 25 avril 1450, de grand matin dans sa chambre, et, le trouvant endormi, ils essayèrent de l'étrangler avec des serviettes : réveillé en sursaut, le prince put encore se défendre quelque temps avec une flûte qu'il trouva sous sa main ; cependant ils réussirent à l'étouffer sous des matelas. (1)

La nouvelle de cette mort se répandit dans l'armée que le duc François avoit conduite devant Avranches, et y causa une horreur universelle. Le duc s'étant mis en route pour aller coucher au mont Saint-Michel, rencontra sur la grève un cordelier qui l'arrêta : le moine le tira à part, et lui dit qu'il venoit de recevoir la confession de monseigneur Giles son frère, la même

(1) Lobineau. L. XVII, p. 642, 643. — D. Morice. L. X, p. 33. — Confession d'Olivier de Meel. Actes de Bret. T. II, p. 1551. — Daru. T. II. L. VI, p. 295.

pauvre femme qui avoit donné du pain au captif lui ayant amené un confesseur de nuit dans les fossés du château. Il savoit tout ce que messire Giles avoit souffert par son ordre, et il l'avoit entendu assigner le duc son seigneur et son frère à comparoître dans quarante jours devant le tribunal de Dieu, pour rendre compte de sa conduite (1). François, frappé en même temps de terreur et de remords pour son crime, revint à Vannes dans un état d'abattement, de langueur, de noire mélancolie, qui ne tarda pas à lui être fatal. Il fit, le 16 juillet, son testament, appelant son frère Pierre, ensuite Arthur de Richemont son oncle, et enfin François comte d'Étampes, son cousin, à lui succéder au duché, de préférence à ses filles, qui ne devoient hériter qu'en cas d'extinction de la ligne masculine. Ce jour-là il étoit encore debout, se promenant sans aide dans sa chambre; mais le chagrin qui le rongeoit avoit desséché les sources de la vie. Il expira le 19 juillet 1450, en exprimant à haute voix ses remords et son humiliation. (2)

Le nouveau duc Pierre II fit son entrée à

---

(1) Lobineau, Hist. de Bretagne. L. XVII, p. 644. — D. Morice. L. X, p. 35. — Daru. L. VI, p. 300.

(2) Lobineau. L. XVIII, p. 646. — D. Morice. L. X, p. 36. — Actes de Bretagne. T. II, p. 1517, 1535, 1537. — Mém. de Richemont, p. 399, 404. — J. Chartier, p. 212, 213. — Matth. de Coucy, c. 41, p. 261. — J. du Clercq. c. 34, p. 79. Les derniers sans détails.

Nantes le 12 octobre, et jura de maintenir ses sujets dans leurs libertés, franchises et priviléges; cependant, les premiers actes de son administration furent deux cruelles injustices : l'une de dépouiller l'héritière de Retz, veuve de l'amiral de Coétivy, de son héritage, en lui en faisant souscrire la cession par force; l'autre, de faire renoncer à ses droits la veuve de son frère Giles, en mariant cette enfant de treize ans au vieux comte de Laval. Pierre II prêta ensuite à Montbazon, le 3 novembre 1450, son hommage au roi Charles VII, avec une double protestation : les gens du roi déclarant qu'ils tenoient cet hommage pour lige, les gens de Bretagne que cet hommage étoit simple, et Pierre se contentant de dire que son hommage étoit tel que ses prédécesseurs l'avoient prêté. D'accord avec le connétable, le nouveau duc fit arrêter les assassins de son frère, et instruire leur procès. Olivier de Meel et ses quatre assistans eurent la tête tranchée à Vannes le 8 juin 1451, et leurs corps furent ensuite mis en quartiers. Arthur de Montauban, l'instigateur de tous ces crimes, se fit moine célestin à Marcoussis, pour éviter une punition semblable, et il fut ensuite archevêque de Bordeaux. (1)

(1) D. Morice, Hist. de Bret. L. XI, p. 40. — Lobineau, L. XVIII, p. 648. — Mém. de Richemont, p. 405. — J. du Clercq. c. 39, p. 88. — J. Chartier, p. 221.

Ce fut avec beaucoup moins de surprise et de pitié que la cour vit, la même année, la disgrâce d'un autre grand personnage, Jean de Xaincoings, receveur général des finances du roi, qui fut arrêté à Tours, par ses ordres, le 16 octobre 1450, et enfermé dans le château. Il étoit accusé de malversations dans les finances du roi, et d'avoir altéré plusieurs comptes en y faisant des ratures. Le public, toujours ennemi des financiers, et toujours jaloux de leur fortune, crut avidement tout ce qu'on lui raconta contre Xaincoings, et les juges se montrèrent tout disposés à le faire périr, assurant que les ratures qu'ils trouvoient dans ses comptes pouvoient suffire pour le condamner ou comme faussaire, ou comme criminel de lèse-majesté. Cependant ceux qui l'accusoient n'en vouloient pas à sa vie : le roi avoit besoin d'argent pour la guerre de Guienne, qui commençoit alors; il condamna Xaincoings, par l'organe du chancelier, à payer comptant soixante mille écus d'or, et à demeurer en prison aussi long-temps que le roi voudroit. En même temps tous ses immeubles furent confisqués et distribués aux courtisans, toujours avides d'une telle proie, quelle qu'eût été leur liaison antérieure avec la victime. Un bel hôtel que le receveur général des finances possédoit à Tours, devint le partage du comte de Dunois. (1)

---

(1) J. Chartier, p. 219.

La facilité que les courtisans avoient trouvée à se faire livrer les dépouilles de ce riche financier les encouragea à en attaquer un autre, bien plus riche encore, et qui leur inspiroit plus d'envie, mais qu'ils avoient cru protégé par l'amitié et la reconnoissance de Charles VII : c'étoit le célèbre Jacques Cœur, le négociant de Bourges que le roi avoit fait son argentier, qu'il avoit nommé à plusieurs reprises commissaire pour la tenue des États de Languedoc, et de qui il avoit emprunté des sommes considérables pour la conquête de la Normandie. Jacques Cœur, contemporain de Cosme de Médicis, avoit, comme lui, profité de l'essor prodigieux que les progrès de la civilisation avoient donné au commerce. Pour la première fois depuis le renversement de l'Empire romain, les besoins de toutes les nations étoient connus, la puissance comparée de leur industrie, leurs productions diverses, l'étendue de leur consommation, étoient appréciés; et les hommes qui disposoient en même temps de grands capitaux et d'un grand fonds de connoissances, pouvoient embrasser à la fois le commerce de l'Europe et de l'Asie, établir leurs facteurs dans toutes les places mercantiles, donner enfin à leurs spéculations une étendue et une importance qui assuroit leur succès, et qui élevoit ces dominateurs du commerce presque au niveau des princes. Jacques Cœur pouvoit seul

1450. disputer à Cosme de Médicis le premier rang entre les marchands, pour l'immensité de ses entreprises et la richesse de ses capitaux. Aucun monument ne nous apprend quelles relations ont pu exister entre ces négocians illustres, s'ils furent rivaux ou amis; mais nous trouvons un Florentin, Otto Castellani, parmi les ennemis de Jacques Cœur qui précipitèrent sa perte; nous trouvons, d'autre part, qu'il put toujours compter sur l'amitié et la protection du pape Nicolas V, quoique celui-ci, élevé dans la maison de Cosme de Médicis, sous le nom de Thomas de Sarzane, lui fût toujours demeuré attaché. (1)

Antoine de Chabannes, comte de Dammartin, qui avoit eu part à la confiscation des biens de Xaincoings, désiroit partager aussi ceux de Jacques Cœur; mais il ne crut pas pouvoir ébranler la confiance du monarque en son argentier, s'il ne lui parloit d'abord que de prétendus désordres dans les finances, dont tout le monde savoit qu'il étoit presque impossible aux juges de connoître, et aux prévenus de se justifier. Il chercha donc à aigrir Charles VII contre Jacques Cœur, en l'accusant d'avoir empoisonné Agnès

---

(1) Amelgardus. L. V, c. 23, f. 161. J'ai cherché en vain dans Giov. Cambi, historien et marchand florentin, jaloux de Cosme de Médicis, et son contemporain. Il ne parle ni de la richesse ni de la ruine de J. Cœur. *Delizie degli eruditi Toscani.* T. XX, ann. 1450 à 1458, p. 273-354.

Sorel : celle-ci étoit morte d'un dérangement intestinal survenu pendant sa grossesse, qui pouvoit en effet être considéré comme un symptôme de poison ; aussi le bruit s'en étoit-il répandu à la cour (1). Chabannes fit paroître Jeanne de Vendôme, femme de François de Montbazon, seigneur de Mortagne-sur-Gironde, qui déposa formellement que Jacques Cœur avoit empoisonné la maîtresse du roi. Aussitôt celui-ci fut arrêté à Taillebourg le 31 juillet 1451 (2), et, avant tout jugement, avant même toute information, ses biens furent saisis ; cent mille écus en furent prélevés pour subvenir aux frais de la guerre de Guienne, et ses immeubles furent distribués aux courtisans. Antoine de Chabannes et Guillaume Gouffier en obtinrent la plus grande partie. (3)

Les ennemis de Jacques Cœur purent bientôt s'apercevoir qu'ils avoient encore trop présumé de l'attachement de Charles VII à son argentier ; aussitôt qu'il fut éloigné, il fut oublié. L'accusation d'empoisonnement tomba bientôt. Loin qu'on pût découvrir aucune inimitié entre Jac-

1450.

1451.

(1) Duclos, Hist. de Louis XI. L. I, p. 64.
(2) J. Chartier, p. 259.
(3) Mémoire de Bonamy sur Jacq. Cœur. Académ. des Inscriptp. T. XX, p. 509-547 ; réimprimé par Buchon, à la suite de Monstrelet. T. XIII, p. 357.— Godefroy. Remarques sur Jacq. Cœur, p. 859-866. — Jacq. du Clercq. T. XIII. L. III, c. 12, p. 155.

ques Cœur et Agnès, on savoit que celle-ci se confioit si fort à lui, qu'elle l'avoit nommé son exécuteur testamentaire, et qu'il étoit intéressé à la conserver en crédit. Robert Poitevin, médecin du roi, qui étoit l'autre exécuteur testamentaire, donnoit des preuves tirées de son art qu'il n'y avoit point eu d'empoisonnement. Jeanne de Vendôme fut enfin convaincue de calomnie, et condamnée à faire amende honorable à Jacques Cœur (1). Mais celui-ci ne fut point relâché; au contraire, les courtisans, qui s'étoient déjà partagé ses dépouilles, engagèrent le roi à nommer une commission extraordinaire, dont eux-mêmes firent partie, pour le soustraire à ses juges naturels, et le juger sur de nouvelles accusations. Jacques Cœur avoit été transféré au château de Lusignan; il y fut interrogé, le 10 septembre 1451, par la commission, que présidoit Guillaume de Gouffier, premier chambellan du roi, qui s'étoit déjà mis en possession d'une partie des biens du prévenu. Les charges nouvelles produites contre lui étoient d'avoir accablé le Languedoc, au nom du roi, d'exactions cruelles dont il avoit fait son profit, d'avoir fait sortir de l'argent du royaume, d'avoir vendu des armes aux Sarrasins, et de leur avoir rendu un esclave chrétien que les commis de Jacques

---

(1) J. Chartier, p. 260.

avoient enlevé en Égypte. Tout le procès fut conduit avec une iniquité révoltante : on exigea du prévenu la production de pièces disséminées dans ses comptoirs du Levant, et on lui refusa le temps de les faire venir, ou l'aide de ceux de ses commis qui seuls entendoient ses affaires. On admit contre lui des témoins subornés et perdus de réputation. Quand Jacques Cœur invoqua, au contraire, le témoignage de Charles VII lui-même, pour les autorisations qu'il lui avoit données, celui-ci répondit qu'il ne s'en souvenoit plus. On refusa au prévenu la permission de voir son fils, Jean Cœur, archevêque de Bourges; on repoussa les sollicitations que le pape fit faire en sa faveur par le cardinal d'Estouteville; on le menaça à deux reprises de la question : enfin on fit entrer successivement dans la commission qui devoit le juger tous ceux qui s'étoient partagé ses dépouilles, entre autres Antoine de Chabannes, et Otto Castellani son dénonciateur, qui lui avoit succédé dans la place d'argentier du roi; on le transféra de prisons en prisons, pendant près de deux ans que dura son procès : enfin le jugement fut prononcé, le 29 mai 1453, au château de Lusignan, par Guillaume Jouvenel des Ursins, chancelier de France, après que le roi en eut pris connoissance et l'eut approuvé. Par cet arrêt, Jacques Cœur étoit déclaré coupable du crime de lèse-majesté et autres crimes, pour lesquels il avoit encouru la peine de mort et de confiscation des biens. Cependant, par la miséricorde du roi, et à la recommandation du pape, il étoit seulement déclaré inhabile à toujours de tous offices royaux, condamné à faire amende honorable au roi, et à lui payer quatre cent mille écus, en sus de tous ses immeubles, qui restoient confisqués. Jusqu'à l'acquittement de cette somme il devoit demeurer en prison, après quoi il seroit banni du royaume. Jacques Cœur fut enfermé au couvent des cordeliers de Beaucaire; il y fut enlevé au commencement de l'année 1455, par Jean de Village, son gendre et son principal commis, qui le conduisit à Rome, où le pape Nicolas V le reçut avec affection. Il mourut à Chio, au mois de novembre de l'année suivante, dans une expédition que Calixte III venoit d'armer contre les infidèles. (1)

Le long et cruel supplice de Giles de Bretagne, propre neveu du roi, les procès iniques faits à Xaincoings et à Jacques Cœur, auxquels Charles VII avoit montré tant d'amitié, et auxquels il devoit de la reconnoissance, peuvent justifier la défiance du dauphin Louis, qui ne se croyoit

(1) J. Chartier, p. 281. — Chr. de Matth. de Coucy. T. XI, c. 109, p. 226-232. — Suite du Mémoire de Bonamy, p. 360-390. — J. d'Auton, Hist. de Louis XII, p. 312, raconte la découverte de la sépulture de Jacques Cœur à Chio. — Claude de Seyssel, Louanges de Louis XII, p. 77.

pas en sûreté à la cour du roi son père. Intrigant, ambitieux, jaloux, il étoit toujours également l'ennemi des seigneurs et des maîtresses qui se succédoient dans la faveur de Charles VII; il détestoit Chabannes et Dunois, autant qu'il avoit détesté Pierre de Brezé : il témoignoit son mépris pour madame de Villequier, la nouvelle maîtresse du roi, et pour les jeunes demoiselles qu'elle attiroit successivement à la cour, et qu'elle dévouoit aux fantaisies du monarque, autant qu'il l'avoit fait autrefois pour Agnès Sorel. Amer et imprudent dans son langage, d'un esprit moqueur autant que faux, Louis se faisoit des ennemis ardens, et ne savoit pas se concilier un ami. Il montroit déjà une aptitude aux affaires, une attention au gouvernement, une habileté fort supérieure à tout ce qu'on avoit trouvé dans tous les Valois réunis. Mais on ne sentoit en lui ni vertus, ni principes, ni sensibilité, qui pussent inspirer de la confiance; et les courtisans, en songeant qu'il devoit régner un jour, redoutoient également et ses qualités et ses défauts. S'il étoit resté au milieu d'eux, il n'est point sûr qu'ils n'eussent pas trouvé moyen de s'en défaire; après quoi le pardon de Charles VII ne se seroit pas fait attendre.

Louis, pour se mettre en garde contre ce danger, s'étoit retiré dans son gouvernement de Dauphiné, où il se regardoit comme un souverain indépendant. Il y avoit réformé beaucoup d'abus, il y mettoit ses finances en bon ordre, et il y rassembloit des soldats. En même temps il fit demander en mariage à Louis, duc de Savoie, sa fille Charlotte : ce n'étoit qu'une enfant qui n'avoit pas plus de six ans, mais, comme petite-fille du pape Félix V, elle devoit apporter une dot considérable. En effet son père, par un contrat de mariage fait à Genève le 14 février 1451, s'engagea à lui donner deux cent mille écus d'or de soixante-dix au marc (1). Charles VII, instruit de cette négociation, vit avec jalousie son fils contracter un si riche mariage ; et il dépêcha en toute hâte le héraut d'armes Normandie à Chambéry pour l'empêcher ; mais Louis, qui étoit plus pressé encore de conclure, étoit arrivé à Chambéry auparavant. Le mariage devoit se célébrer le 8 mars ; il se hâta de le faire bénir, et seulement après la cérémonie il ouvrit les lettres que le héraut d'armes lui avoit apportées vingt-quatre heures auparavant. (2)

De son côté, Louis avoit fait offrir à son père d'employer l'argent qu'il alloit recevoir comme

---

(1) Le contrat dans Dumont. T. III, p. 181. — Traités de paix. T. I, p. 525. — Guichenon, Hist. de Savoie. T. II, p. 106, et Preuves. T. IV, p. 371.

(2) Guichenon. T. II, p. 105. — Mém. d'Olivier de la Marche. T. VIII, c. 22, p. 280. — Duclos, Hist. de Louis XI. L. I, p. 64-68. — Preuves audit. T. III, p. 68.

dot de Charlotte, à conquérir la Guienne, que Charles se préparoit alors à attaquer, pourvu que cette province lui demeurât ensuite en apanage ; mais le roi refusa cette offre, car il craignoit le dauphin plus encore que les Anglais. Il lui manda de venir à sa cour se justifier de ses désobéissances. Louis répondit qu'il ne pourroit se croire en sûreté dans une cour où ses ennemis jouissoient seuls de la faveur. Charles se montra fort choqué de ce que son fils refusoit de se fier à sa parole, que ses plus grands ennemis, disoit-il, avoient respectée. Le père et le fils demeurèrent cependant plus mécontens l'un de l'autre qu'auparavant.

1451.

Charles VII passa l'hiver qui suivit la première conquête de la Guienne à Tours ; puis au printemps il se hâta d'aller habiter les châteaux de Tucé et de Meun-sur-Yèvre, pour dérober ses galanteries aux regards des bourgeois. Du dernier de ces châteaux il envoya défier le duc de Savoie, sous prétexte de protéger quelques gentilshommes savoyards que ce duc avoit persécutés ; mais, dans le vrai, pour le punir d'avoir donné en mariage sa fille au dauphin. Charles entra en Forez au mois d'août, à la tête de l'armée qu'il conduisoit contre la Savoie ; alors le cardinal d'Estouteville, légat du pape, qui avoit déjà pris congé du roi, revint à lui en toute hâte pour lui offrir sa médiation. Il y travailla si bien,

1452.

que la paix fut signée entre eux à Feurs en Forez, le 27 octobre 1452, et scellée par le mariage de Yolande, seconde fille de Charles VII, avec Amédée, prince de Piémont. (1)

Les nouvelles que le roi venoit de recevoir de Guienne contribuèrent sans doute à presser la conclusion de la paix avec la Savoie. Quoique les conditions qu'il avoit accordées aux Gascons semblassent devoir les satisfaire, et les nobles et les bourgeois éprouvoient du mécontentement du nouvel ordre de choses, du regret pour leurs anciens maîtres. Les ministres de Charles n'avoient pas tardé à vexer la Gascogne, au mépris de ses capitulations, par des levées simultanées et inusitées d'hommes et de tributs (2). Les Gascons avoient réclamé, ils avoient envoyé des députés porter leurs plaintes au pied du trône; le roi n'avoit point voulu les recevoir, et toutes leurs réclamations avoient été méprisées (3). Plusieurs des familles plus distinguées de Gascogne s'étoient alliées aux maisons anglaises. Pierre de Montferrant, qui portoit le titre singulier de sultan ou souldich de l'Estrade, ou de la Trau, avoit épousé une fille naturelle du duc de Bedford (4). Quoique forcé à capituler avec

(1) J. Chartier, p. 260. — Guichenon, Hist. généalog. de Savoie. T. II, p. 90.
(2) Amelgardus. L. V, c. 4, f. 128.
(3) Amelgardus. L. V, c. 5, f. 130.
(4) Rymer. T. XI, p. 275.

la France, lorsqu'il fut fait captif à Blaye, il avoit conservé son ancien attachement pour l'Angleterre, et il ne tarda pas à entrer en correspondance avec l'illustre Talbot, comte de Shrewsbury, auquel il annonça combien il observoit de mécontentement dans tous les esprits, et combien il seroit facile aux Anglais de reconquérir le Bordelais (1). Les seigneurs de Candale et de l'Esparre confirmèrent ces renseignemens en arrivant à Londres, où, d'après le traité, ils avoient dû se retirer. Ils assurèrent que si les Anglais débarquoient à Bordeaux un petit corps d'armée, ils trouveroient d'autant plus de facilité à se rendre de nouveau maîtres du pays, que Charles VII en avoit retiré ses troupes pour les conduire contre le duc de Savoie, et même, à ce qu'on croyoit, contre le dauphin. (2)

Le sire de Rosan, Gaillard de Durfort, sire de Duras, Jean de la Linde et le sire de Langlade, avec beaucoup d'autres gentilshommes du pays, avoient promis de se soulever dès que les drapeaux anglais seroient déployés sur la Garonne (3); l'archevêque de Bordeaux enfin, et l'évêque d'Oleron étoient aussi entrés dans la conspiration, car on a la preuve qu'ils sollici-

(1) Rymer. T. XI, p. 341.
(2) Rapin Thoyras. L. XII, p. 336.
(3) Matth. de Coucy. T. XI, c. 69, p. 2. — J. Chartier; p. 260. — Berry, p. 468.

toient de nouvelles faveurs de Henri VI, avant que les Anglais fussent rentrés en Guienne. (1)

La reine Marguerite d'Anjou et son conseiller le duc de Sommerset se trouvoient justement à cette époque plus puissans qu'ils ne l'eussent été depuis long-temps. Leur compétiteur, le duc d'York, à son retour d'Irlande, en 1451, avoit levé une armée pour chasser Sommerset du gouvernement; avec elle il s'étoit approché de Londres au commencement de l'année 1452; mais ses ennemis étoient plus forts qu'il ne s'y étoit attendu, la ville avoit refusé de lui ouvrir ses portes : forcé à négocier, il avoit consenti à licencier son armée, et bien peu après il avoit été arrêté comme il sortoit du cabinet du roi. Soit modération, soit crainte d'exciter une révolte, la reine se contenta d'exiger de lui le serment qu'il ne mettroit plus d'obstacle à son autorité, et elle le remit en liberté. Ainsi, dans le moment où les députés de la Guienne réclamèrent son assistance, elle se trouvoit délivrée de l'opposition qui, depuis plusieurs années, paralysoit les forces de l'Angleterre. (2)

Marguerite crut qu'en profitant de l'occasion favorable qui se présentoit à elle de reconquérir la Guienne, elle détruiroit l'accusation que répétoient contre elle ses ennemis, d'avoir dépouillé

(1) Rymer. T. XI, p. 303.
(2) Rapin Thoyras. T. IV. L. XII, p. 331-336.

l'Angleterre de ses plus belles possessions pour en enrichir la France. Elle nomma le vieux Talbot, alors âgé de quatre-vingts ans, lieutenant de Henri VI en Aquitaine. Elle lui donna, en date du 2 septembre 1452, les pouvoirs les plus amples pour pardonner toutes les offenses que les Gascons pouvoient avoir commises contre la couronne d'Angleterre (1), et elle le fit partir le 18 octobre avec une armée de sept ou huit mille hommes. Dès le 21, Talbot, favorisé par les vents, débarqua près de Bordeaux avec une avant-garde de sept cents hommes d'armes; le lendemain il fut introduit dans la ville par les bourgeois, avant que les soldats de Charles VII soupçonnassent qu'il devoit venir; en sorte que Olivier de Coétivy, sénéchal de Guienne, Jean du Puy du Fou, sous-maire de Bordeaux, et presque toute la garnison française, furent faits prisonniers par les Anglais. (2)

Talbot, pour profiter de la surprise des ennemis, déploya sa diligence et son audace accoutumées; avant l'hiver il reconquit toutes les places que ses compatriotes avoient perdues l'année d'auparavant dans le Bordelais, l'Agenois et le Bazadois; en même temps quatre-vingts vaisseaux arrivoient d'Angleterre pour approvision-

(1) Rymer. T. XI, p. 313.
(2) J. Chartier, p. 261. — Berry, p. 468. — Matth. de Coucy. T. XI, c. 69, p. 3.

1452. ner Bordeaux. Les Français s'étoient retirés sur leurs anciennes frontières; le comte de Clermont, lieutenant du roi, le sire de Jalognes, maréchal de France, le sire d'Orval et Joachim Rouhault, avec six cents lances, ne songeoient plus qu'à défendre la partie de la Guienne que la France possédoit depuis de longues années. (1)

1453. Mais Charles VII étoit bien résolu à ne pas se laisser ravir des conquêtes auxquelles il attachoit sa gloire : pendant l'hiver il rassembla son armée avec diligence, et dès le printemps de 1453 toutes ses troupes commencèrent à filer vers la Guienne : lui-même partit de Lusignan le 2 juin pour établir son quartier à Saint-Jean-d'Angély. Il y apprit que Châtillon de Périgord et Fronsac venoient de se rendre aux Anglais (2). Il donna l'ordre de les attaquer à son tour, et le 12 juin Jacques de Chabannes, grand-maître de son hôtel, et le comte de Penthièvre, avec cinq cents lances, mirent le siége devant Chalais. Cette petite place sur la Dronne, où il y avoit pour toute garnison cent soixante soldats gascons, fut prise d'assaut le 17 juin, et les quatre-vingts soldats qui avoient survécu au combat furent décapités comme ayant faussé leurs sermens (3); d'un autre côté,

(1) J. Chartier, p. 261. — Berry, p. 462.
(2) Jacq. du Clercq. T. XIII. L. III, c. 1, p. 125.
(3) J. du Clercq, c. 1, p. 126. — Matth. de Coucy, c. 70, p. 3. — J. Chartier, p. 262. — Amelgardus. L. V, c. 6, p. 131.

l'amiral de France, Louis de Beaumont, sénéchal de Poitou, et le seigneur de la Boissière, avec cinq ou six cents combattans, assiégèrent Gensac et Montremau sur la Dordogne, qui capitulèrent presque aussitôt. Les deux armées se réunissant ensuite, et se trouvant déjà fortes de quatre mille hommes, vinrent le 14 juillet mettre le siége devant Châtillon de Périgord. Les deux frères Bureau, avec sept cents ouvriers sous leurs ordres, tracèrent aussitôt leur parc d'artillerie, l'entourèrent de fossés, mirent plusieurs canons en batterie, et commencèrent à battre les murs. Talbot fut averti de cette attaque, mais il s'étoit accoutumé à mépriser les Français; il ne leur croyoit point l'audace de tenir devant lui, et, prenant de huit cents à mille Anglais, il partit de Bordeaux pour surprendre les assiégeans. Il donna ordre à ses lieutenans de le suivre avec toutes les forces dont ils pouvoient disposer; elles ne passoient pas quatre ou cinq mille hommes. Le mercredi 17 juillet, au point du jour, il arriva en vue du camp français. Les assiégés de Châtillon lui firent dire que ses ennemis, avertis de son approche, prenoient déjà la fuite. Ils se concentroient seulement dans le parc d'artillerie que les frères Bureau avoient fortifié. Un parti de francs-archers occupoit une abbaye à quelque distance, et ils avoient déjà reçu l'ordre de se retirer lorsque Talbot les attaqua. Leur retraite se changea en fuite, et ils perdirent une centaine d'hommes ; cependant ils s'étoient déjà battus de manière à faire comprendre à Talbot que la résistance seroit plus obstinée qu'il ne s'y étoit attendu d'abord. Il résolut donc d'attendre le corps d'armée parti après lui de Bordeaux, et il donna quelques heures de repos à sa troupe. (1)

Les Français attendoient l'attaque dans leur parc d'artillerie : les maréchaux, l'amiral, le grand maître-d'hôtel, le comte de Penthièvre, le sénéchal de Poitou, Pierre de Beauvau, se partageoient les postes dangereux. Talbot, qui s'étoit arrêté à l'abbaye d'où il avoit chassé les francs-archers, y avoit été rejoint par les troupes qu'il avoit laissées à Bordeaux, et il avoit donné l'ordre à son chapelain de lui dire la messe. Mais à peine celui-ci avoit-il commencé, qu'un messager vint lui dire que les Français s'enfuyoient, et abandonnoient leur parc. Sans chercher à s'en mieux assurer, il s'écria : « Jamais je n'ouïrai la « messe, ou aujourd'hui j'aurai rué bas la com- « pagnie des Français ici devant moi. » A l'instant il fit prendre les armes à sa troupe, et il marcha avec impétuosité vers le pont, en criant : « Talbot ! Saint-George ! » Bientôt un de ses gentilshommes accourut lui dire que les Français, loin de s'enfuir, s'étoient si bien fortifiés, qu'il

(1) J. Chartier, p. 263. — J. du Clercq, c. 2, p. 128. — Matth. de Coucy, c. 71, p. 10.

n'avoit aucune chance de succès à les attaquer. Talbot s'emporta, le frappa même au visage, et s'élança vers la barrière. Il étoit monté sur un petit cheval, et armé d'une brigandine couverte de velours vermeil. A son approche, une décharge de coulevrines et de ribaudequins, dirigée par les frères Bureau, enleva plusieurs files de ses soldats. Cependant le guidon de Talbot réussit à planter son étendard sur la barrière même, mais à l'instant il fut tué et son étendard renversé ; les braves des deux armées s'acharnèrent à le prendre et le reprendre pendant une heure tout entière : durant cette mêlée, un coup de coulevrine tua la haquenée de Talbot et la renversa sur lui ; un soldat l'acheva par terre d'un coup de dague qu'il lui plongea dans la gorge, sans le connoître et sans que les Anglais s'aperçussent qu'il avoit disparu. Son fils, un de ses neveux, et un bâtard de Sommerset, furent cependant tués autour de lui. Enfin les Anglais ralentirent leur attaque ; alors les Français ouvrirent leurs barrières, s'élancèrent sur eux, et achevèrent de les mettre en déroute. Les hérauts d'armes, chargés de compter les morts, assurèrent que les Anglais avoient perdu quatre mille hommes dans cette bataille, deux cents seulement furent faits prisonniers, un millier peut-être s'enfuit dans les bois ou dans la ville de Châtillon. Les Français étoient trop harassés par le combat pour les poursuivre long-temps. Le corps de Talbot fut relevé et exposé sur un pavois, mais il étoit si défiguré par de nombreuses blessures, que ce ne fut que le lendemain que son héraut d'armes le reconnut, et que les Français apprirent qu'ils étoient délivrés de leur plus redoutable ennemi. (1)

Dès que la mort de Talbot fut connue, les Gascons sentirent qu'il ne leur restoit plus qu'à se soumettre aux meilleures conditions qu'ils pourroient obtenir, et les Anglais qu'à se rembarquer. La résistance qu'ils continuèrent à opposer aux armées du roi, qui grossissoient et arrivoient de tous côtés sur eux, n'eut plus d'autre but que d'obtenir de meilleures capitulations. Châtillon, qui contenoit encore une garnison de plus de quinze cents combattans, se rendit aux premières décharges d'artillerie, dès le surlendemain du combat. Les gens de guerre, parmi lesquels se trouvoient le comte de Candale, le souldich de l'Estrade, les sires de Rosan et de Langlade, se confièrent à la merci du roi. Saint-Emilion se rendit ensuite; Libourne se soumit avec joie; déjà cette ville avoit fait preuve de fidélité par sa résistance à Talbot.

(1) Matth. de Coucy. T. XI, c. 71, p. 12-16. — Jacq. du Clercq. T. XIII. L. III, c. 2, p. 128-131. — J. Chartier, p. 264, 265. — Berry, p. 469. — Amelgardus. L. V, c. 7, f. 133.

Pendant le même temps, les comtes de Clermont et de Foix, et le sire d'Albret, avec une autre armée, s'avançoient au midi de la Garonne. Dès le 14 juillet ils mirent le siége devant Châteauneuf de Médoc; cette place leur ayant été rendue au bout de quinze jours, ils se partagèrent pour assiéger en même temps Blancafort, Saint-Macaire, Langon, Villandras et Cadillac. Le roi, de son côté, étoit parti d'Angoulême avec beaucoup de grands seigneurs et une nouvelle armée. Il reçut à Libourne la capitulation des Anglais qui occupoient Fronsac; puis, traversant la presqu'île qu'on nomme *entre deux mers*, il arriva de son côté sur le bord septentrional de la Garonne, et se joignit à l'armée qui assiégeoit Cadillac. (1)

Dès le lendemain de l'arrivée du roi, le 18 juillet, Bureau fit jouer son artillerie contre un boulevard occupé par les Anglais, en avant de la porte de cette ville. Le mur fut renversé; le fossé, en partie comblé de ses décombres, fut achevé de remplir avec des fagots : les Français montèrent aussitôt à l'assaut, et en peu d'instans la ville fut prise. La garnison, commandée par un Gascon nommé Gaillardet, se retira dans le château, où elle se défendit jusqu'au mois d'octobre. (2)

(1) J. Chartier, p. 268.
(2) Matth. de Coucy. T. XI, c. 76, p. 36. — Jacq. du Clercq. T. XIII, c. 4, p. 134. — J. Chartier, p. 218. — Berry, p. 471.

L'attaque de Cadillac faisoit partie d'un plan général pour resserrer Bordeaux. Tout le pays d'entre deux mers étoit occupé par l'armée du roi, qui avoit élevé à Lorimont une bastille où commandoit le maréchal de Lohéac; les francs-archers occupoient les landes, et les ravageoient de manière que la ville n'en pût tirer aucune subsistance. Tous les vaisseaux que le roi avoit pu obtenir du roi de Castille, du duc de Bourgogne et du duc de Bretagne, tous ceux qu'il avoit pu tirer de ses provinces, et surtout du Poitou, occupoient la Gironde. D'autre part, la flotte anglaise et bordelaise étoit à l'ancre, à demi-lieue au-dessous de Bordeaux, dans un canal formé par une petite île que défendoit une bastille. L'armée du roi s'augmentoit sans cesse : d'un côté, le comte de Foix, secondé par les sires d'Albret, d'Orval et de Xaintrailles, avoit plus de mille lances sous ses ordres ; de l'autre on en comptoit quinze cents sous les ordres de Lohéac, de Bueil, de Beaumont, de Chabannes, de Penthièvre, de la Hunaudaye et de Montauban. Dans Bordeaux, il y avoit quatre mille Anglais commandés par les sires de Camus, Clifton, les bâtards de Sommerset et de Salisbury, et autant de Gascons, que Charles VII regardoit comme des rebelles, et qui, se sentant exposés à perdre la vie par la main du bourreau, étoient déterminés à la vendre chèrement.

On avoit déjà fait à Charles VII des propositions de lui rendre le château de Cadillac et la ville de Bordeaux, sous condition qu'il oublieroit le passé, et qu'il recevroit en grâce tous les habitans, en leur garantissant leurs corps et leurs biens. Mais le roi les avoit fait refuser par son chancelier, déclarant qu'il admettroit bien tous les gens de guerre, Anglais de nation, à se racheter moyennant rançon, mais que tous ceux qui étoient originaires du Bordelais ou de la Guienne, devroient demeurer à sa discrétion. Les garnisons anglaises de Blancafort et de Cadillac finirent par accepter cette condition; elles ne songèrent qu'à leur propre sûreté, et elles abandonnèrent à la vengeance du roi les Gascons, leurs compagnons d'armes, qui s'étoient compromis pour elles. Charles VII fit en conséquence trancher la tête à Gaillardet, commandant de Cadillac, qui fut condamné comme rebelle, pour s'être montré fidèle à une maison à laquelle sa patrie obéissoit depuis trois siècles; mais Le Camus, commandant de Bordeaux, défendit avec plus de persistance les seigneurs gascons qui s'étoient confiés à lui. D'ailleurs les Français n'avoient point encore entrepris de battre en brèche ses murailles, quoique les frères Bureau déclarassent qu'avec leur artillerie ils pouvoient ruiner la ville entière. Des fièvres d'automne avoient commencé à se manifester dans le camp, où l'épidémie fit bientôt des progrès rapides. Elle enleva Jacques de Chabannes, comte de Dammartin, grand maître-d'hôtel du roi, et Pierre de Beauvau, seigneur de la Bessière, lieutenant de Charles, comte du Maine. Charles commença alors à se relâcher un peu de ses prétentions ; Le Camus fit de nouvelles offres, et après trois jours de conférences, la capitulation de Bordeaux fut signée le 12 octobre. Elle portoit que la ville paieroit au roi cent mille écus, qu'elle renonceroit à tous ses privilèges, mais que Charles pardonneroit aux habitans toutes leurs offenses, à la réserve de vingt des plus coupables, qui seroient bannis à perpétuité du royaume, et dont les biens seroient confisqués ; tous les autres devoient conserver tous leurs biens, meubles et immeubles. Quant aux Anglais, après avoir rendu tous leurs prisonniers, et abandonné toutes les créances qu'ils avoient sur des Français, ils pouvoient s'en retourner en Angleterre. Le seigneur de Duras, le souldich de l'Estrade, les sires de Rosan, de l'Esparre, de Sale, de l'Isle et de Chalu, furent au nombre des nobles Gascons exceptés de l'amnistie. (1)

Le roi prit possession de Bordeaux ainsi que de la flotte qui étoit à l'ancre au-dessous de la

---

(1) Matth. de Coucy. T. XI, c. 76-80, p. 36-51.—Jacq. du Clercq. T. XIII, c. 3, 4 et 5, p. 132-138.—J. Chartier, p. 269.—Berry, p. 471.

ville, le 19 octobre 1453. Les châteaux de Bénanges et de Rions avoient été compris dans la capitulation de Cadillac; il fallut cependant les assiéger séparément, et les forcer à capituler. Les prisonniers anglais furent renvoyés en Angleterre, et Charles ayant réparti des troupes dans la Guienne de manière à assurer sa défense, retourna à Tours pour y passer l'hiver.

Toute la France étoit de nouveau conquise et soumise à son obéissance, à la réserve de Calais, et des petites places de Guines et de Ham, qui en dépendent. Mais quoique les Anglais fussent fort mal en état de les défendre, Charles VII ne jugea pas à propos de les attaquer. Elles étoient entourées des provinces du duc de Bourgogne, alors lié par une trève avec l'Angleterre, et les Français n'auroient pu y arriver sans violer son territoire. D'ailleurs, d'après les traités entre Charles et Philippe, si le premier les avoit reconquises, il auroit dû en céder la seigneurie au second, et comme il n'avoit peut-être pas moins de jalousie des Bourguignons que des Anglais, il n'avoit aucun motif pour tenter à leur profit une expédition aussi dispendieuse.

Philippe-le-Bon, duc de Bourgogne, alors âgé de cinquante-sept ans, étoit bien toujours de droit le premier des princes du sang; il étoit pair de France à double titre, comme duc de Bourgogne et comme comte de Flandre; il

1453. possédoit en outre plusieurs des plus belles provinces de la monarchie : l'Artois, le Nivernois, le Charolais, le Rhételois ; mais, d'autre part, il possédoit un grand nombre de provinces relevant de l'empire : les duchés de Brabant, de Luxembourg et de Limbourg ; les comtés de Bourgogne, de Hainaut, de Hollande, de Zélande et de Westfrise. Par le traité d'Arras, du 21 septembre 1435, il avoit été dispensé personnellement de l'hommage au roi Charles VII. Toutes ces circonstances avoient fait de lui un prince indépendant de la monarchie ; on ne le voyoit plus à la cour ; il résidoit dans ses États, et il y faisoit la paix ou la guerre sans consulter la France, sans se lier à ses intérêts. Il avoit, comme ses aïeux, le goût du faste ; mais il sembloit y attacher une importance politique, et vouloir prouver ainsi que s'il consentoit à se reconnoître comme inférieur en dignité à son cousin Charles, il étoit fort son supérieur par la richesse de son État, sa puissance réelle, et la splendeur de sa cour. Charles VII exprima son mécontentement de ce que, dans ses actes, Philippe s'intituloit : *par la grâce de Dieu, duc de Bourgogne, de Brabant et de Limbourg.* Pour le satisfaire, le duc de Bourgogne déclara, le 26 novembre 1448, qu'en employant cette formule, il n'avoit prétendu s'attribuer aucun droit nouveau sur les pays et seigneuries qu'il tenoit en France, reconnoissant à leur égard le roi de France pour son souverain seigneur. De son côté, le roi déclara, le 28 janvier 1449, qu'il étoit satisfait, et qu'il consentoit à ce que la formule demeurât telle qu'elle avoit été écrite. En même temps il révoqua l'ordre qu'il avoit donné de percevoir dans les États de Bourgogne quelques redevances féodales. (1)

Si le duc de Bourgogne étoit devenu étranger à la France, les provinces sur lesquelles il régnoit l'étoient bien davantage encore. Une guerre civile venoit de s'allumer en Flandre par l'imprudence du souverain, qui avoit de nouveau attenté aux priviléges de ses sujets; mais les Français, séparés de langage, de lois, de mœurs d'avec les Flamands, n'y prenoient aucun intérêt, et ne s'en apercevoient presque pas. Nous nous croyons tenu à donner un précis bien rapide de ces événemens, puisqu'une province encore française de nom, en étoit le théâtre; mais nous en épargnerons le détail à nos lecteurs, car la Flandre devoit devenir toujours davantage étrangère à la monarchie française.

Ce fut en 1448 que le duc Philippe tenta d'établir à son profit une gabelle sur le sel, telle qu'elle

---

(1) Ordonn. de France. Préface du T. XIV, p. 1 et 2. — Ordonn. *Ibid.* p. 43, 44. — Dumont, Corps diplom. T. III, p. 166.

existoit en France, ou de dix-huit sols de Paris par sac de sel; sans que les États de Flandre, auxquels seuls appartenoit le droit de voter les impôts, y eussent consenti. La ville de Gand refusa de s'y soumettre (1). Le duc, pour la punir, voulut restreindre les priviléges de la magistrature, et il ôta au doyen des bourgeois, chef des cinquante-deux métiers, l'office de bailli de la ville, que, selon les anciennes coutumes, il exerçoit de droit. Les Gantois résistèrent encore; mais, en septembre 1449, Philippe mit de fortes garnisons à Oudenarde, Termonde, Gavre et Ruppelmonde; il fit barrer les canaux, et il exigea de nouveau des Gantois la gabelle du sel; il y ajouta une taxe sur le blé et sur la mouture; il destitua tous leurs magistrats, et il publia dans toute la Flandre l'ordre de n'obéir en rien aux gens de Gand. (2)

Les trois autres membres des États de Flandre: Ypres, Bruges et le Franc s'interposèrent, et, après sept mois de discussion, ils prononcèrent une sentence arbitrale, presqu'en tout favorable au duc; toutefois Philippe, non con-

---

(1) Meyer, *Annal. Flandr.* L. XVI, f. 301. — Mém. d'Olivier de la Marche, T. VIII, c. 22, p. 272. — Matth. de Coucy. T. X, c. 50, p. 318. — Jacq. du Clercq. T. XIII. L. II, c. 1, p. 1. — Barante, Ducs de Bourgogne. T. VII, p. 332.

(2) Meyer. L. XVI, f. 302. — Jacq. du Clercq, c. 4, p. 9. Amelgardus. L. V, c. 8, f. 136. — Barante. T. VII, p. 336.

tent de ce compromis, auquel les Gantois s'étoient soumis, recommença à troubler la paix; il exila sans jugement, et au mépris de l'amnistie promise en son nom, ceux qu'il regardoit comme les chefs de la bourgeoisie, et qui s'étoient confiés en sa merci. A cette nouvelle, le peuple de Gand se souleva de nouveau; il arrêta dix-huit gentilshommes, plus dévoués à l'autorité absolue qu'aux droits de leur patrie. Les magistrats nommés par le duc auroient eu le même sort, mais ils prirent la fuite, et le peuple en nomma de nouveaux. Au milieu de ce tumulte, les Gantois envoyèrent encore au duc une députation pour le supplier de leur rendre justice; mais ils n'en furent point écoutés. Alors se reforma soudainement l'ancienne confrérie des Chaperons-Blancs; et quelques officiers du duc, qui avoient violé les priviléges de la ville, furent exécutés d'une manière cruelle. (1)

1450.

Philippe sentit alors l'importance de la rébellion qu'il avoit si imprudemment excitée, et il temporisa pendant toute l'année 1451. Il vouloit surtout empêcher les Gantois de former une alliance avec les autres villes de Flandre, pour la défense de leur liberté commune, ou d'obte-

(1) Meyer. L. XVI, f. 302, verso.—Matth. de Coucy, c. 50, p. 327.—Jacq. du Clercq. T. XIII, c. 6, p. 12.—Barante, Ducs de Bourgogne. T. VII, p. 339.

nir la protection de Charles VII; mais celui-ci, qui étoit loin de s'intéresser aux libertés des peuples, et surtout à leur droit de refuser les impôts, le fit assurer « qu'il ne voudroit en rien soutenir ou conforter ceux de Gand pour des choses déraisonnables » (1). Philippe fit alors assembler ses hommes d'armes en Picardie, en Artois et en Flandre. Le 7 avril 1452, les députés des trois membres de Flandre et de la ville de Liége, alarmés par ces préparatifs de guerre, se présentèrent à lui, pour le conjurer à genoux d'épargner sa bonne ville de Gand; mais il leur répondit qu'il ne pouvoit traiter avec des sujets qui portoient l'arme au poing; et la guerre commença. Les Gantois, au nombre de trente mille hommes, vinrent assiéger Oudenarde. Le comte d'Étampes, s'avançant par la rive gauche de l'Escaut, les attaqua le 24 avril 1452, et les contraignit à la retraite. Cependant les Gantois combattirent en reculant jusqu'aux portes de Gand, et ne démentirent point leur ancienne réputation de bravoure. (2)

La guerre continua aux portes de Gand; elle

---

(1) Olivier de la Marche. T. VIII, c. 22, p. 279. — Barante. T. VII, p. 348.

(2) Meyer. L. XVI, f. 304. — Olivier de la Marche, c. 23, p. 282, et c. 24, p. 293. — Matth. de Coucy. T. X, c. 50, p. 336. — J. du Clercq, c. 8, p. 18. — Barante. T. VII, p. 359.

fut souillée par des cruautés dont on ne voyoit plus d'exemples dans les combats entre les Français et les Anglais. Cette férocité étoit la conséquence de la haine de la noblesse contre le peuple : on ne faisoit plus de prisonniers, ou si, par exception, un gentilhomme avoit épargné quelques bourgeois, Philippe les rachetoit au prix d'un marc d'argent par tête pour les faire périr (1). Au milieu de juin, douze mille Gantois s'avancèrent jusqu'aux portes de Bruges, pour chercher à engager cette ville à s'unir à eux ; mais les gens de Bruges, qui avoient déjà éprouvé les vengeances du duc, et qui avoient été dépouillés de tous leurs priviléges, n'osèrent jamais prendre un parti si hardi. Le pays de Waes, et les villes de Hulst, Bouchoute, Asserède et Axèle, qu'on nommoit les *Quatre Métiers*, secondèrent, au contraire, les Gantois de tout leur pouvoir. Ceux-ci s'étoient fortifiés à Baersselle, village près de Ruppelmonde. Philippe les en fit sortir par une fausse attaque, le vendredi 16 juin 1452, et les battit dans la plaine ; mais il y perdit son fils naturel Corneille, alors connu sous le nom du *Bâtard de Bourgogne*. Pour le venger, il fit massacrer tous ses prisonniers. (2)

(1) Meyer. L. XVI, f. 305, v. — Olivier de la Marche. T. VIII, c. 25, p. 307. — Matth. de Coucy, c. 59, p. 362. — Jacq. du Clercq, c. 10, p. 23. — Barante. T. VII, p. 365.

(2) Meyer. L. XVI, f. 306, 307. — Olivier de la Marche,

1452.

Les Gantois avoient imploré la médiation de Charles VII, et celui-ci leur avoit en effet envoyé des ambassadeurs, qui furent reçus à Gand, vers la fin de juin, avec beaucoup d'honneurs; mais ils ne trouvèrent de part et d'autre aucune disposition à faire des concessions. Le duc, écrivoient-ils au roi, en date du 22 juin, étoit fort irrité, ne prenoit nul homme à merci, et faisoit brûler les villes et les villages; et les Gantois ne vouloient abandonner aucun de leurs priviléges (1). Les hostilités, cependant, tournoient presque toutes au désavantage des pauvres bourgeois. Le comte de Charolais, fils du duc, faisoit, dans cette guerre, ses premières armes, et il mettoit tout son plaisir, comme toute sa gloire, à faire couler en abondance le sang des vilains. C'étoit aussi de cette manière que les courtisans de Bourgogne entendoient la chevalerie, que Philippe croyoit avoir rétablie à sa cour, au milieu des fêtes et des tournois. Les nouveaux chevaliers ne songeoient qu'à s'égaler aux Roland et aux Olivier du temps de Charlemagne, par la destruction d'une vile canaille. (2)

c. 25, p. 329. — Matth. de Coucy, c. 61, p. 370. — J. du Clercq, c. 15, p. 33. — Barante. T. VII, p. 375.

(1) Meyer. L. XVI, f. 308. — Olivier de la Marche, c. 26, p. 344. — Matth. de Coucy, c. 63, p 378. — Jacq. du Clercq, c. 17, p. 38. — Barante. T. VII, p. 382.

(2) Olivier de la Marche, c. 26, p. 347. — Matth. de Coucy, c. 65, p. 384. — Barante, T. VII, p. 396.

Les ambassadeurs de Charles VII firent enfin accepter, par les deux partis, une suspension d'armes de six semaines, pendant laquelle ils ouvrirent des conférences à Lille ; mais les députés d'un roi absolu étoient de mauvais défenseurs des priviléges de la Flandre. Par leur prononcé du 4 septembre 1452, ils abolirent presque toutes les libertés de Gand, et condamnèrent la ville à payer au duc une amende de 250,000 reydders d'or. Les Gantois se regardèrent comme trahis par eux ; ils rejetèrent le prononcé, et reprirent les armes. Quinze cents aventuriers anglais, qui étoient à Calais, vinrent se joindre à eux, et augmentèrent leur courage. L'hiver se passa sans que le duc envoyât contre eux une nouvelle armée, et, au mois de février 1453, les négociations recommencèrent à Bruges. (1)

Ces négociations n'eurent pas plus de succès que les précédentes ; et, au mois de juin, le duc, malgré l'épuisement de ses finances, rassembla une armée assez nombreuse pour s'approcher de Gand. Il vint assiéger Schendelberke. Deux cents Gantois, qui y tenoient garnison, s'y défendirent avec vaillance ; mais ils durent succomber enfin ; ils se livrèrent à la

---

(1) Meyer. L. XVI, f. 308. — Olivier de la Marche, c. 26, p. 353. — Matth. de Coucy, c. 68, p. 388. — Jacq. du Clercq, c. 23, p. 46. — Barante. T. VII, p. 412.

merci du duc, qui les fit tous massacrer. Philippe assiégea ensuite le château de Poucke; Jacques de Lalaing, un des chevaliers qu'il aimoit le plus, fut tué devant ses murs; pour le venger, le duc fit mettre à mort tout être vivant qui fut trouvé dans Poucke (1). Le 6 juillet, il vint assiéger Gavre. Il y a lieu de croire qu'il corrompit le commandant de ce château, et qu'il l'engagea à trahir sa patrie. Ce commandant se rendit à Gand; là il affirma que l'armée du duc étoit réduite à quatre mille combattans, et il engagea les bourgeois à venir l'attaquer sous les murs de Gavre. Quarante-cinq mille hommes de milice, soit de Gand, soit du pays de Waes, des Quatre-Métiers et de la campagne environnante, sortirent de Gand le 22 juillet, et marchèrent sur Gavre. Cette place s'étoit rendue la veille, et tous ses habitans avoient été pendus. Les quinze cents Anglais, qui jusqu'alors avoient secondé les Gantois, désertèrent et passèrent sous les drapeaux de Bourgogne, en même temps que l'armée bourguignone commença l'attaque. Les Gantois, sans se laisser troubler par cette double trahison, n'en combattirent pas avec moins d'obstination et de courage. Leurs lourdes pha-

---

(1) Meyer. L. XVI, f. 315. — Olivier de la Marche, c. 27, p. 377 et 382. — Matth. de Coucy, c. 81, p. 52 et 82, p. 54. — Jac. du Clercq, c. 28, p. 58, jusqu'à c. 47, p. 94. — Barante. T. VII, p. 420.

langes avançoient toujours, et repoussoient la cavalerie du duc, lorsque, tout à coup, un chariot de poudre sauta au milieu de cette épaisse colonne d'infanterie, et y fit une large trouée; un moment de terreur empêcha les bourgeois de la refermer aussitôt, et la gendarmerie du duc s'y précipita. Dès-lors le massacre commença, car tous ces gentilshommes avoient reçu l'ordre de n'accorder aucun quartier à des bourgeois. Ceux-ci se défendoient cependant avec une vaillance, à laquelle Olivier de la Marche rend lui-même témoignage, « Et se combattoient, dit-il,
« et défendoient les Gandois moult vaillamment,
« et moult navrèrent et blessèrent de gens et de
« chevaux; et certes un Gandois vilain, et de
« petit état, et sans nom pour être recognu,
« fit ce jour tant d'armes, tant de vaillance et
« d'outrages, que si telle aventure étoit avenue
« à un homme de bien, ou que si je le susse
« nommer, je m'acquitterois de porter honneur
« à son hardement. » (1)

1453.

Vingt mille hommes furent massacrés dans cette effroyable boucherie; la milice de Gand étoit détruite, et la ville ne pouvoit plus opposer de résistance. Cependant Philippe fut ému de compassion par la ruine de la plus grande

---

(1) Mém. d'Olivier de la Marche. T. VIII, c. 28, p. 398. — Meyer. L. XVI, f. 313. — Jacq. du Clercq. T. XIII, c. 49, p. 97, c. 54, p. 107.

ville de ses États. « Combien, dit-il, que par la
« divine aide, j'aie la main au-dessus de mes
« sujets les Gandois; toutefois, je veux user de
« grâce et de miséricorde; ni oncques je n'eus
« pitié d'eux ni de leur cas, jusques à cette
« heure. Si veux que lettres soient faites, adres-
« santes à la ville de Gand, contenant que sans
« avoir regard à l'avantage que j'ai par la vic-
« toire, mais pour l'honneur de Dieu seulement,
« tout, tel, et semblable traité que je leur ai
« accordé à Lille et ailleurs, en leur plus grande
« prospérité, si je le veux tenir et accom-
« plir. » (1)

Les chroniqueurs du duc font sonner bien haut cette grâce; elle n'étoit pas cependant fort libérale. Le traité qu'il avoit voulu imposer à Lille aux Gantois, et qu'il leur offroit de nouveau, les soumettoit aux plus humiliantes expiations, à la perte de presque tous leurs priviléges, et à des amendes ruineuses, qu'il aggrava encore; car, au lieu de 250,000 reydders d'or, il leur en demanda 350,000 (2). Mais, après le massacre de Gavre, les Gantois n'étoient plus en état de résister, en sorte qu'ils acceptèrent le pardon que leur offroit leur duc, avec une vive reconnoissance.

(1) Olivier de la Marche, c. 28, p. 399. — Jacq. du Clercq, c. 55, p. 110. — Amelgardus. L. V, c. 11, f. 141.
(2) Meyer. L. XVI, f. 314, v.

Le 31 juillet, tous les survivans entre les défenseurs de la liberté attendirent le duc aux portes de Gand, à genoux, nu-pieds, sans autre vêtement que des brayes de toile. Dès qu'il parut, l'air retentit de leur cri : *Miséricorde aux gens de Gand!* Ils trouvèrent, en effet, miséricorde pour leur vie; mais la ville qui avoit entretenu si long-temps dans les Pays-Bas le foyer de la liberté, tomba sous le joug le plus âpre et le plus humiliant. (1)

1453.

Nous avons dit que des aventuriers anglais avoient marché d'abord de Calais au secours des Gantois, qu'ensuite, en les abandonnant à Gavre, ils avoient précipité leur défaite. Mais, dans l'une et l'autre circonstance, ces Anglais n'avoient point agi d'après les ordres de leur gouvernement; accoutumés aux combats dès l'enfance, ils n'avoient écouté que leur propre avidité, en mettant à profit cet intervalle de loisir entre les guerres civiles de France et les guerres civiles d'Angleterre. Celles-ci paroissoient déjà imminentes, mais n'avoient pas encore commencé, tandis que, quoiqu'il n'y eût point de paix entre la France et l'Angleterre, point même de négociation entamée pour en

(1) Meyer. L. XVI, f. 315. — Olivier de la Marche, c. 28, p. 402. — Matth. de Coucy, c. 83, p. 55, et le Traité, c. 84, p. 60. — Jacq. du Clercq, c. 56, p. 113. — Barante. T. VII, p. 428-439.

établir une, la guerre avoit cessé, parce que les deux peuples ne se trouvoient plus à portée de se rencontrer. Pendant cette même année 1453, Henri VI étoit tombé gravement malade. On ne donne aucun détail sur les symptômes de sa maladie, mais il semble que c'étoit la même dont son aïeul Charles VI avoit été si long-temps affecté. Comme il étoit dans cet état, Marguerite d'Anjou, qui depuis neuf ans avoit été mariée avec lui sans avoir d'enfans, lui donna, le 23 octobre 1453, un fils nommé Édouard, dont la naissance donna lieu aux bruits les plus désavantageux sur le compte de la reine (1). On avoit obéi à Marguerite tant qu'on avoit pu croire que le roi avoit une volonté, et qu'elle lui avoit fait réellement adopter les ordres qu'elle lui suggéroit; mais depuis que Henri VI ne pouvoit plus donner même cette sanction apparente aux actes du gouvernement, Marguerite ne paroissoit plus aux Anglais qu'une princesse française, attachée de cœur aux ennemis les plus acharnés de l'Angleterre, et ne voulant écouter les conseils que de ce duc de Sommerset, qui avoit perdu toutes les possessions des Anglais en France, si ce n'est par trahison, du moins par lâcheté ou par incapacité. Les Anglais voulurent avoir une garantie que

(1) Rapin Thoyras. T. IV. L. XII, p. 339.

les intérêts anglais seroient désormais mieux consultés. Ils voulurent que des princes, des grands seigneurs, vraiment anglais, fussent admis dans le conseil. Bientôt il n'y eut plus moyen de résister à ce vœu national. Avant la fin de l'année, le duc d'York, le comte de Salisbury de la maison de Newill, le comte de Warwick son fils, et quelques autres furent introduits dans le conseil de Henri VI. Ils se comptèrent, et reconnoissant qu'ils étoient les maîtres, ils expédièrent sous le grand sceau, le 13 février 1454, des lettres patentes qui autorisoient le duc d'York à tenir le parlement à Westminster, à y faire toutes les choses qui appartiennent à l'autorité royale, et à le dissoudre ensuite. (1)

Dès-lors le duc d'York commença à agir comme s'il eût été nommé lieutenant-général du royaume, et le premier usage qu'il fit de sa nouvelle autorité fut de faire arrêter le duc de Sommerset dans la propre chambre de la reine, et de l'envoyer à la Tour (2). Les communes portèrent à la chambre des lords une accusation contre ce duc, pour avoir, par sa faute, laissé perdre la Normandie. Le grand sceau fut donné, le 2 avril, au comte de Salisbury, et, le 3, le parlement nomma le duc d'York pro-

---

(1) Rymer. T. XI, p. 344. — J. Chartier, p. 283. — Matth. de Coucy, c. 86, p. 82. — Jacq. du Clercq, c. 3, p. 124.
(2) Rapin Thoyras. L. XII, p. 343.

tecteur du royaume, défenseur de l'Église, et premier conseiller du roi, jusqu'au temps où le prince Édouard, fils de Henri VI, âgé seulement de six mois, seroit en âge de remplacer lui-même son père (1). C'étoit, sans doute, une chose étrange que le duc d'York, qui prétendoit secrètement avoir un titre à la couronne supérieur à celui de la maison de Lancastre, se présentât pour être le protecteur et le lieutenant de celle-ci.

Un des premiers usages que fit le duc d'York de son nouveau pouvoir, fut de venir au secours des malheureux émigrés de Gascogne, qui, par dévouement pour l'Angleterre, avoient encouru la perte de tous leurs biens, et l'exil de leur patrie. L'un d'eux, le sire de l'Esparre, venoit de se laisser arrêter en Guienne, où il étoit rentré malgré son exil; il avoit été conduit à Poitiers, mis à la question, puis exécuté. Gaillard de Durfort, sire de Duras et de Blancafort, se trouvoit au contraire à Londres dans la misère. Le duc d'York lui accorda, le 21 avril 1454, une pension de cent livres, pour lui et douze de ses serviteurs; il en accorda quelques autres à divers seigneurs de Gascogne (2). Mais, quoiqu'il eût travaillé à décrier le gouvernement de Marguerite comme dévoué à la France, le duc

(1) Rymer. T. XI, p. 344, 346.
(2) Rymer. T. XI, p. 348. — J. Chartier, p. 284.

ne se proposoit point, en s'attachant ces seigneurs gascons, de renouveler la guerre contre Charles VII en Guienne ; il ne songea pas davantage à l'attaquer en Picardie, encore qu'il ôtât au duc de Sommerset le gouvernement de Calais pour se l'attribuer à lui-même (1). Il avoit trop à faire à se soutenir dans sa patrie, pour chercher des ennemis au-dehors.

D'ailleurs un grand événement, qui remplissoit l'Europe de deuil et de consternation, auroit fait regarder, à cette époque, de nouvelles guerres entre les chrétiens, comme un acte d'impiété. Constantinople avoit été prise par Mahomet II, le 29 mai 1453. Le dernier empereur grec, Constantin Paléologue, avoit été massacré par les Turcs, avec quarante mille chrétiens. Aucun secours n'avoit été donné par les grandes puissances de l'Occident à la capitale de l'Orient, qui, depuis si long-temps, soutenoit une guerre inégale contre les infidèles, et qui, par sa résistance aux Turcs dans le moment de leur plus ardent fanatisme et de leur plus haute puissance militaire, avoit sauvé la chrétienté. Déjà les musulmans avoient asservi en entier l'Église grecque ; ils menaçoient les Esclavons, qui appartenoient à l'Église latine ; on pouvoit même trembler pour Rome et toute l'Italie. En effet, si les

---

(1) Rymer. T. XI, p. 351.

1454. Turcs ne poussèrent pas plus loin leurs conquêtes, ce ne fut point parce que les chrétiens se mirent en état de leur résister, mais parce qu'eux-mêmes s'énervèrent en s'abandonnant aux voluptés et s'abrutirent par le despotisme.

Chacune des chroniques contemporaines de France contient une relation de cette grande catastrophe; c'étoit l'affaire de la chrétienté, aucun peuple n'y demeuroit indifférent (1). Les rois n'en recevoient pas une impression si profonde. Charles VII laissa peu voir au public qu'il eût été ému de ce grand événement. Après la campagne de Guienne, il s'étoit retiré aux Montils-lès-Tours, et il y avoit repris sa vie de château, dérobant, autant qu'il pouvoit, aux yeux de ses sujets ses amours avec madame de Villequier, cousine d'Agnès Sorel, et avec les demoiselles qu'elle avoit soin de trouver pour lui. Philippe de Bourgogne, au contraire, prince charlatan de chevalerie, qui dépensoit en tournois la plus grande partie des revenus de ses riches États, et qui croyoit avoir reproduit dans ses chevaliers de la Toison d'Or les paladins de Charlemagne, s'annonça comme le champion de la chrétienté, et le chef d'une croisade nouvelle, qui chasseroit Mahomet II de Constantinople,

---

(1) J. Chartier, p. 271. — Matth. de Coucy, c. 73, 74, p. 23, 31. — J. du Clercq. L. III, c. 6, p. 139 à c. 9, p. 149, et Appendice. T. XIII, p. 321-351.

et rétabliroit l'empire grec. Une fête splendide, préparée trois mois d'avance pour publier ses engagemens, s'ouvrit à Lille le 9 février 1454. Ce fut un tournoi suivi d'un festin, où l'on joua les intermèdes fastueux que la cour de Bourgogne avoit mis à la mode. On y vit d'abord étalés sur les trois tables où les nombreux convives devoient s'asseoir, une église avec ses cloches, son orgue et ses chantres; un navire avec ses matelots; un pâté contenant vingt-huit musiciens; un château avec ses fossés, ses tours et ses gardes, tous personnages automates, ou mus chacun à leur tour comme des marionnettes, et dont on entendoit la musique. Pendant que les convives admiroient le jeu de ces mécaniques, un géant entra dans la salle, conduisant un éléphant. De la tour que celui-ci portoit sur son dos, descendit une femme éplorée, qui représentoit la sainte Église. Celle-ci, dans une longue complainte en vers, raconta les maux que lui avoient faits les Infidèles, et demanda aux chevaliers qui l'écoutoient de la défendre et de la venger. Le roi d'armes Toison d'Or se présenta en même temps, portant un faisan vivant orné d'un collier d'or et de pierreries, et le duc mettant la main sur le faisan, dit à haute voix : « Je voue à Dieu premièrement, puis à la très « glorieuse vierge Marie, aux dames, et au « faisan, que je ferai ce qui est écrit dans ce

« billet. » Il craignoit de s'aventurer à parler long-temps de suite en public, et il remit à Toison d'Or le billet pour le lire à haute voix. Il s'y engageoit à aller faire la guerre aux Infidèles, soit sous les ordres du roi de France ou de son lieutenant, soit en compagnie des princes chrétiens qui voudroient l'accompagner, et à combattre corps à corps le grand-turc, si celui-ci vouloit y consentir. Chacun des princes présens à ce festin, et chacun des chevaliers prononça à son tour un vœu pour se lier à la croisade. Ils se croyoient obligés d'imiter leur hôte, ils enchérissoient les uns sur les autres, et chacun s'engageoit à quelque pénitence bizarre, jusqu'à ce qu'il eût accompli le fait d'armes qu'il lui plaisoit de se prescrire d'avance. (1)

Mais le luxe le plus extravagant avoit été déployé dans cette fête, et il avoit si complétement épuisé l'épargne du duc de Bourgogne, au moment où il auroit convenu de la remplir pour exécuter les projets qu'il méditoit, qu'il se vit forcé de congédier pour deux ans tous les serviteurs de son hôtel, sans leur accorder aucun gage (2). Puis il partit pour la Suisse et l'Alle-

---

(1) Matth. de Coucy. T. XI, c. 87, p. 83, jusqu'à 185. — —Jacq. du Clercq. T. XIII. L. III, c. 14, p. 159, et c. 15, p. 164. — Olivier de la Marche. T. IX, c. 29 et 30, p. 1-32. —Plancher, Hist. de Bourgogne. T. IV. L. XX, p. 283.

(2) Matth. de Coucy. T. XI, c. 91, p. 190-205.

magne, afin d'y prêcher à son tour la croisade, au milieu des fêtes qu'il recevroit. En effet, il fut défrayé durant tout son voyage, tantôt par les princes, tantôt par les villes; on lui offrit partout des divertissemens chevaleresques, et on le combla de présens. L'empereur Frédéric III cependant, qu'on accusoit d'avarice, ne voulut point l'attendre à Ratisbonne, et se retira dans ses États héréditaires. De son côté, le duc de Bourgogne ne se rendit point à la diète des princes allemands, qu'il avoit fait convoquer à Francfort au mois de novembre, pour s'occuper de cette croisade. Il étoit retenu à Dijon, où il célébra, le 30 octobre, les noces de son fils, le comte de Charolais, avec sa cousine-germaine, Isabelle de Bourbon (1). Il avoit député au roi Simon de Lalaing, pour lui rendre compte du vœu par lequel il s'étoit lié, et des efforts qu'il avoit faits pour engager les princes d'Allemagne à le seconder. Mais Charles VII, tout en louant sa piété et son zèle pour l'Église, ne lui promit point de suivre son exemple, et de se mettre à la tête de la croisade; au contraire il lui fit quelques représentations sur les inconvéniens que pourroit causer son absence, soit dans ses propres États, soit en France, où, comme prince

---

(1) Matth. de Coucy, c. 96, p. 210. — Jacq. du Clercq. L. III, c. 17, p. 171. — Olivier de la Marche. T. IX, c. 31, p. 32. — Barante. T. VIII, p. 34.

1454. du sang et proche parent du roi, il étoit obligé à demeurer prêt pour la défense du royaume. Il lui rappela en même temps que la France n'étoit nullement liée aux décisions qu'imposeroit le pape sans le vouloir du roi. Cependant après avoir fait parvenir au duc de Bourgogne ces sages avis, Charles VII, par des lettres-patentes du 5 mars 1455, lui accorda la permission de lever, dans les seigneuries qu'il possédoit en France, des soldats, une aide en argent, et un décime sur le clergé, pour l'accomplissement de sa bonne et louable entreprise (1). Peut-être auguroit-il déjà qu'elle n'auroit point lieu. La vive impression qu'avoit faite la catastrophe de l'empire d'Orient, commençoit à s'effacer, et cet événement, duquel aujourd'hui on date la fin du moyen âge et l'entrée dans les temps modernes, rentroit dans la classe des événemens journaliers.

(1) P. Plancher, Hist. de Bourgogne. T. IV. L. XX, p. 285. —Preuves. *Ibid.* §. 169, p. 216, et 170, p. 218. — Barante. T. VIII, p. 55.

CHAPITRE XI.

État de la littérature française au quinzième siècle. Progrès de l'intelligence. Le clergé s'en alarme et veut l'arrêter en 1460 par les effroyables persécutions d'Arras.—Armagnac chassé de ses États. — Le duc d'Alençon arrêté. — Le dauphin s'enfuit à la cour de Bourgogne. — 1455-1456.

Le repos dont la France commençoit à jouir laissoit apercevoir qu'au milieu des orages qui l'avoient si long-temps tourmentée, une nation nouvelle s'étoit formée; que des idées nouvelles, un désir nouveau d'ordre, de justice, de bon gouvernement, germoient dans la plupart des têtes; que la barbarie du moyen âge, cette barbarie que la guerre universelle avoit maintenue en France plus long-temps que dans le reste de l'Europe méridionale, reculoit enfin devant la civilisation moderne. Le symptôme le plus frappant de ce progrès se trouvoit dans le langage. Dans les ordonnances ainsi que dans les chroniques des contemporains, il commençoit à devenir plus clair, plus correct, plus philosophique, plus nourri d'idées. Les ordonnances de

Charles VII comparées à celles de Saint-Louis se font reconnoître à première vue comme appartenant à une période bien plus avancée de la civilisation, par la méthode, les développemens, le but que le législateur se propose; et cependant Saint-Louis étoit bien supérieur à Charles VII, en valeur morale, en connoissance de ses affaires; de plus, quand on rappelle à sa mémoire la stupide tyrannie qui avoit constamment accablé les Français depuis la première accession des rois de la maison de Valois, on pourroit s'attendre à ce que la nation eût dégénéré comme ses maîtres, à ce que le brigandage universel, la violation de tous les droits, eussent rendu les Français de Charles VII aussi incapables de recevoir de bonnes lois, que le roi lui-même de les donner.

Ce développement de l'intelligence nationale, qu'on reconnoît également au progrès de la langue et au progrès de la pensée, ne peut point s'expliquer par les révolutions politiques qu'avoit éprouvées le pays; car loin de faire supposer que la prospérité publique se fût accrue ou que le gouvernement se fût amélioré, on ne sauroit révoquer en doute qu'au milieu du quinzième siècle la France venoit de traverser la période la plus longuement calamiteuse de son histoire. Il faut donc en chercher la cause dans la durée de l'expérience, dans l'accumulation des idées, qui présente une richesse toujours plus grande aux générations, à mesure qu'elles se succèdent, dans le mouvement enfin de la masse entière de l'espèce humaine, qui entraîne en avant même les nations que des calamités particulières sembleroient devoir faire reculer.

D'autre part si l'on cherche à mesurer les progrès de l'intelligence nationale d'après ceux de la littérature, quoiqu'on y aperçoive une fermentation, on reconnoît à peine une marche, l'on ne distingue point un mouvement qui fût propre à entraîner les esprits. La littérature française, laissée loin en arrière durant ce siècle par celles des autres nations, suivoit tout au plus l'impulsion qu'elle recevoit du dehors. La communication entre les écrivains français et ceux qui honoroient à cette époque l'Italie, l'Espagne et l'Allemagne, devenoit sans doute plus fréquente, et elle influoit un peu sur leurs ouvrages; on ne sentoit point cependant qu'un esprit nouveau les animât, aucune révolution ne s'étoit opérée dans les lettres, et le compte que nous allons chercher à en rendre comprend également tout le quatorzième et presque tout le quinzième siècle.

Les ouvrages appartenant proprement à la littérature, qui avoient été écrits en français depuis le commencement du quatorzième siècle, et qui exerçoient seuls quelque influence sur le public de France, pouvoient se ranger sous un bien petit nombre de classes : des romans de chevalerie, des fabliaux et des contes, des poésies ou allégoriques ou lyriques, des mystères, et enfin des mémoires historiques et chevaleresques. Ces ouvrages se trouvent encore dans les grandes bibliothèques, mais la plupart ne portent point de nom d'auteur. Aucune grande réputation française de ces deux siècles n'est arrivée jusqu'à nous.

Le goût de la lecture, long-temps exclusif parmi les moines et les clercs, étoit devenu général parmi les gens du monde ; c'est-à-dire que dans toutes les cours, dans tous les châteaux, les nobles ou les chevaliers, et les dames, lisoient ou se faisoient lire. C'étoit le public nouveau de la France, le public qui par sa curiosité et son désœuvrement avoit créé la seule littérature à la mode. Il n'y avoit qu'une chose qui pût lui plaire, le récit des combats et des aventures surprenantes. Pour ce public avoient été composés au douzième et au treizième siècle les premiers romans de chevalerie. Mais à cette époque les gentilshommes lisoient rarement eux-mêmes : aussi les romans avoient été composés en vers, pour que les trouvères et les conteurs les retinssent plus aisément dans leur mémoire. Depuis que les gentilshommes s'étoient accoutumés à supporter la lecture d'autrui, ou à lire eux-mêmes, les romans en vers avoient été jugés fatigans et monotones : le grand travail du quatorzième et du quinzième siècle fut de les traduire en prose, et en langage plus moderne. Le roman de la fée Mélusine, protectrice de la maison de Lusignan, fut dédié au roi Jean, pendant qu'il étoit encore prince royal, ou avant l'an 1350. On vit plusieurs fois reproduire ses aventures les plus merveilleuses, dans les fêtes de la maison de Bourgogne (1). Les romans de Huon de Bordeaux, d'Ogier le Danois, et des autres paladins de Charlemagne, furent écrits ou traduits pendant les règnes de Charles VI et Charles VII; on croit que les romans de la Table ronde, ou du roi Artus, et ceux du petit Artus de Bretagne, furent écrits aussi pendant le règne de Charles VII, mais dans les provinces qui, comme la Normandie et la Bretagne, suivoient le parti anglais; en sorte qu'on reconnoîtroit la patrie ou la faction du romancier au choix qu'il faisoit de la cour d'Artus ou de celle de Charlemagne, pour y placer le siége de toute chevalerie. Philippe duc de Bourgogne ayant épousé Isabelle fille du roi Jean de Portugal, les romanciers de sa cour traduisirent du portugais Amadis de Gaule, et les autres Amadis, ainsi que tous les romans espagnols. Cette triple origine, dans les trois cours de Charles VII, de Henri VI et de Philippe expli-

---

(1) Chroniq. de Matth. de Coucy. T. XI, c. 87, p. 96.

que la division des romans de chevalerie en trois classes, en trois grandes époques, qui n'ont aucun rapport l'une avec l'autre. (1)

Non seulement ces romans se retrouvent en grand nombre dans toutes les anciennes bibliothèques, leur influence sur les opinions du siècle, sur la conduite des grands, se reconnoît à chaque événement. Dans les historiens du temps on trouve sans cesse des allusions à ces fables, qui prouvent qu'elles étoient dans la mémoire de tous (2). Aucun homme d'armes ne concevoit la guerre, aucun prince ne concevoit la politique autrement qu'il ne la trouvoit dans les romans. Ceux mêmes qui, d'après le progrès des études, abordoient quelquefois les historiens de l'antiquité, ne savoient les juger que comme des livres de chevalerie. Le comte de Charolais, fils de Philippe de Bourgogne, avoit joint à la lecture des romans celle des histoires qu'une érudition nouvelle commençoit à rendre recommandables. « Jamais « ne se couchoit, dit Olivier de la Marche, « qu'il ne fît lire deux heures devant lui ; et lisoit « souvent devant lui le seigneur d'Hymbercourt,

(1) Les romans en vers des XIIe et XIIIe siècles auroient dans cette hypothèse été composés de même, les uns sous la domination des rois anglais, les autres des rois français.

(2) Selon M. Villemain, deux cent quarante-cinq romans de chevalerie furent imprimés de l'an 1462 à l'an 1520. Cours de Littérature du 25 mai 1830.

« qui moult bien lisoit, et faisoit lors lire des
« hautes histoires de Rome, et prenoit moult
« grand plaisir ès faits des Romains (1). » Mais si
jamais prince prit pour règle unique de sa conduite les romans de chevalerie, ce fut ce même
comte de Charolais. Nous ne savons le nom
d'aucun de ceux qui publièrent le nombre infini
de romans de chevalerie qui datent de cette
époque : comme ils n'étoient que des traducteurs,
ils ne croyoient pas peut-être devoir attacher
leur nom à leurs ouvrages.

Les fabliaux, comme les romans de chevalerie, avoient été d'abord la propriété des trouvères et des conteurs, qui les récitoient dans les
châteaux et à la table des riches bourgeois, pour
égayer les festins : c'étoient des récits en vers
de quelque aventure ou galante ou bouffonne,
quelquefois des contes dévots empruntés à la
légende, quelquefois même des leçons de morale contenues dans quelque fable. Mais, à en
juger par le langage, la plupart avoient été écrits
au plus tard dans le douzième et le treizième
siècle; ce langage étoit même antérieur encore
à cette époque, parce que les fabliaux étoient en
vers, et tous ceux qui écrivoient en vers paroissoient croire que des mots vieillis et presque
hors d'usage donnoient à leur style quelque

(1) Olivier de la Marche. T. VIII, c. 28, p. 407.

chose de plus poétique. Les fabliaux n'étoient pas dépourvus de naïveté et de grâce; mais ils étoient devenus presque inintelligibles, par l'emploi des plus vieilles expressions du langage, et cet air d'antiquité faisoit en même temps presque leur seul mérite poétique. Après avoir traduit en prose les romans de chevalerie, on commença aussi à traduire les fabliaux, ou plutôt à composer, pour charmer les loisirs des chevaliers et des dames, des recueils de contes et de nouvelles, qui commencèrent au quinzième siècle à se multiplier. *Les Cent Nouvelles nouvelles* furent recueillies d'après l'ordre du dauphin Louis, comme « contes qui sont moult « plaisans à raconter en toutes bonnes compa- « gnies par manière de joyeuseté. » Et en effet, ils sont attribués au dauphin lui-même, au duc de Bourgogne, aux seigneurs de la Roche, de Saint-Pol, et à d'autres grands seigneurs de la cour de Bourgogne (1). Beaucoup d'autres recueils du même genre furent publiés dans le même siècle et le suivant. L'usage de lire ou de conter des nouvelles paroît avoir été général dans les châteaux, dans les cours, dans toutes les réunions de la haute société; ces nouvelles, presque toutes licencieuses, n'avoient point le

---

(1) *Voyez* les Cent Nouvelles nouvelles. La Haye, 1733, 2 vol. in-18. — Boccace et les autres conteurs italiens étoient plus anciens d'un siècle.

mérite poétique des romans de chevalerie : elles roulent sur les amours, ou les mésaventures conjugales des bourgeois autant que des chevaliers, et elles donnent une idée très défavorable de la grossièreté de cette époque, et par les mœurs qu'elles représentent, et par le peu de pudeur des dames qui en écoutoient le récit. Les romans de chevalerie et les nouvelles galantes formoient la base de la littérature populaire au quatorzième et au quinzième siècle ; et c'est justement parce que des copies ou des fragmens des uns et des autres se retrouvoient dans toutes les villes, dans tous les châteaux, que les noms de leurs auteurs, négligés par des copistes populaires, se sont perdus. Mais d'autres poètes de la même époque attachoient plus d'importance à leurs vers, et comptoient sur une gloire que la postérité ne leur a point confirmée. Le *Roman de la Rose*, commencé au milieu du treizième siècle par Guillaume de Lorris, et continué dans le quatorzième par Jean de Meun, avoit gâté le goût des Français, en les accoutumant à regarder comme une œuvre de génie une longue allégorie, souvent fort indécente, entremêlée de prétendue philosophie, de prétendue morale, et de tout ce que l'auteur possédoit d'érudition. Le *Roman de la Rose* étoit placé par Pasquier lui-même à côté de l'admirable poëme du Dante ; aussi, pendant les quatorzième et quinzième siècles, les imitateurs de cet ennuyeux ouvrage se succédèrent en grand nombre. Le *Pélerinage* de Guillaume de Guilleville, *le Champ vertueux de bonne vie*, et *l'Évangile des Femmes* de Jean du Pin, *le Respit de la Mort* de Jean Le Fèvre, qui passèrent alors pour de savantes et ingénieuses allégories, pour des ouvrages riches en instruction, dont chacun étoit aussi volumineux qu'un long poëme épique, furent admirés sans être beaucoup lus, et influèrent peu sur le goût, qu'ils n'auroient pu que gâter.

La poésie lyrique étoit aussi cultivée à cette époque, et elle continuoit à être presque exclusivement le partage des grands seigneurs. On l'avoit vu commencer au treizième siècle parmi les chevaliers compagnons de Saint-Louis, et l'on conserve les chansons, ou plutôt les odes en cinq strophes et un envoi de Thibaud, roi de Navarre, de Gasce Brûle, de Coucy, de Thierry de Soissons, et de plusieurs seigneurs qui marchèrent aux dernières croisades. Au quatorzième siècle, Froissart mit à la mode les pastourelles, les rondeaux et les virelais; et au quinzième siècle, Charles, duc d'Orléans, pendant sa longue captivité en Angleterre, acquit, par ses ballades, une réputation qui ne fut pas sans influence sur la politique. Les poésies du duc d'Orléans sont peut-être celles qui marquent le mieux les progrès de la langue et du goût. Leur langage est facile à comprendre; les rimes sont soignées, elles sont croisées, souvent avec artifice; les vers sont à peu près conformes aux règles qu'on suit encore aujourd'hui, avec peu d'enjambemens, peu de hiatus, seulement l'*e* muet paroît avoir été plus fortement prononcé qu'il ne l'est aujourd'hui, car il porte fréquemment la césure. On ne trouve dans les œuvres du duc d'Orléans que des poésies légères et galantes, surtout des madrigaux en trois couplets, suivis d'un envoi (1). René d'Anjou, roi de Si-

(1) Poésies de Charles d'Orléans, père de Louis XII et oncle de François Ier, roi de France, 1 vol. in-12 : à Grenoble, 1803, chez Giroud, imprimeur. — Mémoires de l'abbé Sellier sur les poésies du duc d'Orléans; Acad. des Inscriptions. T. XIII, p. 580-592.

Nous insérerons ici comme exemple des progrès de la poésie et du langage, un madrigal du duc d'Orléans, qui a quelques rapports avec l'histoire : c'est celui qu'il adressa, en 1433. au duc de Bourbon, son compagnon de captivité, lorsque celui-ci obtint la permission de rentrer en France.

> Puis qu'ainsi est que vous allez en France,
> Duc de Bourbon, mon compaignion très chier,
> Où Dieu vous doint, selon la desirance
> Que tous avons, bien pouoir besongnier;
> Mon fait vous veulx descouvrir et chargier
> De tout en tout, en sens et en folie;
> Trouver ne puis nul meilleur messaigier,
> Il ne faut jà que plus je vous en die.
>
> Premierement, si c'est votre plaisance,
> Recommandez-moi, sans point l'oublier,

cile, fut aussi au nombre des princes poètes de ce siècle : dans ses vers, comme dans ceux du duc d'Orléans son cousin, on peut remarquer les progrès du langage et ceux de la versification ; mais le talent, l'inspiration, manquoient à René, aussi-bien dans la poésie, la musique, la peinture, que dans l'art de régner. On a conservé de lui plusieurs ennuyeuses et pédantesques allégories, et rien de naïf ou de vivement senti. Si l'on pouvoit croire à l'authenticité des poésies de Clotilde de Surville, qu'on prétend avoir vécu à cette même époque (1405-1495), on trouveroit dans ses vers un progrès

> A ma Dame ; ayez-en souvenance,
> Et lui dites, je vous prie et requier,
> Les maux que j'ai, quand me faut esloignier
> Maugré mon vueil sa douce compaignie :
> Vous savez bien que c'est de tel mestier,
> Il ne faut jà que plus je vous en die.
>
> Or y faites, comme j'ai la fiance ;
> Car un ami doit pour l'autre veiller.
> Si vous dites : Je ne sais sans doutance
> Qui est celle : veuillez la m'enseignier?
> Je vous répons que ne vous faut serchier
> Fors que celle qui est la mieux garnie
> De tous les biens qu'on sauroit souhaitier :
> Il ne faut jà que plus je vous en die.
>
> ENVOI.
>
> Si ai chargé à Guillaume Cadier
> Que par de là bien souvent vous supplie,
> Souvienne vous du fait du prisonnier :
> Il ne faut jà que plus je vous en die.

bien autrement marquant vers les hautes pensées, les sentimens nobles et purs qui font de la poésie l'institutrice du genre humain. Mais il suffit de lire quelques vers de Clotilde, après ceux qui ont été réellement écrits dans le quinzième siècle, pour être assuré qu'ils sont l'ouvrage d'un homme de notre temps. C'est moins encore dans la pureté du langage ou la correction de la versification qu'il en faut chercher la preuve, que dans la précision et la rapidité de la pensée, dans la plénitude de chaque vers, qui donne toujours une image complète, un sentiment fini, un contraste piquant, dont on ne trouve pas un exemple dans les poètes du quinzième siècle (1). L'auteur des poésies de

(1) J'ouvre au hasard les prétendues poésies de Clotilde, et j'affirme que quiconque a lu cent vers seulement, ou de celles du duc d'Orléans, ou de celles du roi René, ou de celles de Villon, ne pourra pas croire un instant que les vers suivans soient du même siècle.

<pre>
A tout le moins, nous, que la Parque fiert
Espoir avons en la tombe nous suivre,
Qui tost, qui tard; ains trop ne nous hastons:
Doulce est encor la coupe de la vie.
Faut l'adorner de gracieux festons.
N'aurons que trop, pour désarmer l'envie,
Triste loisir de jongler des Catons.

Suivons l'amour, tel en soit le danger!
Cy nous attend sur lits charmants de mousse.
A des rigueurs.... qui voudroit s'en venger,
</pre>

Clotilde l'a présentée avec un cortége de femmes poëtes qui se seroient transmis l'héritage du goût, de l'élégance et de l'invention en langue romane, dès les temps d'Héloïse jusqu'au quinzième siècle; mais Agnès de Bragelongne, Sainte des Prés, Barbe de Verrue, et Amélie de Montmore, sont aussi apocryphes que Clotilde de Surville.

Au quinzième siècle, on compta encore, parmi les poëtes lyriques, Olivier de la Marche et George Châtelain, qui se distinguoient en même temps parmi les chevaliers de la cour de Bourgogne; Martin Franc, qui fut secrétaire du pape Félix V; Alain Chartier, secrétaire de Charles VII. On raconte de celui-ci, qui étoit fort laid, que Marguerite d'Écosse, première femme du dauphin Louis, le voyant un jour endormi, lui donna un baiser, disant à ceux

> Qui (même alors que tout désir s'émousse,)
> Au prix fatal de ne plus y songer?
> Règne sur moi, cher tyran, dont les armes
> Ne me sauroient porter coups trop puissans!
> Pour m'épargner n'en crois onc à mes larmes;
> Sont de plaisir; tant plus auront de charmes
> Tes dards aigus, que seront plus cuisans.
> *Chant d'amour au printemps*, p. 37-39.

On trouveroit aussi des critiques verbales pour prouver que ce n'est point ici la langue du quinzième siècle; mais ce n'en est pas davantage une traduction, une modification : ce sont les pensées, ce sont les sentimens qui sont tout modernes.

qui l'accompagnoient qu'elle honoroit ainsi :
« La précieuse bouche de laquelle sont issus et
« sortis tant de bons mots et vertueuses pa-
« roles » (1). Ses paroles, cependant, sont demeurées imprimées; et son *Débat de deux For-
tunés d'amour*, son *Bréviaire des Nobles*, son
livre des *Quatre Dames*, semblent, par leur
platitude, bien peu dignes d'une telle récompense. Enfin, l'an 1431, naquit François Villon,
dont le poète Marot a recueilli les œuvres, et
que Boileau célèbre (2), comme ayant su le
premier donner des règles à la langue et à la
versification; ces éloges, donnés à un homme
crapuleux, dont les vers n'obtinrent quelque
succès que par leur indécence et leur impiété,
surtout par l'amère raillerie de l'auteur, qui
plaisantoit même sur la potence à laquelle il fut
condamné, montrent quelle étoit alors la disette
des poètes (3). Villon peut être regardé comme
le créateur de la poésie burlesque; Coquillart
et quelques autres l'imitèrent.

(1) Pasquier, Recherches de la France. VI, p. 584.
(2) Art poétique, ch. 1. v. 116.
(3) *Voyez* les Repues franches de maître François Villon
et ses compagnons; — le grand Testament de maître François
Villon et le petit son Codicile; deux livres gothiques, sans
nom d'imprimeur ni date; — les OEuvres de Fr. Villon, re-
vues par Clément Marot, in-16, Paris, 1533; — Poésies de
Guill. Coquillart, official de l'église de Reims. Paris, 1723,
in-12.

Pour compléter la revue des poésies du quinzième siècle, il nous reste encore à parler des spectacles présentés au peuple, qu'on peut regarder comme les premiers commencemens du théâtre moderne. Nous avons dit ailleurs que Charles VI protégea la confrérie des mystères de la passion, et s'y associa. Peu après, des poètes anonymes composèrent le mystère de la conception et celui de la résurrection; puis plusieurs vies de saints reçurent une forme dramatique. Leur représentation sur des échafauds, avec de riches costumes, et en rassemblant quelquefois pour un seul mystère plusieurs centaines de personnages, étoit considérée comme une cérémonie religieuse; ni les prêtres ni les femmes ne se scandalisoient jamais de leur indécence, quoiqu'elle fût souvent extrême. On prétendoit devoir toujours faire voir le vice dans toute sa difformité pour en dégoûter les spectateurs, et cependant on n'étoit point fâché de leur apprêter à rire en même temps par ce tableau. Les moralités des élèves de la bazoche et les farces commencèrent bientôt après; les jeunes gens qui les représentoient crurent pouvoir amuser le public, comme les prêtres, par des bouffonneries, sous prétexte de donner une leçon morale au lieu d'un spectacle religieux à leurs auditeurs. Pendant le quinzième siècle, Paris, presque toujours abandonné par la cour royale, dépeuplé et appauvri, ne put pas contribuer beaucoup à l'encouragement de ces nouveaux théâtres; cependant la bourgeoisie, dans toutes les occasions solennelles, dans toutes les entrées de rois ou de reines, dans toutes les grandes fêtes, dressoit des échafauds sur les carrefours pour célébrer des mystères et des moralités aux yeux de tout le royal cortége. Les autres grandes villes imitoient cet exemple; et lorsque le duc de Bourgogne accorda un pardon d'abord à Bruges, puis à Gand, ces deux villes reçurent leur duc, à son entrée, avec des spectacles de ce genre.

La période que nous venons de parcourir ne nous a guère été retracée que par des historiens qui avoient cherché à se mettre en rapport avec ses goûts poétiques et chevaleresques. Ce n'étoient plus des moines qui consignoient dans les chroniques de leur couvent les grands événemens d'un monde auquel ils étoient étrangers, et qui le plus souvent s'y intéressoient peu et ne les comprenoient pas; c'étoient désormais des gens attachés aux cours et à la nouvelle chevalerie, des gens élevés, comme les hérauts et les rois d'armes, dans une profonde admiration pour les princes; dans la persuasion que les nobles étoient une race d'hommes toute différente de celle des roturiers, et que seule elle méritoit quelque ménagement; dans la confiance que pour constituer un honnête homme il falloit seulement être issu d'un sang illustre, être brave, et être libéral. Ces historiens, se destinant surtout à amuser les loisirs des chevaliers et des grandes dames, changent autant qu'ils peuvent leur histoire en roman de chevalerie; ils rapportent et exagèrent tous les actes de bravoure de ceux qu'ils choisissent pour leurs héros; ils représentent avec bien plus de détails, ils étudient avec bien plus d'attention, les fêtes de cour, et surtout les tournois, que les révolutions des États; ils montrent, enfin, pour la politique une incapacité, pour la vraie morale une indifférence, pour la liberté et l'humanité un mépris, qui nous font, à notre tour, placer leur caractère au-dessous encore de celui des écrivains monastiques des siècles antérieurs. Froissart fut, en quelque sorte, le fondateur et le modèle de cette nouvelle école historique; Monstrelet, qui n'avoit ni son imagination ni ses goûts poétiques, n'imita de lui que ses défauts, et raconta avec platitude ce que l'autre décrivoit avec enthousiasme. Le roi d'armes Berry écrivit sa chronique dans le vrai esprit de son métier, cherchant de bonne foi à conserver une mémoire fidèle des hauts faits royaux et chevaleresques; J. Chartier, nommé historiographe de France par Charles VII, ne sut faire qu'un panégyrique militaire d'un roi qui n'étoit nullement militaire.

Jacques du Clercq et Matthieu de Coucy, plus éloignés des cours et des personnages puissans, mais aussi plus désireux de connoître la vérité, ont recueilli avec bonne foi tout ce qu'ils ont pu apprendre; et s'ils nous fatiguent souvent par la prolixité avec laquelle ils décrivent les tournois et les fêtes, ils nous instruisent davantage en nous introduisant dans la province qu'ils habitoient, et en détaillant des événemens presque domestiques. Olivier de la Marche, page de Philippe-le-Bon, et capitaine des gardes de Charles-le-Téméraire, a aussi écrit des mémoires en chevalier, et avec tous les préjugés de son état, mais en voyant les événemens auxquels il avoit part, du point de vue d'une station plus élevée; tandis que Guillaume Gruel, écuyer ou page du comte Arthur de Richemont, en écrivant la vie de ce grand connétable, laisse souvent percer l'âme d'un valet, plus occupé de rehausser le mérite de son maître que de s'assurer de la vérité des faits qu'il rapporte.

Il ne faut pas s'étonner si l'influence que de tels historiens exercèrent sur leurs compatriotes fut rarement avantageuse. Ils pervertirent complétement leur jugement sur tous les faits militaires, en présentant toujours à leurs yeux l'idéal d'une vaine chevalerie, qui occupoit dans leurs esprits la place de toutes les vérités historiques. Combattre et répandre des flots de sang leur parut la seule gloire du guerrier, sans qu'ils élevassent jamais leur pensée ou vers la morale, qui leur auroit fait distinguer le but des combats, ou vers la science militaire, qui leur auroit fait rechercher les moyens de les rendre profitables. Loin de seconder les sentimens populaires de liberté, de dignité humaine, qui commençoient à fermenter dans les masses, ils semblèrent prendre à tâche de les décrier; tandis qu'ils encouragèrent le faste des rois, ces fêtes insensées, ces tournois qui dissipoient en peu de jours les finances des plus grands princes, et qui les laissoient ensuite sans ressources dans toutes les nécessités de l'État. Loin de relever la morale, ils la dégradoient toujours plus, tantôt par les idées et les images les plus licencieuses, tantôt par la doctrine qu'ils professoient tous, que tous les vices, toutes les cruautés, toutes les perfidies, comme toutes les impuretés, pouvoient se racheter par l'ardeur de la dévotion. Charles VII et son fils le dauphin Louis, le duc de Bourgogne et son fils le comte de Charolais, furent célébrés par tous les historiens du temps comme des princes très religieux. En effet, il étoit impossible de pousser plus loin qu'eux la régularité dans les pratiques de dévotion, et l'obéissance aux prêtres; mais il seroit difficile aussi d'observer moins les règles de la morale qu'ils ne firent les uns et les autres. Le

moindre tort du BON Philippe de Bourgogne
étoit le scandale qu'il donnoit par le rang qu'il
faisoit tenir à la cour à ses quatorze bâtards.
La cruauté de ses vengeances, son manque de
foi envers ses peuples, ses dissipations, auxquelles il ne pouvoit pourvoir que par des taxes
excessives et arbitraires, son indulgence sans
bornes pour les gens de guerre, sa confiance
aveugle dans ses favoris, exposoient ses sujets
à tous les genres d'oppression. Il exerçoit entre
autres sa tyrannie en disposant des femmes à
marier. « En ce temps, dit Jacques du Clercq,
« par tout le pays du duc de Bourgogne, sitôt
« qu'il advenoit que aucun marchand, labou-
« reur, et aucunes fois bourgeois d'une bonne
« ville ou officier, trespassoit de ce siècle, qui
« fût riche, et il délaissât sa femme riche, tan-
« tôt ledit duc, son fils, ou autres de ses pays,
« vouloient marier lesdites veuves à leurs ar-
« chers, ou autres leurs serviteurs; et falloit
« que lesdites veuves, si elles se vouloient ma-
« rier, qu'elles épousassent ceux que leurs sei-
« gneurs leur vouloient bailler, ou fissent tant
« par argent, au moins tant à ceux qui les vou-
« loient avoir comme à ceux qui gouvernoient
« les seigneurs, et aucunes fois aux seigneurs
« mêmes, qu'ils souffrissent qu'elles se mariassent
« à leur gré…. Et pareillement quand un homme
« étoit riche, et il avoit une fille à marier, s'il

« ne la marioit bien jeune, il étoit travaillé « comme il est dit ci-dessus. » Pour échapper à cette tyrannie, les veuves cherchoient à se remarier avant que les gens en crédit qui pouvoient convoiter leur douaire fussent informés de leur veuvage; et l'on vit, le 27 juin 1457, la veuve d'un pelletier à Arras se remarier le lendemain de la mort de son mari, avant que le corps de celui-ci fût mis en terre. (1)

Nous aurons assez à parler, dans la suite de cette histoire, de la cruauté, de la brutalité, de la violence de Charles, fils de Philippe, comte de Charolais, le héros de ces historiens chevaleresques, et celui des princes du temps qui s'étoit le plus formé par la lecture des romans. Lui aussi étoit un prince très religieux, « qui « toujours continuoit le service de Dieu, et jeû- « noit tous jeûnes commandés pour le moins.... « Bon compagnon étoit alors avec les filles; car « il n'étoit point marié; mais lui marié jamais « ne rompit son mariage.... Il étoit si grand au- « mônier qu'il donnoit à tous pauvres qu'il en- « controit par les villes et par les champs. Il étoit « en son vertueux avenir sage, large et véri- « table, et se nourrit en telles mœurs et en telles « vertus, que je n'ai point lu ni su si vertueux « avénement de prince.... Surtout il joûtoit très

---

(1) Jacq. du Clercq. T. XIII, c. 27, p. 211

« souvent, et à ce métier étoit renommé, non
« pas seulement comme un prince et un sei-
« gneur, mais comme un chevalier dur, puis-
« sant et à douter; et certes il fréquentoit les
« joûtes en icelui temps, et gagnoit bruit et los,
« et enduroit le faix et le travail, et donnoit et
« recevoit grands coups, sans soi épargner,
« comme si c'eût été un pauvre compagnon qui
« désirât son avancement à ce métier.... » (1)
« Il étoit chaud, actif et dépiteux, et désiroit
« en sa condition enfantine à faire ses volontés à
« petites corrections; et toutefois il eut l'enten-
« dement et le sens si grands, qu'il résista à ses
« complexions, tellement qu'en sa jeunesse ne
« fut trouvé plus doux ne plus courtois de lui.
« Il ne juroit Dieu ne nuls saints; il avoit Dieu
« en grand crémeur et révérence. Il apprenoit
« à l'école moult bien, et retenoit et s'appliquoit
« à lire et faire lire devant lui, du commence-
« ment, les joyeux contes et faits de Lancelot
« et de Gauvain, et retenoit ce qu'il avoit ouï
« mieux qu'autre de son âge. » (2)

Nous rapprocherons de ces portraits celui de
Charles VII, par Jacques du Clercq, pour juger en même temps, et les princes, et l'esprit
et les opinions de leurs historiens. « Icelui roi

(1) Mém. d'Olivier de la Marche. T. VIII, c. 28, p. 406
et 407.
(2) Mém. d'Olivier de la Marche. *Ib.* c. 22, p. 278.

« Charles, dit-il, ains qu'il eût paix au duc de
« Bourgogne, menoit moult sainte vie, et disoit
« ses heures canoniaux. Mais depuis la paix faite
« audit duc, jà soit ce qu'il continuât au service
« de Dieu, il s'acquainta d'une jeune femme
« venue de petit lieu, nommée Agnès, laquelle
« depuis fut appelée la belle Agnès, laquelle
« menoit plus grand état que la reine de France;
« et se tenoit peu ou néant ladite reine Marie
« avec ledit roi Charles, combien qu'elle fût
« moult bonne et très humble dame, et, comme
« on disoit, moult sainte femme.... Après la-
« quelle belle Agnès morte, le roi Charles ac-
« quainta en son lieu la nièce de ladite belle
« Agnès, laquelle étoit femme mariée au sei-
« gneur de Villequier, et se tenoit son mari avec
« elle; et elle étoit bien aussi belle que sa tante;
« avoit aussi cinq à six damoiselles des plus
« belles du royaume, de petit lieu, lesquelles
« suivoient ledit roi Charles partout où il alloit,
« et étoient vêtues comme reines. » (1)

On sent aisément, au ton du narrateur, que les mauvaises mœurs du roi choquoient l'opinion publique. Il le témoigne également lorsqu'il raconte, en 1454, comment la dame de Villequier se fit céder Blanche de Rebreuve par ses parens, pour la donner au roi, encore que

---

(1) Jacq. du Clercq. T. XIV, c. 29, p. 131.

celle-ci protestât en pleurant qu'elle auroit mieux aimé conserver sa vertu, dût-elle vivre seulement de pain et d'eau claire : mais bientôt Blanche, qui étoit la plus belle femme qu'on pût voir, fut aussi bien avec le roi que la dame de Villequier elle-même (1). L'Église avoit réservé toutes ses censures pour les vices que du Clercq reprochoit au roi. Ce n'est pas qu'elle ne fût prête à les pardonner; mais elle vouloit que son pardon fût acheté par des pénitences. C'étoit par ce mélange d'indulgence et de rigueur qu'elle tenoit dans sa main le cœur des rois. Il s'en falloit de beaucoup qu'elle exerçât la même vigilance sur leurs autres péchés, sur leurs actes de rapacité, de cruauté et de perfidie. Charles VII n'étoit lui-même ni cruel ni vindicatif; mais ce même homme, toujours dominé par ses favoris, étoit incapable d'aimer personne. Il étoit toujours prêt à sacrifier ceux qui l'avoient servi le plus fidèlement, aux dénonciateurs qui vouloient se partager leurs dépouilles. Nous avons vu la ruine successive de ses financiers : le Florentin Otto Castellani, qui avoit contribué à perdre Jacques Cœur, et qui l'avoit remplacé dans la charge d'argentier du roi, fut à son tour sacrifié en 1455. Il fut arrêté le premier jour de l'année, ainsi que Guillaume Gouffier, premier chambel-

(1) Jacq. du Clercq. T. XIII, c. 18, p. 177.

lan du roi, par le prévôt de l'hôtel. On les accusa d'avoir fait faire et de porter des images et caractères magiques, au moyen desquels ils dominoient l'esprit du roi, et lui faisoient faire tout ce qu'ils vouloient. Gouffier fut condamné à la confiscation de tous ses biens et au bannissement; le roi lui fit grâce cependant d'une partie de la peine, et ne lui prit que mille écus, qu'il distribua avec ses emplois aux courtisans qui l'avoient accusé. Quant à Castellani, il fut reconnu innocent; mais les courtisans, qui ne voulurent pas renoncer à la confiscation de ses biens, qu'ils s'étoient déjà distribués, lui intentèrent une nouvelle accusation, celle d'un vice honteux, que des juges prévenus admirent aisément sans preuves. (1)

Nous avons cherché à faire connoître par ces citations les historiens chevaleresques du règne de Charles VII, qui, écrivant en langue vulgaire, étoient universellement lus, et exerçoient une influence marquée sur l'opinion publique. Mais à la même époque commençoit une autre école, une nouvelle série d'historiens latins, dont l'esprit est absolument différent, et dont l'apparition doit être regardée comme un symptôme du mouvement des esprits. C'étoient des érudits formés par la lecture des anciens, par

---

(1) J. Chartier, p. 286.

l'admiration de Tite Live, et qui, en imitant celui-ci, vouloient composer pour d'autres érudits une histoire classique de la France. Amelgardus, Guaguinus, Belcarius, Arnoldus Ferronius, sont les écrivains de cette époque qui se proposent de satisfaire les goûts des écoliers de l'université. Une génération nouvelle commençoit à se former dans les colléges; le nombre de ceux qui étudioient les classiques, qui admiroient l'antiquité, alloit croissant. La brillante carrière qu'avoient parcourue quelques érudits, à la tête desquels il falloit mettre le pape régnant, mettoit les lettres latines en honneur. Le cardinal d'Estouteville, nommé par le pape, légat en France, s'étoit occupé activement, en 1452, de concert avec des comissaires royaux, de réformer l'université de Paris; il avoit donné plus d'activité aux études, il avoit supprimé plusieurs exactions indues et plusieurs fraudes, qui écartoient des quatre Facultés les pauvres étudians (1). Déjà ceux qui se destinoient au barreau et à la magistrature commençoient à se livrer à ces fortes études, à ce travail obstiné qui, dans le siècle suivant, donna un caractère si austère, si étranger à la cour, si modelé sur l'antiquité, aux membres du parle-

(1) Crévier, Hist. de l'Université de Paris. T. IV. L. VII, p. 170-196. — D. Félibien, Hist. de la ville de Paris. T. II. L. XVI, p. 838.

ment. Ce mouvement d'érudition, ce désir de savoir, cette imitation des illustres lettrés de l'Italie et de l'Allemagne, se faisoit sentir dans les écoles de France, sans être encore remarqué au-dehors; il préparoit un changement dans l'esprit d'une classe qui devoit devenir distinguée, sans que les chevaliers, qui croyoient encore constituer la nation française tout entière, s'aperçussent seulement de son existence. Se conformant à cette admiration nouvelle pour l'antiquité, plusieurs savans entreprirent d'écrire l'histoire de Charles VII et de Louis XI à la manière de Tite Live. On trouve dans leur narration plus de prétention à l'éloquence et à la philosophie que dans ceux que nous venons de passer en revue, plus d'ordre et d'intelligence dans la distribution des faits, souvent plus d'indépendance et des sentimens plus élevés; malheureusement l'imitation classique leur ôte habituellement l'accent de la vérité; en s'efforçant de parler comme Tite Live, ils ne peignent que des Romains, et non point des Français.

S'il nous est difficile de démêler le mouvement progressif des esprits dans l'université de Paris, où l'enseignement étoit public, et où des monumens nombreux et volumineux nous en transmettent l'histoire, il est presque absolument impossible de reconnoître la marche d'un autre enseignement, d'un enseignement secret, qui accoutumoit les hommes à examiner ce que leurs supérieurs leur ordonnoient de croire, et qui préparoit ainsi la réforme de l'Église. L'histoire de l'université ne nous présente guère sur ce corps, toujours jaloux de ses priviléges, que ses querelles, tantôt avec l'autorité civile, tantôt avec les ordres mendians, et elle n'arrête point nos regards ou sur le développement des talens des professeurs, ou sur l'activité croissante des écoliers; mais l'histoire des esprits indépendans, qui rejetoient les croyances communes, étoit soigneusement cachée par eux-mêmes à tous les regards, car ils savoient que dès qu'ils seroient connus ils devroient périr. Cependant, le besoin d'examen s'étoit fait sentir, le doute avoit germé dans les cœurs, les deux schismes et les discussions du concile de Bâle avoient ébranlé la croyance; ceux qui avoient approché la cour de Rome, soit qu'ils eussent connu le violent et cruel Eugène IV, ou le savant Nicolas V, protecteur des arts et des lettres, en revenoient persuadés que les chefs de leur religion la considéroient plutôt comme un grand moyen de gouvernement que comme un motif de foi et d'espérance. Ceux qui avoient négocié avec les Sarrasins, et que le grand développement du commerce avoit fait vivre au milieu d'eux, commençoient à les regarder avec moins d'horreur; d'autres s'étoient trouvés, pour la même cause, rapprochés ou des disciples de Wickleff, en Angleterre, ou de ceux de Jean Huss et de Jérôme de Prague, en Bohême. Ces derniers, protégés, depuis l'année 1444, par George Podiébrad, qui administroit alors le royaume de Bohême au nom de Ladislas-le-Posthume, jouissoient pour la première fois de la liberté de conscience, qui, jusqu'à eux, n'avoit jamais été accordée à aucun de ceux que l'Église qualifioit d'hérétiques; leurs opinions se répandoient secrètement, surtout dans les villes de commerce : Jean, évêque *in partibus* de Baruth, et administrateur de l'évêché d'Arras, qui avoit été pénitencier du pape Nicolas V, en 1450, prétendoit que le tiers de la chrétienté étoit vaudois, et que l'on comptoit dans la secte des évêques, et même quelques cardinaux (1). Il nous est impossible de juger jusqu'à quel point cette accusation étoit fondée, car les sectaires, connoissant tout le danger attaché à la manifestation de leurs opinions, les cachoient soigneusement à leurs contemporains. Ils se gardoient de confier à des écritures, qui pouvoient être saisies et témoigner contre eux, un secret qu'ils osoient à peine déposer dans l'oreille de leurs plus fidèles disciples; d'ailleurs, leurs livres, s'ils en écrivirent aucun, furent saisis et brûlés par l'inquisition, et

---

(1) Jacq. du Clercq. T. XIV, c. 4, p. 15.

rien ne nous est connu sur leur doctrine que le nom de Vaudois qu'on leur donnoit ; nom qui fait supposer que leurs opinions étoient les mêmes que celles des Vaudois, premiers réformateurs du douzième siècle, des Albigeois, des Hussites de Bohême, et des Lollards, ou disciples de Wickleff, en Angleterre ; car une correspondance secrète étoit maintenue entre tous ces sectaires ; et lorsqu'ils purent enfin manifester leurs sentimens religieux, ils se trouvèrent, dans le siècle suivant, conformes à ceux de Luther et de Calvin.

Mais les religieux dominicains, en possession des tribunaux d'inquisition répandus dans tout le royaume, veilloient pour arrêter ce progrès des esprits, et pour ramener les consciences à l'état de soumission et de crainte qui faisoit la sécurité et la puissance de l'Église ; ils étoient avertis de la fermentation des esprits par l'audace des attaques contre les vices du clergé, par la faveur avec laquelle étoient accueillies les poésies qui dénonçoient les mœurs des prêtres et des moines ; ils savoient que, de tous les vices, ceux qui excitent le plus l'indignation du peuple sont ceux qui offensent les mœurs domestiques, peut-être parce que ces vices détruisent plus qu'aucun autre le bonheur qui console le pauvre de l'oppression et de la misère, celui du mariage ; ils savoient que le libertinage des prêtres contribuoit, bien plus que leur cupidité ou leur dureté, à décrier le clergé ; car même les plus dévots convenoient « que, à vérité dire, plusieurs « gens d'église, et le plus, en ce temps et long- « temps paravant, étoient si dissolus au péché « de luxure et avarice, ambition et ès délices « mondaines, que ce seroit pitié à le mettre par « écrit ; et aussi bien les grands, comme prélats « et autres, que les pauvres prêtres, mendians et « autres. » (1)

Pour faire diversion à ces accusations, et détourner du clergé l'animadversion publique, les dominicains jugèrent convenable de dénoncer, comme répandu dans la société, et parmi ces laïques qui se permettoient de blâmer les prêtres, un autre vice pour lequel le public éprouve plus d'horreur, et qu'il est juste de punir par le dégoût et la honte, mais que les tribunaux ne peuvent poursuivre sans encourager des délations le plus souvent calomnieuses, et sans salir l'imagination par des détails infâmes. Sur des dénonciations de ce genre, deux hommes furent brûlés, à Lille, à la Chandeleur de 1457 ; deux autres à Saint-Omer, tandis qu'un grand nombre d'autres furent accusés ou arrêtés (2); deux autres encore furent brûlés, à Arras, le 14 mai 1458 ; un troisième, le 18 mai ; et un

(1) Jacq. du Clercq. T. XIII, c. 29, p. 222.
(2) *Ib*. c. 31, p. 235.

quatrième, le 25 mai, quoique celui-ci, étant clerc, eût d'abord été réclamé par l'évêque (1). Au commencement de février 1459, on brûla trois personnes à Hesdin (2); et le 12 juillet, deux à Lille, où l'on coupa en même temps la tête à un archer, pour le punir de n'avoir pas dénoncé ces dernières victimes (3). Dans toutes les villes des Pays-Bas, un grand nombre de malheureux étoient arrêtés, et l'on instruisoit leur procès. Dans toutes les chaires, les prêtres tonnoient contre la corruption des laïques, et annonçoient que le feu du ciel, qui avoit consumé Sodome et Gomorrhe, ne tarderoit pas à consumer aussi les pays voisins de la Somme.

Mais bientôt Pierre le Brousart, dominicain, maître en théologie, inquisiteur d'Arras, accueillit des accusations plus effrayantes encore, et dont il étoit plus difficile de se justifier, contre ceux qu'il déclara suspects de Vaudoisie ; il sentit peut-être qu'il n'exciteroit dans le peuple aucune indignation contre eux, s'il se contentoit de rechercher les erreurs théologiques, ou de dénoncer l'esprit d'indépendance que l'Église avoit punis autrefois dans les anciens Vaudois, dans les Albigeois, les Patérins, les Lollards et les Hussites. Aussi, au lieu d'examiner leur

(1) Jacq. du Clercq. T. XIII, c. 33, p. 245.
(2) Jacq. du Clercq. T. XIII, c. 42, p. 296.
(3) *Ib.* c. 45, p. 308.

croyance, il accrédita contre eux les fables les plus absurdes et les plus dégoûtantes, des fables qui n'avoient pu être inventées que pour exciter contre des malheureux la fureur populaire; il affirma donc que les Vaudois nourrissoient des crapauds avec des hosties consacrées; qu'ils employoient ensuite leur graisse mêlée avec des os de pendus, et du sang de jeunes enfans qu'ils tuoient dans ce but, à faire un liniment qui leur servoit pour toutes leurs opérations magiques. Quand ils en oignoient un manche à balai, et qu'ils montoient dessus, le diable les transportoit aussitôt où ils vouloient aller en Vaudoisie. Au lieu de leur réunion, le diable se montroit à eux sous la figure de quelque animal immonde; ils lui faisoient hommage en le baisant dans un lieu deshonnête, et ils lui faisoient ainsi don de leur âme. Le diable revêtoit ensuite tour à tour la forme d'homme et de femme, et les Vaudois des deux sexes se prostituoient à lui. (1)

Il est bien possible que les inquisiteurs crussent eux-mêmes ces fables, car elles sont empreintes de l'imagination sacerdotale, et on les retrouve jusqu'au dernier siècle dans tous les procès de l'inquisition. Quiconque n'obéissoit pas aux prêtres, leur paroissoit devoir être entaché des vices qui révoltoient le plus tous les sens. Ils

(1) Jacq. du Clercq. T. XIV, c. 4, p. 19 et 20.

commencèrent par s'attaquer à des enthousiastes dont la régularité de vie et les austérités sembloient démentir d'avance de telles accusations. Chaque année, dans chaque État, les inquisiteurs tenoient un chapitre général. En 1459 ceux de Bourgogne s'étoient rassemblés à Langres, et ils y avoient brûlé un pauvre ermite natif d'Artois, nommé frère Robinet de Vaux, qui, révolté de la corruption du clergé, s'étoit retiré dans les déserts pour y faire son salut. Ils s'aperçurent bientôt cependant que personne ne vouloit croire qu'un homme dont chacun avoit remarqué l'abstinence et la sainte vie, n'eût renoncé aux plaisirs qui étoient à sa portée, que par une effrénée sensualité. Aussi l'inquisiteur d'Arras, frère Brousart, dès son retour dans cette ville, jugea-t-il plus expédient d'attaquer des personnes dont la réputation étoit déjà perdue, pour qu'elles servissent à compromettre ces esprits indépendans dont il étoit si important de se défaire. Le 1er novembre 1459, il fit arrêter une femme de mauvaise vie, nommée Déniselle, qui fut mise à plusieurs reprises à la torture devant les vicaires de l'évêque, quatre chanoines, et les inquisiteurs. On la pressa de tant de questions, on lui fit éprouver des tourmens si effroyables, qu'on lui fit confesser qu'elle étoit Vaudoise, qu'elle s'étoit rendue en Vaudoisie, et qu'elle avoit pris part à chacune des abominations qu'on lui suggéroit, comme commises par les Vaudois. Elle reconnut en même temps avoir vu en Vaudoisie un grand nombre de personnes que les inquisiteurs lui nommèrent. Sur cette dénonciation les inquisiteurs ordonnèrent de nombreuses arrestations. Ils firent conduire dans leurs prisons un peintre qu'on nommoit l'*Abbé de peu de sens*, et qu'on représentoit comme président des assemblées de Vaudois; un barbier, un sergent, une dame, et trois filles de joie. Les vicaires de l'évêque, après les avoir examinés, vouloient les laisser aller, mais Jacques Dubois, doyen de l'église d'Arras, l'évêque de Baruth, et le comte d'Étampes, gouverneur de la province, s'y opposèrent si fortement, *se faisant partie pour la foi*, qu'il fallut continuer le procès (1). On les mit à la torture, et les prêtres avoient un art si merveilleux pour multiplier et prolonger les tourmens, qu'à la réserve du sergent, qui trouva moyen de s'étrangler en prison, tous les autres confessèrent tout ce qu'on voulut. Le 9 mai 1460 on les amena dans la cour de la maison épiscopale, couverts de hautes mitres sur lesquelles on avoit peint des diables. Tout le peuple d'Arras et de dix lieues à la ronde y étoit rassemblé. Pierre le Brousart, l'inquisiteur qui les avoit condamnés, leur adressa un sermon, dans

---

(1) Jacq. du Clercq. T. XIV, c. 3, p. 11.

lequel il récapitula tous les crimes dont on leur avoit extorqué la confession : en même temps on exposoit autour de la chaire, des tableaux dans lesquels toutes ces abominations étoient représentées, pour l'édification de ceux qui étoient trop loin pour l'entendre. Il déclara ensuite qu'il les retranchoit de l'Église, comme des membres pourris, qu'il les livroit au bras séculier, et qu'il confisquoit tous leurs biens au profit de l'évêque. Les échevins, sans prendre connoissance du procès, ce qui leur étoit interdit par l'Église, ordonnèrent aussitôt que tous ceux que leur livroit l'inquisition fussent brûlés. « Mais sitôt, « dit du Clercq, que les dites femmes ouïrent leur « sentence, comme femmes désespérées commen- « cèrent à crier, et dire à maître Giles Flameng « avocat, qui illec étoit présent, et qui toujours « avoit assisté à les interroger, tant par torture « comme autrement, tels mots : Ha! faux traître « déloyal, tu nous a déçues : tu nous disois que « nous confessassions ce qu'on nous disoit, et « qu'on nous laisseroit aller, et que n'aurions autre « pénitence que d'aller en pélerinage, six lieues « loin, ou dix, ou douze. Tu sais, méchant, que « tu nous as trahies. » (1)

Malgré ces réclamations, et les protestations qu'elles répétèrent sur le bûcher, qu'il n'y avoit

(1) J. du Clercq, c. 4, p. 27.

rien de vrai dans les confessions qu'on leur avoit arrachées par la torture et par de trompeuses promesses ; malgré leurs actes de dévotion, et leurs prières pour qu'on fît dire au moins des messes pour elles, ces six personnes furent brûlées vives. Elles étoient à peine expirées que l'inquisiteur fit arrêter dans Arras six hommes et six femmes. Parmi les premiers se trouvoient cette fois un chevalier et un autre gentilhomme ; l'inquisition commençoit à atteindre ceux dont il lui importoit réellement de se défaire (1). Des arrestations nombreuses avoient été faites en même temps à Amiens, et d'autres à Tournai ; mais quant aux premiers prisonniers, l'évêque d'Amiens les avoit fait aussitôt remettre en liberté, déclarant qu'autant on lui en amèneroit, autant il en délivreroit (2). L'opposition de l'évêque d'Amiens n'arrêta point les inquisiteurs ; ils continuèrent à faire conduire dans leurs cachots de nouvelles victimes : le 22 juin 1460, ils firent arrêter encore Payen de Beaufort, chevalier, et deux des plus riches bourgeois d'Arras, qui étoient en même temps échevins de cette ville (3). Parmi les douze qui avoient été arrêtés les pre-

---

(1) Jacq. du Clercq, c. 4, p. 24.

(2) *Ib.* c. 6, p. 29. L'évêque d'Amiens étoit alors Ferry, fils de Jean de Beauvoir et de Louise de Mailly. *Gallia christiana.* T. X, p. 1201.

(3). J. du Clercq, c. 7, p. 30.

miers, une femme eut le courage de résister à tous les tourmens, et de protester de son innocence jusqu'à la fin : elle fut brûlée pour la punir de son obstination ; neuf des prévenus avouèrent dans les tourmens, puis en présence de l'échafaud ils se rétractèrent ; sur cette dénégation ils furent condamnés comme relaps, et également brûlés ; deux hommes qui avoient avoué à la torture persistèrent dans leurs aveux ; ce fut un motif pour leur faire grâce, c'est-à-dire pour les condamner seulement à une prison perpétuelle. Le frère inquisiteur, après les avoir prêchés en public, déclaroit qu'il remettoit à la justice séculière ceux qu'il vouloit faire périr ; cependant celle-ci n'étoit plus même consultée, ils étoient brûlés dès que l'inquisiteur avoit prononcé leur sentence. (1)

Encouragés par ces supplices, et par des dépositions qui devenoient tous les jours plus nombreuses, quoique les malheureux auxquels on les avoit arrachées par la torture, les révoquassent ensuite, les inquisiteurs commencèrent à s'adresser à des gens plus élevés en dignité. Ils firent arrêter encore deux échevins, qui étoient parmi les plus riches bourgeois de la ville ; deux autres prirent la fuite ; mais de nouvelles arrestations se faisoient chaque jour, et désormais elles

(1) Jacq. du Clercq. T. XIV, c. 8, p. 33.

n'atteignoient plus que des gens riches, en sorte que l'on commença à soupçonner parmi le peuple, que l'Église en vouloit surtout à la confiscation de leurs biens. Le comte d'Étampes, qui étoit gouverneur de l'Artois pour le duc de Bourgogne, apportoit autant de zèle que les inquisiteurs à la persécution des Vaudois. Quoiqu'il eût jusqu'alors compté le sire de Beaufort parmi ses amis, il repoussa toute intercession en sa faveur, et il nomma le sire de Saveuse son lieutenant, le sire de Crèvecœur bailli d'Amiens, et Guillaume de Berri vice-bailli, pour assister aux nouveaux procès qu'alloit commencer l'inquisition. Deux évêques *in partibus* de l'ordre des dominicains, et beaucoup de théologiens fameux, étoient aussi venus se réunir à un tribunal qui s'étoit illustré par tant de zèle (1). D'autre part l'opinion publique commençoit à se roidir contre ces jugemens. En voulant exciter contre les Vaudois les passions populaires, on avoit révolté les gens sensés. Les inquisiteurs, dans d'autres villes, avoient bien cherché à imiter ce qui se faisoit à Arras : le 26 août ils avoient fait brûler à Mantes un malheureux; mais sa femme, qui avoit été arrêtée en même temps que lui, et contre laquelle ils se préparoient à informer, fut remise en liberté par

(1) Jacq. du Clercq, c. 9, p. 39.

ordre du parlement de Paris (1). Soit cet exemple, soit le nombre des assesseurs qui étoient venus se joindre aux inquisiteurs d'Arras, obligèrent ceux-ci à apporter un peu plus de circonspection et de lenteur dans leurs procès, et à traiter mieux leurs prisonniers. Ce fut le 22 octobre 1460 seulement, qu'ils prêchèrent publiquement le chevalier de Beaufort et trois autres de leurs plus riches prévenus ; ils n'osèrent en brûler qu'un seul, et ils condamnèrent Beaufort et les deux autres à une prison de vingt ans, en confisquant leurs biens. Un de ces derniers avoit résisté avec un courage indomptable à toutes les tortures que les moines avoient su imaginer. Ils lui avoient cependant fait donner quinze fois la question, et ils avoient poussé la barbarie jusqu'à la faire donner deux fois dans le même jour. La majorité des inquisiteurs déclara ensuite qu'il étoit impossible de le condamner à mort, puisqu'il n'avoit rien avoué. Celui des quatre qui fut brûlé étoit un échevin d'Arras, qui probablement tomba dans l'erreur commune aux prévenus, de désavouer après qu'on les avoit ramenés en prison, ce qu'ils avoient confessé à la torture ; c'étoit donner à l'inquisition un motif pour les condamner comme relaps. « Il disculpa à haute
« voix tous ceux qu'il avoit inculpés de la vau-

---

(1) Jacq. du Clercq, c. 12, p. 48.

« desie, dont les aucuns étoient là présens,
« échevins et autres; et dit que ce qu'il avoit
« dit, écrit, et confessé, il l'avoit fait par force
« de gehenne, et qu'autant de gens de nom qu'il
« connoissoit, il les avoit tous nommés, et si
« plus en eût connu, plus en eût confessé et
« nommé. » (1)

Il semble cependant que les assesseurs qui étoient venus joindre l'inquisiteur d'Arras, commençoient à regarder comme des fous fanatiques ceux qui avoient prononcé les premières sentences ; ils écartèrent donc du tribunal l'évêque de Baruth, le doyen de Notre-Dame, Jean Boulanger, et le sire de Saveuse, qui dans tous les cas vouloient toujours condamner au feu. Dès-lors les procès prirent une autre tournure : neuf hommes, deux femmes, et trois contumaces furent encore jugés avant la fin de l'année, et aucun d'eux ne fut condamné à mort. Tous avoient été exposés à la torture, mais aucun des neuf hommes n'avoit rien avoué, apparemment parce qu'on avoit mis moins d'acharnement à prolonger leur supplice : les deux femmes avoient confessé à la torture tout ce qu'on leur avoit suggéré, et cependant elles ne furent soumises qu'à des pénitences peu rigoureuses. L'issue de ces derniers procès fut regardée par les habitans d'Arras comme une preuve que tous ceux qui

(1) Jacq. du Clercq. T. XIV, c. 14, p. 67.

avoient été condamnés durant cette effroyable persécution étoient innocens (1). Long-temps après, et depuis que le roi Louis XI eut réuni le comté d'Artois à la couronne, le parlement de Paris, le 20 mai 1491, ou sous le règne de Charles VIII, déclara tous ces procès, faits trente ans auparavant, « abusifs, nuls, faits faussement, et autrement qu'à point »; condamna les héritiers du duc de Bourgogne et des principaux juges, à une amende de 6,500 livres parisis, à distribuer comme réparation entre les héritiers des victimes. « Et au surplus ladite cour a dé-
« fendu et défend aux dits évêques d'Arras, ses
« officiers, inquisiteurs de la foi, et tous autres
« juges, ecclésiastiques et séculiers, que d'ores
« en avant ils usassent en procez, d'exécutions
« extraordinaires, de gehenne, questions et
« tortures inhumaines et cruelles, comme ca-
« pellet, mettre le feu ès plantes des piés, faire
« avaler huile et vinaigre, battre ou frapper le
« ventre des criminels ou accusés, ni autres
« semblables, et non accoutumées questions,
« sur peine d'en être repris et punis selon l'exi-
« gence des cas » (2).

La persécution d'Arras avoit inspiré une hor-

(1) Jacq. du Clercq. T. XIV, c. 15 et 16, p. 70-78. — Matth. de Coucy. T. XI, c. 129, p. 358.

(1) Extrait des registres du Parlement à la suite des Mémoires de J. du Clercq. T. XIX, p. 233.

reur universelle, par la cruauté extraordinaire des juges et le nombre des victimes ; mais quand l'inquisition se contentoit, comme dans les autres villes de France, de brûler de temps en temps quelques malheureux, personne n'osoit se plaindre ou révoquer en doute sa justice. Bien au contraire, les historiens racontent avec édification le spectacle qu'elle donna à Évreux, le 23 décembre 1453, d'autant que le pénitent étoit un docteur en théologie, maître Guillaume Édeline, prieur de Saint-Germain-en-Laye. Il étoit moine augustin; les dominicains regardoient son ordre comme rival du leur, et leur haine réciproque se manifesta dans la réforme tentée par Jérôme Savonarola, et dans celle qu'accomplit Luther. Edeline fut condamné par l'inquisition comme ayant fait hommage au diable sous forme d'un mouton, comme l'ayant baisé sous la queue, et s'étant rendu à son consistoire, monté sur un manche à balai ; le tout dans l'espoir d'obtenir les faveurs d'une grande dame. L'inquisiteur dominicain prêcha en public le docteur augustin, couvert d'une mitre où étoient peints des diables, mais il ne le renvoya pas ensuite au bras séculier, parce qu'il étoit prêtre ; il le condamna seulement à être enchaîné, et nourri au pain et à l'eau dans une basse fosse, pour le reste de sa vie. (1)

(1) J. Chartier, p. 282.

Presque au moment où l'Église répandoit l'alarme au nord de la France par les châtimens qu'elle infligeoit à ceux qui osoient secouer son joug, elle scandalisoit le midi par l'indulgence qu'on affirmoit qu'elle avoit montrée pour les passions des princes. Jean V, comte d'Armagnac, de Fezensac et de Rodez, qui avoit succédé, en 1450, à son père Jean IV, étoit devenu amoureux de sa sœur Isabelle, qui étoit d'une rare beauté ; il l'avoit séduite, il vivoit publiquement avec elle, et il en avoit eu deux enfans. Le bruit se répandit que le pape Nicolas V l'avoit excommunié, et comme il étoit proche parent de Charles VII, le roi, pour éviter le scandale, l'envoya exhorter à se soumettre à l'Église, lui promettant, s'il vouloit se séparer de sa sœur, d'obtenir pour lui l'absolution du pape (1). Mais l'évêque de Lectoure se chargea d'une négociation plus délicate : il partit pour Rome, promettant d'obtenir du pape non seulement l'absolution pour le passé, mais aussi une dispense en faveur du comte, afin qu'il pût épouser sa sœur (2). Nicolas V étoit mort le 24 mars 1455, et Alphonse Borgia lui avoit succédé le 8 avril, sous le nom de Calixte III.

(1) Matth. de Coucy. T. XI, c. 111, p. 233.
(2) Amelricus, de l'ordre des frères mineurs, fut évêque de Lectoure, de 1453 à 1479. *Gallia christiana.* T. I, p. 1082.

L'évêque de Lectoure réussit en effet à obtenir une bulle pour autoriser ce mariage incestueux; mais sous le pontificat suivant, on affirma que cette bulle avoit été fabriquée par Antoine de Cambray, référendaire du pape, et par Jean de Volterra, son notaire apostolique, sans que Calixte III en eût eu connoissance (1). Après tout, ces officiers étoient chargés par le pape de délivrer les bulles, et il est probable que le plus souvent ils ne le consultoient pas sur celles qu'ils expédioient. On dit que le comte d'Armagnac n'attendit pas même que ces bulles lui fussent parvenues, pour forcer un de ses chapelains à le marier à sa sœur. Il le menaça de le faire jeter dans la rivière s'il faisoit quelque difficulté à les unir. Après ce mariage scandaleux le comte d'Armagnac eut un troisième enfant de sa sœur. Cependant Charles VII lui envoya, au commencement de l'année 1455, le comte de la Marche et la dame d'Albret, l'un son oncle et l'autre sa tante, pour essayer de le ramener à une conduite moins licencieuse. Armagnac alla au-devant d'eux. « Beaux oncles, leur dit-il, je sais bien « pourquoi vous en venez en cette marche, « mais vous pouvez bien vous en retourner, car « pour vous, et pour tous ceux qui en voudront parler, je n'en ferai autre chose. » Dans

(1) Hist. gén. de Languedoc. T. V. L. XXXV, p. 18. — *Raynaldi Ann. eccles,* 1460, §. 113.

la discussion qui suivit il tira sa dague, et menaça de les tuer. (1)

L'affaire de l'inceste auroit pourtant pu s'accommoder, si dans le même temps le comte d'Armagnac n'avoit pas offensé Charles VII, en donnant à Jean, bâtard de l'Escure, l'archevêché d'Auch, que Charles destinoit à Philippe de Lévis, neveu du dernier archevêque, qui s'en étoit démis en faveur de celui-ci. Le roi perdit patience ; il chargea le comte de Clermont, son lieutenant en Guienne, de se saisir du comté d'Armagnac. Les maréchaux de Lohéac et de Xaintrailles, beaucoup de grands seigneurs, et toutes les troupes cantonnées dans le midi, marchèrent à cette expédition. On prétendit que l'armée royale étoit forte de vingt-quatre mille hommes. Elle entra dans l'Armagnac à la fin de mai 1455. En peu de temps Lectoure et dix-sept places fortes furent conquises, et le comte Jean s'enfuit avec sa sœur dans les États du roi d'Aragon. (2)

Antoine de Chabannes, comte de Dammartin, qui étoit alors le ministre et le principal favori de Charles VII, étoit ennemi du comte d'Armagnac, et c'étoit lui qui avoit précipité sa ruine. Le dauphin Louis, au contraire, qui étoit jaloux

---

(1) Matth. de Coucy, c. 111, p. 237.
(2) Matth. de Coucy. *Ib.* p. 239. — J. Chartier, p. 285. — Berry, p. 473. — Jacq. du Clercq. T. XIII, c. 23, p. 195.

de tous les ministres de son père, favorisoit Armagnac, et il avoit choisi le bâtard d'Armagnac, frère du comte, pour commander ses troupes. La jalousie, la défiance entre la cour de Charles VII et celle de Louis alloient croissant chaque jour. Le dauphin avoit confisqué la seigneurie de Valbonnais, parce qu'elle appartenoit au comte de Dunois, qui commandoit les armées de son père (1). Il avoit attaqué, en 1454, son beau-père, le duc de Savoie, sous prétexte de réclamer l'hommage du marquisat de Saluces, mais dans le fait, par humeur de ce que le duc de Savoie avoit traité avec le roi. Il lui avoit pris plusieurs châteaux, et avoit fait prisonniers un grand nombre de ses gentilshommes. Au bout de trois mois cependant un traité fut conclu entre eux, au mois de septembre 1454; il laissa en suspens, pour sept ans, la question de savoir si les marquis de Saluces dévoient l'hommage aux dauphins ou aux ducs de Savoie (2). Cette petite guerre, et la défiance du dauphin, qui le forçoit à entretenir beaucoup de soldats, avoient dérangé ses finances : de plus, le roi lui avoit ôté les châtellenies du Rouergue, qui formoient une partie de ses revenus. Louis, qui manquoit

---

(1) Préface de Lenglet du Fresnoy à P. de Comines. Collection de Mémoires. T. X, p. 51.

(2) Guichenon, Hist. gén. de Savoie. T. II, p. 91. — Barante. T. VIII, p. 88. — Duclos. L. I, p. 75.

d'argent, augmenta les impôts qu'il levoit sur ses peuples. Les Dauphinois se plaignirent, et Antoine de Chabannes, comte de Dammartin, se chargea de faire valoir leurs plaintes auprès de Charles VII. Il pressa celui-ci de rendre justice au peuple, de rappeler le dauphin à sa cour, et de chasser d'autour de lui les mauvais conseillers qui l'aliénoient de son père. (1)

Charles VII résolut en effet d'effrayer son fils ; il habitoit ordinairement la Touraine, mais il s'avança dans le Bourbonnais et l'Auvergne, rappelant à lui l'armée qui avoit dépouillé le comte d'Armagnac, et qui suffisoit pour soumettre en peu de temps le Dauphiné. Louis fut fort alarmé ; tous les messages qu'il recevoit de la cour de son père étoient d'un ton menaçant. Le roi, qui lui ordonnoit de s'y rendre, et qui se montroit blessé de sa défiance, ne vouloit cependant lui donner aucune garantie pour sa sûreté. Louis étoit persuadé que les favoris de son père ne s'exposeroient pas à provoquer autant l'héritier du trône, s'ils n'étoient pas déjà résolus à ne point le laisser régner un jour. Il ne doutoit point que leur dessein ne fût de l'arrêter, et s'il étoit une fois prisonnier, il regardoit sa vie comme perdue. Il avoit alors trente-trois ans, tandis que son frère Charles n'en avoit que dix.

(1) Préface de Lenglet du Fresnoy, p. 53, d'après les Recueils manuscrits de l'abbé Legrand.

455. Il supposoit que le comte de Dammartin, déjà ancré dans le pouvoir, s'arrangeroit pour qu'un roi mineur succédât à Charles VII, non un roi majeur, actif, défiant, et jaloux de lui. Il regardoit ce seigneur, qu'il connoissoit bien, comme capable de tout. Une fois prisonnier il seroit entre ses mains, et il ne pourroit compter ni sur l'affection ou la vigilance de son père pour le garantir, ni sur son ressentiment pour le venger. Il envoya Guillaume de Courcillon, son fauconnier, à son père, pour lui déclarer : « Qu'il étoit
« prêt à faire tel serment qu'il plairoit au roi, de
« le servir envers et contre tous; de renoncer à
« toute autre alliance qu'à celle de son père, et
« de n'en faire aucune sans son aveu; de ne ja-
« mais passer le Rhône, ou entrer dans le royau-
« me, sans le consentement du roi. En même
« temps, comme il étoit persuadé qu'il ne pou-
« voit être en sûreté à la cour, après les faux
« rapports qu'on avoit faits de lui, il le prioit de
« lui permettre de rester en Dauphiné avec les
« serviteurs qui lui étoient attachés. » Mais Courcillon ne put point obtenir la permission de voir le roi; et le chancelier, Guillaume Jouvenel des Ursins, qui fut chargé de le recevoir, lui répondit verbalement d'une manière si vague, qu'elle ne fit qu'augmenter les terreurs de Louis. (1)

(1) Lenglet du Fresnoy, Préface. T. X, p. 55. —D'après l'instruction de Courcelles, du 17 avril, dans les Recueils de

Pendant toute l'année 1455, et la plus grande partie de l'année 1456, les négociations entre le père et le fils continuèrent. Louis envoyoit à son père message sur message : tantôt c'étoit Courcillon, bailli du Bas-Dauphiné, et son fauconnier ; tantôt l'archevêque d'Embrun, Gabriel de Bernes, et Jean Fautrier ; tantôt Simon Le Couvreur, prieur des Célestins d'Avignon, et les gardiens des Cordeliers de Grenoble et de Moyran. De son côté, Charles lui avoit envoyé les seigneurs de Torcy et de Montsoreau ; leurs instructions diverses ont été recueillies. La lecture de ces pièces confirme bien plus les soupçons de Louis qu'elle ne justifie les ministres du roi. Le premier offroit tous les genres de soumissions, tous les genres de promesses ; mais en même temps il laissoit voir qu'il se croiroit perdu s'il se mettoit entre les mains de ses ennemis. Son inquiétude, ou plutôt sa terreur, se manifestoit encore par les vœux et les offrandes qu'il envoyoit au mont Saint-Michel, à Notre-Dame de Cléry, à Saint-Jacques de Compostelle, à Saint-Claude, et à un grand nombre d'autres sanctuaires. De son côté, il faisoit lui-même un pélerinage à la Sainte-Baume. Le roi au contraire ne promettoit rien, n'ordonnoit rien ; il évitoit même de demander catégoriquement le retour de son fils

l'abbé Legrand, et dans les Preuves de Duclos. T. III, p. 81-99.

à la cour, de peur d'y devoir joindre la promesse qu'il y seroit en sûreté; mais il se montroit toujours plus mécontent, toujours plus irrité contre son fils. Enfin, dans la dernière audience qu'il accorda le 20 août 1456 aux envoyés du dauphin, il leur déclara que si son fils ne se soumettoit incessamment, il alloit procéder contre ceux de ses officiers qui lui donnoient de mauvais conseils. (1)

Cette menace se rapportoit au rassemblement de l'armée que Dammartin se préparoit à conduire en Dauphiné. Il devoit y entrer sous prétexte seulement d'arrêter les conseillers du dauphin; cependant il avoit probablement l'ordre d'arrêter le dauphin lui-même, et de le conduire à son père. De peur qu'il ne lui échappât, et ne se réfugiât en Savoie auprès de son beau-père le duc Louis, Dammartin alla auparavant trouver ce dernier, et en obtint la promesse qu'il n'assisteroit point le dauphin, et qu'il ne le recevroit point dans ses États (2). Dammartin étoit de tous les hommes celui que le dauphin craignoit le plus; il le regardoit comme son ennemi capital; il le savoit peu scrupuleux sur les moyens d'assurer sa fortune, et il le jugeoit trop

(1) Préface de Lenglet du Fresnoy, p. 43 à 60, avec les Preuves tirées des Recueils de l'abbé Legrand dans Duclos. T. III.

(2) Guichenon, Hist. de Savoie. T. II, p. 92.

habile pour arrêter l'héritier présomptif de la couronne, le fils d'un roi déjà cassé par l'âge et la débauche, s'il n'avoit pas en même temps résolu de l'empêcher de régner jamais. (1)

1456.

A cette époque, Louis étoit déjà informé du traitement que venoit d'éprouver le duc d'Alençon, un des premiers princes du sang, et de ceux que la faction qui gouvernoit alors la cour avoit résolu de chasser d'auprès du roi. Jean II, duc d'Alençon, fils de celui qui avoit été tué à la bataille d'Azincourt, étoit marié à une sœur du comte d'Armagnac : il étoit alors âgé de quarante-sept ans, et il se croyoit plus de droit à être appelé aux conseils du roi, que Dammartin, ou le bâtard d'Orléans, entre les mains desquels il voyoit qu'avoit passé toute l'autorité de la couronne. Il se plaignoit de ce que sa ville de Fougères étoit occupée par le duc de Bretagne, qui l'avoit reprise aux Anglais, et il ne pouvoit obtenir aucune justice quand il en demandoit la restitution. Les princes du sang se regardoient comme des petits souverains, qui, pour leurs intérêts particuliers, pouvoient traiter même avec les ennemis de l'État. Le duc d'Alençon, mécontent des conseillers du roi, avoit cherché à s'allier contre eux avec le dauphin, qui les haïssoit autant que

(1) Matth. de Coucy. T. XI, c. 120, p. 272. — Jacq. du Clercq. T. XIII, c. 22, p. 190.

lui, et avec son beau-frère le comte d'Armagnac, avant que celui-ci fût dépouillé de ses États. Il paroît aussi qu'il étoit entré en négociations avec le duc d'York, au fils duquel il avoit offert sa fille en mariage. Il lui avoit envoyé un prêtre de Domfront, nommé Thomas Gilet, et ensuite d'autres émissaires obscurs. On assure que dans la correspondance que ceux-ci établirent entre les deux ducs, ils promirent, au nom du duc d'Alençon, qu'il ouvriroit aux Anglais les places de son duché, quand ceux-ci se seroient rendus maîtres de nouveau de la Normandie (1). Mais jamais cet événement n'avoit paru plus improbable : les guerres civiles d'Angleterre, entre le duc d'York et la reine Marguerite, avoient déjà commencé, et le duc d'Alençon n'auroit pu sans folie songer à se révolter contre le roi, avec l'aide d'un ennemi qui ne pouvoit pas se défendre lui-même. Au mois de mars 1455, Marguerite avoit ôté au duc d'York le gouvernement de Calais. Celui-ci s'étoit retiré dans le pays de Galles; il y avoit levé une armée avec laquelle il étoit revenu vers Londres. Il avoit rencontré à Saint-Alban, le 31 mai 1455, l'armée de Marguerite, commandée par le duc de Sommerset. Ce duc avoit été tué avec quarante-huit seigneurs de son parti, dans la

(1) Arrêt contre le duc d'Alençon dans J. Chartier, p. 305.

grande bataille qu'il lui avoit livrée ; Henri VI étoit demeuré prisonnier du duc d'York, que le parlement avoit nommé protecteur du royaume, le 12 novembre 1455, à cause de la démence du roi ; mais cette démence, comme celle de son aïeul Charles VI, étoit intermittente. Au printemps de 1456, Henri VI fut déclaré être dans son bon sens ; et Marguerite, reprenant tout son crédit sur lui, fit destituer le duc d'York, qui se retira dans ses terres, où il se défendit avec peine contre la reine, qui vouloit l'arrêter et le faire périr. (1)

Quel que pût être le goût du duc d'Alençon pour l'intrigue, ou sa disposition à trahir son pays, il est évident que plus il avoit de correspondances avec l'Angleterre, plus il devoit être assuré que le moment n'étoit pas venu où Henri VI pourroit recouvrer la couronne de France. S'il s'étoit en effet adressé au duc d'York, ce devoit être, ou pour se donner de la conséquence, ou pour en tirer quelque argent ; et lorsqu'on l'accusa de s'être éloigné de son duché d'Alençon pour se retirer à Paris, afin que ses places fortes, dégarnies de troupes, fussent surprises par les Anglais en son absence, ainsi qu'il en étoit convenu avec eux, on disoit une chose évidemment fausse ; car le

(1) Rapin Thoyras. T. IV. L. XII, p. 449, 450. — Jacq. du Clercq. T. XIII. c. 23, p. 194.

duché d'Alençon est éloigné de plus de vingt-cinq lieues de la mer; les Anglais, avant d'y parvenir, auroient dû reconquérir les places fortes de la Normandie où le roi tenoit de bonnes garnisons, tandis qu'eux-mêmes n'y occupoient pas un pouce de terrain, qu'ils n'avoient pas un vaisseau en mer, et qu'ils n'étoient pas en condition de songer à une invasion.

Sur ce fondement cependant, le roi donna à Dunois, qu'il avoit fait comte de Longueville, l'ordre d'arrêter le duc d'Alençon. Dunois, ayant laissé le sire de Mouy, bailli de Vermandois, en embuscade hors de la porte Saint-Antoine, sur le chemin de Melun, se fit accompagner par le prévôt de Paris, avec lequel il se présenta, le 27 mai 1456, jour du Saint-Sacrement, à quatre heures après midi, à l'hôtel du duc d'Alençon, et après lui avoir fait une visite respectueuse, quand il reconnut à quelque bruit que ses gens étoient en force dans l'antichambre, il lui mit la main sur l'épaule en lui disant : « Monseigneur, pardonnez-moi; le « roi m'a envoyé devers vous, et m'a donné « charge de vous faire son prisonnier. Je ne sais « proprement les causes pourquoi. » Aussitôt il le fit monter à cheval, et sortit de Paris. Le bailli de Vermandois escorta d'abord le comte et son prisonnier jusqu'à Melun, avec ses quarante lances. Après qu'ils y eurent passé quelques jours, ils se rendirent ensuite, sur l'ordre du roi, au château de la Nonnette en Bourbonnais, où Charles VII étoit alors. Au bout de peu de jours, le roi fit paroître le duc d'Alençon en sa présence, et lui reprocha d'avoir voulu livrer à ses anciens ennemis Falaise et Domfront; ce dont il avoit, disoit-il, la preuve, par des lettres signées de sa main, et par le témoignage d'un héraut d'armes et d'un Anglais qui étoient dans ses prisons. « Monseigneur, re« prit avec hauteur le duc d'Alençon, je ne « suis pas traître; mais peut-être que j'ai fait « aucunes alliances avec aucuns grands sei« gneurs, afin de recouvrer ma ville de Fou« gères, que le duc de Bretagne tient à tort et « sans cause raisonnable, et duquel je n'ai pu « avoir raison en votre cour. » Le roi répondit « qu'il avoit toujours fait raison et justice à « chacun, et qu'il lui feroit faire son procès « tout au long. » (1)

L'arrestation du duc d'Alençon fit beaucoup de bruit dans tout le royaume; mais elle frappa surtout le dauphin, auquel elle parut un pronostic du sort qui lui étoit réservé. S'il eut un moment la pensée de résister à force ouverte, il reconnut bientôt qu'il n'en avoit pas la puissance, et qu'il feroit seulement par là plus beau

---

(1) Matth. de Coucy. T. XI, c. 118, p. 261. — J. Chartier, p. 287. — Jacq. du Clercq. T. XIII, c. 20, p. 183.

jeu à ceux qui en vouloient à sa vie. Le comte de Dammartin, parvenu sur les frontières du Dauphiné, écrivit au roi : « Monseigneur, le dau-
« phin est à Valence : il a mandé tous les nobles
« de son pays jusqu'à l'âge de dix-huit ans, et
« tous ceux qui sont en état de porter les armes ;
« il a fait crier que tout homme eût à retirer
« ses biens dans les places fortes. Tout le pays
« s'effraye ; mais, quelque chose qu'il fasse, les
« nobles et tous ceux du Dauphiné n'ont con-
« fiance qu'en vous, et disent qu'ils sont perdus
« si vous n'y mettez bon ordre. Dès qu'ils vous
« sauront en marche, ils parleront plus haut,
« et quand vous serez avant, ils se rendront à
« leur devoir auprès de vous. Monsieur de Sa-
« voie avoit aussi donné son mandement en
« Bresse, mais il n'est venu que sept ou huit
« vingts hommes d'armes ; et voyant ce petit
« nombre, il les a contremandés. » (1)

Louis continuoit à presser ses armemens, sans compter cependant en faire usage. Il connoissoit assez son beau-père le duc de Savoie, prince foible et dominé par ses favoris, pour ne prendre en lui aucune confiance. Il étoit cependant entouré de ses États, de tous les côtés par où il ne confinoit pas à la France. En les traversant dans leur moindre largeur, et dans

(1) Preuves de Duclos à l'Histoire de Louis XI. T. III, p. 100. — Barante, T. VIII, p. 115.

les provinces où il pouvoit supposer la vigilance la moins exacte, le premier asile qu'il pouvoit rencontrer étoit la Franche-Comté, terre d'Empire appartenant au duc de Bourgogne. Ce fut de ce côté qu'il tourna ses regards. Il annonça une grande partie de chasse sur les bords du Rhône : toute sa vie il fut passionné pour cet exercice, auquel les affaires les plus importantes ne le firent jamais renoncer. Au jour venu, montant à cheval avec six compagnons, au lieu de se diriger vers le rendez-vous de chasse, où le reste de sa maison l'attendoit, il entra de grand matin dans le Bugey, qui appartenoit au duc de Savoie, et le traversant presque toujours au galop, ainsi que le Val-Romey, il arriva, le 31 août au soir, à Saint-Claude, dans le comté de Bourgogne, après avoir accompli avec la plus extrême diligence une course de quarante lieues. (1)

Telle étoit la terreur que les ministres et les confidens de son père inspiroient au dauphin, que, pour leur échapper, il n'hésitoit pas à se confier à d'anciens ennemis. Le prince d'Orange et le maréchal Toulongeon gouvernoient la Franche-Comté au nom du duc de Bourgogne; le dauphin avoit eu de fréquens démêlés avec eux, particulièrement à l'occasion des capitaines

---

(1) Préface de Lenglet du Fresnoy, p. 62. — Duclos. L. I, p. 78. — Matth. de Coucy, c. 120, p. 272. — Amelgardus. L. V, c. 12, f. 143. — Barante, T. VIII, p. 116.

d'aventuriers, dont il avoit toujours embrassé la protection, après les outrages qu'ils avoient commis sur les terres de Bourgogne; il y avoit eu même des actes d'hostilité entre eux pendant la campagne contre les Suisses. Il se jeta cependant entre leurs bras, sans autre assurance que sa confiance dans la loyauté du duc de Bourgogne leur maître; et il en fut en effet bien reçu. Arrivé à Saint-Claude, il écrivit aussitôt au roi son père, lui déclarant qu'il se rendoit auprès du duc de Bourgogne pour lui offrir ses services comme gonfalonier de l'Église, dignité dont le pape l'avoit revêtu pour la croisade contre les Turcs. Il écrivit aux évêques de France pour se recommander à leurs prières, afin d'obtenir sa réconciliation avec son père. Il écrivit enfin au duc de Bourgogne pour lui demander un asile dans ses États. Le duc l'invita, par sa lettre du 15 septembre, à se rendre à Bruxelles, et il écrivit en même temps au roi pour lui rendre compte de cette transaction. (1)

Louis prit son chemin de Franche-Comté par la Lorraine, les Trois-Évêchés et le Luxembourg, en évitant les frontières de France. Philippe ne l'avoit point attendu à Bruxelles : il

(1) Plancher, Hist. de Bourg. T. IV. L. XX, p. 288. — Lenglet, Préface, p. 63. — Duclos, Recueil de preuves. T. III, p. 112-119. — Jacq. du Clercq. T. XIII, c. 22, p. 192. — Amelgardus. L. V, c. 13, f. 144.

étoit alors à Utrecht, et il installoit de vive force dans cet évêché un de ses bâtards, de préférence au prélat qui avoit été canoniquement élu (1). La duchesse de Bourgogne, la comtesse de Charolais sa belle-fille, et le comte d'Étampes, accueillirent le dauphin avec tout le respect qu'un prince du sang pouvoit montrer au fils de son souverain; et tandis que les lettres du duc de Bourgogne garantissoient à Louis une protection généreuse, son père achevoit de le dépouiller. Le comte de Dammartin étoit entré en Dauphiné, accompagné par le maréchal de Lohéac, et le comte de Sancerre, amiral de France. En même temps le roi étoit à Lyon avec une partie de sa gendarmerie et un grand train d'artillerie. Les États de Dauphiné, assemblés à Grenoble le 15 octobre, envoyèrent à Charles l'évêque de Valence, pour l'assurer de leur soumission, et le prier en même temps de ne point changer l'organisation que son fils avoit donnée à la province; car elle pourvoyoit à sa sûreté et à sa prospérité. Charles VII prit pacifiquement possession du Dauphiné, en faisant son entrée à Vienne avec quelques troupes. Il saisit en même temps tous les revenus de la province, et ses ministres prirent des mesures

(1) Matth. de Coucy, c. 117, p. 259. — Jacq. du Clercq. T. XIII, c. 19, p. 178.

1456. efficaces pour que son fils ne pût plus recevoir dans son exil aucun argent de son apanage. (1)

(1) Lenglet, Préface, p. 64-66. — Matth. de Coucy. T. XI, c. 120, p. 272. — J. Chartier, p. 287. — Olivier de la Marche. T. IX, c. 33, p. 46. — Duclos. L. I, p. 78. — Barante. T. VIII, p. 119.

FIN DU TOME TREIZIÈME.

TABLE CHRONOLOGIQUE

ET ANALYTIQUE

DU TOME TREIZIÈME.

SIXIÈME PARTIE.

DEPUIS L'AVÉNEMENT DE CHARLES VII JUSQU'A LA MORT DE LOUIS XII. 1422-1515.

CHAPITRE PREMIER. *Avénement à la couronne de France de Charles VII et de Henri VI, l'un fils, l'autre petit-fils de Charles VI. — Défaite des troupes du premier à Crevant et à Verneuil. — Les Armagnacs éloignés de la cour de Charles. — Les ducs de Bourgogne et de Glocester brouillés à celle de Henri. —* 1422-1425. *page* 1

   Fatigue causée par la longue période de barbarie que nous avons traversée dans cette histoire. *ibid.*
   Progrès de la nation française sous les quatre rois, Charles VII, Louis XI, Charles VIII, et Louis XII............................ 3
1422. 21 octobre. Droits ou prétentions de Henri VI et Charles VII à succéder à Charles VI.... 5
   Les Français ne voient d'abord dans Charles VII que l'instrument de la faction des Armagnacs. 6
   Les Armagnacs anciens sujets des Anglais, et ennemis héréditaires de la France......... 7
   Les capitaines de Charles, au nord de la Loire, n'étoient que des corsaires de terre ferme... 8

	Les provinces centrales peu belliqueuses, confiées à la défense des Écossais........*page*	9
1422.	Charles VII indolent, dévoué au plaisir, mais bienveillant...................	10
	25 octobre. Il est proclamé roi à Espally, ou, selon d'autres, à Mehun-sur-Yèvre.......	11
	Le duc de Bedford fait proclamer Henri VI à Saint-Denis; mécontentement des bourgeois; conspiration.........................	12
	Efforts des deux rois pour rétablir l'ordre; réforme de la procédure en Dauphiné.......	13
	5 décembre. Le duc de Bedford, lord protecteur de France et d'Angleterre; Glocester son lieutenant en Angleterre............	14
1423.	24 janvier. États de Bourges, qui accordent à Charles une aide d'un million; États de Carcassonne.............................	16
	Petits faits d'armes entre les capitaines français et anglais; surprises de places.......	17
	Le maréchal de Sévérac veut rétablir la communication entre le Berri et la Champagne.	19
	1er juillet. Bataille de Crevant-sur-l'Yonne; défaite des Français; massacre des Écossais..	20
	Revers des capitaines français dans le nord; capitulation à terme du Crotoy..........	22
	17 avril. Conférence d'Amiens, et alliance des ducs de Bedford, Bourgogne et Bretagne..	24
	Le duc de Glocester épouse Jacqueline de Hainaut, femme du duc de Brabant; colère du duc de Bourgogne...................	25
	4 juillet. Naissance, à Bourges, du fils de Charles VII, qui fut depuis Louis XI.....	27
	Nouveaux Écossais au service de Charles VII; Lombards envoyés par le duc de Milan...	28

	Nouveaux revers des capitaines Armagnacs; retraite de Xaintrailles; siége de Guise. *page*	29
1424.	3 mars. Bedford va tenir sa journée devant le Crotoy, qui lui est livré...............	30
	Les Écossais et Français marchent en force vers Ivry pour y tenir une journée...........	32
	15 août. Ivry livré aux Anglais; les Français s'emparent de Verneuil.................	33
	17 août. Bataille de Verneuil; les Français et Écossais défaits avec une grande perte....	34
	Nouveaux revers des Français; La Hire évacue la Champagne......................	37
	Octobre. Vains efforts de Bedford pour réconcilier les ducs de Glocester et de Bourgogne.	38
	Négociations du duc de Savoie pour rapprocher Bourgogne et Richemont de Charles VII.	39
	Deux partis à la cour de Charles VII: la reine-mère de Sicile, et les vieux Armagnacs....	40
	Novembre. Entrevue à Angers de Richemont avec Charles VII; il exige la retraite des Armagnacs...........................	41
	Richemont lève une armée pour Charles VII; il le poursuit pour l'enlever aux Armagnacs.	43
1425.	7 mars. Charles VII donne à Richemont l'épée de connétable, et renvoie les Armagnacs..	45
	Conquête du Maine par les Anglais; invasion du Hainaut par le duc de Glocester......	46
	Défi entre Glocester et Bourgogne; plaidoyers à Rome; fausses bulles...............	48
	13 mars. Jacqueline, assiégée à Mons par Saint-Pol, est livrée au duc de Bourgogne..	50
	La reine Isabeau oubliée à Paris; décadence de cette ville.........................	51

Les princes, en abandonnant la capitale, interrompent la communication entre le roi et ses sujets..................page 53

1425. Fidélité du parlement de Poitiers aux libertés gallicanes................... 54

Protection que les deux rois s'efforcent de donner au commerce................... 55

CHAPITRE II. *Le connétable Richemont veut gouverner au nom de Charles VII; comme les favoris de ce roi le contrarient, il fait tuer l'un après l'autre le sire de Giac et le Camus de Beaulieu; il est à son tour éloigné par la Trémoille. — Descente du comte de Salisbury en France; il assiége Orléans. — Journée des harengs, où les Français sont défaits. — 1426-1429*................... 57

1426. Charles VII, livré de bonne heure au plaisir, commence fort tard à se conduire en homme. *ibid.*

Richemont, comme connétable, réunissoit presque tous les pouvoirs de la royauté... 58

Le roi s'excuse de l'assassinat de Montereau à Marguerite de Bourgogne, femme du connétable................... 59

Intrigues à la cour pour faire échouer les entreprises militaires du connétable......... 60

Richemont profite de l'absence de Bedford, retourné en Angleterre, pour attaquer la Normandie................... 61

Mi-carême. Richemont repoussé à Saint-James-de-Beuvron; son ressentiment........... 62

Première victoire du bâtard d'Orléans sur les Anglais à Montargis................... 64

Efforts de Bedford pour maintenir la paix dans son parti, entre Glocester, Winchester et Bourgogne................... 65

1426. Mécontentement des Parisiens et des Français sous le joug anglais.............. *page* 67
Le pouvoir de Charles VII partagé entre Richemont et le comte de Foix, gouverneur de Languedoc....................... 68
Leur jalousie l'un de l'autre; ils évitent de se rencontrer à la cour.................... 71

1427. Janvier. Richemont arrête le sire de Giac, favori du roi, à Issoudun, et le fait mourir.. 72
Le roi accepte des mains de Richemont un nouveau favori, le Camus de Beaulieu.... 74
Les Anglais reprennent Pontorson; revers du connétable dans le Maine.............. 75
3 juillet. Traité du duc de Bretagne avec les Anglais; Alençon remis en liberté........ 76
Richemont fait tuer le Camus de Beaulieu; il donne La Trémoille pour favori au roi.... *ibid.*
Les princes du sang invitent Richemont à faire tuer aussi La Trémoille, qui l'exclut de la cour............................... 78
Ordonnance de Charles VII sur les barbiers, sur une aide illégalement perçue......... 80
Assemblées d'États-Généraux auxquelles les députés négligent de se rendre.......... 81
Bedford, de retour à Paris, ne paroît s'occuper que du duc de Bourgogne........... 82

1428. 3 juillet. Bourgogne acquiert les comtés de Hainaut, Hollande, Zélande, Frise et Namur.................................. 83
Juin. Arrivée de Salisbury avec six mille Anglais; arrivée des notables à Paris........ 85
Septembre. Salisbury se rend maître de plusieurs places sur les bords de la Loire.... 86

1428. 12 octobre. Salisbury passe la Loire, et attaque
Orléans du côté du midi............ *page* 87
Indolence de Charles VII ; disgrâce et exil du
connétable................................ 88
Hostilités entre le connétable, secondé par les
princes, et La Trémoille................. 89
Octobre. États-Généraux de Chinon pour la
défense du royaume..................... 90
Le bâtard se jette dans Orléans avec quelques
braves chevaliers....................... 92
21 octobre. Assaut meurtrier ; la tête de pont,
puis les tournelles abandonnées aux Anglais. 93
Fin d'octobre. Orléans reçoit de nouveaux
renforts ; Salisbury blessé à mort......... 95
29 décembre. Suffolk à l'armée anglaise ; Orléans attaqué des deux côtés de la rivière.. 96
1429. 12 février. Bataille des harengs ; les Français
défaits par sir John Falstaff.............. 97
Xaintrailles député au duc de Bourgogne pour
lui remettre Orléans en dépôt............ 99
Découragement de la cour et de la noblesse ;
patriotisme du peuple, qui n'attend que l'occasion d'éclater........................ 101

CHAPITRE III. *Mouvement littéraire et religieux des esprits.
— Enthousiasme religieux et politique de Jeanne la Pucelle ; son arrivée à la cour ; ses combats devant Orléans ;
sa victoire à Patay sur les Anglais. — Elle fait sacrer le
roi à Reims ; elle le conduit devant Paris. — Retraite de
Charles VII derrière la Loire. — La Pucelle se jette dans
Compiègne et y est faite prisonnière.* — 1429-1430. 103

Progrès de la civilisation, malgré la guerre ;
érudition de l'Italie..................... *ibid.*

Sa réaction sur la France, surtout par les assemblées de l'Église................*page* 104
Mouvement religieux des hussites en Allemagne; littérature de l'Espagne; fin du schisme................................. 105
La cour de Rome obligée de faire des concessions aux lumières; mélange de superstition et de philosophie...................... 108
Croyance aux sciences occultes, conséquence de l'ignorance des lois de la nature........ 109
Elle est encouragée également par l'Église et par les savans........................ 110
Règles adoptées par le peuple pour distinguer les prodiges de Dieu et ceux du malin..... 112
Prédication et réforme de frère Thomas Connecte; son supplice..................... 113
Prédication à Paris de frère Richard; il est exilé................................. 114
Enthousiasme religieux et patriotique de Jeanne d'Arc la Pucelle; sa jeunesse............ 115
Ses visions commencent à la mort de Charles VI; sa piété lui fait désirer le sacre du dauphin. 116
1429. Janvier. Jeanne demande au capitaine Baudricourt de la faire conduire au roi.......... 118
Février. Elle part de Vaucouleurs avec un cortége militaire, et arrive en Touraine...... 120
24 février. Elle se présente au roi à Chinon; on croit voir du merveilleux dans ses actions................................... 121
Des prélats et des matrones l'examinent pour s'assurer qu'elle n'est point alliée du diable. 122
Elle est envoyée à Blois joindre l'armée; terreur des Anglais; espoir des Français..... 124

1429. 28 et 29 avril. Elle part de Blois, et introduit un convoi dans Orléans par la Sologne. *page* 125

Sa vie à Orléans; son soin pour préserver intacte sa réputation.................. 126

3 mai. Nouveau convoi venu par la Beauce; prise de la bastide de Saint-Loup......... 127

6 mai. Prise de la bastide des Augustins; la Pucelle blessée....................... 129

7 mai. Prise des tournelles; les Anglais chassés du bord méridional de la Loire......... 130

8 mai. Les Anglais lèvent le siége. 13 mai, la Pucelle, à Tours, rend compte au roi de ses succès............................... 131

21 mai. Alençon et la Pucelle prennent Fargeau; belle armée assemblée à Orléans.... 133

Le connétable vient joindre cette armée, malgré la défense du roi; son discours à la Pucelle.................................. 134

18 juin. Défaite des Anglais à Patay; captivité de leurs chefs........................ 136

28 juin. Le roi, à Gien, se détermine à passer la Loire et à marcher vers Reims avec la Pucelle................................ 137

Il ne permet pas au connétable et à la Marche de le joindre; il passe devant Auxerre..... 139

9 juillet. Troyes lui ouvre ses portes après quelques jours de résistance............. 140

16 juillet. Entrée de l'archevêque dans Reims. 17 juillet, sacre de Charles VII........... 142

La Pucelle veut se retirer dans son village; les capitaines du roi la retiennent........... 144

1er juillet. Bedford engage à son service l'armée que Winchester avoit levée pour la croisade. 146

1429. 10 au 15 juillet. Le duc de Bourgogne à Paris; conquêtes de Charles VII dans l'Ile-de-France.......................... page 147
Bedford prend des positions pour couvrir Paris et Rouen sans livrer bataille............. 148
29 août. Charles VII est reçu à Saint-Denis; la Pucelle blessée devant la porte Saint-Honoré de Paris....................... 151
12 septembre. Charles, persuadé par la Trémoille, quitte l'armée et retourne à Chinon. 152
Découragement des villes et des amis qu'avoit Charles auprès du duc de Bourgogne..... 153
Bedford cède au duc de Bourgogne la régence de France, et se retire en Normandie....... 154

1430. 15 janvier. Le duc de Bourbon reconnoît le traité de Troyes pour obtenir des Anglais sa liberté............................. 155
La Pucelle veut de nouveau se retirer; elle est retenue par Alençon; sa campagne d'hiver.. 157
La Pucelle se jette dans Compiègne. 24 mai, elle y est faite prisonnière.............. 159

CHAPITRE IV. *Charles VII retombe dans l'indolence. — Henri VI est amené en France. — La Pucelle est poursuivie par l'Église, condamnée et brûlée vive. — René d'Anjou fait prisonnier à Bullégneville. — Trève entre le duc de Bourgogne et Charles VII.* — 1430-1432.. 162
Découragement produit par la nonchalance de Charles VII; caractère inexplicable de ce roi.............................. *ibid.*
Influence pernicieuse de La Trémoille; langueur voluptueuse où il retient le roi........... 165
La Trémoille veut faire assassiner Richemont; guerre civile entre eux................. 166

Indépendance des gouverneurs de province;
neutralité du comte de Clermont en Bourbonnais et Auvergne................*page* 168

Neutralité et grandeur croissante de la maison
d'Anjou, en Anjou, Provence, Barrois et
Calabre........................... *ibid.*

Gouvernement du comte de Foix en Guienne,
de Gaucourt en Dauphiné............... 170

Charles, dans le Berri et la Touraine, écarte
de sa présence les capitaines............ 172

Mœurs sauvages de ces aventuriers; prière de
La Hire............................. 173

1430. 23 avril. Henri VI amené en France; sa cour
à Rouen............................. 174

10 janvier. Troisième mariage du duc de Bourgogne; fondation de l'ordre de la Toison-
d'Or................................ 175

4 août. Bourgogne hérite du duché de Brabant;
il s'éloigne du siége de Compiègne........ 177

28 octobre. Les Anglais et Bourguignons lèvent
le siége de Compiègne; ils éprouvent d'autres
échecs.............................. 178

Ils veulent se venger sur la Pucelle d'Orléans;
haine du clergé pour elle............... 180

Octobre. La Pucelle rachetée au nom de Henri VI, et conduite à Rouen dans la prison
civile............................... 181

1431. 12 janvier. Commencement du procès de la
Pucelle; honteux espionnage auquel on l'expose................................ 183

Grand sens qu'elle montre dans ses nombreux
interrogatoires; acharnement de ses juges.. 184

12 mai. On délibère si elle sera mise à la tor-

ture; jugement de la Sorbonne sur ses réponses.................................. *page* 185

1431. 19 mai. Exhortation publique qui lui est adressée................................. 187

23 mai. Sa première condamnation à une prison perpétuelle...................... 189

30 mai. Sa seconde condamnation comme relapse; elle est livrée au bras séculier...... 191

Son supplice.. 192

Tardive récompense accordée par les rois à sa famille........................... 193

Le Pastourel mis à la tête d'une armée; les Anglais le prennent et le noient dans la Seine. 195

25 janvier. René d'Anjou hérite de son beau-père Charles II, duc de Lorraine......... 197

Antoine de Vaudemont, son cousin, lui dispute cet héritage avec l'aide des Bourguignons........................... 198

29 juin. Vaudemont et Toulongeon sont arrêtés dans leur retraite par René d'Anjou.... 200

2 juillet. Bataille de Bullégneville; mort de Barbasan; René d'Anjou prisonnier....... 201

La duchesse de Lorraine implore les secours de Charles VII, et introduit à sa cour Agnès Sorel............................ 202

Le duc de Bourgogne cherche à se rendre étranger à la France. 8 septembre, trève de deux ans.......................... 204

2 décembre. Bedford amène Henri VI à Paris; son couronnement, 16 décembre......... 206

1432. Éloignement des Parisiens pour les Anglais; Henri VI retourne à Rouen............. 207

3 février. Tentative de Boussac pour surpren-

dre Rouen; elle échoue par la faute de ses
  soldats.................................. *page* 209
1432. Mai. Commencement du siége mis devant Lagny par les Anglais......................... 211
  20 avril. Surprise de Chartres par le bâtard
  d'Orléans.................................. 212
  Bedford presse le siége de Lagny. 10 août, le
  bâtard d'Orléans le lui fait lever.......... 213
  8 juillet. Conférences d'Auxerre pour la paix
  générale; elles échouent.................. 215
  6 avril. Bourgogne rend la liberté sous caution
  à René d'Anjou............................ 216
  13 novembre. Mort de la duchesse de Bedford;
  second mariage du duc de Bedford........... 217

Chapitre V. *Intrigues de la cour de Charles VII. — Arrestation et exil de La Trémoille. — Décadence du parti anglais. — Offre de médiation des princes prisonniers. — Guerre des ducs de Bourgogne et de Bourbon. — Le connétable les réconcilie. — Conférences de Nevers. — Paix d'Arras entre Charles VII et le duc de Bourgogne. — Paris reconquis par Charles VII.* — 1433-1436... 220

  Influence funeste du favori La Trémoille; sa
  chute désirée par tous les ordres......... *ibid.*
  Accord de la reine Yolande et du duc d'Alençon contre La Trémoille; guerre d'Alençon
  et Bretagne................................ 221
1433. 20 septembre. Funérailles de la duchesse de
  Bretagne; complot qui y est formé contre
  La Trémoille.............................. 223
  La Trémoille attaqué à Chinon par les gens du
  connétable; il est blessé et exilé de la cour.. 224
  Petits faits d'armes pendant l'été; Ligny accou-

tume son neveu Saint-Pol à tuer de sa main les prisonniers.................... *page* 226

1433. Le prince d'Orange et le sire de Château-Vilain font leur paix séparée avec Charles VII. 228

Guerre de Philippe de Bourgogne contre ces deux seigneurs et le duc de Bourbon...... 229

Décadence du parti anglais; indolence du duc de Bedford; misère et peste à Paris...... 230

Conspirations à Paris en faveur de Charles; ce roi et les deux ducs peu empressés de faire la paix.............................. 231

14 août. Offres du duc d'Orléans, prisonnier, pour la paix, en sacrifiant l'indépendance nationale........................... 232

Conférences de Saint-Port, sans résultat; mort du duc de Bourbon, prisonnier.......... 235

1434. Les ducs de Bourgogne et de Savoie attaquent le nouveau duc de Bourbon; armistice entre eux................................ 236

Mars. Charles laisse de nouveau commander au connétable une armée dans le Maine... 238

Avril. Charles et le connétable aux États de Vienne; le connétable envoyé en Picardie.. 239

Août. Vexations des Anglais en Normandie; soulèvement des paysans; leur châtiment... 241

18 décembre au 10 février. Séjour de Bedford à Paris; misère croissante du peuple..... 242

1435. Janvier. Conférences de Nevers; bases convenues de négociation; convocation du congrès d'Arras............................ 243

14 août. Le duc de Bourgogne à Paris; il annonce aux Parisiens qu'il leur donnera la paix................................. 245

1435. Les aventuriers désirent la continuation de la guerre; on leur donne le nom d'*Écorcheurs*........................... page 247

10 mai. Défaite et mort d'Arundel à Gerberoy.
31 mai, suprise de Saint-Denis.......... 248

Août. Congrès d'Arras; réunion d'ambassadeurs de toute la chrétienté............ 250

Prétentions opposées des Anglais et des Français; impossibilité de les mettre d'accord... 251

6 septembre. L'ambassade anglaise se retire; son imprudence de rompre les négociations. 253

Le duc de Bourgogne pressé par ses sujets et par l'Église de faire une paix séparée..... 254

14 septembre. Mort du duc de Bedford, qui rompt les liens de Bourgogne avec les Anglais............................. 256

21 septembre. Traité d'Arras; sacrifices que fait Charles pour apaiser le duc de Bourgogne................................. 257

Joie que cause le traité d'Arras aux peuples; efforts des écorcheurs pour le rompre..... 258

24 septembre. Mort d'Isabeau de Bavière; sa nullité; ses funérailles sans pompe....... 259

Charles VII, depuis la paix d'Arras, montre moins d'éloignement pour les affaires..... 261

L'Ile-Adam, chassé par les Anglais, soulève contre eux l'Ile-de-France............... 262

Décembre et janvier. Soulèvement du pays de Caux; il est ravagé et abandonné par les écorcheurs............................ 263

Soulèvement d'Amiens contre le duc de Bourgogne; punition des insurgés........... 265

1436. Janvier. Les Anglais repoussent la médiation

du duc de Bourgogne, et le forcent à la guerre. .... page 266

1436. 8 mars. Le duc annonce aux Gantois qu'il est résolu de faire la guerre aux Anglais..... 268

Mars. Bourgogne envoie des renforts au connétable, qui veut attaquer Paris......... 269

4 et 10 avril. Des corps anglais sortent de Paris; fermentation et soulèvement des bourgeois... 270

Efforts de lord Willoughby pour défendre Paris contre le connétable................ 272

13 avril. Lille-Adam, le connétable, le bâtard d'Orléans et l'armée française introduits dans Paris...................... 273

Amnistie publiée par le connétable; retraite des Anglais à la Bastille; ils offrent de traiter. 275

17 avril. La Bastille rendue par capitulation; retraite des Anglais à Rouen............ 276

CHAPITRE VI. *Les deux peuples fatigués de la guerre; les deux rois ne savent pas faire la paix. — René d'Anjou, encore prisonnier, est appelé à régner à Naples. — Révolte et punition de Bruges par le duc de Bourgogne. — Ravages des écorcheurs en France. — Charles VII ne se montre qu'un instant à Paris; misère dans cette ville. — Concile de Bâle et pragmatique-sanction. — 1436-1438...* 278

1436. La guerre civile étoit terminée; les Anglais n'avoient plus avec eux que quelques transfuges... ibid.

Les Anglais désiroient la paix; incapacité de Henri VI; second mariage de sa mère..... 279

Fatigue et monotonie de l'histoire; fatigue plus grande des peuples................ 281

1436.	Nonchalance de Charles VII qui le rendoit incapable de terminer la guerre........ *page*	282
	Violence et rapacité des capitaines; grande énergie requise pour les ramener à l'obéissance...........................	284
	Guerres privées des capitaines; pillage de Soissons par La Hire.....................	285
	La Hire fait prisonnier Auffemont; il est à son tour son captif......................	286
	Guerre du connétable contre le damoiseau de Commercy; commencemens de Tristan l'Ermite.............................	287
1436.	Avril. Charles, aux États de Vienne, apprend la mort du comte de Foix et la soumission de Paris............................	289
	Juin. Mariage du dauphin Louis avec Marguerite d'Écosse; le père de celle-ci assassiné.	291
	Charles occupé des affaires de la maison d'Anjou; René succède à son frère Louis III, le 24 octobre 1434.....................	292
	René, rentré en prison, est appelé au trône de Naples, le 15 mars 1435..............	293
	La femme de René débarque à Naples le 18 octobre 1435, et son rival Alphonse à Gaëte le 2 février 1436......................	294
	7 novembre. René remis en liberté par le duc de Bourgogne........................	297
1437.	René visite la Lorraine, l'Anjou et la Provence, puis il part pour Naples..........	298
1436.	Fin juin. Le duc de Bourgogne, avec dix-sept mille Flamands, vient investir Calais......	299
	31 juillet. Insubordination des Flamands, qui le force à lever le siége................	300

Fermentation en Flandre; massacres; sédition
de Bruges........................... *page* 302

1437. Mai. Danger du duc Philippe à Bruges; son
maréchal Lille-Adam y est tué........... 304

Septembre. Les Gantois interviennent pour
mettre la paix dans Bruges; leur médiation
repoussée............................. 306

1438. 17 février. Soumission de Bruges; conséquence
de la peste et de la famine............. 307

1437. 31 mars. Charles tient les États de Languedoc à
Montpellier; insolence de Villandrade punie. 309

Fin juillet. Charles assemble une armée à Gien
contre les Anglais..................... 310

24 août. Charles arrive au siége de Montereau,
et prend part à ses travaux............. 311

13 novembre. Première entrée de Charles VII
à Paris; brièveté de son séjour......... 312

1438. Misère de Paris après le départ du roi; peste
et famine............................. 314

Les Anglais ne se soucient pas de reprendre
Paris; leurs ravages................... 316

Juillet. Assemblée du clergé à Bourges pour
adopter les décrets du concile de Bâle..... 317

Mouvement des esprits dans le reste de l'Europe pendant les malheurs de la France... 318

Eugène IV et les Hussites; réformes voulues
par le concile de Bâle.................. 319

Lutte du concile avec Eugène IV; révolte de
l'État de l'Église...................... 321

Eugène IV déposé par le concile de Bâle, il
convoque à son tour un concile à Ferrare. 323

1439. 5 novembre. Amédée VIII nommé pape par le
concile de Bâle, sous le nom de Félix V.. 325

1438. Les prélats et les légistes français reconnoissent l'avantage des réformes proposées par le concile.......................... *page* 326

7 juillet. La pragmatique-sanction est un résumé et un choix des décrets du concile de Bâle............................... 327

Joie du concile; colère du pape à l'occasion de la pragmatique-sanction............. 328

Tentative de vengeance du pape, qui excite les écorcheurs contre le concile.......... 329

Les écorcheurs, en traversant l'Alsace, sont repoussés par les paysans; ils rentrent en France............................. 331

Chapitre VII. *Négociations sans succès avec les Anglais. — Changement dans le caractère du roi. — Prise de Meaux. — États d'Orléans; efforts pour supprimer le brigandage. — Mécontentement des princes et des capitaines; leur révolte, nommée la Praguerie; leur soumission. — Pacification de la Champagne. — Prise de Pontoise par le roi. — Journée de Tartas. — Nouvelles demandes des princes à Nevers. — 1439-1442......* 333

1439. 31 janvier. Accord entre Winchester et la duchesse de Bourgogne pour ouvrir un congrès à Gravelines........................ *ibid.*

Le duc d'Orléans désire ardemment la paix, ainsi que le bâtard son frère, qu'il fait comte de Dunois..................... 334

28 juin. Arrivée d'Isabelle de Bourgogne comme médiatrice à Gravelines.......... 336

Sa rencontre affectueuse avec Winchester; les espérances de paix s'augmentent......... 337

Instructions des ambassadeurs anglais; comédie qu'on leur fait jouer................ 339

1439. Leurs dernières propositions............*page* 340
Instructions des Français plus franches; leurs dernières offres............................ 342
10 septembre. La paix, qu'on croyoit conclue, rejetée par les Anglais..................... 343
Changement dans le caractère du roi; habileté et activité inattendues qu'il développe...... 344
20 juillet au 10 août. Siége et prise de Meaux par le connétable........................ 347
9 au 30 septembre. Arrivée et séjour du roi à Paris; sa résolution contre les écorcheurs. 348
Octobre. États d'Orléans; grand nombre des députés; éclat de l'assemblée............ 349
Débats sur la question de la paix ou de la guerre; les Etats demandent la paix...... 351
Les États accordent la taille au roi pour entretenir quinze compagnies d'ordonnance.... 352
2 novembre. Ordonnance d'Orléans pour supprimer les brigandages des soldats........ 353
Les barons comme les capitaines rendus responsables des crimes de leurs soldats..... 355
Le connétable assiége Avranches, il est repoussé; désordre de son armée........... 357

1440. Les princes, les courtisans et l'armée mécontens de la nouvelle ordonnance.......... 358
Leur révolte, nommée Praguerie; ils séduisent le dauphin, qui se joint à eux............ 360
Le peuple refuse de se joindre aux soldats et barons révoltés......................... 361
27 mars. Charles à Poitiers; son activité pour réprimer la praguerie.................. 362
Après avoir soumis le Poitou, Charles va attaquer le duc de Bourbon dans ses États.... 364

1440. Succès du roi dans cette guerre; il assemble les États d'Auvergne à Riom........*page* 365

19 juillet. Le duc de Bourbon et le dauphin arrivent à Cusset et se soumettent au roi.. 367

Efforts du dauphin pour dérober ses serviteurs à tout châtiment...................... 368

Mai. Les ambassadeurs anglais ne se rendent point aux conférences annoncées à Gravelines.. 369

Siége de Harfleur par les Anglais; la ville capitule................................. 370

Le duc de Bourgogne traite pour la rançon du duc d'Orléans; accord secret entre ces princes.. 371

Protestation de Glocester; opinion qu'on avoit de Charles VII en Angleterre; Orléans remis en liberté, le 12 novembre........... 373

26 novembre. Mariage d'Orléans avec la nièce du duc de Bourgogne; leur concert contre le roi.. 375

Septembre. États-Généraux assemblés à Bourges; leurs décisions sur les affaires d'Église. 376

1441. Mars. Le roi entre en Champagne pour en chasser les écorcheurs; supplice du bâtard de Bourbon.. 377

Le roi fait rentrer dans l'obéissance le comte de Saint-Pol............................. 379

4 juin. Le roi assiége Pontoise, occupé par les Anglais.. 380

Efforts des Anglais pour délivrer Pontoise, ravitaillée quatre fois par Talbot.......... 382

Charles refuse le combat, et renouvelle autant de fois le siége...................... 383

1441. 16 septembre. Prise de Pontoise, après que les Anglais se sont épuisés pour délivrer cette ville.................................*page* 385

15 septembre. Surprise d'Évreux par le capitaine Floquet........................ 386

25 septembre au 15 octobre. Séjour du roi à Paris; le peuple toujours mécontent....... 387

1442. Janvier et mai. Charles pacifie le Poitou, la Saintonge, le Limousin................ 388

23 juin. Charles tient la journée de Tartas; États de Languedoc à Béziers............ 389

Mars. Assemblée des princes à Nevers; demandes qu'ils adressent au roi.......... 392

Réponses du roi; sa modération lui concilie l'amour du peuple..................... 393

Les princes obligés de se soumettre; le duc d'Orléans se présente au roi, et fait sa paix. 396

CHAPITRE VIII. *Avantages remportés sur les Anglais par Charles VII et par le dauphin son fils. — Congrès de Tours, où une trêve de deux ans est conclue. — Henri VI épouse Marguerite d'Anjou. — Le dauphin conduit contre les Suisses les soldats devenus inutiles. — Bataille de Saint-Jacob sur la Birse. — Campagne de Charles VII contre Metz. — Réforme de l'armée. — Compagnies d'ordonnance. — Meurtre du duc de Glocester en Angleterre.* — 1442-1447...................... 397

1442. La guerre languit, et ne se fait plus que faute d'énergie pour la finir................. *ibid.*

Nom de Charles le *bien servi* donné à Charles VII, à cause des hommes habiles qu'il employoit................................. 399

Charles jaloux des feudataires du Midi; suc-

cession de Comminges disputée entre Foix et
Armagnac.................................. *page* 400

1443. 9 mars. Réglement de succession du comté de
Comminges, qui revient plus tard à la couronne.. 402

Négociations du comte d'Armagnac avec les
Anglais pour le mariage de sa fille......... 403

1442. Novembre. Talbot assiége Dieppe; le dauphin
Louis demande à marcher contre lui; son
caractère................................... 404

1443. 14 août. Louis entre dans Dieppe, chasse les
Anglais; sa cruauté......................... 406

Le duc de Sommerset en Anjou; y demeure
oisif par la défiance de Henri VI........... 407

1444. Fév. à mai. Le dauphin envoyé contre le comte
d'Armagnac, le fait arrêter avec ses enfans. 409

20 mai. Trève de vingt-deux mois entre l'Angleterre et la France, signée à Tours par
Suffolk..................................... 410

Suffolk négocie un mariage entre Henri VI et
Marguerite, fille de René d'Anjou........... 412

Caractère de René; ses défaites dans le royaume
de Naples; sa famille....................... 413

1445. Mariage de Marguerite avec Henri, célébré à
Nancy, au printemps......................... 415

1444. Ordonnances sur la comptabilité, sur le parlement établi à Toulouse, sur le commerce.. 416

Rétablissement du commerce entre Paris et la
Normandie; affection des Normands pour
la France................................... 418

Charles VII cherche à employer ses gens de
guerre hors de France....................... 419

Frédéric III demande à Charles VII des secours

contre les Suisses, haïs de toute la noblesse.................................. page 421

1444. Le dauphin conduit une armée contre les Suisses; Charles VII en conduit une autre contre Metz...................................... 423

Juillet. L'armée du dauphin s'assemble à Troyes; il promet à Eugène IV de chasser le concile de Bâle.. 425

Guerre civile en Suisse; siége de Zurich; exécution à Greifensee...................... 426

Les Suisses, aux siéges de Zurich et de Farnsburg, avertis que les Français s'approchent de Bâle.. 427

26 août. Seize cents Suisses viennent attaquer les Français, logés sur la Birse............. 428

Combat terrible des Suisses contre l'armée française; ils se font tous tuer............. 429

Impression d'effroi que laisse à tous les soldats la vaillance des Suisses tués à Saint-Jacob. 432

Le dauphin évacue la Suisse et vient ravager les terres d'Empire........................ 433

Louis entre en négociations avec la ville et le concile de Bâle, et avec l'Empire......... 434

28 octobre. Traité d'Ensisheim entre la France et les ligues suisses; le dauphin se retire en Lorraine.. 435

Guerre de Charles VII contre Metz; les Messins achètent la paix; paix avec l'Empire... 436

1445. Charles VII entreprend de réorganiser son armée affoiblie par cette campagne.......... 439

Formation de quinze compagnies d'ordonnance; le reste des gendarmes est dispersé. 440

1445. Paris profite moins que les provinces du rétablissement de l'ordre; son mécontentement. *p.* 442
Efforts du clergé pour réveiller la superstition à Paris; processions; reliques........... 443
Mai. Les querelles avec la Bourgogne terminées dans une conférence de Charles VII avec la duchesse.................... 445
Août. Charles accorde la grâce du comte d'Armagnac et le remet en liberté............ 447
Mort de la dauphine Marguerite d'Écosse à Châlons; la cour revient à Tours......... 448

1446. Les chroniques ne nous entretiennent à cette époque que de fêtes et de tournois........ 449
Progrès de l'industrie et de l'agriculture; relations formées avec le sultan d'Égypte..... 451

1447. 6 octobre. Ordonnance qui soumet à une juridiction prévôtale tous les mal-vivans..... 453
Elle n'excite aucune plainte; l'esprit de liberté absolument étouffé en France............ 454
Marguerite d'Anjou veut transplanter en Angleterre le despotisme qu'elle voyoit en France. 455
25 février. De concert avec Suffolk, elle fait périr le duc de Glocester, oncle de son mari. 457
La haine pour Marguerite, le mépris pour Henri VI, réveillent le souvenir des droits du duc d'York........................ 458
— L'Angleterre, divisée en elle-même, cesse d'être redoutable à la France................ 459

CHAPITRE IX. *Progrès de la prospérité publique. — Fin du concile de Bâle. — Le dauphin se retire de la cour. — Renouvellement de la guerre avec les Anglais. — Conquête de la Normandie par le roi. — Conquête de la Guienne par Dunois. —* 1447-1451.................... 460

1447. La prospérité étoit à cette époque la réaction
des adversités passées............. *page* 460
Charles, en avançant en âge, conserve le goût
du plaisir; ses amours................. 461
Charles jaloux et défiant; il fait de bons choix,
dus en partie au progrès général des lumières................................ 462
Lumières répandues par le commerce. Jacques
Cœur; part qu'on lui suppose à la législation................................. 464

1448. 28 avril. Établissement des francs-archers; leur
exemption de la taille................ 465
Assiette arbitraire de la taille par les élus; division des élections; cour des aides...... 466
Réorganisation de l'armée féodale; Charles VII
rend la monarchie toujours plus absolue... 469
Le dauphin, devenu suspect à son père, se
retire en Dauphiné; le sire de Brezé éloigné
de la cour............................ 470
Concile de Bâle; appui qu'il trouve en Suisse;
sectes secrètes qui se conservoient en Suisse. 472
Les rois profitent de l'opposition du concile à
Rome, et l'abandonnent ensuite......... 474

1449. 25 avril. Fin du concile de Bâle transféré à
Lausanne; résignation de Félix V........ 475

1447-1450. Intrigues des Français en Lombardie, depuis la mort de Philippe Visconti, jusqu'à la
succession de Francesco Sforza.......... 476

1448. 17 mars. Le Mans, attaqué par les Français,
leur est livré, ainsi que Suffolk le leur avoit
promis.............................. 478

1449. 24 mars. Surienne, renvoyé du Mans, surprend
et pille Fougères au duc de Bretagne...... 480

1449. Le duc de Sommerset se refuse à réparer cette violation de la trêve............... *page* 481
Les Français surprennent plusieurs places aux Anglais; anarchie de l'Angleterre sous Marguerite...................... 482
Juillet. Dunois, avec une armée nombreuse, entre en Normandie pour en faire la conquête....................... 484
20 juillet. Dunois commence les hostilités; ses rapides conquêtes...................... 485
16 octobre. Charles VII, avec une armée nombreuse, devant Rouen.................. 487
19 octobre. Rouen ouvre ses portes; les Anglais se retirent au château............. 488
31 octobre. Capitulation de Sommerset au château de Rouen; Talbot demeure prisonnier. 490
La Basse-Normandie attaquée par le duc de Bretagne, et la Guienne par le comte de Foix............................ 492
Causes des succès des Français; l'argent ne manque point; services rendus par Jacques Cœur........................ 494
24 décembre. Capitulation de Harfleur; activité de Charles VII.................. 495
1450. Agnès Sorel vient joindre Charles VII à Jumièges; elle y meurt le 9 février......... 496
18 février. Capitulation de Honfleur. Mars, Thomas Kyriel débarque à Cherbourg trois mille Anglais...................... 498
15 août. Bataille de Fourmigny entre les Français et les Anglais, commandés par Kyriel. 499
Vaillante résistance et défaite des Anglais; destruction de leur armée................ 501

1450. Capitulation des villes de Basse-Normandie. 5 juin, le siége est mis devant Caen.. *page* 503
1ᵉʳ juillet. Caen est livré au roi par Sommerset; prise de Falaise, puis de Cherbourg...... 504
Toute la Normandie conquise en un an; désorganisation du gouvernement anglais..... 506
2 mai. Supplice de Suffolk; révolte et supplice de John Cade; Sommerset devient le favori de la reine............................ 507
Un mois après la prise de Cherbourg, Charles VII dirige son armée contre la Guienne. 510

1451. Mai. Dunois prend le commandement de l'armée de Guienne; ses premiers succès...... 512
Quatre siéges entrepris à la fois par les Français; découragement des Gascons......... 513
Juin. Négociations pour la soumission de la Guienne; libéralité des commissaires français............................... 514
23 juin. Bordeaux ouvre ses portes à Dunois; discipline parfaite de l'armée............ 516
21 août. Bayonne ouvre ses portes à Dunois; la conquête de la Guienne est accomplie... 517

CHAPITRE X. *Malheurs de Giles de Bretagne et de Jacques Cœur. — Révolte et seconde conquête de la Guienne. — Révolte des Gantois contre le duc de Bourgogne, et leur soumission. — Prise de Constantinople. — Projets de croisade contre les Turcs. —* 1450-1454......... 520

1450. La France vengée de l'Angleterre par le traité de Troyes, qui lui donne un monarque imbécille............................. *ibid.*
Foiblesse de Charles VII, malgré l'éclat attaché à ses victoires....................... 522
Priviléges accordés aux provinces conquises;

	Charles toujours plus jaloux des droits du peuple........................*page*	523
	Le sort de chaque citoyen livré à l'arbitraire. Malheurs de Giles de Bretagne...........	524
1442-1450.	Règne de François Ier en Bretagne; sa jalousie de son frère Giles...............	525
	Haine d'Arthur de Montauban, favori du duc, contre Giles; arrestation de ce dernier....	527
	Le duc veut faire condamner son frère à mort par les États, et ne peut y réussir........	529
	Giles traité en prison avec cruauté; tentatives pour l'empoisonner....................	530
1450.	26 avril. Giles, que ses geôliers vouloient faire mourir de faim, est étouffé enfin par eux..	532
	19 juillet. Mort de François son frère, tourmenté de remords; succession de Pierre II..	533
	16 octobre. Arrestation et procès de Jean de Xaincoings, receveur général des finances.	536
	Jalousie des courtisans contre Jacques Cœur; richesse que celui-ci avoit acquise par le commerce............................	537
1451.	31 juillet. Arrestation de Jacques Cœur; il est accusé d'avoir empoisonné Agnès Sorel....	538
	Jacques Cœur, absous de cette accusation, est jugé par une commission sur des faits de finance.............................	539
1453.	29 mai. Condamnation et exil de Jacques Cœur; sa mort à Chio.................	541
1450.	Le dauphin Louis craint d'être à son tour sacrifié par son père, et se retire en Dauphiné.	542
1451.	Mariage du dauphin à Charlotte de Savoie....	544
1452.	Charles VII déclare la guerre au père de cette princesse................................	545

1452. 27 octobre. Paix avec la Savoie; inquiétude que donnent les Gascons mécontens... *page* 546

Marguerite, débarrassée de l'opposition du duc d'York, envoie des secours aux Gascons... 548

21 octobre. Talbot débarque à Bordeaux et soulève la Guienne.................. 549

1453. 12 juin. Chabannes, avec l'armée française, attaque les Anglais en Guienne.......... 550

17 juillet. Talbot attaque les Français devant Châtillon; il est repoussé et tué......... 551

19 juillet. Capitulation de Châtillon; découragement des Gascons................. 554

18 juillet. Prise de Cadillac par une autre armée où se trouvoit le roi............... 555

Capitulation des Anglais, en abandonnant les Gascons à la merci du roi............. 557

12 octobre. Capitulation de Bordeaux; la Guienne perd ses priviléges............ 558

Motifs de Charles VII pour ne pas attaquer Calais, qu'il auroit dû rendre au duc de Bourgogne........................ 559

Le duc de Bourgogne devenoit, ainsi que ses sujets, toujours plus étranger à la France.. 560

1448-1453. Querelle du duc de Bourgogne avec les Gantois pour la gabelle du sel.......... 561

1452. Avril. Commencement des hostilités de Philippe de Bourgogne contre Gand........ 563

Cruauté des Bourguignons dans cette guerre; ils massacrent tous leurs prisonniers...... 564

4 septembre. Prononcé des médiateurs français à Lille rejeté par les Gantois........ 567

1453. 22 juillet. Destruction de l'armée de Gand devant Gavre........................ 568

1453. 31 juillet. Le duc, reçu dans Gand, fait grâce
de la vie au reste des Gantois........ *page* 570
23 octobre. Naissance d'Édouard de Lancaster,
fils de Marguerite; folie de Henri VI...... 572
1454. 13 février. Le duc d'York mis à la tête du
gouvernement en Angleterre............ 573
Secours donnés par le duc d'York aux émigrés
de Guienne......................... 574
1453. 29 mai. Prise de Constantinople par les Turcs;
effroi qu'elle cause dans toute l'Europe... 575
1454. 9 février. Vœu du faisan de Philippe de Bourgogne pour la délivrance de Constantinople. 577
Philippe s'étant ruiné pour cette fête, s'impose
un voyage d'économie................. 578
Charles se refuse à s'engager à la croisade, et
en dissuade le duc de Bourgogne........ 579

CHAPITRE XI. *État de la littérature française au quinzième siècle. Progrès de l'intelligence. Le clergé s'en alarme, et veut l'arrêter en 1460 par les effroyables persécutions d'Arras. — Armagnac chassé de ses États. — Le duc d'Alençon arrêté. — Le dauphin s'enfuit à la cour de Bourgogne. — 1455-1456*.................. 581

La barbarie recule en France devant la civilisation moderne..................... *ibid.*
La cause du progrès des esprits tenoit à la
durée de l'expérience sociale, non à l'amélioration de la société................. 582
Division des ouvrages littéraires produits dans
les quatorzième et quinzième siècles...... 583
Traduction de vers en prose des romans de chevalerie, depuis que les seigneurs commencent à lire eux-mêmes................. 584

Influence des romans de chevalerie sur tous les seigneurs à cette époque.......... *page* 586
Les fabliaux ou traduits ou remplacés par des contes en prose; *les Cent Nouvelles.*..... 587
Poëmes allégoriques à l'imitation du *Roman de la Rose.*....................... 589
Poésies lyriques; Charles, duc d'Orléans; le roi René; poésies apocryphes de Clotilde de Surville.......................... 590
Olivier de la Marche; Châtelain; Alain Chartier; Villon; poésie burlesque.......... 594
Mystères; moralités des clercs de la bazoche; spectacles donnés aux entrées des rois.... 596
Historiens qui écrivent pour des chevaliers et dans l'esprit de la chevalerie............ 597
Froissart; Monstrelet; Berry; Chartier; du Clerq; Coucy; Olivier de la Marche, et Guillaume Gruel.................... 598
Le jugement moral souvent perverti de ces historiens; portraits; Philippe-le-Bon, duc de Bourgogne........................ 599
Comment il marioit à ses archers les veuves et les filles des bourgeois................ 601
Portrait de Charles-le-Téméraire d'après ces mêmes écrivains; portrait de Charles VII.. 602
Sévérité de l'Église sur les mœurs; indulgence pour les défauts et les crimes........... 604
École des écrivains latins, qui imitent Tite Live en écrivant l'histoire de France............ 606
Réforme de l'université en 1452; progrès inaperçu de l'érudition.................. 607
Progrès secret d'un esprit d'investigation et d'indépendance religieuse.............. 608

	Multiplication des Vaudois; l'inquisition veille pour les réprimer.................. *page* 609
	On accusoit les mœurs du clergé; elle accuse les laïques de vices infâmes, et en fait brûler plusieurs........................... 611
	L'inquisition accuse de vaudoisie et de sorcellerie beaucoup de bourgeois d'Arras..... 613
1459.	Elle commence par arrêter des femmes de mauvaise vie et leur arrache des aveux par la torture............................. 615
1460.	9 mai. Six premiers Vaudois brûlés à Arras; ils protestent que l'inquisition les a trompés. 616
	Nouvelles arrestations; dix nouvelles victimes brûlées............................. 618
	L'inquisition commence à attaquer des échevins, des chevaliers, des gens riches...... 619
	22 octobre. Nouveau supplice; l'inquisition se trouve en butte à la haine publique...... 621
	Nouveaux procès, où elle n'ose plus condamner à mort; ces procès abolis trente ans après par le parlement...................... 622
	Procès de l'inquisition plus rares dans les autres provinces de France................ 623
	Inceste de Jean V d'Armagnac; il obtient une dispense de Rome pour épouser sa sœur... 625
1455.	Mai. Charles VII fait saisir le comté d'Armagnac; le comte s'enfuit en Aragon........ 626
	Brouillerie entre Charles VII et le dauphin, envenimée par le comte de Dammartin.... 627
	Louis persuadé que Dammartin le feroit périr s'il pouvoit l'arrêter.................. 629
1456.	20 août. Charles fait avancer Dammartin en Dauphiné pour arrêter les conseillers de Louis............................... 632

La terreur de Louis augmentée par le procès
　　injuste intenté au duc d'Alençon.... *page* 633
Celui-ci est accusé de trahir la France pour les
　　Anglais à l'époque où ceux-ci étoient affoiblis
　　par les guerres civiles................ 634
27 mai. Le duc d'Alençon arrêté par Dunois ;
　　le roi l'accuse de trahison............. 636
Le dauphin, après avoir voulu armer pour sa
　　défense, y renonce.................. 637
31 août. Le dauphin s'enfuit à Saint-Claude,
　　et se met sous la protection du duc de Bour-
　　gogne............................ 639
15 octobre. Charles prend possession du Dau-
　　phiné, tandis que son fils se retire à Bruxelles. 641

FIN DE LA TABLE.

DE L'IMPRIMERIE DE CRAPELET,
RUE DE VAUGIRARD, N° 9.

www.ingramcontent.com/pod-product-compliance
Lightning Source LLC
Chambersburg PA
CBHW050058230426
43664CB00010B/1368